LE CHOIX DU SUCCES®

Collection dirigée par Franck ATTELAN

LA BIBLE DU CONCOURS SÉSAME

Concours 2024

SKEMA Business School – Excelia Business School
NEOMA Business School – ESSEC Business School – emlyon business school
KEDGE Business School – South Champagne Business School – EBS Paris
EDC Paris – EMLV – EM Normandie – ESCE International Business School
IPAG Business School – PSB Paris School of Business

Franck ATTELAN, Nicholas CHICHEPORTICHE
& Vincent GIULIANI

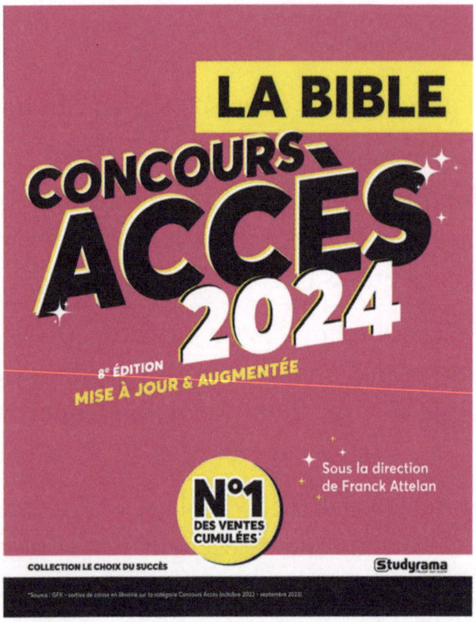
LA BIBLE
CONCOURS ACCÈS 2024
8e ÉDITION
MISE À JOUR & AUGMENTÉE
Sous la direction de Franck Attelan
N°1 DES VENTES CUMULÉES*
COLLECTION LE CHOIX DU SUCCÈS
Studyrama

5000 QCM
CULTURE GÉNÉRALE 2024
11e ÉDITION
MISE À JOUR & AUGMENTÉE
Aurélie Ohayon
Henri de La Guéronnière
N°1 DES VENTES*
COLLECTION LE CHOIX DU SUCCÈS
Studyrama

LA BIBLE
ENTRETIENS DE MOTIVATION ET DE PERSONNALITÉ
10e ÉDITION
MISE À JOUR & AUGMENTÉE
Concours des écoles de commerce et de management
Franck Attelan et Fabrice Carlier
N°1 DES VENTES CUMULÉES*
COLLECTION LE CHOIX DU SUCCÈS
Studyrama

UNE COLLECTION DIRIGÉE PAR FRANCK ATTELAN
L'ANGLAIS en 50 fiches
Fiches synthétiques pour des révisions rapides et efficaces
Tous concours et examens
MÉTHODES
SAVOIR-FAIRE
ASTUCES
NICHOLAS CHICHEPORTICHE
Studyrama
FICHES À CONCOURS

SOMMAIRE

INTRODUCTION

PREMIÈRE PARTIE

LES ÉPREUVES ÉCRITES DU CONCOURS SÉSAME

INTRODUCTION

I. PRÉSENTATION DU CONCOURS SÉSAME

Le Concours SÉSAME est un concours d'entrée commun à 18 programmes postbac de 15 grandes écoles de commerce et de management international délivrant toutes un diplôme visé par le Ministère de l'Enseignement supérieur et de la Recherche, de niveau bac +4 ou niveau bac +5.

Qu'est-ce que le Concours SÉSAME ?

Le Concours SÉSAME en quelques chiffres clés :

- 15 grandes écoles de commerce et de management international
- 18 programmes visés : 8 programmes bac +4 et 10 programmes bac +5
- Près de 900 écoles et universités partenaires à l'international
- Plus de 6 000 places accessibles dans les écoles par le Concours SÉSAME
- Près de 190 000 candidats depuis l'existence du concours

Une seule journée d'épreuves communes à 18 programmes visés

Banque d'épreuves communes à 15 grandes écoles de commerce et de management international, le Concours SÉSAME conçoit et organise, en France et à l'étranger, une journée d'épreuves écrites communes à 18 programmes visés.

Les épreuves sont identiques pour toutes les écoles et programmes de SÉSAME. Seuls les coefficients attribués aux épreuves écrites et orales par ces derniers changent.

L'inscription sur Parcoursup

Pour passer le concours qui se déroule une fois par an (pas de session de rattrapage), l'élève de terminale (quelle que soit la série) ou le néo-bachelier (et non diplômé de l'enseignement supérieur) doit obligatoirement s'inscrire sur la plateforme Parcoursup (ouverture de janvier à mars).

Lorsque le candidat sélectionne de 1 à 18 formations (programmes/écoles) de SÉSAME sur Parcoursup, il formule ainsi de 1 à plus de 50 sous-voeux selon les programmes, les filières ou tracks et les campus qui l'intéressent.

L'inscription au Concours SÉSAME, quel que soit le nombre de formations choisies (de 1 à 18) s'élève au montant forfaitaire de 295 euros. Ce montant comprend l'inscription à la plateforme officielle d'entraînement www.prepa-sesame.net. Droits d'inscription au concours 2024 : 295 euros. Le règlement s'effectue par carte bancaire sur Parcoursup. Important : les candidats au concours doivent régler leurs droits d'inscription pour être inscrits et être convoqués aux épreuves. La confirmation de l'inscription sur Parcoursup entre mi-mars et début avril est également obligatoire pour valider l'inscription au concours et accéder à la convocation sur mySÉSAME.

Les principes du concours

Le concours se déroule en 2 étapes :

- les épreuves écrites – lundi 15 avril 2024
- les épreuves orales – du 29 avril au 18 mai 2024

Tous les candidats au Concours SÉSAME passent les épreuves écrites pour intégrer l'une des formations sélectionnées sur Parcoursup.

Sont admissibles aux épreuves orales, les candidats qui ont obtenu les résultats exigés par chacun des programmes (ou écoles) aux épreuves écrites et à la note de dossier Parcoursup (notes de 1re et de terminale ou de bac sur Parcoursup). Les épreuves orales se déroulent du 29 avril au 18 mai 2024 dans les écoles.

Les résultats au concours

Une fois les épreuves écrites et orales passées, les candidats consultent le 30 mai 2024 leurs résultats sur le site de Parcoursup puis sur mySÉSAME pour obtenir leurs notes aux épreuves du concours.

Parmi les propositions d'intégration faites par les formations sélectionnées par les candidats lors de leur inscription au concours, ceux-ci devront choisir la formation qu'ils intégreront à la rentrée de septembre.

A savoir !

Sur Parcoursup, Concours SÉSAME et ses 15 grandes écoles (18 programmes) ne forment au total qu'un vœu. Les candidats peuvent choisir autant de formations (sous-voeux) parmi celles proposées par SÉSAME qu'ils souhaitent, et en ajouter ou en supprimer jusqu'à la clôture de la confirmation des voeux le 3 avril 2024.

LES 15 ÉCOLES DU CONCOURS SÉSAME ET LEURS 18 PROGRAMMES

Les programmes bac +4

- BBA in Global Management – SKEMA Business School
- BBA International – Excelia Business School
- CESEM – NEOMA Business School
- ESSEC Global BBA – ESSEC Business School
- Global BBA – emlyon Business School
- Global BBA – NEOMA Business School
- International BBA – KEDGE Business School
- International BBA SCBS – South Champagne Business School

Les programmes bac +5

- EBP International – KEDGE Business School
- Programme Grande École – EBS Paris European Business School
- Programme Grande École – EDC Paris Business School
- Programme Grande École – EMLV Pôle Léonard de Vinci
- Programme Grande École – EM Normandie
- Programme Grande École – ESCE International Business School
- Programme Grande Ecole – ICD Business School
- Programme Grande École – IPAG Business School
- Programme Grande École – PSB Paris School of Business
- TEMA – NEOMA Business School

LES ÉPREUVES DU CONCOURS SÉSAME

Les épreuves écrites du Concours SÉSAME

Pour la session 2024 du concours, les épreuves se déroulent simultanément en France et hors métropole pour tous les candidats inscrits préalablement sur Parcoursup, le lundi 15 avril 2024, à distance.

Les épreuves écrites sont communes à tous les programmes et écoles membres du Concours SÉSAME. Seuls les coefficients attribués par les programmes des écoles changent.

Le Concours SÉSAME comporte plusieurs épreuves écrites :

1. Enjeux contemporains : 40 questions - 30 minutes max.

Cette épreuve porte sur l'actualité et sur les grands enjeux sociétaux internationaux des 10 mois précédant le concours. L'objectif de cette épreuve est de tester votre curiosité et votre ouverture sur le monde.

2. Mathématiques : 20 exercices – 40 minutes max.

Cette épreuve a pour objectif de tester en plus de vos acquis de niveau lycée, votre capacité à réfléchir, à raisonner sur des problèmes simples et accessibles à tous, quels que soient vos choix de spécialités en terminale.

3. Compétences digitales : 20 questions – 20 minutes max.

Cette épreuve requiert de démontrer votre compréhension du monde numérique et votre agilité technique par des questions sur l'utilisation des outils numériques, les bonnes pratiques ainsi que l'approche algorithmique.

Pour cette épreuve, les questions portent sur 5 domaines :

Informations et données (recherche, traitement et gestion de données)

- mener une recherche et une veille d'information pour répondre à un besoin d'information et se tenir au courant de l'actualité d'un sujet
- gérer des données : stocker, traiter et organiser des données pour les retrouver, les conserver et en faciliter l'accès et la gestion

Communication et collaboration (interaction et insertion dans le numérique)

- interagir avec des individus et de petits groupes pour échanger dans divers contextes liés à la vie privée ou à une activité professionnelle
- maîtriser les stratégies et enjeux de la présence en ligne

Création de contenus (développement documentaire, textuel et programmation)

- développer des documents textuels
- écrire des programmes pour répondre à un besoin d'automisation de tâches et écrire des algorithmes avec des instructions simples

NB : la maîtrise d'un langage de programmation type Python n'est pas demandée

Protection et sécurité (sécurité numérique et protection de la donnée)

- sécuriser l'environnement numérique
- protéger les données personnelles et la vie privée
- protéger la santé, le bien-être et l'environnement

Environnement numérique : savoir évoluer dans un environnement numérique (savoir se connecter, utiliser les fonctionnalités élémentaires, retrouver des ressources, personnaliser un environnement, etc.)

Important :

La nature des questions repose sur le référentiel européen DIGCOMP sur lequel se base la certification PIX que vous devez passer en seconde ou première de lycée. Le niveau attendu est celui d'un élève de terminale autonome et indépendant sur l'utilisation des outils numériques.

Cette épreuve repose uniquement sur vos compétences et connaissances des outils numériques.

Le jour de l'épreuve, vous n'aurez ni ne pourrez utiliser des logiciels et navigateurs internet tels que Google, tableur, traitement de textes, etc.

Barème de points : seules les bonnes réponses sont prises en compte (pas de points négatifs en cas de réponse fausse).

4. Français : 40 questions – 30 minutes max.

Les questions portent sur la grammaire, la conjugaison, le vocabulaire, la compréhension et la culture de la langue française.

5. Anglais (obligatoire) : 40 questions – 30 minutes max.

Les questions portent sur la grammaire, la conjugaison, le vocabulaire, les faux-amis, les dates, les chiffres. Le niveau attendu est celui de terminale (niveau B1-B2).

6. Autre langue étrangère – 40 questions - 30 minutes max.

En plus de l'anglais obligatoire, vous devez choisir 1 langue étrangère parmi les 10 proposées : Allemand, Arabe, Chinois, Espagnol, Hébreu, Italien, Japonais, Néerlandais, Portugais, Russe.

Le niveau attendu pour la seconde langue est celui de terminale (niveau B1-B2). Lors de votre inscription sur Parcoursup, vous devez choisir votre LVB (l'anglais est enregistré en LVA par défaut).

Si vous souhaitez passer l'anglais LVA en LVB et choisir une autre langue étrangère en LVA, vous devez procéder à ces modifications sur votre espace réservé mySESAME après votre inscription sur Parcoursup.

Pour choisir les langues, vous avez deux possibilités :

- Vous choisissez de passer au concours les langues que vous étudiez au lycée (dont l'anglais)
- Vous choisissez de passer votre langue maternelle (hormis le français et l'anglais) que vous n'étudiez pas au lycée mais dans laquelle vous êtes à l'aise, en plus de l'anglais.

Barème de points : seules les bonnes réponses sont prises en compte (pas de points négatifs en cas de réponse fausse).

7. Analyse documentaire – 20 questions – 2 h max.

L'épreuve comporte trois parties. Vous devez répondre au total à 20 questions, réparties de la façon suivante :

- **Questions de repérage** : vous devez trouver la réponse à la question posée dans l'un des textes de la base documentaire et cocher la réponse correspondante.
- **Questions d'analyse** : à une question, plusieurs propositions sont correctes à retrouver dans plusieurs textes.
- **Questions de synthèse** : parmi les propositions, vous devez cocher les cases qui permettent de reconstituer une synthèse en sélectionnant les éléments répondant à la problématique posée. Pour reconstituer la synthèse, vous devez cocher les bonnes réponses correspondant à la phrase d'introduction, les parties 1 et 2 et leurs sous-parties, la phrase de conclusion et la phrase d'ouverture.

À noter : pour cette épreuve, vous pouvez utiliser le brouillon numérique mis à votre disposition sur l'outil de composition des épreuves écrites (le brouillon papier n'est pas autorisé).

Barème :

Questions de repérage et de synthèse : seules les bonnes réponses sont prises en compte (pas de points négatifs en cas de réponse fausse).

Questions d'analyse : si vous avez sélectionné l'intégralité des réponses attendues vous obtenez le maximum de points, au moins la moitié des réponses attendues vous obtenez la moitié des points, au moins une mauvaise réponse (ou absence de réponse) vous n'obtenez aucun point.

3. Tableau des épreuves et des coefficients

Écoles	Epreuves écrites							Note de dossier	Épreuves orales	
	Enjeux contemporains	Mathématiques	Compétences digitales	Français	LVA	LVB	Analyse documentaire	Note de dossier	Entretien ou épreuve spécifiques	LVA
BBA in Global Management SKEMA Business School	10	5	5	5	10	5	10	5	45	10
BBA International Excelia Group	8	5	5	6	13	5	15	5	30	8
CESEM – NEOMA Business School	10	6	6	5	20	5	8	18	25	15
ESSEC Global BBA ESSEC Business School	5	14	5	7	7	5	10	25	17	5
Global BBA emlyon Business School	8	8	5	8	8	5	8	25	15	10
Global BBA NEOMA Business School	8	6	6	5	15	5	10	14	30	15
International BBA KEDGE Business School	10	8	7	5	10	10	10	6	25	15
International BBA SCBS South Champagne Business School	15	5	5	5	10	5	10	20	30	15
EBP International KEDGE Business School	10	8	7	5	10	10	10	6	20	20
Programme Grande École EBS Paris European Business School	10	10	10	15	20	10	10	10	25	–
Programme Grande École EDC Paris Business School	8	7	8	6	12	7	9	18	50	–
Programme Grande École EMLV Pôle Léonard de Vinci	5	7	5	5	13	5	10	12	38	12
Programme Grande École EM Normandie	7	7	7	8	8	3	10	10	35	15

Programme Grande École ESCE International Business School	10	5	5	5	20	10	10	10	35	–
Programme Grande École ICD Business School	5	5	5	5	5	5	5	15	50	5
Programme Grande École IPAG Business School	7	3	3	3	20	10	10	10	20	14
Programme Grande École PSB Paris School of Business	8	7	5	5	10	5	10	25	50	–
TEMA NEOMA Business School	8	6	12	4	10	4	6	12	35	15

II. NOS CONSEILS POUR BIEN CHOISIR VOTRE ÉCOLE

Le concours SÉSAME regroupe un nombre d'écoles important et, si cela se passe bien pour vous, il y a de fortes chances que vous soyez déclaré admis dans plusieurs d'entre elles.

Nous vous proposons donc ici quelques bons conseils pour bien choisir votre école. Il en va de 4 à 5 ans de scolarité, alors autant ne pas se tromper !

1. LES SITES INTERNET OFFICIELS DES ÉCOLES

Le premier réflexe pour drainer de l'information au sujet des Écoles de commerce post-bac reste évidemment Internet. Cette technologie permet d'accéder facilement à un ensemble de ressources qui vont des sites Internet officiels des Écoles de commerce aux forums Internet étudiants en passant également par Facebook et d'autres réseaux sociaux.

Notre expérience à la prépa AURLOM nous a montré que beaucoup d'étudiants n'utilisaient pas à bon escient les ressources du net pour choisir leur École de commerce. Voici donc quelques conseils pour exploiter au mieux les sites officiels des Écoles de commerce post-bac.

D'abord, sachez que **la visite d'un site Internet ne peut raisonnablement s'effectuer en quelques minutes, la veille des inscriptions aux concours.** Cela n'a aucun intérêt. Un tel travail doit s'effectuer très en amont dans votre préparation. Autrement dit, dès le premier trimestre de votre année de Terminale, moment où vous commencez théoriquement à vous poser des questions sur votre orientation, vous êtes invités à surfer abondamment.

Internet constitue généralement votre premier contact avec l'École. **La visite des différents sites officiels va déjà vous permettre d'éliminer certaines Écoles qui ne correspondent pas à vos exigences.** Il vous restera alors les salons et les journées portes ouvertes (sur lesquels nous reviendrons par la suite) pour vous faire une opinion plus solide sur celles qui restent encore dans votre liste.

Mais surtout, **une visite fouillée du site Internet d'une École de commerce vous permet de préparer votre futur entretien de motivation,** en collectant et en organisant des informations sur les programmes et les spécificités de l'École que vous convoitez. Gardez toujours à l'esprit que l'entretien a pour objectif de tester votre degré de motivation et les raisons qui vous incitent à postuler à telle ou telle École de commerce post-bac.

2. LES RÉSEAUX SOCIAUX

Nous faisons partie de ceux qui pensent qu'Internet offre des opportunités exceptionnelles pour se préparer aux concours dans les meilleures conditions. Facebook a de quoi éclairer vos choix et apporter des réponses à vos questions les plus exigeantes.

Contrairement aux idées reçues, Facebook peut constituer un outil précieux de votre réussite, lorsqu'il est utilisé à bon escient.

1. Les pages fan

La plupart des Écoles ont adopté le format « page fan », plutôt que celui du groupe.

La page fan vous offre certes la possibilité de cliquer sur « j'aime », mais aucun engagement, de quelque nature que ce soit (demande d'autorisation ou de mise en contact), ne vous est demandé afin de consulter toutes les informations qui y sont disponibles.

Ce que vous gagnez à aller consulter la page fan d'une École :

- Vous êtes au courant de l'actualité de l'École, voire de ses associations étudiantes ou de ses associations d'anciens ;
- Vous découvrez les événements que l'École organise ou soutient ;
- Vous bénéficiez d'une vision moins formelle de l'établissement et obtenez certains détails non disponibles sur le site officiel ;
- Vous consultez les forums de discussions et vous y participez ;
- Vous posez toutes vos questions aux administrateurs.

2. Posez toutes vos questions

Vous avez des questions, mais vous n'osez pas appeler l'École concernée ? Parce que vous n'êtes pas certain de la pertinence de vos interrogations, par timidité, ou tout simplement parce que certaines questions ne peuvent pas être posées directement à l'École.

Voici le genre de questions concernées :

- Pourquoi aller à l'IPAG plutôt que de suivre le programme *Bachelor* de l'ESSEC ?
- Les cours de management animés par tel professeur sont-ils vraiment intéressants ?
- Si je désire effectuer un stage dans un prestigieux cabinet de conseil en stratégies, ai-je une chance en tant qu'étudiant de l'EM Normandie, ou vaut-il mieux viser une autre École ?
- Les cours de finance sont-ils bons ?
- Le campus est excentré, cela n'est-il pas un inconvénient ?
- Un ancien élève m'a informé des difficultés administratives liées aux conventions de stage dans cette École, pouvez-vous confirmer ?

Les Écoles ne peuvent pas tout vous dire. Mettez-vous à leur place. Elles sont dans une logique de marketing, elles ne peuvent en conséquence se présenter par leurs difficultés, leurs défauts. Leur but est d'attirer les meilleurs éléments, pas de les repousser, et encore moins de faire l'éloge des autres Écoles à leur dépens.

Qui peut alors vous répondre ? Les étudiants, anciens ou actuels.

Or, sur Facebook, il n'est pas si simple de les trouver. Les membres des pages ne sont pas affichés publiquement et les informations des profils ne sont pas toujours accessibles.

Le meilleur moyen est celui de communiquer *via* la messagerie Facebook. Pour cela, il faut des noms. Deux possibilités s'offrent alors selon les profils : soit la personne concernée n'a pas bloqué sa messagerie et laisse à toute personne (ami(e) ou pas) la possibilité de lui écrire ; soit elle a bloqué sa messagerie et ne la rend accessible que si vous l'ajoutez en contact, et qu'elle accepte votre demande.

Afin de trouver ces étudiants, vous avez plusieurs possibilités :

- <u>Par vos relations</u>. Si un ami à vous, ou ami d'ami, a été (ou est) étudiant dans cette École, n'hésitez pas à l'ajouter à vos contacts ;

- *Via* les salons. Les salons sont en effet un très bon moyen d'entrer en contact avec des étudiants, n'hésitez pas à prendre leur nom et leur adresse email afin de les ajouter en ami sur Facebook, ou à leur écrire directement sans ajout de contact, si cela est possible. Vous pourrez ainsi échanger *via* la messagerie.
- Une prépa est aussi un haut lieu de mise en relation. Hormis vos camarades de prépa qui connaissent, pour certains d'entre eux, des étudiants qui ont déjà intégrés, les professeurs voient passer de nombreux étudiants, dont beaucoup ont intégré. Ils pourront être d'une aide précieuse dans votre recherche. La prépa Aurlom est ainsi un centre de mise en relation privilégié.
- *Via* les pages fan. L'onglet discussion peut aussi être un moyen de trouver des étudiants à contacter.

3. Facebook : un bon argument pour vos oraux

Vous êtes un futur entrepreneur. Créer, innover, s'adapter : tous ces mots sont vos compagnons de route. S'intéresser au web communautaire est indispensable.

Lors des oraux d'admission, faire une remarque sur l'influence qu'a eue sur vous la page Facebook de l'École est un plus, un moyen de prouver votre intérêt concret pour l'établissement. Vous êtes membre de la « génération C », la génération Internet. Prouvez que vous en faites partie et que vous savez utiliser ces outils !

Souligner l'importance de Facebook dans un oral d'admission peut se faire de plusieurs manières :

- Vous avez été séduit par l'effort technologique de l'École et son approche des nouvelles technologies ;
- Les informations et les réponses aux questions que vous vous posiez, disponibles *via* la page fan ou par des contacts, vous ont permis de faire votre choix définitif, en l'occurrence celui de cette École et pas d'une autre ;
- Cette approche *via* Facebook vous a permis de goûter au réseau qu'offre l'École et auquel vous êtes impatient d'appartenir.

N'oubliez pas qu'une question qui vous sera sûrement posée, directement ou pas, est : **« Pourquoi nous plutôt qu'une autre École ? »**.

3. LES FORUMS EN LIGNE

Un autre moyen de glaner de l'information sur les Écoles de commerce post-bac et leur concours reste les forums Internet. Il en existe plusieurs qui connaissent une forte fréquentation et abordent des sujets variés sur les Écoles et les concours.

Un forum a pour principal atout de vous offrir une source d'information alternative facilement accessible. Ils sont généralement fréquentés à la fois par des candidats aux Écoles, mais aussi par des étudiants en École de commerce post-bac, voire par des membres de l'équipe pédagogique. Ils permettent d'avoir accès à un large spectre d'avis et de témoignages de la part de ces divers intervenants. Il est souvent intéressant de pouvoir confronter diverses opinions pour essayer d'avoir une vision plus juste de telle ou telle École.

Cependant, il faut rester prudent et garder une certaine distance par rapport à ces forums. Les discussions qui s'y développent virent souvent à l'affrontement sur le niveau de chaque École. En outre, le débat sous pseudo libère d'avantage les esprits et les jugements à l'emporte-pièce. Préférez alors la solution de la discussion en privée avec un étudiant issu de l'École que vous souhaiteriez intégrer. Il sera généralement très heureux de pouvoir faire la promotion de son École auprès d'un candidat potentiel, tandis que vous serez en mesure de ne pas prendre tout ce qu'il vous dit pour argent comptant.

4. LES SALONS ÉTUDIANTS

Le salon étudiant reste un moment incontournable dans la découverte des Écoles de commerce post-bac. **Logiquement, vous devez effectuer ce genre de visites après avoir découvert, grâce à Internet, les différentes Écoles de commerce post-bac qui s'offrent à vous.** Comme nous l'avons vu, vous avez déjà été en mesure de faire un premier tri entre les Écoles qui pourraient potentiellement répondre à vos attentes et celles qui n'y répondent pas du tout !

Un salon étudiant représente l'opportunité unique de pouvoir « visiter » toutes les Écoles de commerce post-bac de France en une seule journée. Un tel événement se déroule généralement sur deux ou trois jours durant un week-end. La plupart des Écoles de commerce post-bac font le déplacement et disposent d'un stand pour accueillir de potentiels candidats à leurs concours.

Autour de ce stand, vous avez déjà accès à toute la documentation en format papier. Vous rétorquerez probablement que vous n'en voyez pas l'utilité puisque tout est sur le site. Détrompez-vous ! Pouvoir consulter tranquillement une documentation complète sur votre École de commerce post-bac peut se révéler très appréciable quand on passe déjà plusieurs heures par jour le nez rivé sur un écran informatique.

Un stand École, c'est aussi l'opportunité de retrouver à la fois des représentants de l'équipe pédagogique – notamment des membres du Service des admissions de l'École – mais surtout des étudiants issus des différentes années. Vous avez alors la possibilité de poser toutes vos questions sur le concours, la sélectivité, les parcours, les atouts de l'École, les opportunités pédagogiques, les échanges internationaux, l'ambiance, la vie de campus, etc.

Surtout, **une telle rencontre vaut 1 000 visites sur le site Internet tant les échanges humains ont plus de valeur et de fiabilité pour se faire une vraie idée d'une École de commerce.**

Une rencontre « en réel » permet de faire part de vos désirs et de vos projets aux interlocuteurs qui vous accueillent et qui peuvent ainsi vous indiquer si leur École sera apte ou non à y répondre. Un site Internet n'est pas calibré pour un tel exercice. Il vous apporte un contenu brut, souvent de qualité, mais ne peut répondre à vos interrogations.

1. Grâce aux salons, marquez des points lors de votre entretien oral d'admission

Participer à un salon étudiant, c'est aussi un formidable argument marketing lors de votre probable futur entretien de motivation pour intégrer l'École.

Le conseil de Franck Attelan, directeur de la Prépa Aurlom, membre de jurys de concours.

Imaginez la scène. Une salle. Un jury de deux personnes face à vous. Le stress de l'entretien vous envahit. Votre envie démesurée de réussir pour intégrer cette École de commerce à laquelle vous avez tant rêvé. Et la fameuse question : « Pourquoi notre École de commerce et pas une autre ? »
Il n'y a alors pas de plus belle réponse à cette question que : « Au-delà des atouts pédagogiques indéniables que possède votre École – dont nous avons déjà parlé – j'ai eu l'occasion de rencontrer la Directrice des admissions de votre École ainsi que plusieurs étudiants en première et deuxième année lors du salon Studyrama des Écoles de commerce post-bac. J'ai fortement apprécié leur dynamisme et leur joie à me parler de votre École. Je les ai trouvés particulièrement ouverts et épanouis. Ils m'ont convaincu que votre École de commerce était faite pour moi et répondait à mes ambitions. »

Le jury sera alors définitivement convaincu que vous êtes réellement motivé pour rejoindre leur École ! Surtout, vous aurez réussi à vous démarquer des centaines de candidats qui se réfugieront uniquement dans les programmes, les échanges ou autres discours trop stéréotypés.

2. Dynamisez votre préparation !

Profiter des différents salons étudiants représente aussi une occasion pour chaque candidat de donner un nouveau souffle à sa préparation.

Nous ne le répéterons jamais assez, mais les concours aux Écoles de commerce post-bac sont hautement sélectifs. Ils demandent une vraie préparation pour toutes les épreuves écrites et orales. Il est donc primordial de démarrer vos révisions au plus tôt. D'autant plus qu'en classe de Terminale, plus l'année défile, plus le baccalauréat se rapproche, ce qui est de nature à vous détacher de plus en plus de vos concours pour les Écoles de commerce post-bac.

Or, il n'est facile pour personne de se motiver pour un concours plusieurs mois avant la date des épreuves. **Un salon peut ainsi jouer un formidable rôle de déclic.** Rencontrer des étudiants qui ont intégré l'École que vous convoitez, donner corps à votre projet et palper en direct la rudesse de la compétition sont autant de réalités qui doivent normalement vous inciter à vous atteler à vos révisions sitôt rentré chez vous, ou presque ! Nous avons tous besoin de leviers pour renforcer notre motivation dans nos divers projets. La préparation d'un concours n'échappe pas à la règle et la participation à un salon étudiant constitue justement ce levier indispensable.

Cet ouvrage se veut le compagnon de votre préparation de A à Z pour vos concours aux Écoles de commerce post-bac. Nous estimons dès lors qu'il est de notre devoir de vous donner des outils très opérationnels pour réussir cette préparation. Concernant votre visite des salons étudiants, nous souhaitons simplement vous donner la liste des cinq choses à faire absolument durant un tel événement !

La TO DO LIST pour les salons étudiants

1) Avant le début du salon, lister par ordre de priorité quelles Écoles de commerce vous souhaitez rencontrer.

2) Prendre toute la documentation disponible sur les stands visités : plaquette de présentation de l'École, plaquette du concours, enquête emplois, etc.

3) Aborder sans complexe le sujet du concours : préparation, épreuves, statistiques, vécu des anciens candidats, etc.

4) Discuter du programme et des opportunités de l'École, à la fois avec des responsables pédagogiques et des étudiants. Prendre soin de noter les noms de chaque personne avec qui vous vous entretenez. Ceci constituera la preuve durant votre entretien que vous avez bien établi un contact avec l'École pendant un salon étudiant.

5) Prévoir une liste de questions pour n'en oublier aucune.

5. LES JOURNÉES PORTES OUVERTES : À VOUS DE LES POUSSER A FOND !

Avec les sites Internet des Écoles de commerce post-bac, Facebook, les forums ou encore les salons étudiants, vous disposez de beaucoup d'informations sur les Écoles et les concours que vous convoitez. Toutefois, ce n'est pas encore suffisant ! Nous estimons que notre mission est de vous donner toutes les cartes pour maximiser vos chances de succès. Ainsi, la dernière étape dans votre procession vers les concours aux Écoles de commerce post-bac reste la participation à une ou plusieurs journées portes ouvertes d'Écoles (JPO).

La plupart des Écoles de commerce post-bac en organisent une ou deux par an. Les premières JPO ont lieu en novembre, tandis que les dernières se déroulent généralement en mars. Elles ont lieu directement sur le campus de l'École.

Comparées aux salons étudiants, elles offrent la même opportunité de rencontre avec des étudiants et des membres de l'équipe pédagogique de l'École. **Leur grand avantage reste cependant de vous accueillir directement sur le campus de l'École.** Vous avez ainsi la possibilité de juger par vous-même de l'emplacement géographique, de l'ambiance de l'École et de la qualité de ses installations.

Généralement, lors d'une JPO, vous êtes invité à une rencontre avec le Service des admissions qui vous présente de manière détaillée les modalités du concours d'entrée et les perspectives académiques que propose l'École.

Ensuite les étudiants vous proposent de visiter l'École : locaux des cours, salles informatiques, locaux associatifs, lieux de vie (cafétéria par exemple), bibliothèque, salles de sport, etc. C'est une véritable opportunité pour se faire une idée du campus sur lequel vous pourriez être amené à passer quatre à cinq ans.

Dans le même temps vous pouvez poser toutes les questions que vous souhaitez aux étudiants et aux membres des équipes pédagogiques. Profitez-en pour lever tous les doutes que vous avez, même sur des questions bien précises.

Si vous avez un projet académique et professionnel défini et que vous souhaitez savoir si l'École pourra y répondre, utilisez les JPO et les interlocuteurs présents pour obtenir vos réponses. Le jour du concours ou de l'oral, il sera trop tard.

Vous ne pouvez pas nier qu'évaluer l'établissement dans lequel vous allez passer quatre ou cinq années de votre vie – intellectuellement, humainement et financièrement – n'est pas un luxe !

Participer à une journée porte ouverte est enfin un moyen inégalé pour prouver votre motivation à rejoindre une École de commerce lors de votre entretien. Il vous faudra ainsi impérativement évoquer au jury votre déplacement sur le campus et votre plaisir d'avoir rencontré des étudiants de l'École.

[Conclusion]

A cette étape de notre ouvrage, vous avez déjà eu le loisir de découvrir les différentes Écoles de commerce post-bac qui s'offrent à vous, de mesurer la sélectivité des concours pour y accéder (et donc l'investissement à fournir pour réussir) et de bénéficier de conseils avisés pour mieux faire connaissance avec ces différentes Écoles.

Nous souhaitons maintenant synthétiser l'ensemble avec la présentation d'un plan d'action qui vous permettra de choisir au mieux votre *Bachelor* ou votre École de commerce de niveau bac +4 ou bac +5.

PREMIÈRE PARTIE

LES ÉPREUVES ÉCRITES DU CONCOURS SÉSAME

I. ANALYSE DOCUMENTAIRE

I. MÉTHODOLOGIE DE L'ÉPREUVE

L'épreuve dure 2 heures : 1 QCM de 20 questions : *évaluer votre capacité de recherche, de hiérarchisation et de traitement de l'information.*

3 catégories de questions :

A- **Questions de repérage :** vous devez trouver la réponse à la question posée dans l'un des textes de la base documentaire et cocher la réponse correspondante.

B- **Questions d'analyse :** plusieurs réponses peuvent être attendues pour une question, regardez bien les consignes et le type de case à cocher.

C- **Questions de synthèse :** vous devez répondre à la question qui permettra de construire les grandes lignes de la dissertation permettant de traiter le sujet.

1. ANALYSE DES DOCUMENTS ET PRISE DE NOTES : 1 H

1. Survol : 15 minutes

Comment procéder ?

[1. Lire les questions au préalable]

Afin de bien organiser son temps et d'être le plus efficace possible, il convient de lire au préalable les questions de repérage et d'analyse. Ainsi, cette lecture en amont permet de cibler les recherches et de donner une direction à sa lecture. En effet, on pourra noter les différents mots-clés, et les connecter aux sources des documents.

[2. Lire le sommaire]

Après avoir lu les questions, il est essentiel de lire le sommaire contenant les sources des documents. Cette partie se nomme « Références bibliographiques ». Souvent négligée, elle permet pourtant de recueillir un maximum d'informations. On peut d'ores et déjà relier certaines questions de repérage et d'analyse à certains documents.

2. Lecture approfondie : 1 h

Il est vivement conseillé de lire de façon approfondie afin de ne perdre aucun élément nécessaire à la réponse aux questions. Les questions de repérage nécessitent des éléments de réponse précis et factuels, alors que les questions d'analyse et de synthèse nécessitent une approche globale du thème en question. **D'où la nécessité de lire au préalable les questions, puis les références bibliographiques, et enfin les documents dans l'ordre.**

Il ne faut pas confondre vitesse et précipitation. Il faut bien comprendre les documents et donc les lire entièrement.

Il convient d'être concis, synthétique et d'aller vite : pas plus de 2 à 3 minutes par page de document. Cette lecture est facilitée par l'étape de survol.

2. RÉPONSES AUX QUESTIONS : 1 H

1. Les questions de repérage

La consigne est très claire :

> Pour chacune des questions, UNE SEULE proposition est correcte. Seules les bonnes réponses sont prises en compte.

Les questions de repérage sont relativement faciles et factuelles, elles nécessitent d'être malin et vigilant. En effet, en ayant lu les questions en amont, et ayant procédé à la lecture des références bibliographiques, il est très facile de répondre à ces questions dont le barème n'est pas très élevé.

> Quel auteur est à l'origine de la théorie de la « ruse de la raison » ?
>
> A. Georg Wilhelm Friedrich Hegel
> B. Karl Marx
> C. René Descartes
> D. Mary Shelley
>
> Réponse : A
>
> Explications : La « ruse de la raison » est une théorie mise au point par Hegel figurant dans le texte 17. Les mots-clés « ruse de la raison » permettaient de retrouver très facilement la réponse dès la lecture en survol des références bibliographiques.

Il ne faut jamais consacrer trop de temps aux questions de repérage. En effet, le barème (0,25 point à 1 point selon les questions) ne nécessite pas qu'on y passe un temps infini. Trop d'étudiants perdent du temps en passant plus de 15 minutes à fouiller dans le dossier documentaire. Pour anticiper ces recherches de dernière minute, il faut être efficace et appliquer la méthode de lecture et de prise de notes énoncée plus haut.

2. Les questions d'analyse

Il convient de bien comprendre les consignes officielles :

> PLUSIEURS propositions permettent de construire la bonne réponse à chaque question posée. Sélectionnez uniquement LES propositions appropriées.
>
> Notation :
>
> 1. Le candidat qui sélectionne toutes les propositions attendues obtiendra la totalité des points.
> 2. Le candidat qui identifie au moins la moitié des propositions attendues obtiendra la moitié des points à condition que sa réponse ne contienne aucune erreur.
> 3. Le candidat qui sélectionne moins de la moitié des propositions attendues n'obtiendra aucun point.
> 4. Le candidat qui sélectionne trop de propositions (même si ces dernières comportent les propositions attendues) n'obtiendra aucun point.

Cette question d'analyse nécessite précision et méthode pour y répondre correctement, et donc obtenir le maximum de points.

De toute évidence, une mauvaise lecture aura de lourdes conséquences sur la bonne réponse aux questions d'analyse posées. Il faut impérativement lire les questions avant de lire les documents, nous ne le répèterons jamais assez.

Comment répondre correctement ?

Il faut tout d'abord exclure les questions qui ne correspondent pas à l'esprit des documents. Dans l'exemple ci-dessous, il est utile de s'aider de l'énoncé de la question. Ainsi, le « miracle de saint Denis » est le titre du texte 6 et de l'illustration 5. Si la lecture a été bien effectuée, et la prise de notes efficace, les réponses semblent assez évidentes. Il convient cependant de survoler de nouveau ces deux documents. Une relecture permet donc à la fois d'exclure les réponses farfelues et donc fausses, pour ensuite valider les réponses restantes qui sont donc avérées.

Quel message véhicule le « miracle de saint Denis » quant à la situation de l'homme face aux progrès rapides des machines ?

A. Les ordinateurs renferment désormais toutes les capacités cognitives de l'homme.
B. L'homme est condamné car c'est la fin de toute pensée humaine.
C. L'homme est coupé du monde qui l'entoure.
D. Seule la capacité d'invention reste entre les mains de l'homme.

Réponses : A et B

Explications : L'homme a déposé toutes ses capacités cognitives dans les ordinateurs qui sont comme des têtes coupées de leurs propriétaires. Cependant, même si l'ordinateur a démultiplié ses capacités, cette révolution ne signifie pas forcément la fin de toute pensée humaine. Elle condamne simplement l'homme à devenir intelligent et à se concentrer sur ses capacités d'invention ou encore de création. (TEXTE 6 et ILLUSTRATION 5).

3. La question de synthèse

Voyons ensemble comment réussir cette partie du devoir.

Pour chacune des questions, UNE SEULE proposition est correcte. Seules les bonnes réponses sont prises en compte.

Tout d'abord, il convient d'analyser la question de synthèse qui est proposée. En effet, elle comporte beaucoup d'informations, au premier chef le plan, qui est sous-jacent.

En 1997, après la première grande défaite de l'homme contre la machine aux échecs, un quotidien avait pu interroger en une : « L'homme est-il foutu ? ». Mais l'homme a-t-il raison d'avoir peur des machines ? Vous construirez une réponse structurée, à l'aide d'arguments extraits du dossier.

Comment comprendre cette question ? D'une part, elle pose un cadre thématique : la relation entre l'homme et la machine. D'autre part, elle sous-entend le plan :

1. « L'homme est foutu ? » : Les enjeux de la place des machines dans la société.
2. « L'homme a-t-il raison d'avoir peur des machines ? » : Les perspectives de la place des machines dans la société.

Dès lors, le plan indiqué est clair, et permet à la fois une bonne prise de notes (on va avant tout chercher les arguments pour envisager ces deux parties, et donc alimenter la réflexion), et des réponses efficaces aux questions posées.

[1. Problématique]

Sélectionnez la problématique appropriée pour traiter le sujet.

A. Quelle place pour l'homme face à l'intelligence artificielle ?
B. Comment peut-on expliquer la domination de l'homme par l'intelligence artificielle ?
C. Dans quelle mesure l'intelligence artificielle est-elle une menace pour l'homme ?
D. En quoi l'intelligence artificielle représente-t-elle un danger pour l'humanité ?

Cette question de la problématique peut être facilement traitée car il faut trouver la question qui recoupera le thème proposé, ses enjeux et ses perspectives. Bien évidemment, une fois de plus, une lecture efficace et structurée est indispensable pour mener à bien cette étape.

Réponse : C

Explications : Compte tenu des éléments du dossier documentaire, il convient ici de se demander si l'intelligence artificielle représente une réelle menace pour l'homme ou si, au contraire, ces craintes sont à relativiser.

La réponse C apparaît ainsi comme la problématique la plus équilibrée. En effet, elle autorise une réflexion ouverte sur la place des machines dans la société, un rôle préoccupant et grandissant qu'il convient néanmoins de nuancer autant que faire se peut.

[2. Titre]

Le titre est une étape indispensable pour la question de synthèse. Il faut précisément le distinguer de la problématique. Il s'agit alors de trouver une phrase, au mode nominal de préférence (sans verbe conjugué) afin de recouper le thème général proposé, dans toutes ses facettes.

Sélectionnez le titre approprié pour la première partie du raisonnement.

A. L'homme contre la machine, un duel à l'issue incertaine.
B. L'intelligence artificielle représente une menace potentielle pour l'homme.
C. Malgré la menace, l'homme est et restera supérieur à la machine.
D. Progrès exponentiels de l'intelligence artificielle et bouleversements technologiques à venir.

Ainsi, les réponses A, C et D ne peuvent être sélectionnées car elles sont de toute évidence trop connotées, insuffisamment neutres et objectives, et surtout elles affirment de façon péremptoire un seul angle du sujet. Or, comme nous l'avons évoqué dans l'étape de problématique, un plan marche sur deux jambes. En d'autres termes, un sujet ne peut être envisagé que sous le faisceau d'un seul angle d'analyse.

Réponse : B

Explications : Le sujet et la problématique appellent une réponse nuancée et donc un plan dialectique. Il convient donc dans une première partie, de présenter les arguments démontrant que l'intelligence artificielle peut constituer une menace pour l'homme.

[3. Résumé]

Comment réussir cette étape ? Les maîtres mots sont les suivants : **objectivité** et **précision**. En effet, il convient de trouver les termes les plus appropriés, décrivant une réalité neutre de tout jugement. La nuance est donc de mise.

Construisez le résumé de la deuxième partie en complétant le texte ci-dessous.

L'intelligence artificielle est porteuse [w] dans de nombreux domaines et pourrait aider l'homme à résoudre des problématiques mal ou non résolues car trop complexes. Plus que des machines, la menace provient [x] qui utilise [y] comme un instrument de maximisation des profits faisant ainsi courir le risque de l'aliénation de l'homme par [z].

[w]
A. d'avancées
B. de fausses promesses
C. d'effets pervers
D. de bouleversements

[x]
A. du big data
B. de l'Etat
C. de l'économie capitaliste
D. de l'intelligence artificielle

[y]
A. l'homme
B. l'économie capitaliste
C. les GAFAM
D. l'intelligence artificielle

[z]
A. l'Etat
B. l'homme
C. l'intelligence artificielle
D. le big data

Prenons l'exemple des propositions pour [w] : les réponses B, C et D sont trop connotées, elles sont subjectives et portent donc un jugement. Le terme « avancées » est donc le plus approprié pour décrire la réalité du thème tel qu'il transparaît dans les documents.

Analysons également les propositions pour [x] : les réponses A, B et D sont tout simplement incorrectes. Seule la réponse C convient dans ce cas de figure. Il faut donc être très vigilant à l'architecture de la phrase, sa cohérence et donc son sens. Ce dernier devra être fidèle au thème du dossier documentaire.

Réponses : [w] A ; [x] C ; [y] D ; [z] B

Explications : L'intelligence artificielle est porteuse d'avancées dans de nombreux domaines (TEXTE 4) et pourrait aider l'homme à résoudre des problématiques mal ou non résolues car trop complexes. Plus que des machines, la menace provient de l'économie capitaliste qui utilise l'intelligence artificielle comme un instrument de maximisation des profits faisant ainsi courir le risque de l'aliénation de l'homme par l'homme (TEXTES 15, 16, 17 et 18 + ILLUSTRATION 7).

L'étape de survol et la lecture préalable des questions sont essentielles pour bien comprendre et saisir le thème général du dossier documentaire.

[4. Conclusion]

Comment réussir l'étape de conclusion ? Il s'agit surtout de trouver les termes les plus appropriés, une fois de plus, dans un souci de cohérence et de vérité.

Construisez l'ouverture de cette conclusion en complétant la phrase ci-dessous. Il paraît intéressant de se demander quel doit être le rôle [x] pour [y] les géants du numérique et permettre à la société de bénéficier pleinement des progrès technologiques récents et à venir.

[x]
A. des GAFAM
B. des pouvoirs publics
C. des supercalculateurs
D. des citoyens

[y]
A. interdire
B. dynamiser
C. libéraliser
D. encadrer

Ainsi, les propositions de réponse semblent évidentes, au regard de la méthodologie proposée. On évoque bien sûr le rôle de l'Etat en matière d'encadrement des nouvelles technologies.

Réponses : [x] B ; [y] D

Explications : Il paraît intéressant de se demander quel doit être le rôle des pouvoirs publics pour encadrer les géants du numérique et permettre à la société de bénéficier pleinement des progrès technologiques récents et à venir (TEXTE 14).

II. ENTRAÎNEMENT

1. DOCUMENTS DU DOSSIER

PARTIE 1 : LA MACHINE CONTRE L'HOMME

Texte 1

1997 : LA MACHINE BAT L'HOMME AU JEU D'ÉCHECS

Dès 1968, dans *2001, Odyssée de l'espace*, Stanley Kubrick met en scène une partie dans laquelle Hal, l'ordinateur, bat un humain, mais c'est Deep Blue qui a vraiment relancé, à la fin des années 1990, le débat sur la notion d'intelligence artificielle. Il a surtout reposé de manière spectaculaire une question philosophique des plus brûlantes, en un siècle contraint par l'avancée sans relâche du progrès technologique, de penser plus rigoureusement les rapports entre l'homme et la machine : quand peut-on affirmer sans le moindre risque de se tromper que l'on est en présence d'un être *pensant* ? Faut-il, pour pouvoir dire que l'on pense, avoir *conscience* de penser ? Le problème n'est pas vraiment nouveau : un informaticien surdoué nommé Alan Turing, élève de Ludwig Wittgenstein à Cambridge, l'avait déjà clairement formulé alors même qu'il donnait naissance à l'un des premiers supercalculateurs, le programme Colossus, seul capable de décrypter le code Enigma employé par l'armée allemande durant la Seconde Guerre mondiale et dont le rôle fut considérable dans la victoire alliée.

On ne prend la mesure de ce débat qu'en se donnant la peine d'étudier d'un peu près la manière dont opère – ou opérait, puisqu'il fait désormais partie de l'Histoire – Deep Blue. Il s'agissait d'un mastodonte d'un poids global de 1,4 tonne regroupant 512 microprocesseurs travaillant de concert au sein d'une architecture qualifiée de « massivement parallèle ». Chacun de ces microprocesseurs avait une tâche précise : suivre l'une des trente-deux pièces, surveiller l'une des soixante-quatre cases, effectuer à très grande vitesse des calculs permettant de prévoir l'évolution de la position avec, en moyenne, sept ou huit coups de profondeur, et de rechercher dans sa gigantesque base de données une ou plusieurs parties comparables à l'affrontement en cours. Grâce à cette recherche fondée sur la reconnaissance fine de certaines formes, la machine abandonnait les lignes d'analyse jugées inférieures pour se concentrer sur d'autres qui faisaient ainsi l'objet d'une exploration plus poussée. Deux cents millions de positions étaient examinées à la seconde… Si Deep Blue frappait l'observateur par son gigantisme, son mode de fonctionnement ne différait cependant en rien de celui de tout programme un peu sophistiqué. Le principe de base est fort simple : […] la machine va énumérer de manière systématique toutes les manœuvres autorisées par les règles dans la position envisagée avant de procéder à une évaluation. Chaque possibilité va se voir attribuer une note en fonction des priorités élaborées par les programmeurs et c'est le coup le mieux coté qui sera finalement joué.

Expliquer la manière dont il « pense », c'est mettre en évidence le paradoxe de Deep Blue. Il repose sur une contradiction facile à articuler. D'un côté, il est indéniable qu'un chemin phénoménal a été parcouru depuis les premiers prototypes. Certes, Deep Blue s'appuie de manière privilégiée sur sa puissance brute de calcul, mais il faudrait avoir la vue bien courte pour ne pas comprendre que cette dernière sert une avancée significative : il parvient à donner l'illusion qu'il possède une certaine *intuition*, une qualité que l'on tend à considérer comme l'apanage de l'homme, et d'ailleurs surtout de la femme… Le match de 1997 contre Kasparov en est la plus belle illustration, une rencontre qui restera, pour le meilleur ou pour le pire, l'un des tournants de l'histoire du jeu puisque pour la première fois, et à grand renfort de publicité, le champion du monde perdit contre une machine non pas une partie, mais la confrontation dans son ensemble.

Que retenir de ce combat orchestré comme un show ? Les souvenirs se bousculent. Les images très furtives de ces boîtes géantes, mi-placards, mi-cercueils à vampire, soigneusement conservées à l'abri des regards dans une pièce réfrigérée ? L'énorme pendule, fabriquée spécialement pour l'occasion par une grande firme d'horlogerie suisse, qui trônait sur la table de jeu ? La terrible sixième partie où Kasparov, avec les Noirs, permit à son adversaire d'exécuter un sacrifice d'école et s'effondra en dix-neuf coups et moins d'une heure ? Ou encore le titre barrant la une d'un quotidien au lendemain de cette fatidique dernière manche : « L'homme est-il foutu ? »

J'en garderai pour ma part ce qui m'apparaît comme le moment le plus magique et le plus inquiétant. Nous sommes au cœur de la deuxième partie et tout va bien pour Kasparov, qui a remporté la première. Mais soudain ses certitudes vacillent. Il a pourtant joué habilement l'ouverture pour obtenir le type de position que les ordinateurs ont tant de peine à dominer – fermée et propice aux manœuvres lentes –, et, bien que Deep Blue soit parvenu à doubler ses Tours sur une colonne, ce qui lui donnera un avantage d'espace lorsqu'elle s'ouvrira, on ne saurait dire que le champion du monde est « sous pression ». C'est alors que la machine produit deux coups – les trente-sixième et trente-septième – qui vont non seulement lui faire perdre cette partie, mais vont hanter Kasparov jusqu'à la fin du match tant leur profondeur est « humaine ». Deep Blue commence par refuser le gain immédiat d'un pion, prouvant qu'il est d'une autre trempe que ses prédécesseurs dont le défaut majeur était de ne pouvoir résister à l'appât du matériel. On disait d'eux qu'ils aimaient à « mourir le ventre plein ». Puis il couronne une approche stratégique parfaite en plaçant son Fou au centre de l'échiquier pour étouffer la seule chance d'attaque de Kasparov qui abandonne dix coups plus tard dans une position difficile, mais où un peu plus de concentration et d'énergie lui auraient permis de trouver une combinaison forçant la nullité. Le moral n'y est déjà plus. Il lâche le lendemain devant les journalistes des mots dont on saisira après la dernière partie ce qu'ils trahissent de détresse : « Hier, il s'est passé quelque chose de différent, quelque chose d'incroyable. » Oublions les accusations plus ou moins voilées de tricherie qui entourèrent la suite des débats ou portons-les au compte de la détresse du champion vaincu ou se sachant sur le point de l'être. Il m'intéresse davantage de méditer sur cette journée de mai 1997 où un programme joua véritablement comme un être humain, réalisant l'espace d'un après-midi la prophétie d'Alan Turing : l'avènement d'une machine pensante.

Illustration 1

FACE-A-FACE HISTORIQUE KASPAROV / DEEP BLUE

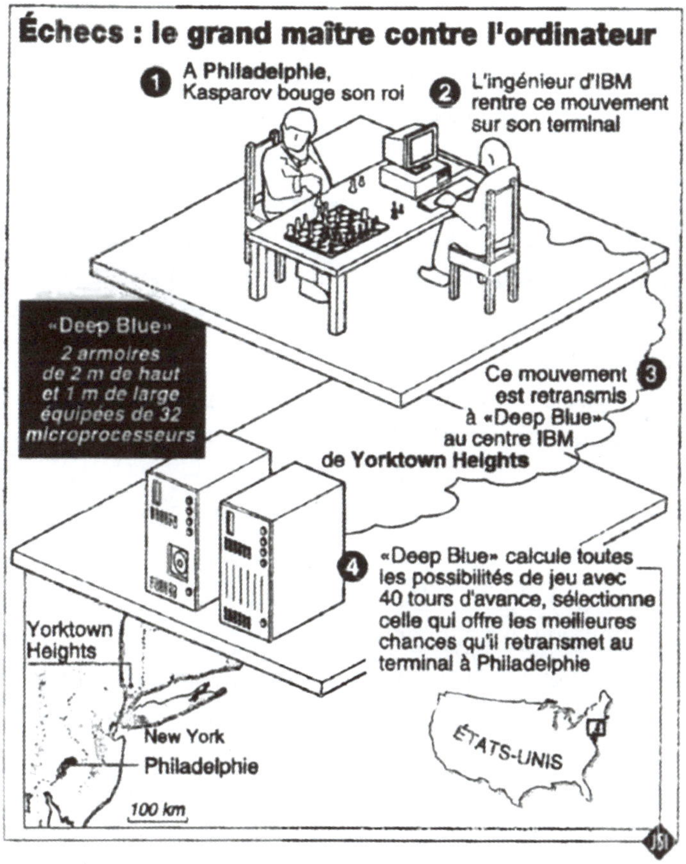

Texte 2

2016 : LA MACHINE BAT L'HOMME AU JEU DE GO

Battu par la machine AlphaGo il y a cinq mois, Fan Hui, champion d'Europe de go, estime « avoir progressé » grâce à sa défaite : il est mercredi l'un des arbitres du tournoi qui démarre à Séoul entre le programme et le champion du monde, le Sud-Coréen Lee Se-dol.

« Cet événement est peut-être le plus important pour le jeu du go depuis son invention », il y a environ 3 000 ans, déclare Fan Hui dans un entretien en français à l'AFP. « Je suis arbitre pour les cinq matchs. » « Je suis content d'être au cœur de cette rencontre. »

En octobre, l'Intelligence artificielle avait déjà marqué un point très significatif, en battant par 5 à 0 ce joueur professionnel d'origine chinoise installé à Bordeaux (France).

Au début du match, qui s'est déroulé à Londres, « je n'imaginais pas que je pourrais perdre », raconte Fan Hui, 35 ans. « J'ai joué la première partie de façon simple et tranquille. Mais AlphaGo joue très bien. J'ai fait une grossière erreur et il a gagné. »

« J'ai alors changé totalement de stratégie. J'ai mené des combats sans arrêt. Et même, comme cela, j'ai perdu. »

« Parfois, cela ne se passait pas trop mal. Mais à un moment donné, je faisais toujours une erreur. L'ordinateur, lui, est très stable. Il joue tranquille. Il ne fait pas de grosses erreurs. Il ne s'inquiète pas du tout. »

Qui plus est, le programme informatique de Google « joue comme un vrai humain. Il ne fait pas de coups bizarres comme les précédents programmes », relève Fan Hui.

Alors « j'ai commencé à stresser. J'ai perdu confiance. J'étais désespéré car j'avais compris que je ne pouvais pas gagner ».

« Je suis le premier joueur professionnel de go à avoir été battu par un programme informatique. C'était dur », reconnaît-il. « Mais à présent, cela fait cinq mois. Je me sens déjà beaucoup mieux. »

Il confie que cela a été une « vraie torture » de tenir sa langue jusqu'à l'annonce fin janvier dans la revue *Nature* de la victoire du programme de Google.

Fan Hui précise être tenu à la confidentialité pour ce qui est de la technique de jeu d'AlphaGo et de son pronostic sur le match de Séoul. Il note seulement que Lee Se-Dol affrontera « une machine plus forte » que celle qui a joué contre lui car elle a « progressé » dans l'intervalle.

Pour l'intelligence artificielle, le go représente « un plafond » en raison de la multitude de combinaisons possibles, souligne-t-il.

Si la machine gagne, « le plafond sera crevé ». L'intelligence artificielle aura vaincu tous les jeux de stratégie qui ne sont pas des jeux d'ordinateurs.

Pour autant, « il ne faut pas avoir peur » d'elle. « Elle pourra nous aider à sauver des gens, à améliorer l'environnement ».

« AlphaGo va aussi changer beaucoup de choses pour le jeu de go mais de façon plutôt positive », estime Fan Hui.

Depuis son duel contre cette machine, le joueur a eu « l'impression d'avoir progressé grâce à elle ».

« AlphaGo a vraiment cassé mes automatismes. Il m'a obligé à tout repenser car plus rien n'était sûr. J'ai dû recommencer à réfléchir aux fondamentaux du go alors que dans ce jeu il y a un gros travail de mémorisation. »

« Le programme m'aide à avancer progressivement. C'est réciproque », déclare Fan Hui, qui « aide » Google à « améliorer » AlphaGo.

Illustration 2

UN ORDINATEUR INFLIGE UN REVERS AU CHAMPION DU MONDE DE GO

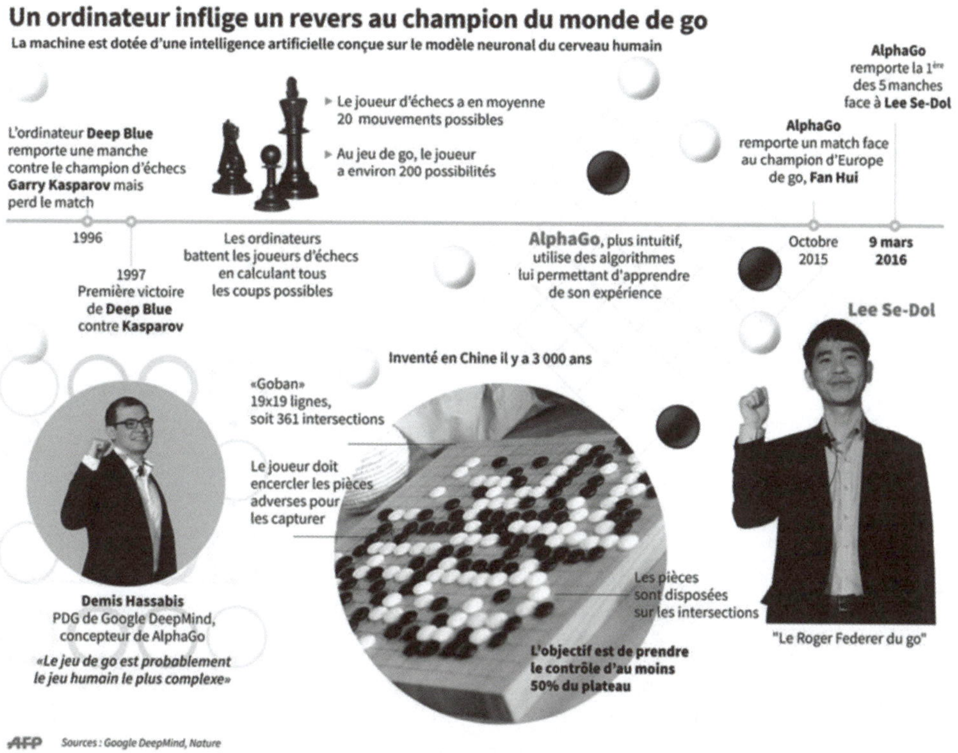

Texte 3

COMPLEXITÉ COMPARÉE DU GO ET DES ÉCHECS

Dans les jeux de société comme le tic-tac-toe, les dames, les échecs, ou le Go, les règles définissent la grille de jeu, la variété des pions et les règles de leur déplacement. Le jeu de Go a des règles plus simples parce qu'il n'existe que deux types de pions, les blancs et les noirs, et une règle d'encerclement des pions adverses, mais la combinatoire est plus élevée qu'aux échecs, simplement parce que l'aire de jeu est plus grande, et les règles de positionnement des pions plus libres.

Yann Le Cun[1] l'explique bien dans *Facebook's head of AI[2] wants us to stop using the Terminator to talk about AI* (octobre 2017) : « So, AlphaGo is using reinforcement learning. And reinforcement learning works for games; it works for situations where you have a small number of discrete actions, and it works because it requires many, many, many trials to run anything complex. AlphaGo Zero has played millions of games over the course of a few days or few weeks, which is possibly more than humanity has played at a master level since Go was invented thousands of years ago. This is possible because Go is a very simple environment and you can simulate it at thousands of frames per second on multiple computers. […] But this doesn't work in the real world because you cannot run the real world faster than real time. »

1. Le français Yann Le Cun dirige le laboratoire de recherches en intelligence artificielle de Facebook.
2. « AI », *Artificial Intelligence* : l'intelligence artificielle.

Illustration 3

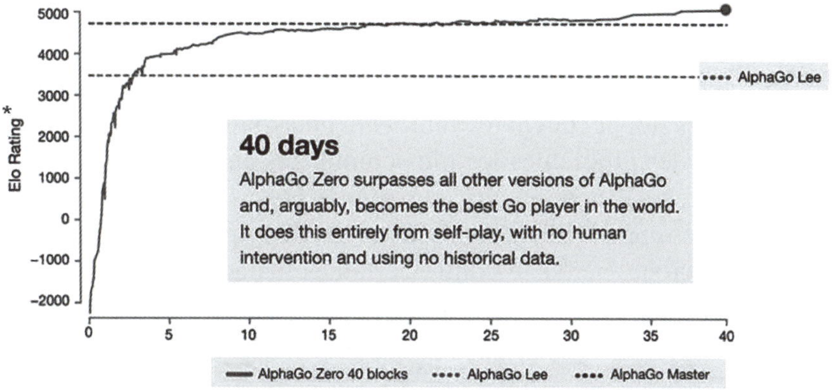

AlphaGo Zéro : la dernière version d'AlphaGo
AlphaGo Lee : la version d'AlphaGo qui avait battu le champion coréen, Lee Se-Dol
AlphaGo Master : une version encore améliorée d'AlphaGo Lee

* *Elo Rating* : le "classement Elo" est un système d'évaluation du niveau de jeu des joueurs d'échecs, de go, ou d'autres jeux à un contre un.

Texte 4

« ALPHAGO » PASSE À AUTRE CHOSE

C'est en des termes élégants que l'entreprise Deepmind qui a mis au point le logiciel AlphaGo, a annoncé que son ultime match victorieux, samedi 27 mai 2017 contre le champion Ke Jie, serait le dernier que la machine disputerait contre un humain.

AlphaGo avait déjà fait sensation l'an dernier en battant le grand du jeu de go maître sud-coréen Lee Se-Dol par quatre parties à une. C'était la première fois qu'un logiciel écrasait un joueur chevronné lors d'un match entier. La victoire d'AlphaGo avait été saluée comme une percée technologique pour les ordinateurs, désormais capables non seulement de conduire des voitures mais aussi d'aider l'humanité à résoudre quelques-uns des problèmes scientifiques, techniques ou médicaux les plus ardus. Déjà en 1997, le champion du monde d'échecs Garry Kasparov avait été vaincu par l'ordinateur Deep Blue d'IBM. Mais le défi pour la machine est incroyablement bien plus relevé au jeu de go, dans lequel deux adversaires tentent d'occuper le plus d'espace sur un plateau quadrillé en plaçant alternativement des pierres noires et blanches. La taille du tablier (19 lignes sur 19) offre un nombre incalculable de configurations possibles – davantage qu'il y a d'atomes dans l'univers – et le déroulement du jeu obéit à des concepts stratégiques qui vont au-delà du simple calcul mathématique, aussi puissant soit-il. Ce qui signifie que l'intuition et la créativité sont essentielles pour gagner à très haut niveau. Deux domaines dans lesquels l'humain, croyait-on, était nécessairement supérieur à la machine.

Puisqu'il n'est plus possible d'aller plus loin après cette série de matches victorieux (et donc que les maîtres humains de cette discipline ne sont plus au niveau), les informaticiens à l'origine du logiciel vont désormais s'attaquer « à relever de nouveaux défis et développer des algorithmes qui pourront un jour aider les chercheurs à résoudre certains des problèmes les plus complexes auxquels nous faisons face » dans le domaine médical notamment, a expliqué Demis Hassabis, le fondateur de DeepMind. Et l'entreprise de lister quelques défis qui attendent l'intelligence artificielle : la recherche médicale contre certaines maladies, la réduction drastique de la consommation d'énergie ou encore la mise au point de nouveaux matériaux.

Néanmoins, l'entreprise n'entend pas abandonner totalement l'univers du Go. Elle promet « dans l'année » un article scientifique sur les améliorations apportées à l'algorithme, ainsi qu'un outil d'apprentissage du Go pour permettre à tout le monde « d'analyser les positions sur le plateau, de montrer comment "pense" l'algorithme, et de donner aux joueurs la possibilité de voir la partie à travers le prisme d'AlphaGo ».

PARTIE 2 : LES MACHINES PEUVENT-ELLES PENSER ?

Illustration 4

LES MACHINES PEUVENT-ELLES PENSER ?

Texte 5

DEEP BLUE A-T-IL ÉTÉ CAPABLE DE PENSER ?

Il y a quelques mois, l'ordinateur Deep Blue écrase le champion du monde d'échecs Kasparov. Il paraît que figure dans les notes de Kasparov sur cette partie un moment tout à fait extraordinaire : la machine attend deux minutes, autant dire cent mille ans à l'échelle d'un cerveau électronique ! Et elle joue un coup qu'on n'avait jamais vu, jamais compris, qui lui a assuré la victoire. Et Kasparov note : « J'ai compris qu'elle ne calculait pas ; elle pensait. » C'est terrifiant ! Je raconte cela à un de mes collègues à Cambridge, qui me réplique : « Qui te dit que la pensée n'est pas un calcul ? » Et s'il avait raison ? Encore plus terrifiant !

Texte 6

LE « MIRACLE DE SAINT DENIS »

Je voudrais raconter une histoire.

Autrefois, lorsque Paris s'appelait Lutèce, des chrétiens avaient élu un évêque – à cette époque-là, les évêques étaient élus. Un soir, ils étaient réunis dans une salle bien fermée – nous sommes à l'époque des persécutions romaines –, en train d'écouter leur évêque, lorsque les portes et les fenêtres sont enfoncées par les légions. Un centurion romain, passant par l'allée centrale, va décapiter l'évêque, dont la tête roule par terre. O surprise, ô miracle, l'évêque se baisse, ramasse sa tête et la montre à ses persécuteurs. Quand ma grand-mère me racontait cette histoire, je lui demandais évidemment comment l'évêque avait vu sa tête… Par ce miracle, l'évêque fut délivré. Cet homme s'appelait saint Denis.

Vous seriez bien inspiré de donner ce nom à votre ordinateur. Pourquoi ? Parce qu'il contient à la fois votre mémoire, et même plus.

Il contient vos facultés opératoires, et bien plus, ainsi que des millions d'images – plus que ne peut en concevoir votre imagination. Or, autrefois, qu'était-ce que penser ? Qu'était-ce que connaître ? C'était faire fonctionner en soi ce qu'on appelait les « facultés de l'âme » : la faculté d'opérer, de raisonner, la faculté de la mémoire et celle de l'imagination. Or, ces trois facultés viennent soudainement de tomber, comme la tête de saint Denis, dans cet objet devant vous, qui est l'ordinateur. C'est en effet notre manière, notre outil pour penser.

Quant au jugement, c'est celui d'Esope : « La langue est la meilleure et la pire des choses. » Le journal est la meilleure et la pire des choses. N'importe quel objet est le meilleur et le pire de tous les objets. Il suffit de s'en servir de telle ou de telle manière. Ce qui est intéressant c'est de dire qu'il s'agit d'une révolution fondamentale de l'Histoire, au même titre que l'écriture ou l'imprimerie. Outre ce nouvel espace dont je parlais tantôt nous n'avons plus nous-mêmes, ni mémoire nous n'en avons plus tellement besoin –, ni raison – nous en avons finalement moins besoin –, ni imagination – cette boîte devant nous, cette tête objectivée regorge d'images.

La nouveauté qu'impliquent les nouvelles technologies, c'est le fait qu'il ne nous reste plus que cette espèce de gloire, que le peintre pompier a représenté, au Panthéon, de l'histoire de saint Denis : cette aura qu'il a mise à la place de la tête, c'est, finalement, notre faculté humaine d'inventer. Tout ce qui touche la mémoire, tout ce qui touche les opérations de la raison, tout ce qui touche l'imagination est désormais objectivé dans cette boîte-là. Voilà une révolution extraordinaire dont nous n'avons peut-être pas encore mesuré les résultats. Nous reste l'invention. Je vous annonce une très bonne, ou une très mauvaise, nouvelle : nous sommes désormais condamnés à devenir intelligents.

Illustration 5

LE « MIRACLE DE SAINT DENIS »

Texte 7

ET DEMAIN ?

« L'espoir est que plus on augmente le nombre de couches, plus les réseaux de neurones apprennent des choses compliquées, abstraites, qui correspondent plus à la manière dont un humain raisonne », anticipe Yann Ollivier. Pour lui, le *deep learning* va, dans une échéance de 5 à 10 ans, se généraliser « dans toute l'électronique de décision », comme dans les voitures ou les avions. Il pense aussi à l'aide au diagnostic en médecine, citant certains réseaux de neurones qui « se trompent moins qu'un médecin pour certains diagnostics », même si, souligne-t-il, « ce n'est pas encore rôdé ». Les robots seront eux aussi, selon lui, bientôt dotés de cette intelligence artificielle.

« Un robot pourrait apprendre à faire le ménage tout seul, et ce serait bien mieux que les robots aspirateurs, qui ne sont pas fantastiques ! », sourit-il. « Ce sont des choses qui commencent à devenir envisageables. »

Chez Facebook, Yann Le Cun veut utiliser le *deep learning « de façon plus systématique pour la représentation des pièces d'information »*, en clair, développer une IA[3] capable de comprendre le contenu des textes, photos et vidéos publiés par les internautes. « Mais pour l'instant, on n'y est pas ». Il rêve également de pouvoir créer un assistant numérique personnel avec qui il serait possible de dialoguer par la voix. Plus proche de l'IA du film *Her* (où un humain tombe amoureux du logiciel de son smartphone) que de l'actuel système Siri des iPhones, précise-t-il.

« Pour Siri et Cortana, les réponses sont écrites à la main. Ces systèmes ne sont intelligents que parce que des ingénieurs ont pensé à toutes les possibilités ». Lui aimerait créer un système plus autonome, « à qui on pourrait poser des questions comme à un ami, sans avoir besoin d'utiliser le bon mot-clé ». Mais, temporise le chercheur, « on ne sait pas faire, on est très loin de *Her*. Cela nécessite un bien meilleur niveau de compréhension que les systèmes qu'on a actuellement. Et cela nécessite aussi de comprendre la psychologie des gens ».

Plus inattendu, les réseaux de neurones pourraient aussi avoir une influence sur les neurosciences, explique Yann Le Cun. « *Des chercheurs les utilisent comme un modèle du cortex visuel, car il y a des parallèles* ». « *Le cerveau humain fonctionne aussi par couches : il capte des formes simples, puis complexes* », explique Christian Wolf, spécialiste de la vision par ordinateur à l'INSA de Lyon. « *En ce sens, il existe une analogie entre les réseaux de neurones et le cerveau humain. Mais, à part cela, on ne peut pas dire que le deep learning est à l'image du cerveau.* »

L'avenir semble donc sourire au *deep learning*, mais Yann Le Cun reste méfiant :

« On est dans une phase très enthousiaste, c'est très excitant. Mais il y a aussi beaucoup de bêtises racontées, il y a des exagérations. On entend dire qu'on va créer des machines intelligentes dans cinq ans, que Terminator va éliminer la race humaine dans dix ans… Il y a aussi de gros espoirs que certains placent dans ces méthodes, qui ne seront peut-être pas concrétisés. Des gens promettent la Lune, et c'est dangereux pour le domaine. »

Ces derniers mois, plusieurs personnalités, parmi lesquelles le fondateur de Microsoft, Bill Gates, l'astrophysicien britannique Stephen Hawking et le PDG de Tesla, Elon Musk, avaient exprimé leurs préoccupations par rapport aux progrès de l'intelligence artificielle, qu'ils jugent potentiellement dangereuse.

Yann Le Cun, lui, se veut pragmatique, et rappelle que le domaine de l'IA a souvent souffert des attentes disproportionnées à son égard. Il espère que, cette fois, la discipline ne sera pas victime de cette « *inflation des promesses* ».

3. « AI », *Artificial Intelligence* : l'intelligence artificielle (IA).

Texte 8

QUAND L'ORDINATEUR CALCULE QUE 1 = 0

– Les ordinateurs calculent-ils toujours juste ?

– Il faut distinguer plusieurs cas.

Les opérations courantes sur les nombres décimaux – le solde de votre compte en banque, par exemple – ne posent pas de problème, à moins qu'il y ait eu une erreur humaine, lors de la saisie.

Pour l'addition ou la multiplication de nombres entiers, l'ordinateur ne fait jamais d'erreur, à condition de ne pas dépasser les capacités de la machine.

Le problème se pose surtout pour les chercheurs qui font du calcul scientifique, avec des nombres « flottants », c'est-à-dire avec des chiffres après la virgule, multipliés par une puissance de dix. Si on ajoute un très grand nombre et un très petit nombre, ce dernier peut être ignoré par l'ordinateur. Si on effectue un grand nombre de calculs, l'erreur, aussi petite soit-elle, peut se propager et fausser sérieusement le résultat final. Par exemple, on peut faire dire à l'ordinateur que 1 = 0 : on additionne un nombre N (très grand) et un nombre très petit en comparaison, par exemple $n = 10^{-9}$ (un milliardième). L'ordinateur considère que le résultat est toujours N. Si on ajoute un milliard de fois n à N, cela revient à faire $N + (10^9 \times 10^{-9}) = N$, ou encore $N + 1 = N$, ce qui équivaut à 1 = 0. Il faut donc prendre des précautions de calcul, choisir la meilleure précision possible, et faire des opérations entre des nombres de même ordre de grandeur. Les chercheurs doivent aussi faire preuve d'esprit critique face aux résultats fournis par la machine, et confirmer leurs simulations par des expériences.

Texte 9

LE BUG DE DEEP BLUE

Il y a plus de 15 ans, le 11 mai 1997, le grand champion d'échec Garry Kasparov s'était incliné face à *Deep Blue*, un superordinateur conçu par IBM. Une situation déroutante pour le Russe qui prétendait ne jamais pouvoir perdre face à une machine.

Lors de la rencontre, c'est vers la fin de la première partie, au 44e déplacement, que le supercalculateur avait réalisé un coup osé et surprenant en sacrifiant un de ses pions. Alors qu'auparavant, il se limitait à répondre au coup par coup, il a donné au champion, avec cette manœuvre imprévisible, l'impression qu'il mettait en place un jeu stratégique de longue haleine. Face à ce jeu contrintuitif, cherchant le piège, le champion a pensé que Deep Blue possédait une intelligence supérieure, ce qui a eu pour effet de le déstabiliser jusqu'au bout de la rencontre, qu'il a perdue (1 victoire, 3 nulles, 2 défaites).

Ainsi, il y a 15 ans, la machine était devenue plus intelligente que l'Homme. Mais la commémoration de cet événement est troublée par la sortie d'un ouvrage intitulé *The Signal and the Noise* (Le signal et le bruit) rédigé par Nate Silver un statisticien américain influant. En partant de l'exemple des prévisions météorologiques, l'auteur explique que les supercalculateurs sont incapables d'assurer tout seuls les prédictions, car leurs capacités d'interprétation sont limitées. Parmi les exemples qu'il égrène au fil des pages, il parle de la victoire de *Deep Blue* en 1997. Ce qu'il révèle remet fortement en question la supposée supériorité de « l'intelligence » de *Deep Blue*.

L'auteur a en effet interrogé Murray Campbell, l'un des trois principaux concepteurs de *Deep Blue*. Selon lui, ce fameux coup proviendrait en réalité d'un bug… Alors qu'elle était programmée pour résoudre jusqu'à 200 millions de positions par seconde, la machine s'est avérée incapable d'en choisir une. C'est donc de façon totalement aléatoire qu'elle a déplacé un pion, engendrant son sacrifice. Ayant alors une toute autre perception de *Deep Blue* (Kasparov a supposé qu'il appliquait une stratégie de jeu, alors qu'il jouait seulement au coup par coup), Kasparov a totalement changé de stratégie.

Au final, le supercalculateur n'avait pas imaginé un coup de maître (Kasparov avait même suspecté une intervention humaine pour réaliser un coup aussi sophistiqué), mais a simplement eu de la chance face à un adversaire déstabilisé.

C'est à partir de ce succès bien involontaire que le supercalculateur d'IBM a ouvert la voie de l'informatique cognitive. Ainsi, son descendant aux Etats-Unis, également conçu par IBM, a remporté début 2011 le jeu télévisé Jeopardy face à deux champions. IBM souhaite aller encore plus loin en cherchant maintenant à simuler entièrement le cerveau humain avec son supercalculateur pour pouvoir détecter, apprendre et même prévoir. S'il y parvient, les coups de bluff ne seront plus les conséquences de bugs informatiques lors des parties d'échecs.

Certains seront donc rassurés, c'est une erreur de programmation bien humaine qui a permis de faire gagner la machine et non son intelligence. On notera quand même que, depuis cet événement, plus aucun champion n'est parvenu à battre un supercalculateur, concluant en général la rencontre par un match nul…

Texte 10

LE BLUES DE DEEP BLUE

Mais la médaille a son revers. Ce programme capable de jouer des coups prodigieux clôt, au moins provisoirement, la discussion sur l'intelligence artificielle, au sens propre de ce terme. Il ne fut jamais question en effet pour les concepteurs de *Deep Blue* d'inculquer à la machine un mode de raisonnement imitant celui de l'homme, comme l'avaient imaginé, et l'imaginent encore, une poignée de chercheurs. *Deep Blue* et, plus près de nous, les *Fritz* et autres *Deep Junior*, nouvelles terreurs informatiques au niveau de grand-maître dont tout un chacun peut faire l'acquisition, ne sont rien d'autre que des supercalculateurs sans pensée globale et sans projet, sans la moindre perception intelligente des intentions de l'adversaire, et pour lesquels la notion de finalité n'existe pas. Lors du dernier duel en date entre Garry Kasparov et « *Deep Fritz* », l'humain parvint même à faire ressurgir dans l'une des parties le spectre de l'« effet horizon », ce cauchemar des programmeurs : si l'ordinateur ne perçoit aucun objectif manifeste dans les manœuvres de son rival ni aucune suite tactique claire à quelques coups de distance, il peut perdre complètement le fil et jouer comme un débutant. Lorsque ses concepteurs choisirent d'abandonner pour lui, le programme ne jugeait sa position que légèrement désavantageuse alors qu'il était totalement perdant…

Même s'il est un peu triste d'avoir à l'admettre, il faut bien se rendre à l'évidence : ceux qui seront sans doute à terme les meilleurs joueurs d'échecs de la planète ne comprennent rien aux échecs, et cela pour la plus simple des raisons : ils ignorent qu'ils jouent aux échecs. On sait depuis Rabelais que « science sans conscience n'est que ruine de l'âme ». Mais une question plus aiguë se pose désormais : science sans conscience mérite-t-elle seulement le nom de science ? […] Si « *Deep Quelque Chose* » doit dans le futur vaincre systématiquement le meilleur joueur humain et l'entretenir doctement[4] après les parties des triptyques de Francis Bacon[5], il nous restera la consolation, qui pour moi n'est pas de pure rhétorique, de savoir que c'est moins l'ordinateur qui bat l'humain que l'humain qui se bat lui-même, puisque la puissance de calcul de la machine reflète avant tout l'expertise de ses programmeurs, son talent échiquéen, la sagesse concentrée d'une armée de grands-maîtres et sa culture, celle des humanistes. Pour reprendre, en l'inversant, la formule du philosophe Henri Bergson sur le rire, l'ordinateur n'est après tout que du « vivant plaqué sur du mécanique ».

4. « D'une manière docte », c'est-à-dire savante. La formule ici est teintée d'ironie.

5. Un triptyque est, dans le domaine des beaux-arts, une œuvre peinte ou sculptée en trois panneaux. Le peintre contemporain Francis Bacon est réputé pour ses triptyques, dont l'un est le plus cher du monde (*Trois Etudes* de Lucian Freud).

Texte 11

UN ORDINATEUR PEUT-IL AVOIR UN ESPRIT ?

Un algorithme qui pourrait prétendre être à la hauteur du fonctionnement du cerveau humain serait une chose absolument extraordinaire. Mais si un tel algorithme existe dans le cas du cerveau – et c'est précisément ce que soutiennent les partisans de l'IA [= Intelligence Artificielle] forte –, il devrait être possible de le faire exécuter sur ordinateur [...]. Si cela s'avère être le cas, un algorithme de ce type (à condition qu'on le trouve) passerait probablement le test de Turing[6] avec succès. Les partisans de l'IA forte déclareraient alors que l'algorithme éprouve en lui-même des sentiments, qu'il est conscient, qu'il est un esprit.

L'identification ainsi opérée entre états mentaux et algorithmes est loin de faire l'unanimité. Le philosophe américain John Searle, en particulier, s'est fortement opposé à ce point de vue. Il donne des exemples de cas où des ordinateurs convenablement programmés ont passé avec succès une version simplifiée du test de Turing et soutient, preuves à l'appui, que l'attribut mental correspondant, la « compréhension », leur faisait néanmoins totalement défaut. L'un de ces exemples concerne un programme écrit par Roger Schank en vue de simuler la compréhension d'histoires simples du genre : « Un homme entre dans un restaurant ; il commande un steak ; le steak arrive, mais il est trop cuit, dur comme une savate ; l'homme sort du restaurant furieux, sans même payer ni laisser de pourboire. » Autre exemple : « Un homme entre dans un restaurant ; il commande un steak ; le steak arrive et il est à point ; l'homme qui est content paie et quitte le restaurant en laissant un pourboire confortable à la serveuse. » Pour voir si la machine a « compris » l'histoire, on lui demande dans chaque cas si l'homme a mangé le steak (ce qui n'a été précisé dans aucune des deux histoires). Les réponses de l'ordinateur à ce genre de question simple portant sur une histoire simple sont exactement les mêmes que celles que produirait n'importe quel être humain parlant la langue dans laquelle elles sont posées (l'anglais en l'occurrence), à savoir « non » dans le premier cas et « oui » dans le second. La machine est donc capable de réussir un test (très simple il est vrai) de Turing.

La question qu'il faut se poser maintenant est celle de savoir si ce genre de réussite est réellement l'indication d'une authentique compréhension de la part de l'ordinateur – ou de la part du programme. Searle soutient que non, invoquant à l'appui de son argumentation l'idée, dont il est l'auteur, de la « chambre chinoise ». Il imagine

---

6. Un test de Turing consiste à mettre un humain en confrontation verbale avec un ordinateur et un autre humain, sans voir qui est son interlocuteur de l'ordinateur ou de l'être humain. Si la personne qui engage les conversations n'est pas capable de dire lequel de ses interlocuteurs est une machine, on peut considérer que le logiciel de l'ordinateur a passé avec succès le test. Ce test d'intelligence artificielle mesure ainsi les progrès de la machine dans sa capacité à imiter la conversation humaine.

pour commencer que les deux histoires sont racontées non pas en anglais mais en chinois – ce qui ne doit évidemment rien changer sur le fond – et que toutes les opérations de l'algorithme relatives à cet exercice particulier ont été données sous forme d'instructions (en anglais) permettant de travailler sur un clavier chinois. Searle imagine que c'est lui-même, John Searle, qui effectue les manipulations et qu'il est enfermé dans une pièce fermée à clef. Les suites de symboles qui représentent le récit des deux histoires, et par la suite les questions, sont « injectées » dans la pièce à travers une petite fente et aucune autre information ne peut entrer dans la pièce en provenance de l'extérieur. A la fin, lorsque toutes les manipulations ont été effectuées, le résultat sort par la même fente. Etant donné que les manipulations ne sont autres que celles qui permettent d'exécuter l'algorithme du programme de Schank, la séquence correspondant au résultat final ne peut être que celle qui correspond à « oui » ou (selon les cas) « non » en chinois, autrement dit la réponse qui convient à la question posée en chinois à propos d'histoires racontées en chinois. Searle précise bien qu'il ne comprend pas un mot de chinois, si bien qu'il ne peut absolument pas comprendre de quoi parlent les histoires en question. Il n'empêche qu'il est capable, rien qu'en effectuant sans se tromper les opérations qui constituent l'algorithme de Schank [...] de répondre tout aussi bien qu'un Chinois qui, lui, aurait effectivement compris les histoires. Searle en conclut – et à mon avis c'est là un point essentiel – que le fait de suivre un algorithme n'implique pas qu'il y ait eu véritable compréhension. Le Searle (imaginaire) que l'on a enfermé dans la chambre chinoise n'a rien compris aux histoires qui lui ont été racontées.

PARTIE 3 : FAUX-PROBLÈME TECHNIQUE, VRAI SUJET D'ÉCONOMIE POLITIQUE ?

Texte 12

POURQUOI ALPHAGO EST EN TRAIN DE RÉVOLUTIONNER L'INTELLIGENCE ARTIFICIELLE

Trois questions à Tristan Cazeneuve, professeur à l'Université Paris Dauphine et expert en intelligence artificielle.

01net : *Quelles ont été les différentes méthodes utilisées par Deep Mind pour développer son programme AlphaGo ?*

Tristan Cazeneuve : La première repose sur un réseau d'apprentissage profond (*deep learning*) de type supervisé. Le but est de faire apprendre à la machine les parties déjà jouées et gagnées par des champions. De cette manière, *Deep Mind* est déjà parvenu à prédire 57 % des coups des joueurs les plus forts.

La deuxième méthode s'appuie sur l'apprentissage renforcé. Cela consiste à faire jouer le réseau neuronal contre différentes versions de lui-même pour améliorer encore la prévision des coups intéressants. Une façon de perfectionner le niveau de jeu mais pas seulement. Le réseau va aussi être capable de déterminer s'il va perdre ou gagner bien avant l'issue d'une partie.

Enfin, AlphaGo fait appel à la méthode de Monte Carlo qui permet de prévoir plusieurs coups à l'avance. L'idée est de faire jouer de façon aléatoire un grand nombre de fins de parties et de s'appuyer ensuite sur les parties gagnantes pour évaluer les positions. C'est la combinaison de ces trois méthodes qui a permis à AlphaGo d'atteindre des résultats encore jamais vus.

Qu'est-ce qui est le plus novateur dans cette démarche ?

Sans conteste, l'utilisation de l'apprentissage renforcé. Ils ont dû faire jouer 30 millions de parties différentes en entier. Cela a nécessité beaucoup de temps, de calculs et de données pour arriver à un résultat aussi bon.

Il faut dire que *Deep Mind* dispose d'effectifs humains et de moyens matériels informatiques exceptionnels avec une puissance de calcul énorme, beaucoup de machines et de cartes graphiques. Ce qui en fait une expérience très difficile à reproduire ailleurs.

Quelles applications peut-on en attendre à moyen terme ?
C'est impossible à prévoir. La réussite d'AlphaGo fait progresser des méthodes générales d'intelligence artificielle qui seront à coup sûr utiles pour beaucoup d'autres applications, de la même manière que le *deep learning* a permis d'améliorer la reconnaissance d'image ou vocale. Mais on atteint là un degré de complexité extrêmement élevé. L'important, c'est que *Deep Mind* publie ses recherches pour que d'autres puissent avancer sur les algorithmes que cette équipe a conçus.

Illustration 6

A. LES GAFAM[7] DANS LA COURSE À L'INTELLIGENCE ARTIFICIELLE

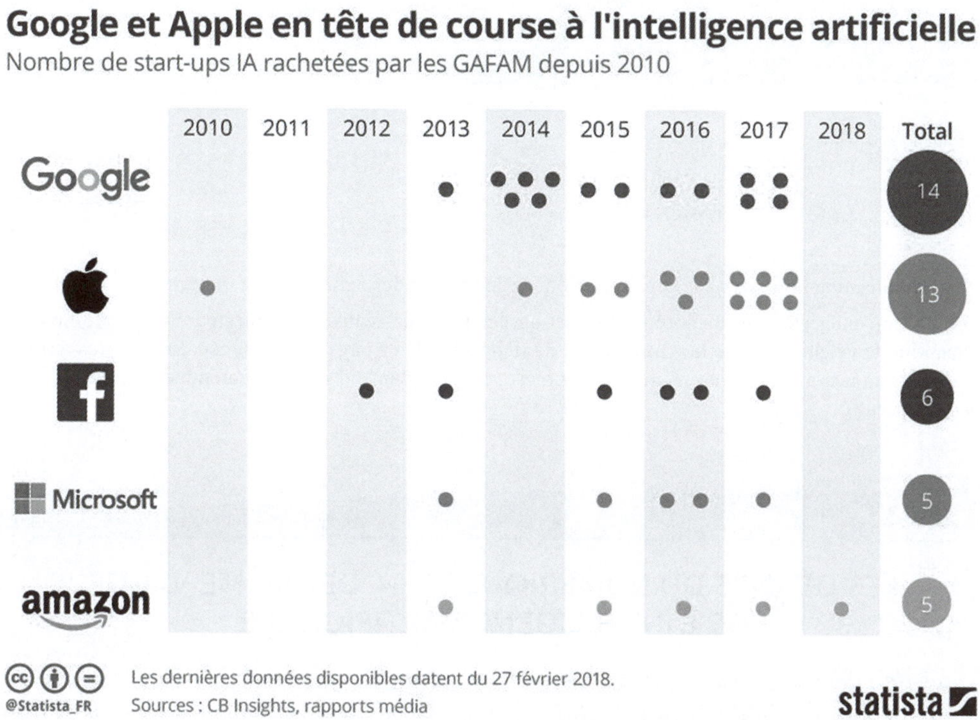

7. GAFAM est l'acronyme des géants du Web – Google, Apple, Facebook, Amazon et Microsoft – qui sont les cinq grandes firmes américaines (fondées entre le dernier quart du XXe siècle et le début du XXIe siècle) qui dominent le marché du numérique.

B. LES GAFAM PLUS FORTS QUE LES ÉTATS ?

Les GAFAM plus riches que la France

Comparaison de la capitalisation boursière[8] des GAFAM au PIB[9] de la France

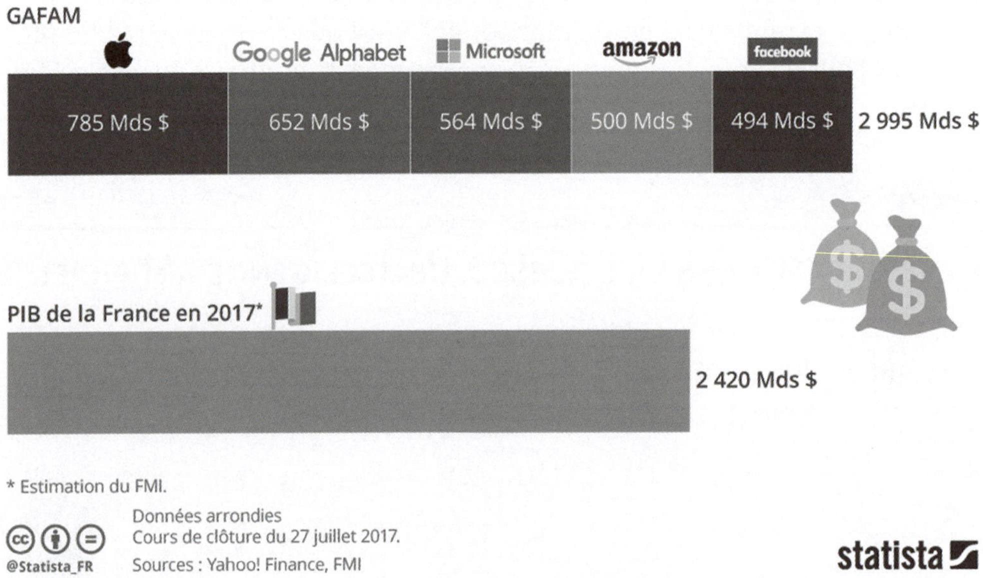

8. La capitalisation boursière est la valorisation par le marché des actions d'une entreprise cotée en bourse.
9. Le produit intérieur brut mesure la production économique réalisée à l'intérieur d'un pays donné ; il quantifie la valeur totale de la « production de richesse » de ce pays en une année. En d'autres termes, le PIB est l'indicateur souvent privilégié pour mesurer la puissance d'un Etat, entendue ici comme sa force économique.

Texte 13

LES GÉANTS DU NUMÉRIQUE ET LA DEUXIÈME VAGUE DE L'INTELLIGENCE ARTIFICIELLE

Encore peu présents, les algorithmes vont envahir tous les secteurs, de l'assurance à la banque en passant par l'automobile. A coups d'investissements massifs, les Gafam ont pris dans le domaine une avance colossale. Irréversible ?

A l'horizon, point de Sarah Connor ni de Terminator, pas plus que de Skynet, l'intelligence artificielle qui s'était mis en tête d'exterminer la race humaine dans le film de James Cameron, avec Arnold Schwarzenegger en archange robotique de la mort. C'est l'une des principales conclusions d'une vaste étude sur l'intelligence artificielle, publiée début septembre par la prestigieuse université américaine de Stanford. Si cette nouvelle technologie ne nous soumettra pas au joug des machines, elle devrait en revanche renforcer l'omnipotence des fameux Gafam (*Google, Amazon, Facebook, Apple et Microsoft*).

Grâce à l'émergence du big data, au développement de nouvelles méthodes, comme le *deep learning*, et à l'explosion simultanée de la puissance de calcul des microprocesseurs, elle ne cesse de démontrer son extraordinaire potentiel, et attise les convoitises. Trop tard, serait-on presque tenté de dire, tant les Google & Co ont fait de ce marché leur chasse gardée.

Dans notre vie quotidienne, l'intelligence artificielle se présente à nous, pour l'essentiel sous la forme d'un assistant virtuel – *Siri* d'Apple, *Google Now*, *Cortana* pour Microsoft – ou sous les traits d'un système de recommandations, comme ceux d'*Amazon*, de *Netflix* et de *YouTube*. Pratique, certes, mais pas renversant. Sauf qu'une deuxième vague d'intelligence artificielle, bien plus puissante, s'apprête à déferler.

Il y a, bien sûr, la voiture autonome. « Une idée folle, d'abord portée à bout de bras par Google, mais dont tous les constructeurs automobiles ont fini par s'emparer avec avidité de peur d'être rayés de la carte », explique Laurent Alexandre, président de *DNAVision*, une société de séquençage ADN, et fondateur du site *doctissimo.com*. Les premiers véhicules sont annoncés pour 2020.

Et de nombreux secteurs s'apprêtent à sauter le pas : l'assurance (pour ajuster les primes en fonction des comportements individuels), la banque (pour aider les conseillers), l'industrie (avec des robots intelligents pour booster la productivité)…

Si la bannière étoilée flotte si haut au-dessus de cet alléchant marché, c'est avant tout grâce aux quantités astronomiques de données que les géants américains récoltent via leurs plateformes et leurs produits connectés. Il faut en effet plus d'un million de photos de chats pour qu'un programme d'intelligence artificielle puisse ensuite les reconnaître tout seul !

La bande à *Google* a aussi pu compter sur la bienveillance de l'Etat américain. Sous l'ère Obama, les données administratives sur l'économie, la police ou le trafic routier ont été rendues publiques, ce qui leur a permis de faire un véritable bond en avant. « Les entreprises qui contrôlent les données peuvent s'imposer sur pratiquement tous les marchés », assure Mark Esposito, professeur à Harvard. Ou, comme l'a récemment résumé Satya Nadella, le PDG de Microsoft, « *Data is the new electricity* ».

Mais les champions américains du numérique ne doivent pas leur outrageante domination aux seules photos de chats. Elles ont aussi su bâtir un puissant écosystème. En plus de faire travailler des centaines de chercheurs dans leurs labos, elles ont investi dans nombre de start-up. Lesquelles ont pu embaucher, se développer, créer de l'émulation, avant d'être, pour les plus prometteuses, rachetées par leur généreux donateur, aux poches plutôt profondes.

Google a empoché un bénéfice de plus de 16 milliards de dollars rien qu'en 2015, alors qu'*Apple* est assis sur un trésor de guerre de 220 milliards de dollars ! En quelques mois, ce dernier a d'ailleurs dépensé plusieurs centaines de millions d'euros pour s'offrir quatre start-up de référence dans le secteur. *Google*, de son côté, s'est adjugé en 2014 la pépite anglaise *DeepMind* pour 600 millions d'euros. Bien lui en a pris, puisque c'est elle qui a développé *AlphaGo*, le programme qui a mis une déculottée au n° 1 mondial du jeu de go, alors qu'une victoire de la machine sur l'homme dans ce jeu (considéré comme le plus complexe du monde) était envisagée au mieux dans dix ans.

La bataille de l'intelligence artificielle serait-elle donc pliée ?

Texte 14

SOCIETY WILL BE DEFINED BY HOW WE DEAL WITH TECH GIANTS

Google, Apple, Facebook and Amazon are taking more control of our lives. Will post-Brexit Britain let it continue?

As Brexit begins, what should Britain do about the tech giants? There is a fissure growing between European and US attitudes towards these global super-platforms – "the Gafa" as Brussels calls them (Google, Apple, Facebook, Amazon) – and the UK will soon need to decide on which side it sits.

[…]

As well as relying on the tech giants for our news, we are using them to organise ourselves. This includes running political campaigns, fundraising for social causes or co-ordinating collective action. The tech giants' dominance means that they are also becoming central to election and referendum campaigns. The Conservative party did not spend anything campaigning on Facebook in the run-up to the 2010 election, but in 2015 it spent more than £1.2m. "Facebook is a phenomenal campaigning platform", said Craig Elder, who was the Conservative's digital director during the campaign, "and we really, really exploited that".

During the referendum campaign, both the remain and leave campaigns relied heavily on the tech platforms to deliver their messages – including provocative and emotive videos. Yet, the way these platforms are being used, and the messages that are being sent through them, challenge both the principles and rules that have made British elections fair and open since the 19th century.

[…]

None of this would be such an issue were it not for the remarkable dominance of these companies. Will Britain follow the route taken by Europe, and challenge the power of these tech superpowers? The European commission began antitrust action against Google in 2015. The German government is drafting[10] legislation threatening fines of up to €50m if social media platforms do not remove offensive content. Will we take the laissez-faire route of the US and simply accept the dominance of these organisations as the price of a free market? Or will we find a third way, perhaps more progressive than either Europe or the US? As we untangle[11] the Gordian knot[12] of Brexit, Britain will need to decide.

10. To draft: to write down a document for the first time.

11. To untangle: to make a complicated subject or problem clear and able to be understood.

12. Gordian knot: a difficult problem.

Texte 15

ANALOGIE ENTRE NOUVELLES TECHNOLOGIES ET BIOTECHNOLOGIES : LES PROBLÈMES TECHNIQUES SONT TOUT SAUF TECHNIQUES

Les biotechnologies font peur, pour une mauvaise raison, et pour une bonne. ESB (« maladie de la vache folle »), OGM, transmission médicale du sida, embryons congelés, diagnostic prénatal, cellules-souches… : les questions biotechnologiques impliquent des domaines nettement disjoints, agriculture et alimentation animale, reproduction humaine, maladie et mort, assurances et coûts sociaux, limites de la science, responsabilités politiques, religion, délits économiques… Tout est là, et bien mélangé, désespérément confus. Je voudrais commencer à mettre de l'ordre, à partir des raisons d'être inquiet, en repartant de la plus globale, qui est aussi la plus fausse.

Nous « franchissons la barrière » du non-vivant et du vivant, paraît-il. Si l'on conçoit ici une *barrière*, une frontière au sens de limite qu'il est interdit de franchir sans autorisation, alors les biotechnologies la franchissent : nous *manipulons* désormais le vivant comme nous manipulons, depuis toujours mais surtout depuis l'ère industrielle, la matière. Sommes-nous devenus « comme maîtres et possesseurs » de la vie, et est-ce irresponsable ? Aurions-nous dû demander une autorisation ?

[…]

La pratique biotechnologique n'est pas apparue subitement dans les dernières décennies du XXe siècle, donc, mais elle y a changé de sens : l'intégration de l'homme à l'écosphère s'est *industrialisée*. Ce que nous appelons aujourd'hui « biotechnologies » est le résultat de cette industrialisation, et en particulier le résultat de la mise en place rapide d'une *logique d'ingénierie* génétique. Dans l'anglicisme « ingénierie » se dit l'essentiel : une « matière première », la vie, subit un process industriel. D'où une question : dans cette *industrialisation de l'intégration de l'homme à l'écosphère*, le problème ne serait-il pas l'*industrialisation*, plutôt que l'intégration de l'homme à l'écosphère ? Nous n'avons pas réellement peur, à vrai dire, des lignées de maïs résistant aux antibiotiques ou aux désherbants (pas plus en tout cas que des gaz d'échappement des automobiles), nous avons peur des mécanismes industriels, économiques, politiques, qui nous les imposent ou nous les proposent. Les biotechnologies sont un vrai problème, mais un problème d'économie politique, pas vraiment de biologie ni de technologie. Derrière la mauvaise raison d'avoir peur, il y a la bonne.

Il s'agit d'un soupçon : et si les questions que nous nous posons sur les technologies étaient l'indice de questions non-technologiques que nous ne nous posons plus ? Et si, sur cette frontière de la nature et de la technologie c'était en réalité d'autre chose que nous avions besoin de parler – de justice, de liberté, de démocratie, de dignité, de bonheur ?

Texte 16

QUELLE LEÇON TIRER DE LA ROBOTIQUE ?

Dans l'Antiquité grecque, il est dit que le vieil Héphaïstos – Vulcain – forgeait des statues qui le servaient pendant le repas – on retrouve là l'idée du robot-serviteur. Mais la première vraie idée de robot se trouve, à mon sens, dans les légendes juives médiévales, sous le nom de Golem. Le Golem est en effet un être artificiel, fait de main d'homme, qui est animé par un texte biblique fixé sur son front. Je perçois là la première idée de programme, de programmation d'un être à partir d'un logiciel – le texte de la Bible. La troisième histoire, plus connue encore, c'est celle de Frankenstein, qui date du milieu du XIXe siècle, et dont je soupçonne qu'il s'appelle la « pierre française » – Franken Stein. Je pense que Mary Shelley avait à l'esprit la statue de Condillac, cette statue de pierre qui s'éveille à la vie et qui se met peu à peu à percevoir.

Après les rêves ou la science-fiction, les fameux paris d'ingénieurs. Comme vous l'avez rappelé, à cette époque-là, en 1950, on pensait qu'en l'an 2000 – cinquante ans après –, les mères de famille auraient à leur disposition des robots mécaniques qui descendraient la poubelle, qui feraient les courses, qui amèneraient les enfants à l'école, qui feraient la vaisselle, etc. Personne ne pariait vraiment sur l'informatique. Or, cinquante ans après, la robotique a certes fait beaucoup de progrès dans les questions de fabrication, avec les petits robots dont vous parliez tout à l'heure, mais le robot, tel que représenté par Frankenstein, par le Golem ou par les statues forgées par Vulcain n'a pas vraiment vu le jour. Sauf dans l'imagination des cinéastes. Formater les mouvements du corps est extrêmement difficile. Nous avons su formater les opérations de l'esprit, avec l'informatique. Mais le corps est d'une certaine manière, plus complexe que l'esprit. Le corps est une machine plus difficile à mimer que les opérations de l'esprit.

Pour autant, l'idée de robotisation est à prendre au sérieux. Souvenez-vous du Golem, qui se dirige, que l'on dirige, grâce au texte imprimé sur son front, fixé dans sa tête. Quand je considère l'évolution actuelle de la société, et le fait qu'elle est réellement et puissamment formatée… Elle est formatée par la publicité qu'on rencontre à tous les carrefours. Elle est formatée par les médias, par les images de la télévision, par le commerce, par les habitudes, par les usages, un peu aussi par la formation (formater/formation)… Mes contemporains circulent dans la rue ou les couloirs du métro, envahis de publicités, avec, fixée sur le front, la recopie publicitaire. J'ai l'impression que ce mimétisme, que cette « ressemblance » commence à envahir la société et que, d'une certaine manière, nos contemporains risquent de devenir des robots. Et cela, sans sortir de la main de l'homme… Telle est la leçon profonde que le philosophe tire de la robotique. Nous avons fixée sur le front, non plus le texte de la Bible, mais l'image des nouvelles du journal télévisé du midi et du soir. Nous avons, fixées sur la tête, les images que la publicité martèle. Du coup, nous risquons ce formatage-là, nous risquons cette programmation-là. Et ce vieux rêve qui, techniquement, scientifiquement, nous paraît impossible, le corps étant si difficile à mimer, on s'aperçoit soudainement qu'il est déjà réalisé socialement, dans la programmation et le formatage.

Il nous faut lutter contre ce risque de robotisation de nos conduites. Ce qu'on qualifiait autrefois de mythe – le mythe d'Héphaïstos, le mythe du Golem – est bien plus réalisé qu'on ne le croit alors que, scientifiquement, il est parfaitement impossible qu'il advienne. Du point de vue scientifique et technique, le robot, tel que nous le rêvons, est lointain encore. Mais devant nous, socialement, publiquement, dans nos conduites, la robotique est notre risque.

Illustration 7

DE QUOI FAUT-IL AVOIR PEUR ?

Terminator (*The Terminator*) est un film de science-fiction américain réalisé par James Cameron, sorti en 1984. Ce film traite de la menace que pourraient faire naître des machines créées par les hommes eux-mêmes dans leur quête d'une super-intelligence artificielle.

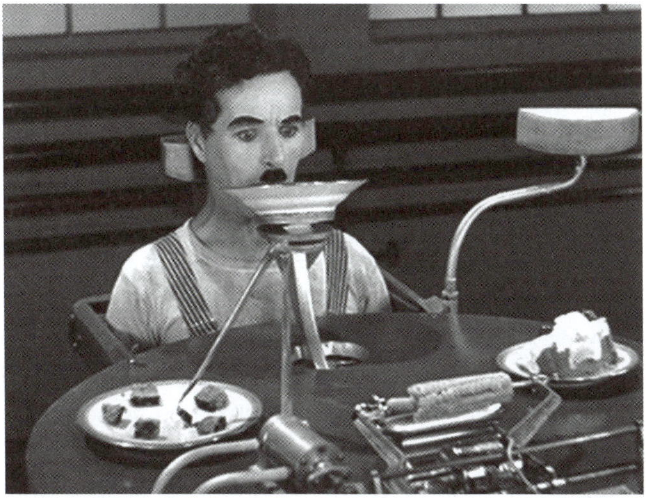

Dans le film de Charlie Chaplin, sorti en 1936, *Les Temps Modernes*, cette machine doit permettre à l'ouvrier de manger en travaillant sur la chaîne : utile pour le patron car cela évite la pause déjeuner, c'est un gain de temps donc un gain d'argent pour l'entreprise.

Le film est une satire du travail à la chaîne et un réquisitoire contre les dérives du monde industrialisé.

Texte 17

LA RUSE DE LA RAISON INSTRUMENTALE

Mécanisme, on le sait, vient de μηχανή dont le sens d'engin réunit les deux sens de ruse et de stratagème d'une part et de machine d'autre part. On peut se demander si les deux sens n'en font pas qu'un. L'invention et l'utilisation de machines par l'homme, l'activité technique en général, n'est-ce pas ce que Hegel appelle la ruse de la raison (Logique de la Petite Encyclopédie, § 209) ? La ruse de la raison consiste à accomplir ses propres fins par l'intermédiaire d'objets agissant les uns sur les autres conformément à leur propre nature. L'essentiel d'une machine c'est bien d'être une médiation ou, comme le disent les mécaniciens, un relais. Un mécanisme ne crée rien et c'est en quoi consiste son inertie (in-ars), mais il ne peut être construit que par l'art et c'est une ruse. Le mécanisme, comme méthode scientifique et comme philosophie, c'est donc le postulat implicite de tout usage des machines. La ruse humaine ne peut réussir que si la nature n'a pas la même ruse. La nature ne peut être soumise par l'art que si elle n'est pas elle-même un art. On ne fait entrer le cheval de bois dans Troie que si l'on s'appelle Ulysse et si l'on a affaire à des ennemis qui sont plutôt des forces de la nature que des ingénieurs astucieux.

Texte 18

ANTHROPOMORPHISME[13] TECHNOLOGIQUE, ANTHROPOMORPHISME POLITIQUE

Le problème [...] des rapports de la philosophie mécaniste avec l'ensemble des conditions économiques et sociales dans lesquelles elle se fait jour est résolu dans le sens d'un rapport de causalité par Franz Borkenau [...]. L'auteur affirme qu'au début du XVIIe siècle la conception mécaniste a éclipsé la philosophie qualitative de l'Antiquité et du Moyen Age. Le succès de cette conception traduit, dans la sphère de l'idéologie, le fait économique que sont l'organisation et la diffusion des manufactures. La division du travail artisanal en actes productifs segmentaires, uniformes et non qualifiés, aurait imposé la conception d'un travail social abstrait. Le travail décomposé en mouvements simples, identiques et répétés, aurait exigé la comparaison, aux fins de calcul du prix de revient et du salaire, des heures de travail, par conséquent aurait abouti à la quantification d'un processus auparavant tenu pour qualitatif. Le calcul du travail comme pure quantité susceptible de traitement mathématique serait la base et le départ d'une conception mécaniste de l'univers de la vie. C'est donc par la réduction de toute valeur à la valeur économique, « au froid argent comptant », comme dit Marx dans *Le Manifeste du parti communiste*, que la conception mécaniste de l'univers serait fondamentalement une *Weltanschauung*[14] bourgeoise. Finalement, derrière la théorie de l'animal-machine, on devrait apercevoir les normes de l'économie capitaliste naissante.

L'homme de Descartes c'est l'homme reconstruit par Descartes sous le couvert de Dieu, mais ce n'est pas l'homme de l'anatomiste. On peut donc dire qu'en substituant le mécanisme à l'organisme, Descartes fait disparaître la téléologie de la vie ; mais il ne la fait disparaître qu'apparemment, parce qu'il la rassemble tout entière au point de départ. Il y a substitution d'une forme anatomique à une formation dynamique, mais comme cette forme est un produit technique, toute la téléologie possible est enfermée dans la technique de production. A la vérité, on ne peut pas, semble-t-il, opposer mécanisme et finalité, on ne peut pas opposer mécanisme et anthropomorphisme, car si le fonctionnement d'une machine *s'explique* par des relations de pure causalité, la construction d'une machine ne se comprend ni sans la finalité, ni sans l'homme. Une machine est faite par l'homme et pour l'homme, en vue de quelques fins à obtenir, sous forme d'effets à produire.

Ce qui est donc positif chez Descartes, dans le projet, d'expliquer mécaniquement la vie, c'est l'élimination de la finalité sous son aspect anthropomorphique. Seulement, il semble que dans la réalisation de ce projet, un anthropomorphisme se substitue à un autre. Un anthropomorphisme technologique se substitue à un anthropomorphisme politique.

13. Attitude qui consiste à donner une forme humaine (comportement, morphologie) à ce qui n'est pas humain (animaux, choses, idées).

14. Terme allemand communément traduit par « conception du monde ».

RÉFÉRENCES BIBLIOGRAPHIQUES

Textes

1. 1997 : LA MACHINE BAT L'HOMME AU JEU D'ÉCHECS

René ALLADAYE, *Petite philosophie du joueur d'échecs*, 2005, III, 6. « Le blues de Deep Blue ».

2. 2016 : LA MACHINE BAT L'HOMME AU « JEU DE GO »

Article du journal *La Croix*, 09/03/2016, « Jeu de go : le champion d'Europe a "progressé" grâce à sa défaite contre la machine ».

3. COMPLEXITÉ COMPARÉE DU GO ET DES ECHECS

Olivier EZRATTY, blog, « Les conséquences pratiques d'AlphaGo Zero », 3/11/2017.

4. « ALPHA GO » PASSE À AUTRE CHOSE

Revue *Sciences et avenir*, 25/05/2017, « L'ordinateur triomphe sur l'humain au jeu de go… et passe à autre chose ».

5. DEEP BLUE A-T-IL ÉTÉ CAPABLE DE PENSER ?

Catherine PORTEVIN, *Télérama*, 03/09/1997, « La leçon de lecture de George Steiner ».

6. LE « MIRACLE DE SAINT DENIS »

Michel SERRES, *Petites chroniques du dimanche soir*, t.3, « Les nouvelles technologies » (Chronique du 23 septembre 2007), Le Pommier, 2009.

7. ET DEMAIN ?

Article du journal *Le Monde*, 28/07/2015, « Comment le "deep learning" révolutionne l'intelligence artificielle. »

8. QUAND L'ORDINATEUR CALCULE QUE 1 = 0

Marie-Alice FOUJOLS, ingénieur de recherche au CNRS, pôle de modélisation, Institut Pierre Simon Laplace, Paris.

9. LE BUG DE DEEP BLUE

http://www.futura-sciences.com/fr/news/, « Un bug serait à l'origine de la victoire de Deep Blue contre Kasparov », 15/10/2012.

10. LE BLUES DE DEEP BLUE

René ALLADAYE, *Petite philosophie du joueur d'échecs*, 2005, III, 6. « Le blues de Deep Blue ».

11. UN ORDINATEUR PEUT-IL AVOIR UN ESPRIT ?

PENROSE, *L'esprit, l'ordinateur et les lois de la physique*, 1992, « Un ordinateur peut-il avoir un esprit ? ».

12. POURQUOI ALPHAGO EST EN TRAIN DE RÉVOLUTIONNER L'INTELLIGENCE ARTIFICIELLE

Encart dans le dossier hightech de *bfmtv*, 09/03/2016, « Une machine vient de battre le meilleur joueur mondial au jeu de Go ».

13. LES GÉANTS DU NUMÉRIQUE ET LA DEUXIÈME VAGUE DE L'INTELLIGENCE ARTIFICIELLE

L'Express, dossier sur l'intelligence artificielle, 04/10/2016.

14. SOCIETY WILL BE DEFINED BY HOW WE DEAL WITH TECH GIANTS

The Guardian, Martin Moore, 04/02/2017.

15. ANALOGIE ENTRE NOUVELLES TECHNOLOGIES ET BIOTECHNOLOGIES : LES PROBLÈMES TECHNIQUES SONT TOUT SAUF TECHNIQUES

Michel PUECH, « Le naturel et l'artificiel au temps de l'*homo sapiens technologicus* », *Cahiers de recherche d'ETOS*, n° 1, 2005.

16. QUELLE LEÇON TIRER DE LA ROBOTIQUE ?

Michel SERRES, *Petites chroniques du dimanche soir*, t.3, « Les robots », (chronique du 17 février 2008), Le Pommier, 2009.

17. LA RUSE DE LA RAISON INSTRUMENTALE

Georges CANGUILHEM, *La connaissance de la vie*, « Aspects du vitalisme », Vrin, 1952.

18. ANTHROPOMORPHISME TECHNOLOGIQUE, ANTHROPOMORPHISME POLITIQUE

Georges CANGUILHEM, *La connaissance de la vie*, « Machine et organisme », Vrin, 1952.

Illustrations

1. FACE-A-FACE HISTORIQUE KASPAROV / DEEP BLUE

Illustration du journal *Le Parisien*, 17-18/02/1996, « Face-à-face historique entre l'homme et la machine ».

2. UN ORDINATEUR INFLIGE UN REVERS AU CHAMPION DU MONDE DE GO

Infographie, *L'Est républicain*, 10/03/2016.

3. LE NOUVEL ALPHAGO BAT LA MACHINE QUI AVAIT VAINCU LEE SE-DOL

Marc Zaffagni, « Alpha Zéro : l'IA de Google DeepMind devient autodidacte », 19/10/2017, http://www.futura-sciences.com.

4. LES MACHINES PEUVENT-ELLES PENSER ?

Time, *Monday*, Mar. 25, 1996, *Cover*.

5. LE « MIRACLE DE SAINT DENIS »

Le martyre de saint Denis, 1874-1888, par Léon Bonnat (1833-1922), toile marouflée, Paris, Panthéon. Détail du tableau.

6. A. LES GAFAM DANS LA COURSE À L'INTELLIGENCE ARTIFICIELLE

Statista, Le portail de Statistiques, 14/09/2018.

6. B. LES GAFAM PLUS FORTS QUE LES ÉTATS

Statista, Le portail de Statistiques, 14/09/2018.

7. DE QUOI FAUT-IL AVOIR PEUR ?

Terminator, affiche du film original, sorti en 1984. *Les Temps Modernes*, scène du film, sorti en 1936.

2. EXEMPLES DE QUESTIONS

Questions de repérage

Pour chacune des questions, **UNE SEULE** *proposition est correcte. Seules les bonnes réponses sont prises en compte.*

1. Quel auteur est à l'origine de la théorie de la « ruse de la raison » ?

A. Georg Wilhelm Friedrich Hegel
B. Karl Marx
C. René Descartes
D. Mary Shelley

Réponse : A
Explications : La « ruse de la raison » est une théorie mise au point par Hegel et qui traite de l'invention et l'utilisation de machines par l'homme (TEXTE 17). Cette dernière consiste à accomplir ses propres fins par l'intermédiaire d'objets agissant les uns sur les autres conformément à leur propre nature.

2. En combien de jours le nouveau programme de jeu de go AlphaGo Zero a-t-il vaincu son prédécesseur AlphaGo Lee, la version de l'AlphaGo qui avait battu le champion du monde Lee Se-Dol ?

A. 40 jours
B. 3 jours
C. 17 jours
D. Il n'a jamais réussi à le vaincre

Réponse : B
Explications : AlphaGo Zero n'a mis que trois jours à battre AlphaGo Lee s'imposant ainsi comme le meilleur joueur du monde (ILLUSTRATION 3).

Questions d'analyse

<u>PLUSIEURS</u> propositions permettent de construire la bonne réponse à chaque question posée. Sélectionnez uniquement **<u>LES</u>** propositions appropriées.

Notation :

1. Le candidat qui sélectionne toutes les propositions attendues obtiendra la totalité des points.
2. Le candidat qui identifie au moins la moitié des propositions attendues obtiendra la moitié des points à condition que sa réponse ne contienne aucune erreur.
3. Le candidat qui sélectionne moins de la moitié des propositions attendues n'obtiendra aucun point.
4. Le candidat qui sélectionne trop de propositions (même si ces dernières comportent les propositions attendues) n'obtiendra aucun point.

3. Quel message véhicule le « miracle de saint Denis » quant à la situation de l'homme face aux progrès rapides des machines ?

A. Les ordinateurs renferment désormais toutes les capacités cognitives de l'homme.
B. L'homme est condamné car c'est la fin de toute pensée humaine.
C. L'homme est coupé du monde qui l'entoure.
D. Seule la capacité d'invention reste entre les mains de l'homme.

Réponses : A et B

Explications : L'homme a déposé toutes ses capacités cognitives dans les ordinateurs qui sont comme des têtes coupées de leurs propriétaires. Cependant, même si l'ordinateur a démultiplié ses capacités, cette révolution ne signifie pas forcément la fin de toute pensée humaine. Elle condamne simplement l'homme à devenir intelligent et à se concentrer sur ses capacités d'invention ou encore de création. (TEXTE 6 et ILLUSTRATION 5).

4. Quelles sont les raisons qui poussent certaines voix à s'élever contre les géants du numérique ?

A. Les GAFAM sont à l'origine de nombreuses innovations technologiques.

B. Leur poids économique est tel qu'il dépasse celui de certains Etats.

C. Les montants investis chaque année dans le rachat de start-ups sont démesurés.

D. Les GAFAM ont accumulé des milliards de données personnelles dans de nombreux domaines.

E. Leur contenu peut être violent ou offensant.

Réponses : B, D et E

Explications : A force de rachats de starts-ups, les GAFAM se sont développées de façon exponentielle et la capitalisation boursière de ces cinq géants du numérique réunis dépasse désormais le PIB de pays développés tels que la France, marquant ainsi leur tout-puissance et leur domination (ILLUSTRATIONS 6.A et 6.B).

Autre inquiétude : ces firmes accumulent, à travers leurs plateformes et produits connectés, des quantités astronomiques de données personnelles dans de nombreux domaines (TEXTE 13) et peuvent proposer du contenu offensant voire violent (TEXTE 14).

Face à cette omnipotence, la Commission européenne et certains pays européens ont donc décidé d'encadrer l'activité de ces géants et de lutter contre les éventuels abus de position dominante (TEXTE 14).

Questions de synthèse

Pour chacune des questions, **UNE SEULE** proposition est correcte. Seules les bonnes réponses sont prises en compte.

En 1997, après la première grande défaite de l'homme contre la machine aux échecs, un quotidien avait pu interroger en une : « L'homme est-il foutu ? ». Mais l'homme a-t-il raison d'avoir peur des machines ? Vous construirez une réponse structurée, à l'aide d'arguments extraits du dossier.

Introduction

5. Sélectionnez la problématique appropriée pour traiter le sujet.

A. Quelle place pour l'homme face à l'intelligence artificielle ?
B. Comment peut-on expliquer la domination de l'homme par l'intelligence artificielle ?
C. Dans quelle mesure l'intelligence artificielle est-elle une menace pour l'homme ?
D. En quoi l'intelligence artificielle représente-t-elle un danger pour l'humanité ?

Réponse : C

Explications : Compte tenu des éléments du dossier documentaire, il convient ici de se demander si l'intelligence artificielle représente une réelle menace pour l'homme ou si, au contraire, ces craintes sont à relativiser.

Développement

6. Sélectionnez le titre approprié pour la première partie du raisonnement.

A. L'homme contre la machine, un duel à l'issue incertaine.
B. L'intelligence artificielle représente une menace potentielle pour l'homme.
C. Malgré la menace, l'homme est et restera supérieur à la machine.
D. Progrès exponentiels de l'intelligence artificielle et bouleversements technologiques à venir.

Réponse : B

Explications : Le sujet et la problématique appellent une réponse nuancée et donc un plan dialectique. Il convient donc dans une première partie, de présenter les arguments démontrant que l'intelligence artificielle peut constituer une menace pour l'homme.

7. Construisez le résumé de la deuxième partie en complétant le texte ci-dessous.

L'intelligence artificielle est porteuse [w] dans de nombreux domaines et pourrait aider l'homme à résoudre des problématiques mal ou non résolues car trop complexes. Plus que des machines, la menace provient [x] qui utilise [y] comme un instrument de maximisation des profits faisant ainsi courir le risque de l'aliénation de l'homme par [z].

[w]
A. d'avancées
B. de fausses promesses
C. d'effets pervers
D. de bouleversements

[x]
A. du big data
B. de l'Etat
C. de l'économie capitaliste
D. de l'intelligence artificielle

[y]
A. l'homme
B. l'économie capitaliste
C. les GAFAM
D. l'intelligence artificielle

[z]
A. l'Etat
B. l'homme
C. l'intelligence artificielle
D. le big data

Réponses : [w] A ; [x] C ; [y] D ; [z] B
Explications : L'intelligence artificielle est porteuse d'avancées dans de nombreux domaines (TEXTE 4) et pourrait aider l'homme à résoudre des problématiques mal ou non résolues car trop complexes. Plus que des machines, la menace provient de l'économie capitaliste qui utilise l'intelligence artificielle comme un instrument de maximisation des profits faisant ainsi courir le risque de l'aliénation de l'homme par l'homme (TEXTES 15, 16, 17 et 18 + ILLUSTRATION 7).

Conclusion

8. Construisez l'ouverture de cette conclusion en complétant la phrase ci-dessous. Il paraît intéressant de se demander quel doit être le rôle [x] pour [y] les géants du numériques et permettre à la société de bénéficier pleinement des progrès technologiques récents et à venir.

[x]

A. des GAFAM
B. des pouvoirs publics
C. des supercalculateurs
D. des citoyens

[y]

A. interdire
B. dynamiser
C. libéraliser
D. encadrer

Réponses : [x] B ; [y] D

Explications : Il paraît intéressant de se demander quel doit être le rôle des pouvoirs publics pour encadrer les géants du numériques et permettre à la société de bénéficier pleinement des progrès technologiques récents et à venir (TEXTE 14).

II. ENJEUX CONTEMPORAINS

I. NOS CONSEILS POUR RÉUSSIR CETTE ÉPREUVE

Enjeux contemporains : 40 questions – 30 minutes max.

Cette épreuve porte sur l'actualité et sur les grands enjeux sociétaux internationaux des 10 mois précédant le concours. L'objectif de cette épreuve est de tester votre curiosité et votre ouverture sur le monde.

D'une part, il faut bien sûr consolider ses acquis de lycée dans des matières et des options déterminantes pour la poursuite des études supérieures. En Première comme en Terminale, les spécialités suivantes pourront être mises à profit : SES, HGGSP (Histoire-géographie, géopolitique et sciences politiques), Langues, littératures et cultures étrangères, Humanités, littérature et philosophie…

D'autre part, il est vivement recommandé de suivre de près l'actualité pour réussir cette épreuve. S'abonner à des journaux tels que *Le Monde* ou encore *Courrier International* est donc un vrai atout. *Le Bilan du Monde*, qui parait chaque année au mois de janvier en format papier, récapitule également toutes les informations essentielles. Il faut également noter que les questions portent sur une actualité sur les 10 mois précédant l'épreuve, tout en sachant que la maîtrise des principaux enjeux des XXe et XXIe siècles est essentielle.
Les réseaux sociaux (*Hugo Décrypte* bien sûr), les podcasts ou encore les applications d'information sont aussi de puissants relais d'information.

Pour terminer, il est important d'avoir à l'esprit que la maîtrise de l'actualité, permettant de consolider une vraie culture générale, est un véritable atout pour le baccalauréat, et les entretiens d'admission dans l'enseignement supérieur (au premier chef les oraux du concours Sésame bien sûr).

II. FICHES ACTUS

Au vu du nombre important de questions d'actualité, notre recommandation est sans appel : vous devez tenir régulièrement à jour un carnet composé de fiches actus consignant l'ensemble des faits marquants des années 2022, 2023 et 2024. Vous trouverez bien entendu ces informations en lisant la presse, en écoutant la radio ou en allant sur Internet.

Vous trouverez ci-après des fiches actus pour l'année 2022 et le début de l'année 2023. Les questions que vous aurez le jour J seront davantage axées sur 2023 et 2024 mais sait-on jamais, les concepteurs sont parfois exigeants et peuvent vous poser des questions sur des faits marquants de l'année 2022.

On compte sur vous pour compléter ces fiches et les réviser régulièrement !

Bon courage et bonne réussite.

[Janvier 2022]

- Après la Slovénie, la France a pris la présidence du Conseil de l'Union européenne.
- Des émeutes ont éclaté à Almaty, au Kazakhstan, dans le contexte de la crise sociale et politique et notamment contre l'augmentation du prix du gaz. Des centaines de manifestants ont été tuées et des milliers arrêtés.
- Le bâtiment du Parlement d'Afrique du Sud a été ravagé par les flammes. Un pyromane de 49 ans a été arrêté pour « vol avec effraction et incendie criminel ».
- Le site d'information libéral en ligne Citizen News, à Hong Kong, a cessé ses activités. Les deux journalistes du média ont été arrêtés.
- Le président et directeur d'exploitation de Theranos, Ramesh Balwani ainsi que l'américaine Elizabeth Holmes ont été condamnés pour fraude par le tribunal de San José, en Californie.
- Le leader mondial de l'eau et du traitement des déchets, Veolia, a été racheté par son concurrent Suez pour 13 milliards de dollars.

- Le *New York Times* a acquis *The Athletic*, un site d'information sportive pour un montant de 550 millions de dollars.
- Des chirurgiens américains ont réalisé la première transplantation d'un cœur de porc sur David Bennett âgé de 57 ans.
- Michel Houellebecq a publié son huitième roman de 738 pages.
- L'acteur et réalisateur américain Sidney Poitier est décédé à Beverly Hills à l'âge de 94 ans. Il a été la première star noire et a reçu un Oscar dans les années soixante.
- Les chefs d'État et de gouvernement de la Communauté économique des États de l'Afrique de l'Ouest (CEDEAO) et l'Union monétaire de l'Afrique de l'Ouest (UEMOA) ont décidé, au Ghana, de mettre le Mali sous embargo. Les frontières ont été fermées, les échanges commerciaux suspendus, les aides financières coupées.
- Le réalisateur, producteur et scénariste Jean-Jacques Beineix meurt à l'âge de 75 ans. Il a réalisé des films cultes comme « 37°2 le matin », « La lune dans le caniveau ».
- L'homme le plus détesté d'Amérique, Martin Shkreli a été condamné à restituer 65 millions de dollars. Somme dont il avait tiré profit de ses pratiques anti-concurrentielles.
- Le pilote automobile qatari, Nasser al-Attiyah, a remporté, avec son 4X4 Hilux Toyota, le rallye-raid Dakar, après ses victoires en 2011, 2015 et 2019.
- L'architecte catalan, Ricardo Bofill, est décédé à Barcelone à l'âge de 82 ans. De Chicago à Casablanca, de Montpellier à Pauillac, cet architecte postmoderne a conçu des espaces influencés par Ledoux, Mansart, Palladio.
- Le couturier italien, Nino Cerruti, est décédé à l'âge de quatre-vingt-onze ans, dans le Piémont. L'entrepreneur a repris l'usine textile familiale, pour fonder sa maison de haute couture.
- Donald Trump a fait son retour en politique dans un meeting à Florence, en Arizona. Sous la bannière de son slogan « Save America », l'ancien président des États-Unis a rassemblé ses supporters.
- Le tennisman serbe, Novak Djokovic, premier joueur mondial au classement ATP (Association of Tennis Professionals), a été mis en quarantaine dans sa chambre d'hôtel à Melbourne, car il n'était pas vacciné contre le Covid-19. Les autorités australiennes ont expulsé la star mondiale de tennis.
- Roberta Metsola a été élue, à l'âge de 43 ans, présidente du Parlement européen pour une durée de six mois.

- Microsoft a racheté, par sa filiale, Xbox Game Studios, l'un des plus grands éditeurs de jeux vidéo au monde, Activision Blizzard, pour un montant de 69 milliards de dollars.

- Au Parlement européen, les eurodéputés ont adopté le Règlement sur les services numériques (Digital Services Act) à 530 voix contre 78. La loi doit permettre de réguler le fonctionnement des sites Internet et de bannir les contenus illicites.

- La Haute autorité de la santé (H.A.S.) et l'Agence nationale de sécurité du médicament (ANSM) ont donné leur feu vert en France pour le Paxlovid, pilule contre la Covid-19 du groupe pharmaceutique américain, Pfizer.

- Le créateur français, Thierry Mugler, est mort à l'âge de 73 ans. Il est devenu styliste et s'est démarqué avec ses créations mélangeant extravagance et élégance.

- Jean-Claude Mézières est décédé à l'âge de 83 ans. Le dessinateur a marqué les cinéastes, de Georges Lucas, pour « Star Wars » à Luc Besson, pour « Le Cinquième Élément ».

- En France, le pass vaccinal est entré en vigueur. Il a été adopté par l'Assemblée nationale à 295 voix contre 58.

- Le Mouvement patriotique pour la sauvegarde et la restauration (MPSR), a pris le pouvoir au Burkina Faso. Sur Radiodiffusion Télévision du Burkina (RTB), la dissolution du gouvernement et de l'Assemblée, la suspension de la Constitution, la fermeture des frontières terrestres et aériennes, ainsi que l'instauration d'un couvre-feu, ont été décrétées.

- Le journaliste d'investigation, Victor Castanet, a publié un essai « Les fossoyeurs ». Il a livré une enquête sur les secrets du groupe français Orpea, spécialisé dans les établissements d'hébergement pour personnes âgées dépendantes (Ehpad).

- Le Parlement italien a réélu son chef de l'État, Sergio Mattarella. Le président de la République italienne, âgé de 80 ans, a été désigné pour un mandat de 7 ans au palais du Quirinal à Rome.

[Février 2022]

- En France, le taux du livret A est passé à 1 %. Il s'agit de la première hausse depuis le 1er août 2011. Le taux d'intérêt le plus haut s'est élevé à 8,5 %, le 16 octobre 1981.

- L'actrice italienne Monica Vitti est morte à l'âge de 90 ans. Formée à l'Académie nationale d'art dramatique à Rome, elle s'est lancée dans une carrière théâtrale, en jouant dans des pièces de Shakespeare, Molière et Brecht.

- Jeff Zucker, président de la chaîne de télévision d'information en continu américaine CNN, a quitté son poste. Le patron a entretenu une relation privée avec Allison Gollust, vice-présidente exécutive et directrice du marketing.

- Le chef de l'État islamique, Abou Ibrahim al-Hachimi al-Qurashi est mort à Atme, dans le nord de la Syrie. L'opération antiterroriste a eu lieu dans une zone contrôlée par les jihadistes et les rebelles.

- L'Autriche a été le premier pays de l'Union européenne à imposer la vaccination obligatoire contre la Covid-19, sous peine d'amende pour les Autrichiens de plus de 18 ans, en raison du faible taux de vaccination.

- L'équipe de football du Sénégal a remporté la finale de la Coupe d'Afrique des nations (CAN), au stade Olembé, à Yaoundé, au Cameroun, face à l'Égypte. Les Sénégalais ont battu l'équipe égyptienne, à 4 tirs au but, contre 2.

- Le biologiste et virologue français, Luc Montagnier, est décédé à l'âge de 89 ans. Après avoir intégré le Centre national de la recherche scientifique (CNRS), il a été professeur à l'institut Pasteur.

- Le « One Ocean Summit » a rassemblé à Brest, des chefs d'État et du gouvernement. Lors du Sommet international sur les océans, les questions de la préservation de la biodiversité, de la pêche, de la lutte contre les pollutions, des effets du changement climatique ont été abordées.

- 40 satellites de SpaceX, constructeur aérospatial américain créé par Elon Musk, ont été détruits par un orage magnétique.

- Le cyclone Batsirai a fait une centaine de morts, dans le sud-est de l'Afrique. Arrivée de l'océan Indien, la tempête tropicale a touché l'île Maurice, La Réunion et Madagascar. Les rafales de vent ont atteint plus de 100 km/h.

- Franz-Walter Steinmeier a été réélu président fédéral de l'Allemagne, pour la seconde fois. Homme d'État allemand, membre du Parti social-démocrate d'Allemagne (SPD), il a été vice-chancelier d'Allemagne de 2007 à 2009.

- Cristina Calderon est morte à Punta Arenas, dans le détroit de Magellan, à l'âge de 93 ans. Cette femme a été la dernière locutrice native de la langue yagan au Chili, à l'extrême sud du pays.

- Le philosophe et poète, Michel Deguy, est décédé à l'âge de 91 ans. Il a été maître de conférences en littérature française à l'université Paris 8, et membre du comité de lecture aux éditions Gallimard.

- L'État a participé à la recapitalisation d'Electricité de France (EDF), à hauteur de plus de 2 milliards d'euros. Le ministre de l'Economie, des finances et de la relance, Bruno Lemaire, a porté son soutien à EDF qui traverse une « passe financière difficile ».

- Le biologiste français François Gros, est mort à l'âge de 95 ans. Cette grande figure de la recherche scientifique a été professeur au Collège de France, directeur de l'Institut Pasteur, secrétaire perpétuel de l'Académie des Sciences, et conseiller auprès des Premiers ministres Pierre Mauroy et Laurent Fabius.

- Jean-Luc Brunel a été retrouvé mort, par pendaison, à la prison de la Santé à Paris, à l'âge de 75 ans. Figure internationale de la mode depuis les années 70, il avait été ciblé par des enquêtes pour « viol sur mineurs » et « harcèlement sexuel ».

- L'Organized Crime and Corruption Reporting Project (OCCRP) a réalisé une enquête internationale sur le groupe bancaire Crédit Suisse. La deuxième banque helvète a été accusée d'héberger des fonds de dizaines de milliards d'euros, en relation avec le crime et la corruption.

- Les Jeux olympiques d'hiver se sont déroulés à Pékin, en Chine. Dans le classement des médailles, la France s'est classée à la 7e place. La France a remporté 13 médailles, dont 5 en or, 7 d'argent, 2 de bronze.

- Vladimir Poutine, président de la fédération de Russie, a ordonné à l'armée russe de « maintenir la paix » dans les territoires séparatistes prorusses du Donbass. Le Kremlin a reconnu l'indépendance des Républiques de Donetsk et de Louhansk.

- En France, les députés de l'Assemblée nationale ont voté l'extension du délai légal pour pratiquer l'interruption volontaire de grossesse (IVG) à quatorze semaines de grossesse au lieu de douze.

- La Russie a lancé une offensive militaire en Ukraine. Des frappes aériennes ont touché des points stratégiques ukrainiens. Vladimir Poutine a souhaité une « démilitarisation » et une « dénazification » de l'Ukraine.

- Les États-Unis, l'Union européenne, le G7, ont pris des sanctions économiques et financières. L'accès de la Russie aux marchés de capitaux européens a été limité.

- L'Académie des arts et techniques du cinéma a décerné son palmarès, lors de la 47e cérémonie des Césars du cinéma à Paris. Le long-métrage, adapté du roman d'Honoré de Balzac, « Illusions perdues » de Xavier Giannoli, a été mis à l'honneur avec sept trophées, dont le meilleur film.

- Ursula von der Leyen, présidente de la Commission européenne, a interdit la chaîne de télévision d'information internationale russe, Russia Today (RT), et l'agence de presse multimédia Sputnik.
- Le philosophe français Marcel Conche est mort à l'âge de 99 ans. Il a été professeur à l'université de Panthéon-Sorbonne et a enseigné aux côtés de Vladimir Jankélévitch.

[Mars 2022]

- Un convoi militaire russe de plus de 60 km de long est en route vers Kiev. Kharkiv, 2e ville du pays, a été bombardée et 18 civils morts sont à déplorer.
- Marine le Pen et Éric Zemmour ont récolté 500 parrainages nécessaires pour officiellement se présenter aux élections présidentielles.
- L'armée russe a affirmé avoir conquis la ville de Kherson. À ce stade de la guerre, plus de 2 000 civils ukrainiens sont morts.
- Les nombreux ressortissants africains tentant de fuir l'Ukraine, ont accusé les autorités ukrainiennes de racisme.
- La candidate de gauche Christiane Taubira a annoncé qu'elle retirait sa candidature à la présidentielle.
- Le célèbre présentateur télé de la chaîne TF1 Jean-Pierre Pernaut, est décédé à l'âge de 71 ans d'un cancer du poumon.
- Le Comité international paralympique a exclu les sportifs russes et biélorusses des Jeux paralympiques d'hiver de Pékin.
- L'ONU a démarré un processus vers un traité international historique visant à lutter contre la pollution plastique.
- La Russie s'est emparé de la plus grande centrale nucléaire d'Ukraine.
- Le prix des carburants en France explose. 1,81 € le litre d'essence SP95, et 1,74 € le litre de gazole.
- Éric Zemmour et son parti « Reconquête ! » ont été condamnés pour contrefaçon et droits d'auteur.
- Le président Volodymyr Zelensky aurait échappé à 3 tentatives d'assassinat en 1 semaine. Il serait menacé par des troupes tchétchènes et 400 mercenaires du groupe paramilitaire russe Wagner.

- Twitter a temporairement suspendu plusieurs comptes de soutien à Marine le Pen et Éric Zemmour.
- Emmanuel Macron et Vladimir Poutine se sont entretenus pendant 1 h 45. Vladimir Poutine s'est dit déterminé à atteindre ses objectifs « par la négociation ou par la guerre ».
- Christiane Taubira soutient désormais le candidat de la France insoumise Jean-Luc Mélenchon.
- La Russie a proposé d'évacuer les civils ukrainiens des villes bombardées vers la Russie et la Biélorussie. L'Ukraine a refusé et dénoncé une fausse protection.
- Depuis la guerre en Ukraine, les prix des carburants ont explosé, une augmentation de 7 % en une semaine a été constatée.
- 13 jours après le début de la guerre, 2 millions de personnes ont fui l'Ukraine selon le bilan de l'ONU.
- 8 femmes ont accusé Éric Zemmour de violences sexuelles.
- Le gouvernement a annoncé un vaste plan de contrôle de 7 500 Ehpad en France afin de lutter contre les maltraitances des personnes âgées.
- McDonald's, Coca-Cola, Amazon, Starbucks ou encore KFC se sont ajoutés à la liste des entreprises qui ont suspendu leurs activités en Russie.
- Les Philippines était l'un des pays à avoir la majorité sexuelle la plus basse au monde. L'âge de la majorité sexuelle a été rehaussé de 12 ans à 16 ans.
- La Russie a bombardé un hôpital et sa maternité dans la ville de Marioupol. Cette attaque a fait 3 morts dont une fillette et 17 blessés.
- Les chefs de la diplomatie russe et ukrainienne se sont rencontrés en Turquie, mais n'ont pas réussi à se mettre d'accord sur un arrêt des combats.
- Emmanuel Macron a déclaré que l'UE prendrait des « sanctions massives » contre la Russie si la guerre continue.
- Le Guatemala a décidé de durcir fortement sa loi contre l'avortement et le mariage entre personne de même sexe. Désormais, une femme qui avorte risque jusqu'à 10 ans de prison.
- L'Inde a annoncé avoir envoyé par erreur un missile au Pakistan. L'événement est lié à un « dysfonctionnement technique ». Les relations entre l'Inde et le Pakistan sont très tendues depuis des années.

- Le Premier ministre Jean Castex a confirmé la fin du pass vaccinal ainsi que la fin du port du masque en intérieur.
- La Chine a confiné 17 millions d'habitants de la ville de Shenzhen après le signalement de 66 cas de Covid.
- La France a livré pour 150 millions d'euros de matériels militaires à la Russie entre 2015 et 2020.
- En Corse, des manifestations de soutien à Yvan Colonna ont dégénéré, faisant 67 blessés dont 44 chez le forces de l'ordre.
- Une nouvelle antenne a été installée au sommet de la Tour Eiffel, elle mesure désormais 330 mètres de haut.
- Les hommes homosexuels et bisexuels peuvent dorénavant donner leur sang dans les mêmes conditions que les autres donneurs.
- Joe Biden a qualifié Vladimir Poutine de « criminel de guerre » et a promis 800 millions de dollars d'aides militaires. La France a également promis 300 millions d'euros d'aide.
- 109 poussettes ont été disposées sur une place de la ville de Lviv, en hommage aux 109 enfants ukrainiens tués depuis le début du conflit.
- Emmanuel Macron a dévoilé son programme dans une conférence de presse, il contient la retraite à 65 ans, une hausse des salaires des profs, réforme du RSA et réforme des institutions.
- Le candidat écologiste Yannick Jadot a déclaré vouloir réduire la durée des vacances scolaires et notamment l'été.
- Le ministère russe de la Défense a déclaré avoir utilisé des missiles hypersoniques pour détruire un entrepôt souterrain d'armements dans l'ouest de l'Ukraine.
- Dans une étude publiée par l'ONU, la Finlande a été élue le pays le plus heureux du monde.
- L'armée russe est entrée dans la ville portuaire de Marioupol. Une école d'art qui abritait 400 réfugiés a été bombardée par les forces russes.
- Un avion qui transportait 132 passagers s'est écrasé en Chine ce matin. Il s'agissait d'un Boeing 737-800 de la compagnie China Eastern Airlines.
- Emmanuel Macron a dû renoncer à l'utilisation de son compte Twitter pour sa campagne. La commission qui contrôle la campagne considère que le compte twitter du chef de l'État était un avantage injustifié.

- Près de 26 000 réfugiés ukrainiens sont arrivés sur le territoire français.
- Le principal opposant au pouvoir russe Alexeï Navalny, déjà emprisonné depuis plus d'un an, à une nouvelle fois été condamné à 9 ans de prison.
- Le militant pour l'indépendance de la Corse Yvan Colonna est mort des suites d'une violente agression en prison.
- L'OMS a estimé que la France et plusieurs autres pays européens ont levé trop rapidement leurs mesures sanitaires face au Covid.
- En Afghanistan, les Talibans ont fait fermer définitivement les collèges et lycées pour filles. C'est une nouvelle atteinte au droit des femmes dans le pays.
- L'État de l'Idaho aux États-Unis a adopté une loi qui limite l'avortement pour les femmes. Si une femme avorte, le père peut porter plainte contre le médecin qui a pratiqué l'IVG et ce même en cas de viol.

[Avril 2022]

- Un responsable russe a accusé l'Ukraine d'avoir attaqué un dépôt de pétrole à Belgorod en Russie qui a provoqué un incendie.
- Le télescope spatial Hubble a détecté l'étoile la plus lointaine jamais observée. Elle se trouve à 12,9 milliards d'années-lumière et a une masse 50 fois supérieure à celle du Soleil.
- Le premier avril 2001, les Pays-Bas devenaient le premier pays à autoriser le mariage homosexuel. 20 ans plus tard, il est désormais autorisé dans 30 pays.
- Emmanuel Macron a tenu à Nanterre son unique meeting de campagne devant 30 000 personnes.
- Le pape François a appelé à partager l'accueil des réfugiés ukrainiens face à « l'élargissement de l'urgence migratoire ».
- Will Smith a annoncé qu'il quittait l'Académie des Oscars, 5 jours après avoir giflé Chris Rock durant la cérémonie des Oscars.
- Éric Zemmour a été viré du Z5, le complexe sportif des frères Zidane. La direction a déclaré ne pas vouloir associer leur image à celle du candidat.
- Le gouvernement ukrainien a annoncé au 39e jour de guerre que toute la région de Kiev avait été « libérée de l'envahisseur ».

- L'armée russe est accusée d'avoir commis des crimes de guerre dans la ville de Boutcha dans le nord de l'Ukraine. Le président ukrainien Volodymyr Zelensky a accusé la Russie de vouloir éliminer « toute la nation ».
- Après Emmanuel Macron, Jean-Luc Mélenchon, Valérie Pécresse, Anne Hidalgo, Nathalie Arthaud étaient en meeting à Toulouse et à Paris.
- La Chine a enregistré 13 000 nouveaux cas de Covid-19 en 24 heures. C'est le chiffre le plus élevé sur le territoire depuis le pic de la première vague en février 2020.
- Les chocolats Kinder de l'entreprise Ferrero seraient à l'origine d'au moins 15 cas de salmonellose en France.
- Désormais, jusqu'à 8 consultations chez le psychologue par an seront remboursées par la Sécurité Sociale.
- Après les pizzas et les kinder contaminés, les fromages vendus en grandes surfaces sont eux aussi possiblement contaminés à la Listeria.
- Le Sri Lanka au sud de l'Inde traverse une très forte crise économique et politique.
- Le milliardaire Elon Musk a fait une offre de 38 milliards d'euros pour racheter intégralement Twitter.
- 2 hommes ont été tués et un autre blessé par des tirs de policiers à Paris.
- Soeur André devient la doyenne de l'humanité, elle est âgée de 118 ans.
- Emmanuel Macron a été réélu pour un second mandat.

[Mai 2022]

- Le niveau de la mer en Nouvelle-Zélande est monté 2 fois plus vite que prévu.
- La Nouvelle-Zélande a rouvert ses frontières aux voyageurs et aux touristes après plus de 2 ans.
- L'ONU a alerté sur le fait que plus de 12,3 millions d'enfants syriens ont besoin d'assistance humanitaire.
- L'ancien Premier ministre François Fillon a été condamné en appel à 1 an de prison ferme dont 3 mois avec sursis dans l'affaire des emplois fictifs.

- Pour la toute première fois, la Reine Elizabeth II n'a pas pu faire son discours annuel devant le Parlement britannique pour des raisons de santé.
- Le portrait de Marilyn Monroe peint par l'artiste Andy Warhol est devenue l'oeuvre du xxe siècle la plus chère jamais vendue aux enchères à 195 millions de dollars.
- Avant les obsèques de Shireen Abu Akleh, des violences ont éclaté à Jérusalem, la police israélienne a attaqué plusieurs Palestiniens.
- La Russie a suspendu ses livraisons d'électricité en Finlande.
- Un attentat diffusé sur Twitch a fait 10 morts et 3 blessés. L'auteur est un suprémaciste blanc.
- Élisabeth Borne a été nommée Première ministre par Emmanuel Macron après la démission de Jean Castex.
- Le masque n'est désormais plus obligatoire dans les transports. Il reste néanmoins obligatoire dans les établissements de santé.
- La Suède a officialisé sa candidature pour rejoindre l'OTAN juste après la Finlande.
- La température a dépassé les 51 °C à l'ombre au Pakistan. Tout comme l'Inde, les 2 pays sont les plus touchés par une très forte canicule.
- La Russie a désormais pris le contrôle total de la ville de Marioupol, à l'est de l'Ukraine.
- Il sera désormais possible à Grenoble de porter le burkini dans les piscines municipales.
- *Sans filtre* du Suédois Ruben Östlund remporte la Palme d'or à Cannes.
- Le Real de Madrid remporte la Ligue des Champions.
- Damien Abad, ministre des Solidarités, de l'Autonomie et des Personnes handicapées, est accusé de viols par deux femmes, selon des révélations de Mediapart.
- Une grand-mère suédoise de 103 ans bat un record du monde de saut en parachute.
- Un adolescent de 18 ans a tué par balle dix-neuf enfants et deux adultes dans une école primaire d'Uvalde, au Texas.
- Les livres à ne pas manquer au premier semestre 2022 : *Ton absence n'est que ténèbres* de Jón Kalman Stefánsson, *Une sortie honorable* d'Éric Vuillard, *Numéro deux* de David Foenkinos, *La décision* de Karine Tuil, *Paris-Briançon* de Philippe Besson, *anéantir* de Michel Houellebecq, *L'île aux arbres disparus* d'Elif Shafak.

- Près de 600 exécutions en 2021: Amnesty alerte sur la «hausse inquiétante» des peines de mort dans le monde.
- Variole du singe : au moins trois cas confirmés en France.

[Juin 2022]

- 121e édition des Internationaux de France de tennis (Roland Garros) à Paris remportée par NADAL (simple messieurs) et SWIATEK (simple dames).
- Les Danois approuvent par référendum la levée de l'option de retrait du pays de la politique de sécurité et de défense commune de l'Union européenne.
- 4 juin : aux États-Unis : une fusillade fait trois morts dans une rue de Philadelphie.
- La Russie procède à des frappes aériennes sur la capitale ukrainienne, les premières depuis avril.
- Les États-Unis sont marqués par une flambée de violences par armes à feu, en particulier la tuerie dans une école d'Uvalde au Texas le 24 mai (21 morts). Depuis, plus d'une vingtaine de fusillades à plusieurs victimes ont eu lieu, selon l'association Gun Violence.
- Une attaque se produit pendant l'office du matin à l'église catholique St Francis dans la ville d'Owo, dans le sud-ouest du Nigeria. Des hommes armés tuent de nombreux fidèles.
- Au moins 49 personnes sont tuées et plus de 300 blessées dans une gigantesque explosion de produits chimiques, déclenchée par un incendie, dans un dépôt de conteneurs à Sitakunda, au Bangladesh.
- Les quatre jours des festivités du jubilé de platine d'Élisabeth II s'achèvent au Royaume-Uni et dans les pays du Commonwealth.
- En Malaisie, le gouvernement malaisien annonce que la peine de mort sera abolie dans le pays, permettant d'autres types de condamnations.
- Elizabeth II du Royaume-Uni, doyenne des souverains vivants, accède à la deuxième place pour sa longévité chez les monarques d'États souverains, devancée seulement par le roi de France Louis XIV, mort en 1715. Elle a ravi la deuxième place au roi de Thaïlande Rama IX, mort en 2016.
- La Chine lance son troisième porte-avions, le Fujian, lors d'une cérémonie à Shanghai, renforçant encore sa capacité à projeter des militaires à l'étranger.

- 29 avions militaires chinois pénètrent dans la zone de défense aérienne taïwanaise, incitant l'armée de l'air de Taïwan à tenter de les chasser.
- Sommet de l'OTAN à Madrid en Espagne.

[Juillet 2022]

- Yaïr Lapid succède à Naftali Bennett comme Premier ministre d'Israël.
- Début de la présidence tchèque du Conseil de l'Union européenne pour six mois.
- La Suisse autorise le mariage entre personnes de même sexe.
- Une fusillade dans un défilé du 4 Juillet près de Chicago fait au moins 6 morts et 24 blessés.
- En Ouzbékistan trois jours après le début des manifestations au Karakalpakstan, le président ouzbek Shavkat Mirziyoyev déclare l'état d'urgence dans cette région autonome.
- Championnat d'Europe féminin de football 2022.
- Au Royaume-Uni, Boris Johnson annonce sa démission de son poste de Premier ministre.
- Assassinat de l'ancien premier ministre japonais Shinzō Abe lors d'un meeting à Nara.
- Au Sri Lanka, à la suite d'importantes manifestations, le président Gotabaya Rajapaksa annonce sa démission. Le Premier ministre Ranil Wickremesinghe démissionne pour prendre la présidence par intérim.
- Au Pakistan, au moins 147 personnes sont mortes noyées dans des inondations massives à Quetta.
- La NASA publie la première image opérationnelle prise par le télescope spatial James Webb.
- Le Conseil européen accepte la Croatie comme 20e pays de la zone euro. La monnaie deviendra officielle le 1er janvier 2023.
- Une enquête indépendante de 3 ans confirme que plus de 1000 enfants ont été violés dans la ville de Telford (Angleterre) depuis 1989.
- A la suite de la chute de sa coalition gouvernementale, Mario Draghi présente sa démission de la présidence du conseil des ministres d'Italie.

- Le spatulaire chinois, l'une des plus grandes espèces de poissons d'eau douce au monde, est officiellement déclaré éteint par l'Union internationale pour la conservation de la nature.
- L'OMS classe l'épidémie de variole du singe en urgence de santé publique de portée internationale.
- En Ukraine, 53 personnes sont tuées et 75 sont blessées lorsqu'un bombardement frappe une prison russe détenant des prisonniers de guerre ukrainiens à Olenivka, dans l'oblast de Donetsk. La Russie et l'Ukraine s'accusent mutuellement d'avoir mené la frappe.

[Août 2022]

- Un événement de mortalité massive impliquant des poissons, des castors et d'autres animaux sauvages, dans la partie polonaise de l'Oder, provoque une crise sanitaire et environnementale entre la Pologne et l'Allemagne.
- La présidente de la Chambre des États-Unis, Nancy Pelosi, visite Taïwan, première visite d'un haut responsable américain depuis 1997 avec Newt Gingrich.
- Les États-Unis imposent des sanctions à trois hauts responsables du cabinet du président libérien George Weah, les accusant de corruption.
- Dans le nord de la Crimée, une explosion dans un dépôt de munitions force l'évacuation des civils ; les observateurs suggèrent qu'il pourrait avoir été touché par les forces ukrainiennes.
- Israël et la Turquie rétablissent leurs relations diplomatiques avec le retour des ambassadeurs dans les deux pays.
- Des archéologues découvrent l'un des plus grands sites mégalithiques d'Europe dans une ferme du sud de l'Espagne. Il date de 7 000 ans et contient plus de 500 menhirs.
- Un nombre record de 1 295 migrants illégaux traversent la Manche vers le Royaume-Uni sur de « petits bateaux » en une seule journée, selon le ministère britannique de la Défense.
- Le taux de change entre l'euro et le dollar américain tombe à 0,9928, taux le plus bas depuis la mise en circulation de la monnaie unique européenne.
- La Colombie et le Venezuela rétablissent leurs relations diplomatiques après trois ans d'interruption.
- Début de l'US Open de tennis 2022 à New York remporté par ALCARAZ (simple messieurs) et SWIATEK (simple dames).

[Septembre 2022]

- Tentative d'assassinat de Cristina Kirchner en Argentine.
- Début de l'inspection de la centrale nucléaire de Zaporijia par l'équipe de l'AIEA envoyée en Ukraine.
- Liz Truss devient Première ministre du Royaume-Uni, succédant à Boris Johnson.
- 8 septembre : Élisabeth II meurt au château de Balmoral en Écosse, son fils Charles III lui succède comme roi du Royaume-Uni.
- L'Azerbaïdjan accuse l'Arménie de « provocations » et lance une attaque à la frontière entre les deux pays, théâtre d'un conflit depuis l'été 2021.
- Des affrontements opposent le Kirghizistan et le Tadjikistan à cause d'un litige sur le tracé de la frontière entre les deux pays.
- Obsèques d'Élisabeth II à l'abbaye de Westminster à Londres.
- La Guinée équatoriale abolit la peine de mort.
- Vladimir Poutine annonce la mobilisation de 300 000 réservistes russes pour combattre en Ukraine.
- L'ouragan Ian touche terre à Cuba et en Floride, aux États-Unis, faisant au moins 16 morts et laissant des millions de personnes sans électricité.
- Référendum cubain sur le mariage homosexuel.
- Annexion des oblasts ukrainiens de Louhansk, Donetsk, Zaporijia et Kherson par la Russie.

[Octobre 2022]

- La bousculade du stade Kanjuruhan provoque la mort d'au moins 131 personnes et 325 blessées en Indonésie.
- Le prix Nobel de physiologie ou médecine est attribué au Suédois Svante Pääbo pour ses découvertes concernant les génomes des hominines éteints et l'évolution humaine.
- Élections générales québécoises. Le gouvernement sortant de la Coalition avenir Québec est réélu pour un deuxième mandat.

- Le prix Nobel de physique est attribué au Français Alain Aspect, à l'Américain John Clauser et à l'Autrichien Anton Zeilinger pour leurs découvertes sur l'intrication quantique.
- Le prix Nobel de chimie est attribué au Danois Morten Meldal et aux Américains Carolyn R. Bertozzi et K. Barry Sharpless pour le développement de la chimie click et la chimie bioorthogonale.
- Le prix Nobel de littérature est attribué à la Française Annie Ernaux.
- En Thaïlande, au moins 38 personnes, pour la plupart des enfants, sont tuées dans une attaque contre une crèche dans la province de Nong Bua Lamphu.
- Le prix Nobel de la paix est attribué au Biélorusse Alès Bialiatski, à l'association russe Memorial et à l'association ukrainienne Centre pour les libertés civiles.
- Le Prix de la Banque de Suède en sciences économiques en mémoire d'Alfred Nobel est attribué aux Américains Ben Bernanke, Douglas Diamond et Philip Dybvig pour leurs recherches sur les banques et les crises financières.
- Une série de bombardements russes touche les grandes villes ukrainiennes, dont la capitale Kiev.
- En Irak, Abdul Latif Rashid est élu président de la République.
- En Russie, une fusillade dans une base militaire russe fait 13 morts.
- Ulf Kristersson est élu Premier ministre de Suède par le Parlement, avec le soutien inédit de l'extrême droite.
- La ministre australienne des Affaires étrangères, Penny Wong, confirme que l'Australie ne reconnaîtra plus Jérusalem-Ouest comme capitale d'Israël tant que les négociations de paix ne seront pas finalisées.
- Démission de Liz Truss, Première ministre du Royaume-Uni, son mandat est ainsi le plus court de l'histoire du pays.
- Au Tchad, de violents heurts opposant police et manifestants à N'Djamena causent la mort d'une « cinquantaine » de personnes dont une « dizaine » de membres des forces de sécurité et plus de 300 blessés.
- Giorgia Meloni est nommée présidente du Conseil des ministres d'Italie, c'est la première femme à ce poste.
- En Chine, le 20e congrès national du Parti communiste renouvelle Xi Jinping comme secrétaire général.

- Au Royaume-Uni, Rishi Sunak est élu chef du Parti conservateur ; le lendemain il est nommé Premier ministre, la première personne d'origine indienne dans cette fonction.
- Mohammed Chia al-Soudani devient Premier ministre d'Irak.
- La bousculade d'Halloween à Séoul (Corée du Sud) fait environ 150 morts.
- Au Liban, le mandat du président de la République, Michel Aoun, se termine, sans qu'un successeur soit désigné.

[Novembre 2022]

- Élections législatives anticipées au Danemark, les sociaux-démocrates de la Première ministre Mette Frederiksen, arrivent en tête des élections, remportées par les partis allant du centre gauche à l'extrême gauche.
- Élections législatives anticipées en Israël, Initialement prévues pour octobre 2025, ces élections sont organisées de manière anticipée pour la cinquième fois consécutive, le bloc soutenant l'ex-Premier ministre, Benyamin Netanyahou, remporte la majorité absolue à la Knesset.
- Éclipse lunaire totale.
- Élections de mi-mandat, notamment les élections sénatoriales et les élections à la Chambre des représentants aux États-Unis.
- 9 novembre au 4 décembre : 12e édition de la Route du Rhum, le départ a lieu à Saint-Malo.
- En Éthiopie, signature du traité de paix mettant fin à la guerre du Tigré.
- Élections législatives afin de renouveler les 40 membres du Conseil des représentants au Bahreïn.
- La population mondiale atteint les huit milliards d'humains, selon l'Organisation des Nations unies.
- Deux missiles S-300 tombent en Pologne, tuant 2 personnes. Il s'agit de la première attaque frappant le territoire de l'OTAN lors de l'invasion russe de l'Ukraine en 2022.
- Début officiel de la saison cyclonique 2022-2023 dans l'océan Indien sud-ouest.
- Sommet du G20 à Bali en Indonésie.
- Lancement d'Artémis I à Cap Canaveral en Floride.

- 18e sommet de la francophonie en Tunisie.
- Cérémonie d'ouverture de la 22e édition de la Coupe du monde de football au Qatar.
- Référendum constitutionnel à Taïwan, afin de permettre à la population de se prononcer sur un amendement de la constitution visant à abaisser l'âge d'obtention du droit de vote de vingt à dix huit ans.
- Sur l'île d'Hawaï, le Mauna Loa entre en éruption pour la première fois depuis 1984.

[Décembre 2022]

- 12e édition de la Route du Rhum.
- 22e édition de la coupe du monde de football au Qatar.
- L'Indonésie annonce qu'elle est sur le point d'adopter un nouveau code pénal, qui remplacera le précédent hérité des Indes orientales néerlandaises.
- L'Iran annonce l'abolition de la police de la moralité après plus de deux mois de manifestations consécutives à la mort de Mahsa Amini.
- Les autorités chinoises annoncent un assouplissement des règles anti-Covid-19 (stratégie zéro covid).
- Pedro Angulo devient président du Conseil des ministres du Pérou.
- Leo Varadkar redevient Premier ministre d'Irlande, succédant à Micheál Martin.
- Finale de la Coupe du monde de football au Qatar, remportée par l'équipe d'Argentine face à l'équipe de France.
- A Washington, le président ukrainien Volodymyr Zelensky est reçu en héros par Joe Biden et les élus du Congrès.
- Une forte tempête hivernale frappe une grande partie du Canada et des États-Unis.
- En France, une fusillade à Paris fait au moins trois morts.
- Cinq drones nord-coréens traversent la DMZ en Corée du Sud, qui brouille les avions pour les intercepter ; l'un des avions d'attaque légers sud-coréens FA-1 s'écrase au décollage, tandis qu'un drone nord-coréen s'écrase près de la capitale sud-coréenne Séoul.
- En Israël, le gouvernement Netanyahou VI entre en fonction.

[Janvier 2023]

- La Croatie rejoint la zone euro et l'espace Schengen.
- La Suède prend la présidence du Conseil de l'Union européenne pour six mois.
- Luiz Inácio Lula da Silva est investi Président de la république du Brésil, succédant à Jair Bolsonaro.
- Arrestation de Ovidio Guzmán López dans le cadre de la guerre de la drogue au Mexique à Culiacán. L'opération de capture s'achève sur un bilan total de 10 militaires et un policier morts, 19 membres du cartel de Sinaloa abattus, 35 militaires, 17 policiers et un garçon de 14 ans sont blessés, 21 sicaires prisonniers.
- Arrestation d'Anderson Torres, ancien ministre brésilien de la Justice sous l'ex-président Jair Bolsonaro et chef de la sécurité du District fédéral de Brasilia au moment de la prise d'assaut, et une enquête est ouverte contre Bolsonaro lui-même.
- Inauguration du port spatial Esrange, base de lancement en Suède devant permettre de lancer des satellites depuis l'Europe continentale.
- Arrestation dans une clinique de Palerme du chef de la Mafia sicilienne, Matteo Messina Denaro, après 30 ans de cavale.
- Open d'Australie à Melbourne remporté par DJOKOVIC (simple messieurs) et SABALENKA (simple dames).
- Jacinda Ardern, Première ministre de Nouvelle-Zélande, annonce sa démission.
- Manifestations et journée de grève partout en France contre un projet de réforme des retraites, mobilisant entre 1,12 million (selon le Ministère de l'Intérieur) et 2 millions (selon les syndicats organisateurs) de manifestants, ce qui en fait la plus grosse manifestation de départ d'un mouvement social en France depuis 1995 inclus selon les chiffres gouvernementaux.
- Le référendum constitutionnel en Slovaquie, relatif aux conditions de convocation d'élections législatives anticipées, échoue faute d'une participation suffisante.
- Une attaque palestinienne contre une synagogue de Jérusalem-Est tue sept civils israéliens, à la suite d'un raid israélien dans le camp de réfugiés de Jénine qui a tué neuf Palestiniens, dont deux civils.

[Février 2023]

- À Chypre, les élections présidentielles de février 2023 ont été remportées par Nikos Christodoulides avec un peu plus de 51% des suffrages.

- Un violent tremblement de terre – 7,8 sur l'échelle de Richter – et ses répliques ont frappé la région frontalière turco-syrienne le 6 février 2023.

- Le Tadjikistan est lui aussi victime de séismes assez violents, d'une magnitude de 6,8.

- La France ne parvient pas à redresser sa balance commerciale, malgré les politiques engagées depuis quelques années. Les importations ont progressé de 29 % en 2022, certes du fait de la flambée du poids de la facture énergétique, mais pas seulement. Avec un déficit de 164 milliards d'euros, la France a des raisons objectives de s'inquiéter. Ce déficit était de 60 milliards d'euros en 2019, avant la pandémie.

- La Première ministre d'Ecosse, Nicola Sturgeon, qui souhaitait amener l'Ecosse à l'indépendance, a annoncé sa démission.

- Joe Biden a prononcé son discours de l'Union le 7 février 2023. Il s'agit d'un discours rassembleur destiné à une société américaine particulièrement fracturée, qui souffre de l'inflation, et à une Chambre des représentants à majorité républicaine (le Sénat est resté démocrate).

- Dans un discours prononcé en février, Vladimir Poutine dénonce l'Occident accusé de mener une lutte résolue contre la Russie. Sa représentation est celle d'une Russie qui mène un conflit civilisationnel pour protéger ses valeurs et accuse l'Ukraine d'abriter des « néo-nazis ». Il affirme passer à une économie de guerre pour pouvoir mener une guerre de temps long, ce que craignent les Occidentaux et les Ukrainiens.

- Xi Jinping prononce en février 2023 un discours centré sur l'autonomie stratégique de son pays en matière technologique.

- Les Philippines et le Japon contractent un rapprochement d'ordre militaire, prévoyant des exercices communs comme la possibilité d'un déploiement sur le territoire de son voisin – « un accord d'accès réciproque » – en cas de besoin.

- Joe Biden s'est rendu à Kiev en février 2023 pour réaffirmer son soutien à l'Ukraine en guerre. Il s'est rendu ensuite à Varsovie. La Pologne tient une place importante sur l'échiquier américain.

- La France continue à attirer les investissements étrangers, 1725 projets sont enregistrés pour l'année 2022.

[Mars 2023]

- En Finlande, le parlement vote par 184 voix contre 7 pour approuver formellement l'adhésion du pays à l'OTAN et adopter les documents fondateurs de l'alliance militaire.
- Election présidentielle au Viêt Nam, l'Assemblée nationale élit Võ Văn Thưởng comme nouveau président du pays, en remplacement de Nguyễn Xuân Phúc.
- Le Burundi déploie 100 soldats dans l'est de la République démocratique du Congo pour aider le pays à combattre l'insurrection des milices, notamment du M233.
- Le groupe al-Qaïda dans la péninsule arabique reconnaît que son chef a été tué lors d'une récente frappe aérienne des États-Unis au Yémen.
- En France, fort mouvement social contre le projet de réforme des retraites du gouvernement ; avec entre 1 280 000 (selon le ministère de l'Intérieur) et 3 500 000 (selon les syndicats) participants, c'est la plus grande manifestation de protestation depuis la fin de la Seconde Guerre mondiale, quels que soit les chiffres retenus.
- Au Bangladesh, une explosion au marché de Dacca tue au moins 17 personnes et fait plus de 140 blessés.
- Le cyclone Freddy frappe Madagascar ainsi que le Mozambique et le Malawi, faisant plus de 300 morts.
- La Silicon Valley Bank et la Signature Bank s'effondrent toutes deux en l'espace de trois jours, devenant les deuxième et troisième plus grandes faillites bancaires de l'histoire des États-Unis d'Amérique.
- Election présidentielle au Népal, Ram Chandra Poudel est élu.
- En Allemagne, une fusillade à Hambourg fait au moins sept morts.
- En Chine, Xi Jinping est réélu président pour un troisième mandat, puis Li Qiang est nommé Premier ministre.
- L'Iran et l'Arabie saoudite annoncent le rétablissement de leurs relations diplomatiques (rompues en 2016) à l'issue de pourparlers en Chine.
- Le film de Daniel Kwan et Daniel Scheinert *Everything Everywhere All at Once* est le grand vainqueur de la 95e cérémonie des Oscars.
- La Cour pénale internationale émet des mandats d'arrêt contre le président russe Vladimir Poutine et la responsable russe Maria Lvova-Belova pour l'enlèvement d'enfants en Ukraine.

- L'Irlande remporte le tournoi des Six Nations pour la 23e fois, en réalisant son quatrième grand chelem.
- En France, neuvième journée de mobilisation nationale contre le projet de réforme des retraites, marquée par de nombreux incidents toutes les nuits du 20 au 24 mars, réunissant entre 1,089 million (selon le gouvernement) et 3,5 millions (selon les syndicats) de participants.
- Une fusillade dans une école à Nashville dans l'État du Tennessee au États-Unis d'Amérique fait six morts, dont trois enfants.
- Les Philippines annoncent suspendre ses relations avec la Cour pénale internationale (CPI) en raison du refus de la CPI de suspendre son enquête sur les crimes présumés commis par l'administration de l'ancien président Rodrigo Duterte pendant la guerre du pays contre la drogue.
- Découverte de l'astéroïde 2023 FW13, le quasi-satellite de la Terre le plus stable connu à ce moment-là.

A vous à présent d'écrire la suite !

III. 200 QUESTIONS D'ACTUALITÉ POUR VOUS ENTRAÎNER

Nous vous proposons ici un entraînement sur 200 questions ouvertes d'actualité et de culture générale. Surtout, réfléchissez bien avant de répondre et ne vous précipitez pas sur les corrigés qui suivent. Ainsi, pour la première question, si vous hésitez entre Séoul, Tokyo, Los Angeles et New York, notez-les et espérez que l'une d'entre elles soit la bonne réponse !

Donnez également des réponses approximatives. Ainsi, lorsque l'on vous demande à la question 5 le nombre de pays membres de l'OPEP et que vous n'en savez rien ou que vous hésitez, notez quand même « environ 15 » ou « environ 20 », par exemple. Vous pourrez ainsi vérifier si vous étiez dans le coup ou si au contraire vous étiez vraiment loin du compte… Dans tous les cas, n'oubliez pas que vous serez face à un QCM le jour J et que la bonne réponse sera sous vos yeux. Ce sera quand même plus facile !

1. Quelle est en 2023 la ville la plus peuplée du monde ?
2. Quelles sont les deux cryptomonnaies les plus valorisées au premier semestre 2023 ?
3. Comment s'appelle le ruban orange et noir arboré par les Russes durant la guerre actuelle en Ukraine ?
4. Environ quel pourcentage de la ressource mondiale en eau est constitué par de l'eau douce ?
5. Quel est en 2023 le nombre de pays membres de l'OPEP ?

6 Quel est le nom de l'arme de destruction massive la plus énergétique jamais testée par l'armée russe ?

7 Quel est le nom du parti politique créé par Eric Zemmour en avril 2021 ?

8 Qui est le chinois Xi Jinping ?

9 Que signifie « Covid » dans l'acronyme Covid-19 ?

10 D'après une projection de l'ONU, à combien s'élèverait la population indienne mi-2023 ?

11 Quelle est la monnaie du Mexique ?

12 Depuis quelle année le président de la République française est-il élu au suffrage universel direct ?

13 31 mai 2022 : qui défait Novak Djokovic à Roland Garros en quart de finale à l'issue d'un match aussitôt entré dans les annales du tennis masculin ?

14 Le 26 mai 2020, quatre policiers de Minneapolis sont limogés après la mort d'un homme noir à la suite d'une arrestation musclée. Comment s'appelle cet homme ?

15 Quelle est la monnaie du Maroc ?

16 En mai 2023, combien d'anciens présidents américains sont encore en vie ?

17 Quelle est, en milliards, la population mondiale estimée en 2022 ?

18 Quelle est l'année de naissance d'Emmanuel Macron ?

19 Par quel acronyme designe-t-on les cinq grandes firmes américaines qui dominent le marché du numérique ?

20 Quel est le pourcentage de citadins exposés à un air pollué dans l'Union européenne ?

21 Quel est le nom du groupe extrémiste responsable du kidnapping de 276 lycéennes au Nigéria le 14 avril 2014 ?

22 Qui est le Francais qui a obtenu le plus de médailles d'or aux Jeux olympiques ?

23 François Michelin est décédé en 2015. En quelle année a été créée l'entreprise qui porte son nom ?

24 Qui est l'actuel président du Pérou ?

25 Quels sont les deux pays qui entourent le Panama ?

26 Quel pays a remporté l'Eurovision 2023 ?

27 De quel pays Recep Tayyip Erdoğan est-il le président ?

28 Quel film obtient la Palme d'or à Cannes en 2023 ?

29 En France, quelle est la première région agricole ?

30 Le 6 mai 2017, pour quel pays la Cour pénale internationale a été saisie d'accusation de génocide et de persécution envers les homosexuels ?

31 Quelle est l'espérance de vie d'une femme en France en 2021 ?

32 En France, quel ancien Premier ministre sous la présidence de François Mitterrand, ayant fait usage de l'article 49.3 au parlement 28 fois au cours de ses mandats, est décédé le 2 juillet 2016 ?

33 Au 1er janvier 2022, combien d'habitants environ compte la France ?

34 Quel scandale mondial a éclaboussé le monde de la finance en avril 2016 ?

35 Quelle course hippique qui se dispute en mai en Suède est l'une des courses les plus importantes de l'année avec le Grand Prix d'Amérique et l'Hambletonian ?

36 En quelle année eut lieu le massacre de la Saint-Barthélémy ?

37 En quelle année a été prononcé lors d'un célèbre discours : « *I have a dream* » ?

38 Quel grand groupe d'électroménager la Fnac a-t-elle racheté en avril 2016 ?

39 Quel footballeur a reçu le Ballon d'or en 2022 ?

40 Quel artiste est connu pour avoir, entre autres choses, tendu de vastes toiles colorées ou emballé des monuments prestigieux ?

41 Pour quelle raison IKEA France est condamnée à 1 million d'euros d'amende en juin 2021 ?

42 A l'occasion des élections régionales de juin 2021, combien de candidats sont en lice pour le fauteuil de président de la région Ile-de-France ?

43 Quel ex-ministre socialiste et ex-commissaire européen le président de la République Emmanuel Macron décide-t-il de nommer le 3 juin 2020 comme premier président de la Cour des comptes ?

44 Au large de quelle ville française peut-on visiter le Château d'If, rendu célèbre par le roman *Le Comte de Monte-Cristo* ?

45 De quelle nationalité W. A. Mozart était-il ?

46 Où se situe le siège de l'ONU ?

47 En 2016, quel terme est utilisé pour désigner le scénario de la sortie du Royaume-Uni de l'Union européenne ?

48 En quelle année fut abandonnée la convertibilité du dollar en or ?

49 Quelle est la capitale de l'Ethiopie ?

50 Qui a reçu en 2022 le prix Nobel de la paix ?

51 Quelle est la capitale de la Turquie ?

52 Dans quelle ville française a lieu chaque année le Festival international de la BD ?

53 En 2015, quel pays a renoncé officiellement à son adhésion à l'Union européenne ?

54 Comment le parti politique La République en marche fondé par Emmanuel Macron a t-il été renommé en mai 2022 ?

55 Après Paris, quelle est la ville de France la plus peuplée ?

56 Quelle grande navigatrice française est décédée lors d'un accident d'hélicoptère alors qu'elle participait à une émission de téléréalité ?

57 Combien de députés l'Assemblée nationale compte-t-elle ?

58 Qui est l'actuel Président de l'Irlande ?

59 Quel site Internet a rendu public plus de 9 000 documents de la CIA le 7 mars 2017 ?

60 Quel est le prénom de l'enfant de Meghan Markle et du prince Harry né en juin 2021 ?

61 Combien de pays forment l'Union européenne aujourd'hui ?

62 Qui est l'homme le plus riche du monde en mai 2022 avec une fortune estimée à plus de 255 milliards de dollars ?

63 Quel était le métier de Volodymyr Zelensky avant qu'il ne devienne président de l'Ukraine le 20 mai 2019 ?

64 Quel est le seul pays d'Europe à appliquer librement la peine de mort ?

65 De quelle nationalité est le géant de l'alimentation Nestlé ?

66 Dans quel pays se trouve la ville de Yalta, lieu de la célèbre rencontre de 1945 ?

67 Dans quel pays d'Afrique a eu lieu le génocide organisé par les milices Hutus contre le peuple des Tutsis ?

68 La SNCF et la RFF ont déboursé 50 millions d'euros pour refaire 1 300 quais de gare. Pour quelles raisons ?

69 Qu'est-ce que la BRI ?

70 Quel leader de la réservation de voitures avec chauffeur a concrétisé en 2019 une entrée en Bourse à Wall Street dont les premiers pas se sont très mal passés ?

71 Quelle ville voit le départ du Tour de France le 1er juillet 2022 ?

72 Qui est l'actuel président du Guatemala ?

73 Quelle est la capitale de la Serbie ?

74 Quelle est la capitale du Pérou ?

75 Quel est le nom du régime français sous Pétain durant la Seconde Guerre mondiale ?

76 En France, en quelle année la majorité civile est-elle passée à 18 ans ?

77 Combien de temps en moyenne met le TGV pour faire le trajet Paris-Marseille ?

78 De quelle ville Édouard Philippe est-il le maire en 2023 ?

79 Avec quel pays Emmanuel Macron s'est félicité d'avoir conclu « le plus gros contrat militaire à composante française de notre histoire » ?

80 Que commémore-t-on tous les 8 mai ?

81 Quelle est la durée du mandat d'un maire ?

82 Le français est parlé par près de 275 millions de personnes. Quel rang occupe-t-il parmi les langues les plus parlées au monde ?

83 Avril 2022 : quel est le réseau social le plus utilisé par les 15-24 ans en France ?

84 Combien la France compte-t-elle de fonctionnaires en janvier 2021 ?

85 Maire de Béziers, Robert Ménard a fondé en 1985 une organisation non gouvernementale. Laquelle ?

86 Quelle chanteuse française, interprète de *Les P'tits papiers* est décédée le 1er mai 2022 ?

87 Combien y a-t-il d'Etats aux Etats-Unis ?

88 L'œuvre *Les Raboteurs de parquet* est un tableau de :

89 Quel est le plus long fleuve du monde ?

90 En 2022, quel film remporte l'Oscar du meilleur film ?

91 En quelle année Vladimir Poutine est-il né ?

92 Quel virus, voisin de la dengue et du chikungunya, a émergé en Amérique centrale et en Amérique du Sud début 2016 ?

93 En mai 2023, combien d'euros environ obtient-on en changeant 1 000 livres sterling ?

94 Qui est le secrétaire général actuel du syndicat Force ouvrière depuis 2018 ?

95 Comment appelle-t-on le phénomène de création de nouveaux mots ?

96 Que représente *L'Origine du monde* de Gustave Courbet ?

97 Quel Chef anime l'émission *Cauchemar en cuisine* sur M6 ?

98 Qui est le « Spider-Man » français, célèbre pour ses ascensions à mains nues des plus hauts gratte-ciel ?

99 Combien de mètres mesure la tour Montparnasse à Paris ?

100 Quels sont les horaires de cotation de la bourse de Paris ?

101 Quel était le métier de Nicolas Sarkozy avant qu'il ne devienne président de la République ?

102 Qui est l'auteur du roman *Des souris et des hommes* ?

103 Comment appelle-t-on l'outil de comptabilisation des émissions de gaz à effet de serre d'un produit ou d'une entreprise ?

104 Quelle nation a été menacée d'exclusion aux Jeux olympiques de Rio en 2016, sur suspicion de dopage ?

105 En janvier 2023, quel pays rejoint la zone euro et l'espace Schengen ?

106 En janvier 2023, quel pays prend la présidence du Conseil de l'Union européenne pour six mois ?

107 Combien de sièges la NUPES (Nouvelle Union populaire écologique et sociale) obtient-elle à l'Assemblée Nationale à l'issue des élections législatives de juin 2022 ?

108 En terme de superficie, les Etats-Unis sont environ … fois plus grands que la France.

109 Qui a écrit *Ubu roi* ?

110 Quel article de la Constitution française permet au Premier ministre d'engager la responsabilité du gouvernement devant l'Assemblée nationale ?

111 Dans quel lieu s'est déroulé le discours consécutif à la victoire d'Emmanuel Macron le 24 avril 2022 ?

112 Qui a écrit *La Cantatrice chauve* ?

113 Pandémie du Covid-19 : quelle date marque le début du déconfinement en France ?

114 Quelle est la capitale de l'Albanie ?

115 Quel film a fait le plus d'entrées au box-office français en 2021 ?

116 Quel est le surnom de l'équipe de France de handball ?

117 En quelle année l'île de Hong Kong a-t-elle été rétrocédée à la République populaire de Chine par le Royaume-Uni ?

118 A quelle date le Conseil constitutionnel a-t-il donné un avis favorable à la loi dite du « mariage pour tous » ?

119 Dans quelle entreprise japonaise le système de Kanban, visant à limiter les stocks d'une chaîne de production et à produire en flux tendu, a-t-il été mis en place pour la première fois dans les années 1950 ?

120 Que signifie le mot nomophobe, nouvel arrivé dans le *Larousse* ?

121 En quelle année le Titanic avait-il fait naufrage ?

122 Le boxeur Mohammed Ali est décédé le 3 juin 2016. Quel était son nom, avant sa conversion à l'islam ?

123 Par qui est présentée l'émission à succès *Affaire conclue* sur France 2 ?

124 En juin 2017, quel animateur a quitté la chaîne France 2 après avoir présenté l'émission *Télématin* pendant près de trente ans ?

125 En quelle année a été créé le groupe LVMH ?

126 Quel est, en 2020, le pays qui exporte le plus d'armes au monde ?

127 Qui a reçu le Fauve d'or lors du Festival de la bande dessinée d'Angoulême en janvier 2023 ?

128 Comment s'appelle la monnaie brésilienne ?

129 Que fête-t-on le 8 mars ?

130 Quelle est la date de naissance d'Élisabeth II ?

131 Combien de sièges le Rassemblement National obtient-il à l'Assemblée nationale à l'issue des élections législatives de juin 2022 ?

132 Décembre 2022, combien compte-on de morts liés au Covid-19 dans le monde ?

133 A quel pays le territoire de Gibraltar appartient-il ?

134 Combien de films français avaient déjà reçu l'Oscar du meilleur film avant *The Artist* ?

135 Qui reçoit l'Oscar du meilleur acteur en 2022 ?

136 Depuis environ combien d'années le festival de la BD à Angoulême existe-t-il ?

137 Qui sont les zadistes ?

138 En 2022, qui remporte le tournoi de Roland Garros dans la catégorie simple dames ?

139 En 2022, qui remporte le tournoi de Roland Garros dans la catégorie simple messieurs ?

140 Quelle est la capitale du Qatar ?

141 Comment appelle-t-on le fond des océans ?

142 Comment s'appelle l'association qui s'oppose aux expulsions d'enfants sans papiers dans les écoles ?

143 Quel pacte a réuni Benito Mussolini et Adolf Hitler en 1939 ?

144 Combien de personnes sont écrouées en France au 1er janvier 2021 ?

145 Qui remporte la course cycliste Paris-Roubaix en 2023 ?

146 Quel est le cours en euros d'un kilo d'or en mai 2023 ?

147 Quelle est la contenance d'un magnum de champagne ?

148 Dans quelle ville décerne-t-on chaque année l'Ours d'or ?

149 Quel est le nom du film inspiré d'un jeu vidéo, dont le personnage est interprété par Tom Holland, sorti en février 2022 ?

150 Dans quelle ville se déroulera l'Exposition universelle de 2025 ?

151 Quel est le nom du projet privé visant à envoyer des êtres humains vivre sur Mars en 2032 ?

152 Qui est l'actuel président du Venezuela ?

153 Que signifie l'acronyme RIC ?

154 Combien de pays y a-t-il en Amérique du Sud ?

155 Quelle ville française a été surnommée « La Jungle » suite à l'arrivée massive de migrants dans son port ?

156 Quel club remporte la coupe de France de football en 2021 ?

157 Quel pays a voté l'euthanasie pour les enfants atteints de maladie incurable en février 2014 ?

158 En 2023, quel âge a le Macintosh ?

159 Quelle série Netflix explose les scores et le record du meilleur démarrage fin 2021 ?

160 Qui devient Premier ministre le 3 juillet 2020 ?

161 Qui a reçu l'Oscar du meilleur second rôle en 2022 ?

162 Qui a reçu l'Oscar de la meilleure actrice en 2022 ?

163 Comment s'appelle l'artiste qui représente la France à l'Eurovision 2023 ?

164 Sous quel édifice parisien se trouve la flamme du soldat inconnu ?

165 Quelle est la superficie de l'Afrique du Sud ?

166 Combien de yens environ je reçois en mai 2023 en échange de 100 euros ?

167 Combien de députés sont élus lors des élections au Parlement d'Andalousie le 19 juin 2022 ?

168 Comment se nomme la plus prestigieuse récompense remise au Festival de Berlin ?

169 Quel est le titre du livre écrit par Juan Branco qui critique les élites en France ?

170 Kurt Cobain, mort il y a plus de 20 ans, était le leader de quel groupe ?

171 Où se situe le Conseil constitutionnel à Paris ?

172 Quel monument parisien fête ses 133 ans en 2022 ?

173 Quelle a été l'issue du procès de Jacqueline Sauvage le 28 décembre 2016 ?

174 Qui devient porte-parole du gouvernement le 6 juillet 2020 ?

175 Quelle région chinoise est en janvier 2020 le point de départ d'une épidémie de la famille du SRAS, un coronavirus ?

176 Quel professeur de microbiologie français, spécialiste des maladies infectieuses tropicales émergentes à la faculté des sciences médicales et paramédicales de Marseille acquiert une notoriété médiatique internationale en 2020 quand, avec son équipe, il affirme avoir trouvé un traitement contre la maladie du Covid-19 ?

177 Au premier trimestre 2022, le PIB de la France, 6e puissance mondiale, s'élève en euros à :

178 Le 10 mai 2019, à quel taux passent les droits de douane américains sur 200 milliards de dollars de produits chinois ?

179 Pour être donneur de sang universel, il faut être du groupe sanguin…

180 Comment s'appelle le grand défilé festif organisé en faveur du commerce équitable ?

181 Qui est le réalisateur du film *The Father* ?

182 Qui occupe le poste de Premier ministre en Israël en juin 2023 ?

183 Par quel laboratoire est produit la Dépakine, médicament accusé de provoquer des malformations en février 2017 ?

184 Dans quelle pays un séisme d'une magnitude de 5,9 fait au moins un millier de morts en juin 2022 ?

185 À quelle date a eu lieu les élections législatives françaises de 2022 ?

186 Dans quel quartier de Bruxelles, le logisticien des attentats de Paris, Salah Abdeslam, a été arrêté le 18 mars 2016 ?

187 Qui est le fondateur du parti politique gaulliste et libéral-conservateur français Les Républicains (LR) ?

188 En psychiatrie, que signifie l'acronyme TOC ?

189 Combien de soldats la France a-t-elle perdu au Sahel depuis 2013 ?

190 Le 21 juillet 2016, une loi a été adoptée par le Parlement au moyen de l'article 49-3 de la Constitution. Laquelle ?

191 Février 2023 : le bilan du nombre de morts à la suite du séisme en Turquie et en Syrie a de nouveau été réévalué à la hausse. Il dépasse désormais les (?) décès.

192 Qui est au premier semestre 2023 le ministre de l'Education nationale ?

193 A quel secteur d'activité appartient le groupe Sanofi ?

194 La NBA, compétition officielle de basket-ball aux États-Unis, est divisée en … conférences ?

195 Le livre *Babylone* de Yasmina Reza, récompensé par le prix Renaudot, a été édité par…

196 Quelle loi votée à la suite du mouvement des gilets jaunes est en partie censurée par le Conseil constitutionnel ?

197 Combien de naissances la France a-t-elle enregistrées en 2021 ?

198 Quel pays remporte l'Eurovision en 2023 ?

199 Un système politique dans lequel la vie politique est dominée par deux grands courants politiques correspond à la définition du…

200 Quel est en 2021 le taux de fécondité en France ?

Réponses

1. C'est Tokyo, avec 37 millions d'habitants, suivi de New Delhi avec 32 millions d'habitants et Shanghai avec 28 millions d'habitants.
2. Le Bitcoin et l'Ethereum.
3. Le ruban de Saint-Georges.
4. Environ 2,5 %.
5. L'OPEP regroupe 13 pays membres, auxquels il faut ajouter 10 autres pays membres d'une nouvelle alliance pétrolière nommée OPEP+.
6. Tsar Bomba.
7. Reconquête !
8. Le président de la République populaire de Chine.
9. **CO**rona**VI**rus **D**isease.
10. L'Inde compterait 1,4286 milliard d'habitants contre 1,4257 milliard pour la Chine, d'ici le milieu de l'année 2023.
11. Le peso mexicain.
12. 1962.
13. Rafael Nadal.
14. Il s'agit de George Floyd.
15. Le dirham.
16. Au 3 mai 2023, cinq anciens présidents des États-Unis sont vivants : Jimmy Carter, Bill Clinton, George W. Bush, Barack Obama et Donald Trump.
17. On estime que la population mondiale franchira la barre symbolique des 8 milliards d'individus en 2022.
18. 1977.
19. Les GAFAM (Google, Amazon, Facebook, Apple et Microsoft).
20. 96 %.
21. Boko Haram.
22. Le record de titres aux Jeux olympiques est détenu par le biathlète Martin Fourcade avec cinq médailles d'or aux Jeux d'hiver.
23. En 1889.
24. Pedro Castillo.
25. Le Costa Rica et la Colombie.
26. C'est la Suède qui s'est imposée grâce à la chanteuse Loreen et son titre *Tatto*.
27. Il est le président de la République de Turquie.
28. *Anatomie d'une Chute* de Justine Triet.
29. La Nouvelle-Aquitaine.
30. La Tchétchénie.
31. 85 ans.
32. Michel Rocard.
33. 67,8 millions d'habitants au 1er janvier 2022.
34. Les Panama Papers.
35. L'Elitloppet.

36. En 1572.
37. C'est en 1961, à l'occasion du discours de Martin Luther King, devant le Lincoln Memorial à Washington DC.
38. Darty.
39. Karim Benzema.
40. Christo.
41. Pour espionnage de salariés et pour recel de collecte de données à caractère personnel.
42. 11.
43. Pierre Moscovici.
44. Marseille.
45. Autrichienne.
46. A New York.
47. Le Brexit.
48. En 1971.
49. Addis-Abeba.
50. L'ONG russe Memorial.
51. Ankara.
52. Angoulême.
53. L'Islande.
54. Renaissance.
55. Marseille avec 868 277 habitants.
56. Florence Arthaud.
57. 577.
58. Michael D. Higgins.
59. WikiLeaks.
60. Lilibet.
61. 27.
62. Elon Musk.
63. Acteur comique.
64. La Biélorussie.
65. Suisse.
66. En Ukraine.
67. Le Rwanda.
68. Les nouveaux TER sont trop larges.
69. La Brigade de Recherche et d'Intervention.
70. Uber.
71. Copenhague.
72. Alejandro Giammattei.
73. Belgrade.
74. Lima.
75. Le régime de Vichy.
76. En 1974.
77. 3 heures et 15 minutes.
78. Maire du Havre.
79. Avec les Émirats arabes unis (EAU) à hauteur de 2 milliards pour de l'armement.
80. L'armistice de la Seconde Guerre mondiale.
81. 6 ans.
82. Le cinquième.

83. Snapchat, qui compte désormais 25 millions d'utilisateurs mensuels en France.

84. 5,66 millions.

85. Reporters sans frontières.

86. Régine.

87. 50.

88. Gustave Caillebotte.

89. L'Amazone.

90. *Coda* de Sian Heder.

91. 1952.

92. Zika.

93. 1 160 euros.

94. Yves Veyrier

95. Le néologisme.

96. Un nu féminin.

97. Philippe Etchebest.

98. Alain Robert.

99. 210 mètres.

100. 9 h 00 – 17 h 30.

101. Avocat.

102. John Steinbeck.

103. Le bilan carbone.

104. La Russie.

105. La Croatie.

106. La Suède.

107. 131.

108. 15.

109. Alfred Jarry.

110. 49-3.

111. Le Champs de Mars.

112. Eugène Ionesco.

113. 11 mai 2020.

114. Tirana.

115. *Spider-Man : No Way Home*.

116. Les experts.

117. En 1997.

118. Le 17 mai 2013 qui est aussi la Journée mondiale de lutte contre l'homophobie.

119. Toyota.

120. Quelqu'un qui est très dépendant de son téléphone portable.

121. En 1912.

122. Cassius Clay.

123. Sophie Davant.

124. William Leymergie.

125. Le groupe a été créé en 1987.

126. Les États-Unis.

127. Martin Panchaud pour *La Couleur des choses*.

128. Le réal.

129. La Journée internationale des droits des femmes.

130. Le 21 avril 1926.

131. 89.

132. 5,42 millions officiellement recensés.
15 millions selon l'OMS.

133. Le Royaume-Uni.

134. Aucun.

135. Will Smith pour son rôle dans *La Méthode Williams*.

136. 48 ans, créé en 1974.

137. Eleveurs et militants ayant constitué un village sur la ZAD de Notre-Dame-des-Landes.

138. Ashleigh Barty.

139. Rafael Nadal.

140. Doha.

141. Les abysses.

142. Réseau éducation sans frontières.

143. Le Pacte d'Acier.

144. 1er janvier 2021, 62 673 personnes sont détenues.

145. Mathieu Van der Poel.

146. Environ 58 000 euros.

147. 1 litre et demi.

148. A Berlin.

149. *Uncharted.*

150. Osaka.

151. Mars One.

152. Nicolas Maduro. Cependant, le pays est en pleine crise politique. Juan Gaido s'est auto-préclamé président par intérim.

153. Référendum d'initiative citoyenne.

154. 12 pays.

155. Calais.

156. Paris-Saint-Germain.

157. La Belgique.

158. 39 ans.

159. *Squid Game.*

160. Jean Castex.

161. Troy Kotsur.

162. Jessica Chastain.

163. La Zarra.

164. L'Arc de Triomphe.

165. 1,22 million de kilomètres carrés.

166. Environ 150 yens pour 1 euro.

167. 109 députés.

168. L'Ours d'or.

169. *Crépuscule*.

170. Nirvana.

171. Au Palais Royal.

172. La tour Eiffel.

173. Elle a été graciée.

174. Gabriel Attal.

175. La région de Wuhan.

176. Didier Raoult.

177. 588 milliards d'euros.

178. 25 % (contre 10 % antérieurement).

179. O.

180. La Fairpride.

181. Florian Zeller.

182. Benyamin Netanyahou.

183. Sanofi.

184. Afghanistan

185. 12 juin 2022.

186. Molenbeek.

187. Nicolas Sarkozy.

188. Un trouble obsessionnel compulsif.

189. 53 soldats français ont été tués au Sahel.

190. La loi Travail.

191. 50 000.

192. Pap Ndiaye.

193. Le secteur pharmaceutique.

194. 2, Est et Ouest.

195. Flammarion.

196. La loi anti-casseurs.

197. 738 000 bébés sont nés en France, soit 3 000 de plus qu'en 2020.

198. La Suède.

199. Bipartisme.

200. 1,83 enfant par femme.

IV. ANNALES D'ENTRAÎNEMENT

Épreuve 1 : 40 QCM – 30 minutes max.

Question 1. Si vous aimez les « pop-up stores » et les séries, un nouveau type de lieu qui va éclore en 2025 pourrait bien devenir votre paradis. Selon Bloomberg, Netflix prévoit en effet d'ouvrir des « Netflix houses » sur le territoire américain. Mais quelle est l'année de création de cette plateforme ?

(A) 1989
(B) 1997
(C) 2004
(D) 2013

Question 2. En France, le gaspillage alimentaire représente 10 millions de tonnes de nourriture jetées par an, soit 137 kg de nourriture gaspillée par seconde, tout au long de la chaîne alimentaire. Ces pertes de nourritures posent à la fois un problème social, éthique, économique et écologique. En pourcentage, combien cela représente-t-il de la nourriture totale disponible ?

(A) 10 %
(B) 15 %
(C) 20 %
(D) 25 %

Question 3. Les Internationaux de France de tennis 2022 se sont déroulés du 28 mai au 11 juin 2023 au stade Roland-Garros à Paris. Il s'agit de la 122e édition de ce tournoi. Djokovic parvient à rééditer l'exploit pour la 3e fois de sa carrière face à quel joueur ?

(A) Casper Ruud
(B) Novak Djokovic
(C) Carlos Alcaraz
(D) Roger Federer

Question 4. Dans un contexte marqué par les suites de la crise sanitaire couplées aux enjeux géopolitiques, un phénomène d'inflation très importante, jamais vu depuis les années 70, a été observé partout dans le monde. Selon les données publiées par l'Insee chaque année en janvier pour l'année précédente, elle s'est établie à 1,6 % en 2021 et à 0,5 % en 2020, après 1,1 % en 2019 et 1,8 % en 2018. Et pour 2022 ?

(A) 3,2 %
(B) 4,2 %
(C) 5,2 %
(D) 6,2 %

Question 5. La tendance se confirme sur le semestre entier : non seulement l'application de ByteDance s'installe à la première place des téléchargements, mais elle enregistre également son record de dépenses en consommation (2,1 milliards de dollars au 1er semestre 2023). De quelle appli s'agit-il ?

(A) TikTok
(B) CapCut
(C) Instagram
(D) WhatsApp

Question 6. C'est l'une des récompenses les plus cosmopolites de l'Académie, puisqu'il a été décerné à des personnalités de quarante-cinq nationalités différentes, dont dix-neuf femmes pour quatre-vingt-douze hommes. Des organisations ont également été primées à trente reprises, dont dix fois au cours des vingt dernières années. Qui l'a reçu en 2023 ?

(A) Narges Mohammadi
(B) Programme Alimentaire mondial
(C) Volodymyr Zelensky
(D) Programme des Nations unies pour l'environnement

Question 7. De décembre 2022 à mars 2023 s'est tenue une convention citoyenne qui a réuni 150 citoyens tirés au sort. La convention est organisée par le Conseil économique, social et environnemental, à la demande du président de la République. Sur quel thème s'est-elle réunie ?

(A) La transition climatique
(B) La fin de vie
(C) Les retraites
(D) Le cannabis

Question 8. Vincent Bolloré « a gagné, au sens où il a fait partir ceux qui lui résistaient ». Au 40e jour de grève, les salariés et la direction du groupe Lagardère News ont annoncé être parvenus à un accord mardi 1er août 2023, jour de l'arrivée effective du nouveau rédacteur en chef Geoffroy Lejeune. De quel journal s'agit-il ?

(A) *Le Journal du Dimanche*
(B) *Le Monde*
(C) *Le Figaro*
(D) *Charlie Hebdo*

Question 9. La Chine est désormais, et de loin, le premier exportateur mondial de marchandises. En valeur, cela représente 2 600 milliards de dollars pour l'empire du Milieu, contre 1 400 milliards de dollars pour les États-Unis. En quelle année pourrait-elle devenir numéro 1 en PIB ?

(A) 2024
(B) 2027
(C) 2025
(D) 2028

Question 10. Selon les chiffres communiqués ce mardi 12 septembre 2023 par le parquet de Marseille, 44 personnes sont mortes en 2023 suite à des affaires de narcobanditisme à Marseille et dans les villes proches (à titre de comparaison, 32 personnes avaient été tuées sur l'ensemble de l'année 2022). Qui dirige cette ville ?

(A) Anne Hidalgo
(B) Benoît Payan
(C) Grégory Doucet
(D) Gérald Darmanin

Question 11. « Il est temps de tourner la page », a intimé le président de la République Emmanuel Macron, en visite à Nouméa en juillet 2023. Après trois référendums sur l'indépendance, en 2018, 2020 et 2021, où le « non » est sorti trois fois vainqueur, le chef de l'État s'est engagé à modifier la Constitution. De quelle communauté d'outre-mer (COM) parle-t-on ?

(A) Tahiti
(B) Saint Martin
(C) Saint Pierre et Miquelon
(D) La Nouvelle-Calédonie

Question 12. La France et sa Tour Eiffel bleue ont présidé l'UE au premier semestre 2022. En effet, tous les six mois, un État-membre de l'Union européenne occupe la présidence du Conseil de l'UE. Quel pays l'occupe actuellement (second semestre 2023) pour la 5e fois de son histoire ?

(A) République tchèque
(B) Suède
(C) Espagne
(D) Belgique

Question 13. Une opération de vaccination a été lancée dans près de 7 000 collèges à partir du mois d'octobre 2023 pour les élèves de 5e. La vaccination des jeunes âgés de 11 à 19 ans prévient jusqu'à 90 % des infections. Son efficacité est proche de 100 % lorsqu'elle est effectuée avant le début de la vie sexuelle. De quel virus parle-t-on ?

(A) VIH
(B) Syphilis
(C) Papillomavirus
(D) Herpès

Question 14. Le surf, l'escalade, le skate et le breaking sont les sports additionnels choisis par le comité d'organisation des Jeux olympiques 2024 de Paris. Au total, 32 sports feront partie du programme olympique. Quelle ville a obtenu l'organisation de cet événement pour 2028 ?

(A) Doha
(B) Dubai
(C) Los Angeles
(D) Shanghai

Question 15. En 2023, Harvard reste en tête du classement de Shanghai, talonnée par Stanford et le MIT. L'hégémonie des États-Unis perdure, avec 15 places occupées dans le top 20. Le Royaume-Uni conserve également une bonne place avec Cambridge (4e), Oxford (7e) et University College London (17e). Laquelle de ces universités françaises est la mieux positionnée (15e) dans ce classement ?

(A) École Normale Supérieure
(B) Pierre et Marie Curie
(C) Université de Paris Saclay
(D) Panthéon-La Sorbonne

Question 16. Lundi 28 août 2023, *Barbie* a dépassé le 1,342 milliard de dollars au box-office mondial, soit le total accumulé par *Harry Potter et les Reliques de la mort* – 2e partie au cours de son exploitation dans les salles. Quelle société a produit et distribué ce film ?

(A) Warner Bros. Pictures
(B) Paramount Pictures
(C) Walt Disney Pictures
(D) Universal Pictures

Question 17. La 28e Conférence des Parties sur les changements climatiques aura lieu du 30 novembre au 23 décembre 2023. La présidence émiratie a déclaré souhaiter mettre l'accent sur le premier Global Stocktake (Bilan Mondial), la transition énergétique, et la solidarité entre les pays du Nord et les pays du Sud. Où aura-t-elle lieu ?

(A) Doha
(B) Dubai
(C) Koweït
(D) Abu Dhabi

Question 18. Ce centre financier mondial est doté d'un climat tropical et d'une population multiculturelle. Singapour est une cité-État insulaire au large du sud de la Malaisie. Sa superficie est de 724,2 km^2 pour une population de 5,45 millions d'habitants. Elle comprend 63 îles, dont la principale est Pulau Ujong (584,8 km^2). Quel pays a la seule frontière terrestre avec cette péninsule ?

(A) Indonésie
(B) Malaisie
(C) Cambodge
(D) Vietnam

Question 19. Garant de la libre circulation des personnes et harmonisant les contrôles des voyageurs en leur sein, l'espace Schengen regroupe 27 États : 23 des 27 États membres de l'Union européenne (UE) ainsi que quatre États associés, non-membres de l'UE. Quel pays n'en fait pas partie en 2023 ?

(A) Roumanie
(B) Autriche
(C) Malte
(D) Suisse

Question 20. Inscrite au Patrimoine mondial de l'Unesco, la Grande Barrière de corail est l'une des sept merveilles naturelles du monde. Elle s'étend sur 344 400 km^2, une superficie immense qui la rend visible depuis l'espace. Par quel péril est-elle le plus menacée ?

(A) La pollution plastique
(B) L'acidification des océans
(C) Les fuites d'hydrocarbures
(D) Le tourisme de masse

Question 21. Le 5 décembre 1945, cinq avions torpilleurs de l'US Navy effectuant un vol de routine disparaissent mystérieusement dans le triangle des Bermudes. L'hydravion parti à leur recherche ne reviendra pas non plus. Le triangle des Bermudes est tristement célèbre pour les disparitions répétées de navires et d'avions. Dans quel océan se trouve-t-il ?

(A) Atlantique
(B) Indien
(C) Arctique
(D) Pacifique

Question 22. Les premières élections européennes au suffrage universel direct ont eu lieu en 1979. Le Parlement européen est composé de députés européens, qui représentent environ 360 millions d'électeurs inscrits, provenant des 27 États-membres. Combien cette assemblée compte-t-elle de parlementaires en tout ?

(A) 605
(B) 705
(C) 805
(D) 905

Question 23. Premières réserves de pétrole au monde, ce pays d'Amérique latine suscite de nombreuses convoitises. En proie à d'importants tumultes politiques et à une crise économique et sociale majeure, ce pays a été présidé par Hugo Chavez et est désormais dirigé par Nicolas Maduro. De quel pays s'agit-il ?

(A) Bolivie
(B) Chili
(C) Argentine
(D) Venezuela

Question 24. Au même titre que la baguette française, la cuisine japonaise fait partie de ce que l'on appelle le patrimoine mondial immatériel de l'UNESCO, incluant le célèbre alcool nippon : le saké. Il s'agit des traditions ou les expressions vivantes héritées de nos ancêtres et transmises à nos descendants. À partir de quel produit cet alcool est-il produit ?

(A) Du soja
(B) Du riz
(C) Du blé
(D) Du sel

Question 25. Le dernier roi à avoir régné en France est Louis-Philippe Ier. Il monte sur le trône en 1830 et remplace Charles X, frère de Louis XVI et Louis XVIII, suite à la révolution des Trois Glorieuses de juillet 1830. Louis-Philippe Ier est le premier (et le seul) roi de la maison d'Orléans. Où ces monarques sont-ils pour la plupart enterrés ?

(A) Dans la basilique de Saint-Denis
(B) Dans la crypte du château de Versailles
(C) Aux Invalides
(D) Dans le sous-sol du musée du Louvre

Question 26. Le CIO prétend que les JO d'hiver 2022 de Beijing ont été les plus écologiques de l'histoire, malgré l'utilisation d'une neige 100 % artificielle. La problématique environnementale risque de remettre en cause la légitimité des JO d'hiver à long terme, alors que le réchauffement climatique réduit le nombre de villes candidates. En 2026, où auront-ils lieu ?

(A) Sapporo, Japon
(B) Stockholm-Åre, Suède
(C) Milan, Italie
(D) Alpes françaises, France

Question 27. L'idée du Commonwealth naît durant la période de décolonisation britannique. Les anciens « dominions » britanniques (colonies et protectorats) décident de s'unir tout en faisant allégeance à la couronne britannique. Lors de l'accession au trône d'Elizabeth II en 1952, le Commonwealth était composé de 9 membres. Combien sont-ils désormais ?

(A) 36
(B) 46
(C) 56
(D) 66

Question 28. En 1985, les chefs d'État et de gouvernement des États membres l'adoptent comme hymne officiel de l'Union européenne. Cet air instrumental évoque, grâce au langage universel de la musique, les idéaux de liberté, de paix et de solidarité incarnés par ce continent. Lequel est-il ?

(A) *L'Ode à la joie* de Beethoven
(B) *La Flûte enchantée* de Mozart
(C) *L'Allegro, il Penseroso ed il*
(D) *La Gloria* de Vivaldi *Moderato* de Haendel

Question 29. À la rentrée 2022, les choix de triplettes et de doublettes des élèves de première et de terminale générale sont globalement très proches de ceux observés pour la cohorte précédente. 40 % des élèves de terminale ont choisi une matière en enseignement de spécialité, laquelle est-elle ?

(A) Mathématiques
(B) Sciences économiques et sociales
(C) Physique-Chimie
(D) Histoire-Géographie, Géopolitique et Sciences politiques

Question 30. Créée suite aux accords de Bretton Woods conclus en 1945 à l'instar de la Banque mondiale, le Fonds monétaire international (FMI) est présidé par Kristalina Georgieva depuis 2019. Cette institution est considérée comme le « pompier financier du monde », car il intervient face à des pays en faillite. Combien de pays en font partie en 2023 ?

(A) 130
(B) 150
(C) 170
(D) 190

Question 31. Au Moyen Âge, les châteaux étaient d'austères monuments édifiés pour l'autodéfense d'un territoire ou d'un pays et la protection de la population environnante. Ainsi, l'ère de la Renaissance laissa la place aux édifices qui misaient tout sur l'esthétique plutôt que sur la défense. Lequel ne figure pas dans la vallée de la Loire ?

(A) Chambord
(B) Chenonceau
(C) Vaux-le-Vicomte
(D) Cheverny

Question 32. Avec près de 212 millions d'habitants en 2017, le Pakistan est le cinquième pays le plus peuplé du monde, avec la deuxième plus nombreuse population musulmane. En quelle année a-t-il été fondé ?

(A) En 1866
(B) En 1890
(C) En 1919
(D) En 1947

Question 33. La NASA a mandaté pour la 1re fois une société privée, SpaceX, pour rejoindre la Station spatiale internationale (ISS). Ainsi, Thomas Pesquet est allé dans l'espace à bord de la capsule américaine Crew Dragon, en décollant depuis Cap Canaveral, en Floride. Combien de fois en tout est-il allé dans l'espace ?

(A) 1
(B) 2
(C) 3
(D) 4

Question 34. À l'heure actuelle, huit pays sont officiellement candidats pour intégrer à leur tour l'Union européenne. La Géorgie a déposé sa candidature mais celle-ci n'a pas encore été acceptée par les 27 États membres de l'Union européenne. C'est également le cas du Kosovo, qui a candidaté le 15 décembre 2022. Parmi les pays suivants, lequel n'en fait partie ?

(A) Chypre
(B) Lituanie
(C) Norvège
(D) Suède

Question 35. Les chiffres sont mauvais mais ils s'améliorent un peu. Voilà comment on pourrait résumer les données publiées par l'Insee sur les déficits et la dette en France. Le déficit public, quant à lui, a baissé en 2022, après avoir atteint 6,5 % du PIB en 2021 et même 9 % en 2020. À combien s'élève-t-il en 2023 ?

(A) 3,7 %
(B) 4,7 %
(C) 5,7 %
(D) 6,7 %

Question 36. En 2022, Global Forest Watch (GFW) a enregistré par surveillance satellite la destruction de plus de 4,1 millions d'hectares de forêts primaires tropicales, soit une surface équivalente à la taille de la Suisse ou des Pays-Bas… Avec 815 millions d'hectares, quel pays en dispose le plus ?

(A) Russie
(B) Brésil
(C) États-Unis d'Amérique
(D) Canada

Question 37. En 2021, l'UE a importé 83 % de son gaz naturel. Depuis l'invasion de l'Ukraine par la Russie, les importations de gaz en provenance de Russie dans l'UE ont été considérablement réduites. Cette situation a été compensée principalement par une forte augmentation des importations de gaz naturel liquéfié (GNL). D'où vient-il principalement ?

(A) Algérie
(B) Norvège
(C) États-Unis d'Amérique
(D) Venezuela

Question 38. « C'est très bon » : le Premier ministre japonais se filme mangeant du poisson de Fukushima « sûr et délicieux ». Le Japon a commencé la semaine dernière à rejeter dans l'océan Pacifique l'eau issue de la centrale de Fukushima depuis le tsunami de 2011 dans le nord-est du Japon. Combien d'îles compte le pays ?

(A) Environ 1 412
(B) Environ 3 210
(C) Environ 5 619
(D) Environ 6 852

Question 39. Encyclopédie universelle et multilingue, Wikipédia est créée en 2001. En 2023, elle est visitée chaque mois par près de 500 millions de visiteurs et propose plus de 60 millions d'articles. Elle est ainsi devenue l'encyclopédie la plus fournie et la plus consultée au monde. En combien de langues est-elle déclinée ?

(A) 315
(B) 415
(C) 515
(D) 615

Question 40. Quatre régions posent problème en raison de leur gigantisme : Occitanie, Auvergne-Rhône-Alpes, Nouvelle-Aquitaine et Grand-Est. La carte des régions de France va-t-elle encore bouger ? C'est l'un des volets du chantier institutionnel lancé par Emmanuel Macron en 2023. Combien sont-elles en tout ?

(A) 7
(B) 13
(C) 19
(D) 20

Corrigés de l'épreuve 1

Question 1. Réponse B

Netflix est une entreprise multinationale américaine créée à Scotts Valley en 1997 par Reed Hastings et Marc Randolph appartenant au secteur d'activité des industries créatives. Elle est spécialisée dans la distribution et l'exploitation d'œuvres cinématographiques et télévisuelles par le biais d'une plateforme dédiée au service de vidéo à la demande.

Question 2. Réponse C

En France, cela représente 30 kg par personne et par an de pertes et gaspillages au foyer (dont 7 kg de déchets alimentaires non consommés encore emballés), auxquels s'ajoutent les pertes et gaspillages générés en restauration collective ou commerciale. Ce phénomène représente un prélèvement inutile de ressources naturelles, telles que les terres cultivables et l'eau, et des émissions de gaz à effet de serre qui pourraient être évitées.

Question 3. Réponse A

Casper Ruud, né le 22 décembre 1998 à Oslo, est un joueur de tennis norvégien, professionnel depuis 2015. En 2020, il devient le premier joueur norvégien à remporter un tournoi sur le circuit ATP. Il a depuis remporté dix titres ATP et a atteint sept autres finales dont trois en Grand Chelem.

Question 4. Réponse C

Sur un an, selon l'estimation provisoire réalisée en fin de mois, les prix à la consommation augmenteraient de 4,9 % en septembre 2023, comme le mois précédent. Le ralentissement sur un an des prix de l'alimentation, des services et des produits manufacturés serait en effet contrebalancé par l'accélération des prix de l'énergie, du fait du rebond de ceux des produits pétroliers.

Question 5. Réponse A

L'application de partage de vidéos, TikTok, a grimpé d'une place pour prendre la tête du classement, détrônant ainsi Instagram qui a glissé d'une position. Facebook et WhatsApp se maintiennent respectivement en troisième et quatrième place, démontrant leur présence constante parmi les applications les plus téléchargées. CapCut, en gagnant une place, se positionne désormais à la cinquième position, tandis que Snapchat a glissé d'une place et se trouve désormais en sixième position. Telegram, Messenger et WhatsApp Business ont conservé leurs positions respectives, occupant les septième, huitième et neuvième places. Enfin, Spotify ferme le top 10, restant stable à la dixième position.

Question 6. Réponse A

Narges Mohammadi, née le 21 avril 1972, est une militante iranienne des droits humains et vice-présidente du Defenders of Human Rights Center, dirigé par la lauréate du prix Nobel de la paix Shirin Ebadi. Pour son action en faveur des droits humains, elle est arrêtée et détenue à plusieurs reprises depuis 1998.

Question 7. Réponse B

La dernière session de la Convention citoyenne sur la fin de vie s'est tenue le 2 avril 2023. Dans son rapport final, elle se prononce en faveur du développement des soins palliatifs et de l'ouverture, sous conditions, du suicide assisté et de l'euthanasie. Le président de la République a annoncé un projet de loi.

Question 8. Réponse A

Malgré l'opposition vigoureuse de la quasi-totalité de la rédaction, Geoffroy Lejeune est nommé directeur de la rédaction en 2023, une décision généralement considérée comme la démonstration de l'influence de Vincent Bolloré et marquant un virage à l'extrême droite selon ses détracteurs, qui déclenche une grève de quarante jours, la plus longue de son histoire et la deuxième plus longue de l'histoire des médias français.

Question 9. Réponse D

D'après les estimations de certains organismes comme la Banque mondiale ou le Centre for Economics and Business Research (CEBR), la Chine pourrait devenir la première puissance économique mondiale d'ici 2028, à condition, toutefois, qu'elle maintienne un taux de croissance d'environ 5,5 % par an.

Question 10. Réponse B

Benoit Payan est élu premier adjoint de la maire écologiste Michèle Rubirola, puis élu maire de Marseille par le conseil municipal le 21 décembre 2020 après la démission de cette dernière.

Question 11. Réponse D

La France a colonisé ce territoire en 1853. Le mouvement de décolonisation post-Seconde Guerre mondiale a accentué le désir d'émancipation de la métropole française. Après un premier vote organisé le 4 novembre 2018 où 56,40 % des électeurs de Nouvelle-Calédonie avaient voté « non » à l'indépendance, le deuxième référendum organisé le 4 octobre 2020 a donné également une majorité (53,26 %) au « non » à l'indépendance. Un référendum est de nouveau organisé en décembre 2021, où le « non » l'emporte à 96,50 % (pour une participation de 43,87 %).

Question 12. Réponse C

Chaque pays de l'Union européenne préside à tour de rôle le Conseil de l'Union européenne pour une période de six mois. Contrairement à la présidence tournante du Conseil de l'UE, le président du Conseil européen est élu pour deux ans et demi, renouvelable une fois. Charles Michel, son actuel titulaire, a pour mission d'animer les travaux des chefs d'État et de gouvernement.

Question 13. Réponse C

En France, fin 2021, seules 45,8 % des jeunes filles de 15 ans et à peine 6 % des garçons du même âge avaient reçu au moins une dose du vaccin qui protège contre les infections par le papillomavirus humain (HPV), un virus responsable de cancers. Cette couverture vaccinale est parmi les plus faibles des pays industrialisés, très éloignée des objectifs fixés par la Stratégie nationale de santé sexuelle et le plan Cancer : 60 % chez les adolescentes âgées de 11 à 19 ans en 2023 et 80 % à l'horizon 2030.

Question 14. Réponse C

Après les JO de Tokyo en 2021 et les JO de Paris en 2024, Los Angeles a été la seule candidate à l'organisation des Jeux de 2028, qui lui ont été officiellement attribués lors de la 131e session du Comité international olympique, à Lima (Pérou). Beaucoup de villes candidates se sont rétractées du fait du coût élevé de l'organisation d'un tel événement.

Question 15. Réponse C

Le classement de Shanghai (Academic Ranking of World Universities) désigne chaque année depuis 2003 les 1 000 meilleures universités au monde. Les premières places du classement sont comme toujours occupées par des institutions américaines et anglaises. Parmi les établissements français, 41 d'entre eux figurent parmi les 100 premières universités dans au moins une thématique lors de cette édition annuelle contre 37 l'année précédente.

Question 16. Réponse A

Le succès de *Barbie* tire une partie de sa réussite par le phénomène promotionnel du Barbenheimer : les comparaisons humoristiques avec le film sur le célèbre chercheur en nucléaire, Oppenheimer. En effet, les internautes avaient été amusés par la sortie simultanée de deux films aux univers très différents. Interrogé sur ce véritable phénomène pop, l'acteur Cillian Murphy, qui interprète le scientifique J. Robert Oppenheimer, avait également encouragé les téléspectateurs à voir les deux « pour que le cinéma soit gagnant ».

Question 17. Réponse B

Le GIEC est un organisme intergouvernemental ouvert à tous les pays membres de l'Organisation des Nations unies (ONU). Il regroupe actuellement 195 États. Le GIEC prétend que nous atteindrons le seuil des +1,5 °C entre 2030 et 2052, et le seuil des +3 °C à la fin du siècle. Or, il souligne que le dépassement des 1,5 °C aurait des conséquences irréversibles pour la planète.

Question 18. Réponse B

Singapour se situe au large du sud de la Malaisie. Elle fait partie des quatre dragons asiatiques avec Taïwan, la Corée du Sud et Hong Kong, soit les 4 économies les plus développées et les plus innovantes d'Asie. Singapour a été une colonie britannique de 1811 à 1965, date de son indépendance.

Question 19. Réponse A

L'espace Schengen désigne un espace de libre circulation des personnes entre les États signataires. En 2021, 26 États sont concernés dont 22 au sein de l'UE et quatre États associés, non-membres de l'UE : Norvège, Islande, Suisse et Liechtenstein. La Bulgarie, la Roumanie, Chypre et la Croatie n'y participent pas encore. L'Irlande, quant à elle, bénéficie d'un statut particulier et ne participe qu'à une partie des dispositions Schengen.

Question 20. Réponse B

La Grande Barrière de corail est le plus grand écosystème sur Terre, et est même visible de l'espace. Long de 2 300 kilomètres, il comprend des milliers de récifs et des centaines d'îles. Au cours des trente dernières années, elle a perdu la moitié de sa surface corallienne, le réchauffement climatique a provoqué des épisodes de blanchissement de coraux à grande échelle.

Question 21. Réponse A

Le triangle des Bermudes est une zone géographique de l'océan Atlantique qui aurait été, selon une croyance répandue, le théâtre d'un grand nombre de disparitions de navires et d'aéronefs. Il s'agit d'une légende qui s'est créée depuis 1945. Cette année-là, six avions de la marine américaine avaient mystérieusement disparu.

Question 22. Réponse B

Le Parlement européen est l'organe parlementaire de l'Union européenne élu au suffrage universel direct. Il partage avec le Conseil de l'Union européenne le pouvoir législatif de l'Union européenne. Le Parlement européen est composé de 705 députés (parfois appelés eurodéputés ou MPE), qui représentent environ 360 millions d'électeurs inscrits – participant aux élections européennes – provenant des 27 États membres (en 2020) et répartis selon des règles fixées dans les traités. Il s'agit du second plus grand électorat du monde, derrière celui de l'Inde, et le plus grand électorat transnational.

Question 23. Réponse D

Nicolás Maduro est président de la République du Venezuela depuis 2013, suite à la mort de son prédécesseur Hugo Chavez, président de 1999 à 2013. Ce dernier a mis en place un ensemble de réformes, désigné sous le nom de « Révolution bolivarienne », et comprenant la promulgation d'une nouvelle Constitution, une politique de « démocratie participative », et la nationalisation des industries clés, notamment pétrolières.

Question 24. Réponse B

En français, le mot saké désigne une boisson alcoolisée japonaise titrant de 14 à 17°. Le terme « saké », qui qualifie aussi toute boisson alcoolisée au Japon, désigne avant tout un alcool obtenu par fermentation (*nihonshu*). Cette boisson ancestrale serait apparue au Japon vers le IIIe siècle, avec le développement de la riziculture.

Question 25. Réponse A

La nécropole royale de Saint-Denis abrite les tombes de nombreux souverains francs et français, depuis Dagobert Ier jusqu'à Louis XVIII. Cette nécropole se trouve dans la basilique Saint-Denis. C'est également le lieu de sacre de plusieurs rois, dont la reine Marie de Médicis en 1610.

Question 26. Réponse C

La Corée du Nord et la Corée du Sud ont défilé ensemble lors de la cérémonie d'ouverture des Jeux olympiques d'hiver de Pyeongchang en 2018. Les Jeux olympiques d'hiver ont eu lieu en 2022 à Beijing puis auront lieu en 2026 à Milan.

Question 27. Réponse C

Le Commonwealth a émergé au milieu du XXe siècle pendant le processus de décolonisation. Il est constitué par la Déclaration de Londres de 1949 qui fait des États membres des partenaires « libres et égaux ». Le Commonwealth est une organisation intergouvernementale composée de 56 États membres qui sont presque tous d'anciens territoires de l'Empire britannique.

Question 28. Réponse A

Il s'agit d'un arrangement d'environ 2 minutes du thème musical de *l'Ode à la joie*, dernier mouvement de la *Neuvième symphonie* écrite en 1823 par Ludwig van Beethoven. Ce dernier a mis en musique l'« Ode à la joie », poème écrit en 1785 par Friedrich von Schiller. Le poème l'« Ode à la joie » exprime l'idéal de fraternité que Schiller avait pour l'humanité, vision partagée par Beethoven.

Question 29. Réponse A

Ainsi, en terminale, les six enseignements de spécialité les plus choisis en 2022 sont, dans l'ordre : mathématiques, SES, physique-chimie, HGGSP (histoire-géographie, géopolitique et sciences politiques), SVT et LLCER (langues, littératures et cultures étrangères et régionales), comme en 2021. Les doublettes de spécialités les plus choisies restent mathématiques et physique-chimie, HGGSP et SES, et physique-chimie et SVT.

Question 30. Réponse D

Le Fonds monétaire international (FMI) est une institution internationale créée en 1945 regroupant 190 pays. Le FMI a pour fonction d'assurer la stabilité du système monétaire international (SMI) et la gestion des crises monétaires et financières. En outre, il s'efforce de faciliter le commerce international, de promouvoir l'emploi et une croissance économique durable, et de faire reculer la pauvreté dans le monde.

Question 31. Réponse C

Le château de Vaux-le-Vicomte, situé à 50 km au sud-est de Paris, près de Melun est un château du XVIIe siècle, construit pour le surintendant des finances de Louis XIV, Nicolas Fouquet. Les châteaux de la Loire accueillent plusieurs millions de visiteurs chaque année, notamment le château de Chambord constitué d'un escalier à double révolution conçu par Léonard de Vinci.

Question 32. Réponse D

La république islamique du Pakistan est actuellement dirigée par le Premier ministre Imran Khan, sa superficie est de 881 913 km². Le Pakistan est une puissance nucléaire, au même titre que l'Inde voisine. Ces deux grandes puissances s'affrontent quant à la souveraineté du territoire du Cachemire. Ce conflit est notamment le fruit d'un découpage contesté après la colonisation britannique.

Question 33. Réponse B

Devenu le premier français à effectuer deux séjours au sein de la station spatiale internationale (ISS), Thomas Pesquet a achevé un passage de 199 jours en orbite. Six mois intenses durant lesquels il a mené plusieurs dizaines d'expériences scientifiques et contribué à l'entretien de la station. De quoi ajouter une nouvelle ligne au CV de l'ingénieur, qui cumule désormais près de 400 jours à bord de l'ISS.

Question 34. Réponse C

Par deux fois, en 1972 et 1994 par voie référendaire, le peuple norvégien a refusé l'adhésion du pays à l'Union européenne. Par ailleurs, la Suisse ou encore l'Islande ne sont pas membres de l'UE. En outre, cinq États ont actuellement le statut d'État candidat : le Monténégro, la Serbie, la Turquie, l'Albanie et la Macédoine du Nord. La Bosnie-Herzégovine et le Kosovo ont, quant à eux, le statut de candidats potentiels.

Question 35. Réponse B

L'entrée en vigueur du traité de Maastricht en 1993 a introduit des règles budgétaires (déficit public inférieur à 3 % du PIB, dette publique inférieure à 60 % du PIB), mais aussi économiques, concernant la stabilité des prix, les taux de change et les taux d'intérêt à long terme.

Question 36. Réponse A

En 2022, 4,1 millions d'hectares de forêt primaire tropicale ont disparu, l'équivalent de onze terrains de football par minute. Malgré les engagements pris lors de la COP26 à Glasgow, la déforestation se poursuit, notamment au Brésil, en République démocratique du Congo et en Bolivie.

Question 37. Réponse C

Selon un rapport de l'Agence internationale de l'Énergie (AIE) publié début mars, les volumes de GNL importés par l'UE en 2022 ont augmenté de 66 milliards de m^3. Cette augmentation a profité en premier lieu aux États-Unis, qui ont fourni les deux tiers (43 milliards de m^3) du flux supplémentaire.

Question 38. Réponse D

Le Japon est réparti sur une superficie de 377 975 km^2 pour une population de 125 millions d'habitants. Les quatre principales îles du Japon sont Honshu, Shikoku, Kyushu et Hokkaido. Cette insularité est une force mais rend le Japon très vulnérable aux typhons et aux tsunamis, de plus en plus fréquents du fait du réchauffement climatique.

Question 39. Réponse C

Wikipédia est la plus grande encyclopédie du monde. Créée en 2001, elle est alimentée chaque jour par plus de cent mille contributeurs à travers le monde. Elle est visitée chaque mois par près de 500 millions de visiteurs et propose plus de 60 millions d'articles dans plus de 300 langues. Plus de 25 000 articles sont créés par jour sur les différentes versions linguistiques de Wikipédia et on compte plus de 10 millions de modifications par mois.

Question 40. Réponse D

Au nombre de vingt-sept en 2015, elles sont au nombre de dix-huit depuis le 1er janvier 2016 : treize régions ou collectivités assimilées à des régions en France métropolitaine (dont la Corse, qui est une collectivité territoriale unique exerçant les compétences d'une région), et cinq régions d'outre-mer (dont trois, Mayotte, la Guyane et la Martinique, sont également devenues des collectivités territoriales uniques).

Épreuve 2 : 40 QCM – 30 minutes max.

Question 1. Situées dans la mer des Caraïbes – dans l'est de l'arc caraïbe –, les Antilles françaises comprennent quatre collectivités. L'ensemble couvre une superficie de 2 832 kilomètres carrés et représente une population de 800 000 habitants environ. Laquelle de ces îles n'en fait pas partie ?

(A) Guadeloupe
(B) Saint-Barthélémy
(C) Saint-Martin
(D) Mayotte

Question 2. Le 25 mars 1957, l'Allemagne, la Belgique, la France, l'Italie, le Luxembourg et les Pays-Bas signent un traité instaurant la Communauté économique européenne (CEE), créant ainsi un marché commun fondé sur « quatre libertés » : la libre circulation des personnes, des services, des marchandises et des capitaux. Comment s'appelle ce traité ?

(A) Le traité de Rome
(B) Le traité de Maastricht
(C) Le traité de Versailles
(D) La Communauté européenne du charbon et de l'acier (CECA)

Question 3. L'ONG Greenpeace a détaillé, dans un rapport publié en mars 2023, les relations entre la France et la Russie dans le secteur du transport de l'uranium naturel et des importations d'uranium enrichi. Près de 43 % de ce minerai importé en France en 2022 provenait d'un pays, lequel ?

(A) Le Mali
(B) L'Argentine
(C) La Russie
(D) Le Kazakhstan

Question 4. Situé dans le bois de Boulogne à Paris, le « vaisseau dans les arbres » voulu par Bernard Arnault, président de LVMH, a ouvert ses portes au public en octobre 2014 et accueille une fondation d'art contemporain ouverte au public. Qui en est l'architecte ?

(A) Renzo Piano
(B) Christian de Portzamparc
(C) Frank Gehry
(D) Jean Nouvel

Question 5. Basée à New York, l'Organisation des Nations Unies (ONU) est officiellement créée le 24 octobre 1945 lorsque la Charte des Nations Unies est signée puis ratifiée par 51 États désignés comme membres fondateurs. Elle compte à ce jour 193 États membres. Lesquels de ces États n'en font pas partie ?

(A) Le Vatican et la Palestine
(B) La Russie et la Palestine
(C) L'Ukraine et l'Andorre
(D) La Corée du Nord et l'Andorre

Question 6. Le 6 février 2023, deux séismes dévastateurs ont frappé l'Asie mineure. Avec plus de 50 000 victimes et des milliers de bâtiments détruits, ces tremblements de terre comptent parmi les plus meurtriers du XXIe siècle. La Syrie a été touchée, ainsi que quel autre pays ?

(A) L'Azerbaïdjan
(B) L'Arménie
(C) La Turquie
(D) L'Iran

Question 7. Spécialiste de l'histoire économique, professeur à Harvard, Claudia Goldin a reçu le prix Nobel d'économie 2023 pour ses travaux sur l'évolution de la place des femmes sur le marché de l'emploi et de leurs revenus. Qui ne l'a jamais reçu ?

(A) Paul Samuelson
(B) John Hicks
(C) John Maynard Keynes
(D) Wassily Leontief

Question 8. Valorisé 1,78 milliard de dollars à l'issue de son introduction en Bourse du 12 décembre 1980, Apple avait ensuite franchi les seuils des 10 milliards en juillet 1999, 100 milliards le 7 juin 2007 puis 1 000 milliards le 2 août 2018. Quelle barre cette entreprise a-t-elle dépassé en juin 2023 ?

(A) 1 500 milliards $
(B) 2 000 milliards $
(C) 2 500 milliards $
(D) 3 000 milliards $

Question 9. Sept piscines, quinze bars et restaurants, un parc aquatique et même une patinoire : ce paquebot sera le plus grand bateau de croisière au monde, il a vu le jour sur le chantier naval de Turku en Finlande. Le premier voyage est prévu en janvier 2024. Comment s'appelle-t-il ?

(A) Harmony of the seas
(B) Symphony of the seas
(C) Oasis of the seas
(D) Icon of the Seas

Question 10. « Il y a moins démocratisation du luxe que démocratisation de masse du désir de luxe », comme le relève avec subtilité Gilles Lipovetsky. C'est la « théorie de la classe de loisir » développée en 1899 : plus un prix est élevé, plus la demande est forte. Comment s'appelle cet effet ?

(A) Effet Matthieu
(B) Effet Pigou
(C) Effet Giffen
(D) Effet Veblen

Question 11. Après plusieurs années de guerre civile et une déclaration de cessez-le-feu conclue en décembre 1979, un État d'Afrique australe connu depuis 1965 sous le nom de Rhodésie du Sud, proclame son indépendance le 18 avril 1980. Comment s'appelle cette ancienne colonie autonome britannique ?

(A) Botswana
(B) Swaziland
(C) Lesoto
(D) Zimbabwe

Question 12. Le président de la République islamique d'Iran exerce certaines fonctions de chef d'État (signature des traités, accréditation des ambassadeurs, etc.) et assume celles de chef de gouvernement ; il peut être destitué par le Guide ou le Parlement. Élu en 2021 avec 71 % des voix au 1er tour, comment s'appelle-t-il ?

(A) L'ayatollah Khomeyni
(B) Ebrahim Raïssi
(C) Mahsa Amini
(D) Narges Mohammadi

Question 13. Stars and Stripes, barbecues, parades et feux d'artifice sont au programme le 4 juillet : c'est l'occasion de cérémonies célébrant l'histoire des États-Unis d'Amérique, son gouvernement et ses traditions. Ce jour férié est fêté partout dans le pays. À quoi correspond cette date ?

(A) À la fin de la guerre de Sécession
(B) À l'élection du premier président de la République
(C) À la déclaration d'unification des États
(D) À la déclaration d'Indépendance

Question 14. Le tableau le plus cher jamais vendu est le *Salvator Mundi*, (le sauveur du monde en français) attribué à Léonard de Vinci. Peint dans les années 1500, il a été acquis par Mohamed ben Salmane, le prince héritier d'Arabie saoudite. Pour quel montant ?

(A) 150,3 millions
(B) 200,3 millions
(C) 300,3 millions
(D) 450,3 millions

Question 15. Le clan Bongo père et fils a régné sur ce pays, ancienne colonie française, pendant plus de 50 ans. Des militaires l'ont finalement évincé du pouvoir en quelques heures, sans effusion de sang, le 30 août 2023. Le 4 septembre, le général Brice Oligui Nguema a prêté serment en tant que président. De quel pays s'agit-il ?

(A) Niger
(B) Gabon
(C) Burkina Faso
(D) Mali

Question 16. Le tourisme est un des secteurs majeurs de l'économie nationale français, après de sérieux balbutiements durant la crise sanitaire. En 2022, la France a accueilli 75 millions de touristes internationaux, générant 57,9 milliards d'euros de recettes internationales. Quel est le site le plus prisé ?

(A) Le Château de Versailles
(B) Le Musée du Louvre
(C) Disneyland Paris
(D) La Tour Eiffel

Question 17. Dans la nuit du vendredi 8 au samedi 9 septembre, un puissant séisme de magnitude 6,9 a ravagé l'ouest du Maroc. L'épicentre de la secousse se situait dans la province d'al-Haouz, à environ 70 km au sud-ouest de Marrakech, générant près 3 000 morts. Quelle est la capitale administrative du pays ?

(A) Casablanca
(B) Marrakech
(C) Fès
(D) Rabat

Question 18. Opéra Garnier, gare du Nord, grands boulevards, parc Monceau… : c'est sous l'égide du baron Hausmann que Paris s'est transformé sous l'impulsion de Napoléon III, empereur des Français (1852-1870). Il est le dernier monarque à avoir régné en France. Quel était le lien de filiation avec son illustre ancêtre ?

(A) Père / Fils
(B) Oncle / Neveu
(C) Grand-père / Petit-fils
(D) Frères

Question 19. Les Vingt-Sept ont échoué à s'entendre vendredi 13 octobre 2023 sur la proposition de Bruxelles de reconduire pour dix ans l'autorisation d'un célèbre produit phytosanitaire très controversé car réputé cancérigène. Emmanuel Macron s'était engagé à l'interdire en 2017. Comment s'appelle-t-il ?

(A) Le glyphosate
(B) L'abamectine
(C) L'ammonal
(D) Le benzène

Question 20. La Communauté des États indépendants est une organisation intergouvernementale composée en 2023 de neuf des quinze anciennes républiques soviétiques, dont la Fédération de Russie, l'Arménie ou encore la Biélorussie. Parmi les pays suivants, lequel n'en fait pas partie ?

(A) Kirghizistan
(B) Kazakhstan
(C) Arménie
(D) Moldavie

Question 21. Le Hajj est le plus important pèlerinage de l'islam, sur les lieux saints de La Mecque et Médine, en Arabie saoudite. Mohammed ben Salmane en est le prince héritier depuis le 21 juin 2017. À quelle branche de l'islam ce pays se réfère-t-il ?

(A) Chiite
(B) Alévi
(C) Sunnite
(D) Alaouite

Question 22. Animal mythique à une corne, une « licorne » désigne en économie une entreprise du secteur des nouvelles technologies, non cotée en Bourse, dont la valorisation atteint au moins un milliard de dollars. Quelle start-up française occupe la tête de cette catégorie ?

(A) Backmarket
(B) Blablacar
(C) Lydia
(D) Doctolib

Question 23. Le Golden State a des frontières avec les États américains de l'Arizona, du Nevada et de l'Oregon, ainsi qu'avec le Mexique. D'une superficie de 423 970 km^2, la Californie est le troisième plus grand État du pays, après l'Alaska et le Texas. Elle est aussi l'État le plus peuplé : à combien d'habitants s'élève sa population ?

(A) 19 millions
(B) 29 millions
(C) 39 millions
(D) 49 millions

Question 24. Depuis le premier choc pétrolier suite à la guerre du Kippour en 1973, puis le second choc pétrolier suite à la révolution islamique en Iran en 1979, le pétrole revêt une importance géopolitique majeure. Lequel de ces pays ne fait pas partie des 5 plus grandes réserves au monde selon le classement conventionnel publié par l'OPEP ?

(A) L'Arabie saoudite
(B) Les Émirats arabes unis
(C) L'Iran
(D) L'Irak

Question 25. Taux d'intérêt élevés, inflation, croissance chinoise ralentie, crise immobilière… Selon les estimations publiées par l'Organisation mondiale du commerce jeudi 5 octobre 2023, les échanges de marchandises pourraient connaître un coup de frein inédit dans les mois à venir. Mais depuis quand cette institution existe sous cette appellation ?

(A) 1919
(B) 1947
(C) 1995
(D) 2004

Question 26. Il a été proposé à Albert Einstein de devenir le premier président de l'État d'Israël, ce qu'il a décliné. Le pays s'étend sur une superficie de 20 770 km^2, et sa population en 2023 s'élève à environ 9 millions de personnes, en majorité juive (75 %), avec une forte minorité arabe (20 %). En 2023, cet État a ainsi célébré son :

(A) 45e anniversaire de sa création
(B) 55e anniversaire de sa création
(C) 65e anniversaire de sa création
(D) 75e anniversaire de sa création

Question 27. Elle est le seul territoire continental de France et de l'Union européenne en Amérique du Sud et le dernier territoire français en Amérique continentale. En effet, la Guyane est un département français depuis 1946. Par quels pays est-elle entourée ?

(A) Le Panama et la Colombie
(B) Le Brésil et le Venezuela
(C) Le Suriname et le Brésil
(D) La Colombie et l'Équateur

Question 28. Bien que réputé apolitique, le sport est vecteur de lien social et d'inclusivité. Quel est donc cet évènement sportif mondial qui se déroule à Hong Kong du 3 au 11 novembre 2023, une première en Asie ?

(A) Crossfit Games
(B) Invictus Games
(C) Gay Games
(D) Les Jeux militaires internationaux

Question 29. Pablo Picasso, alors jeune peintre espagnol installé à Montmartre, dévoile en 1907 l'une des œuvres les plus réputées de l'art moderne : *Les Demoiselles d'Avignon*. Picasso ouvre la voie du cubisme. Combien de femmes figurent sur cette œuvre ?

(A) 1
(B) 2
(C) 3
(D) 5

Question 30. En 1998, Louis Vuitton s'ouvre à un nouveau domaine : la mode, avec son directeur artistique Marc Jacobs. Le 14 février 2023, la marque annonce la nomination d'un nouveau directeur créatif de Louis Vuitton homme, suite au décès de Virgil Abloh décédé en novembre 2021. Comment s'appelle-t-il ?

(A) Olivier Rousteing
(B) Simon Porte Jacquemus
(C) Pharell Williams
(D) Nicolas Ghesquière

Question 31. Le Chef de l'État, Emmanuel Macron, a proposé de réviser notre texte fondamental sur le champ du référendum et le recours au référendum d'initiative partagée (RIP), à l'occasion de l'anniversaire de Constitution de la Ve République. Mais quel âge a cette dernière ?

(A) 55 ans
(B) 60 ans
(C) 65 ans
(D) 70 ans

Question 32. C'est aujourd'hui la bande dessinée française la plus vendue au monde avec près de 380 millions d'albums écoulés. Il existe même près de Paris un parc d'attractions, le Parc Astérix, ouvert en 1989. Comment s'appelle le dernier album du célèbre petit gaulois ?

(A) *Astérix chez les Pictes*
(B) *Le Papyrus de César*
(C) *Astérix et le Griffon*
(D) *La Grande Traversée*

Question 33. Sous la Ve République, le Congrès est la réunion des deux chambres du Parlement (Assemblée nationale et Sénat). Il peut être réuni dans trois cas : 1) en vue d'une révision de la Constitution ; 2) pour autoriser l'adhésion d'un État à l'Union européenne ; 3) pour entendre une déclaration du président de la République. Où siège-t-il ?

(A) Le Palais du Luxembourg
(B) Le Panthéon
(C) Le Château de Versailles
(D) Le Palais Bourbon

Question 34. Siri, ChatGPT… Cette catégorie d'intelligence artificielle exploite des réseaux de neurones artificiels, inspirés directement du fonctionnement des neurones humains, pour assimiler de nouvelles connaissances. Comment s'appelle cette innovation ?

(A) Big data
(B) Deep learning
(C) Machine learning
(D) Cloud computing

Question 35. La France est un pays qui possède un nombre important de langues régionales et de dialectes, même si le français reste la seule et unique langue officielle. La Constitution, en son article 75-1, énonce que « les langues régionales appartiennent au patrimoine de la France ». Laquelle est la plus parlée en France ?

(A) Créole
(B) Alsacien
(C) Breton
(D) Occitan

Question 36. Ancien protectorat britannique de 1878 à 1960, cette île est divisée entre deux sphères d'influence, l'une grecque et orthodoxe au sud, l'autre turque et musulmane au nord. Elle a intégré l'Union européenne en 2004, de quelle île s'agit-il ?

(A) Chypre
(B) Sicile
(C) Malte
(D) Crète

Question 37. Anne Frank a reçu son journal le 12 juin 1942 et commence à l'écrire le jour même ; le journal s'arrête au mardi 1er août 1944. *Le Journal d'Anne Frank* a été traduit en plus de 70 langues. Quelque 30 millions d'exemplaires ont été vendus. De quelle nationalité était-elle ?

(A) Polonaise
(B) Française
(C) Néerlandaise
(D) Allemande

Question 38. Joe Biden a été élu en novembre 2020. Sa vice-présidente est Kamala Harris, ancienne sénatrice de Californie (2017-2021). Il s'agit de la première femme et première métisse à accéder à ce poste. De quel pays est originaire sa mère ?

(A) Pakistan
(B) Cuba
(C) Kenya
(D) Inde

Question 39. En novembre 2022, lors de la coupe du monde au Qatar, un pays européen de 4 millions d'habitants éliminait le géant brésilien et sa star Neymar. Dequel pays, membre de l'Union européenne, s'agit-il ?

(A) L'Ukraine
(B) La Croatie
(C) La Lituanie
(D) La Slovénie

Question 40. En novembre 2022, l'Assemblée nationale française adoptait un projet de loi visant à intégrer dans la Constitution un droit concernant la santé. Cet acte lui donnera ainsi une plus grande valeur juridique et le rendra plus difficilement modifiable. De quel droit s'agit-il ?

(A) Le droit à être euthanasié
(B) Le droit à l'interruption volontaire de grossesse
(C) Le droit à être vacciné
(D) Le droit au suicide assisté

Corrigés de l'épreuve 2

Question 1. Réponse D

Mayotte se situe dans l'archipel des Comores dans l'océan Indien et constitue le 101e département. Les départements et régions d'outre-mer, tels que Mayotte ou la Guadeloupe, se distinguent des communautés d'outre-mer, telles que Saint Barthélémy ou encore Saint Pierre et Miquelon, plus autonomes dans leur processus décisionnel, ou encore le territoire de la Nouvelle-Calédonie.

Question 2. Réponse D

Deux traités ont été signés le 25 mars 1957 – le traité instituant la Communauté économique européenne (CEE) et le traité instituant la Communauté européenne de l'énergie atomique (CEEA ou Euratom). Pour les deux nouvelles Communautés, les décisions étaient prises par le Conseil sur proposition de la Commission. L'Assemblée parlementaire doit être consultée et remettre ses avis au Conseil. L'Assemblée gagne en volume et compte désormais 142 membres. L'Assemblée parlementaire a tenu sa première session l'année suivante, le 19 mars 1958. Les traités de Rome contiennent une disposition spécifique prévoyant l'élection directe des députés (mise en œuvre en 1979).

Question 3. Réponse D

En 2019, le Kazakhstan a produit 42 % de l'uranium mondial, soit 22 808 tonnes. L'uranium est produit par de nombreux pays en particulier en Amérique du Nord et en Asie. Les principaux producteurs sont le Kazakhstan, le Canada, l'Australie et la Namibie qui représentent près de 80 % de la production mondiale.

Question 4. Réponse C

La fondation Louis Vuitton est un lieu de culture, dans la tradition des grands musées parisiens. Imaginée par le groupe LVMH, la Fondation Louis Vuitton promet l'exposition de grands artistes contemporains, et soutient la création à travers des commandes et des actions de mécénat. Le bâtiment objet de la fondation est un musée, conçu par l'architecte américano-canadien Frank Gehry, situé au Jardin d'acclimatation, dans le bois de Boulogne à Paris.

Question 5. Réponse A

Le Vatican et la Palestine ont le statut de pays observateurs au sein de l'ONU. Le statut d'observateur a été créé en 1945 sur demande de la Suisse (devenue membre de plein droit le 10 septembre 2002). Par la suite, certains États ont obtenu le statut d'observateur permanent, avant de devenir membre à leur tour. Cela a été le cas pour l'Autriche, la Finlande, l'Italie et la Japon.

Question 6. Réponse C

Le président Erdoğan est contesté par la population turque mais aussi par la communauté internationale du fait de ses atteintes aux libertés publiques et de ses velléités diplomatiques. La Turquie, dont la capitale est Ankara, dispose d'une superficie de 783 562 km^2 pour une population de 82 millions d'habitants. Elle est candidate depuis 1987 pour adhérer à l'Union européenne, il s'agit d'un statut officiellement reconnu par les Européens en 1999. La Turquie est par ailleurs membre de l'OTAN depuis 1952.

Question 7. Réponse C

John Maynard Keynes (1883-1946) est un économiste, haut fonctionnaire et essayiste britannique. Il est l'auteur de la *Théorie générale de l'emploi, de l'intérêt et de la monnaie*. Il fut l'un des acteurs principaux des accords de Bretton Woods, après la Seconde Guerre mondiale.

Question 8. Réponse B

L'action a terminé sur un bond de 2,31 % à 193,97 dollars soit une capitalisation de 3,051 milliards de dollars. La firme à la pomme a franchi un nouveau cap symbolique. Et ce, fait notable, sans mettre particulièrement l'accent sur l'intelligence artificielle.

Question 9. Réponse B

L'Icon of the Seas est un navire de croisière de la compagnie Royal Caribbean Cruise Line, construit aux chantiers Meyer Turku en Finlande entre 2021 et 2024. Inaugurant la nouvelle classe Icon, le paquebot sera à sa livraison le plus grand paquebot jamais construit, surpassant les navires de la classe Oasis.

Question 10. Réponse D

L'effet Veblen est un phénomène mis en évidence par l'économiste et sociologue Thorstein Veblen. Ce phénomène consiste en une augmentation de la demande d'un bien en même temps que son prix. Ce phénomène est la conséquence d'un facteur psychologique lié au signe social.

Question 11. Réponse D

En 1923, la Rhodésie du Sud devint une colonie de la Couronne britannique, avant de devenir indépendant en 1980 sous le nom de Zimbabwe. La plupart des anciennes colonies sont maintenant réunies au sein du Commonwealth qui est une organisation intergouvernementale dirigée par la reine Elizabeth II et composée de 56 États membres qui sont presque tous d'anciens territoires de l'Empire britannique.

Question 12. Réponse B

Ebrahim Raïssi a été élu président en juin 2021, remplaçant à ce poste Hassan Rohani élu à ce poste depuis 2013. L'Iran a confirmé depuis l'élection d'Ebrahim Raïssi en 2021 sa volonté de faire de la Chine et de la Russie des partenaires stratégiques pour atténuer son isolement international et contourner les sanctions américaines.

Question 13. Réponse D

La Déclaration unanime des treize États unis d'Amérique est un texte politique par lequel les treize colonies britanniques d'Amérique du Nord ont fait sécession du Royaume-Uni le 4 juillet 1776, pour former les « États-Unis d'Amérique ». George Washington a été le chef d'État-major de l'Armée continentale pendant la guerre d'indépendance entre 1775 et 1783 et le premier président des États-Unis, en fonction de 1789 à 1797.

Question 14. Réponse D

Le prince héritier Mohammed Ben Salmane est l'actuel titulaire de l'œuvre. Léonard de Vinci (1452-1519) a été un peintre italien, mais aussi artiste, scientifique, ingénieur, inventeur, anatomiste, peintre, sculpteur, botaniste, musicien, poète, philosophe et écrivain. Ces prédispositions hors normes en font une figure majeure de la Renaissance.

Question 15. Réponse B

État d'Afrique centrale baigné à l'ouest par l'océan Atlantique, le Gabon est limité au sud et à l'est par le Congo, au nord par le Cameroun et au nord-ouest par la Guinée équatoriale. Après avoir fait partie de la fédération de l'Afrique-Équatoriale française (AÉF) de 1910 à 1958, le Gabon proclame son indépendance le 17 août 1960.

Question 16. Réponse C

La France est le pays le plus visité au monde, ce qui représente 8,5 % du PIB de la France. Selon le gouvernement, ce secteur représente 2 millions d'emplois directs et indirects.

Question 17. Réponse D

Ancien protectorat français, le Maroc compte 36 millions d'habitants pour une superficie de 446 550 km^2. Mohammed VI est le vingt-troisième monarque de la dynastie alaouite, et le troisième à porter le titre de roi du Maroc. Il est au pouvoir depuis 1999. Le PIB du Maroc a connu un taux de croissance annuel moyen de 4 % sur la dernière décennie et a atteint 122 milliards de dollars en 2019.

Question 18. Réponse B

Napoléon III est le troisième fils de Louis Bonaparte, troisième frère de Napoléon Ier, et d'Hortense de Beauharnais, fille du premier mariage de l'impératrice Joséphine. Inaugurant la Seconde République en 1848, il a succédé à Louis-Philippe Ier, Roi des français (1830-1848). Napoléon III a notamment porté des réformes sociales, en effet le droit de grève a été autorisé en 1864.

Question 19. Réponse A

Le glyphosate est un produit phytosanitaire controversé, son interdiction au sein de l'Union européenne est prévue pour 2023. Le gouvernement français est engagé dans le processus de sortie du glyphosate, avec un objectif d'ici 2022 : diminuer de 50 % l'utilisation du glyphosate en France.

Question 20. Réponse D

Le président du Parlement moldave, Igor Grosu, a ainsi annoncé, lundi 15 mai, l'intention de l'ex-république soviétique de se retirer de l'accord sur l'Assemblée interparlementaire de la Communauté des États indépendants (CEI). Enclavée entre la Roumanie et l'Ukraine, située aux limites de la zone d'influence russe et aux frontières orientales de l'Union européenne et de l'Organisation du traité de l'Atlantique Nord (OTAN), la Moldavie entend se rapprocher de l'Occident.

Question 21. Réponse D

En 2015, le monde compte 1,8 miliard de musulmans, soit 24 % de la population globale. C'est la deuxième religion au monde en nombre de croyants derrière le christianisme, mais c'est celle qui croît le plus vite. Sunnisme et chiisme sont les deux branches principales de l'islam. Les sunnites représentent 85 à 90 % des musulmans. Les chiites représentent 10 à 15 % des musulmans.

Question 22. Réponse C

Deux ans après le début de la pandémie de Covid-19, Doctolib est désormais l'entreprise tech la mieux valorisée de France. La société annonce ce mardi avoir obtenu un nouveau financement de 500 millions d'euros en fonds propres et en dette – la répartition n'est pas communiquée – la valorisant 5,8 milliards d'euros. Les investisseurs historiques Eurazeo, Bpifrance et General Atlantic ont participé au tour de table.

Question 23. Réponse C

Selon le bureau du recensement des États-Unis, l'État de Californie est le plus peuplé des États-Unis. Sa population se concentre dans les agglomérations de Los Angeles et San Francisco.

Question 24. Réponse B

L'Organisation des pays exportateurs de pétrole (OPEP) est une organisation intergouvernementale de pays créée en 1960. Elle a pour objectif de contrôler les exploitations pétrolières sur le territoire des pays membres, ainsi que le prix du pétrole. Les cinq pays ayant les plus grandes réserves sont les suivants = 1) Venezuela, 2) Arabie saoudite, 3) Iran, 4) Irak et 5) Koweït.

Question 25. Réponse C

Le GATT, créé en 1947 suite aux accords de Bretton Woods, est devenu l'Organisation mondiale du commerce (OMC) en 1995. Il œuvre pour le libre-échange et la fin des tarifs douaniers entre les pays.

Question 26. Réponse D

L'indépendance d'Israël est proclamée le 14 mai 1948, après le vote du plan de partage de la Palestine le 29 novembre 1947 par l'Organisation des Nations unies (ONU) qui met fin au mandat britannique et qui prévoit la création d'un État juif et d'un État arabe.

Question 27. Réponse C

La Guyane est une région mono-départementale française située en Amérique du Sud, limitrophe du Brésil au sud-est et au sud, et du Suriname à l'ouest. Sa superficie, majoritairement occupée par la forêt amazonienne, représente 83 534 km^2 et sa population est de 294 071 habitants.

Question 28. Réponse C

Les Gay Games sont un événement sportif et culturel ouvert à toutes et à tous bien qu'historiquement destinés aux athlètes, artistes et musiciens lesbiens, gays, bisexuels et transgenres. Ils ont été fondés par le médecin et décathlonien olympique américain Tom Waddell en 1982.

Question 29. Réponse D

Ce tableau peint en 1907 est considéré comme l'un des tableaux les plus importants de l'histoire de la peinture en raison de la rupture stylistique et conceptuelle qu'il propose. En effet, il est considéré comme un chef-d'œuvre du cubisme naissant, porté également par Fernand Léger et Georges Braque.

Question 30. Réponse C

Le 14 février 2023, la maison Louis Vuitton annonce dans un communiqué que Pharrell Williams est nommé directeur artistique chargé des collections homme. Sa première collection pour Louis Vuitton est présentée sur le Pont Neuf à Paris en juin 2023, lors des collections printemps-été 2024.

Question 31. Réponse C

La Constitution française du 4 octobre 1958 est la constitution de la Cinquième République, régime actuellement en vigueur en France. Norme juridique suprême du pays, elle est, malgré vingt-quatre révisions, l'une des constitutions les plus stables que la France ait connues.

Question 32. Réponse C

Astérix et Obélix est une série de 39 albums de bandes dessinées française créée le 29 octobre 1959 par le scénariste René Goscinny et le dessinateur Albert Uderzo. Plus de 53 millions d'exemplaires de bande dessinée ont été achetés en France pour un chiffre d'affaires généré de 591 millions d'euros.

Question 33. Réponse C

Le Congrès du Parlement se réunit à Versailles. Il a pour objet le vote d'une révision de la Constitution ou de l'autorisation de l'adhésion d'un État à l'Union européenne, lorsque le référendum n'est pas utilisé. Elle permet aussi l'audition d'une déclaration du président de la République, dans ce cas il n'y a aucun vote.

Question 34. Réponse D

Le deep learning est une branche du machine learning (ML), qui est lui-même un sous-ensemble de l'intelligence artificielle (IA). Le concept d'IA existe depuis les années 1950, avec pour objectif de rendre les ordinateurs capables de penser et de raisonner d'une manière similaire à celle des humains.

Question 35. Réponse B

De nos jours, entre 13 et 15 millions de personnes parlent un créole français dans le monde. Grâce aux migrations internationales du XXe siècle, ces langues sont employées hors de leurs aires d'origine, en Europe, au Canada, aux États-Unis et en Australie. Plus d'un million de personnes parlent une langue créole française au sein de la République française.

Question 36. Réponse A

Chypre comprend 1,2 million d'habitants sur 9 251 km^2, cette île est membre de l'UE, excepté le tiers nord de l'île, sous contrôle turc depuis 1974 – située au-delà de la ligne verte contrôlée par les troupes de l'ONU. Ce territoire sécessionniste s'est proclamé République turque de Chypre du Nord en 1983.

Question 37. Réponse D

Anne Frank (1929-1945) est une adolescente allemande, connue pour avoir écrit un journal intime. Elle est morte au camp de Bergen-Belsen suite à sa déportation avec sa famille. Son père Otto Frank, l'unique survivant de la famille, a récupéré le journal de sa fille Anne. Convaincu du caractère unique de l'œuvre, Otto Frank décide de la faire éditer. Ce témoignage historique a connu un immense succès qui ne se dément pas.

Question 38. Réponse D

Kamala Harris naît en 1964 à Oakland en Californie d'un père jamaïcain, professeur d'économie à l'université de Stanford et d'une mère oncologue, d'origine indienne.

Question 39. Réponse C

La Croatie, déjà finaliste en 2018, a réussi samedi à conserver sa place sur le podium du Mondial-2022 grâce à sa victoire (2-1) contre le Maroc lors du match pour la 3e place.

Question 40. Réponse B

Cette proposition de loi prévoit d'inscrire la liberté de la femme de mettre fin à sa grossesse dans la Constitution de 1958. La régression du droit à l'avortement, comme récemment aux États-Unis, en Pologne ou en Hongrie, illustre sa fragilité.

Épreuve 3 : 40 QCM – 30 minutes max.

Question 1. Le 30 septembre 2022, la France a condamné avec la plus grande fermeté l'annonce par le président Poutine de l'annexion illégale des régions ukrainiennes de Donetsk, Louhansk et d'une partie de la région de Kherson au sein de la Fédération de Russie. Quelle autre région ukrainienne est concernée ?

(A) Tchernobyl
(B) Zaporijia
(C) Kiev
(D) Kharkiv

Question 2. Deux mois après la réélection d'Emmanuel Macron à la tête de l'État, la majorité et ses soutiens ont obtenu 245 sièges à l'Assemblée nationale, n'atteignant pas la majorité absolue fixée à 289 députés. La majorité doit donc composer avec une large opposition, dont 88 députés Rassemblement national. Qui préside désormais cette chambre ?

(A) Christine Lagarde
(B) Elisabeth Borne
(C) Yaël Braun-Pivet
(D) Gérard Larcher

Question 3. En 2003, environ 73 000 hectares de forêt et de terres boisées ont brûlé en France ; en 2022, ce sont environ 60 000 hectares qui sont partis en fumée, dont environ 30 000 ha dans les feux de forêt de Gironde. Quel est le pourcentage de responsabilité de l'homme dans ces drames écologiques et humains ?

(A) 60 %
(B) 70 %
(C) 80 %
(D) 90 %

Question 4. Ce sont plus de 38 millions de téléspectateurs qui ont regardé le Tour de France 2023 sur les antennes du service public d'après les chiffres diffusés par France Télévisions. Organisée dans le cadre de l'UCI World Tour 2023, la 110e édition du Tour de France cycliste a été remportée pour la 2e année consécutive par le coureur danois Jonas Vingegaard. En 2024, où aura lieu son arrivée ?

(A) Promenade des Anglais, Nice
(B) Plages du Prado, Marseille
(C) Champs-Élysées, Paris
(D) Grand'Place, Lille

Question 5. Le Congrès des États-Unis (en anglais : United States Congress) est la législature bicamérale du gouvernement fédéral des États-Unis, constituant sa branche législative. Ses deux chambres sont le Sénat, la chambre haute composée de 100 sénateurs, et la chambre basse composée de 435 représentants. Comment s'appelle cette chambre basse ?

(A) La Cour suprême
(B) La Maison Blanche
(C) Le Pentagone
(D) La Chambre des représentants

Question 6. L'IA créative a-t-elle tué le métavers ? Web3, blockchain, cryptomonnaie, NFT, métavers… tous ont été récemment coiffés au poteau par une intelligence artificielle (IA) répondant au nom de ChatGPT. Quelle start-up a lancé cette IA créative ?

(A) Meta
(B) Google
(C) OpenAI
(D) Microsoft

Question 7. Des chercheurs de l'université de Linköping en Suède, ont conçu un implant à base de protéine de collagène de peau de porc. De manière générale, les xénogreffes (avec des greffons venant d'une autre espèce) impliquant le porc se multiplient ces dernières années. Quelle zone du corps a été implantée ?

(A) Le cœur
(B) La cornée
(C) La moelle épinière
(D) Le foie

Question 8. Le 19 septembre 2023, après un blocus de plusieurs mois, l'Azerbaïdjan a lancé une opération militaire, rapidement victorieuse : les forces armées du Haut-Karabagh déposent les armes au bout de quelques heures, causant la fuite de plus de la moitié de la population. Quel pays revendique également ce territoire ?

(A) Géorgie
(B) Turquie
(C) Arménie
(D) Iran

Question 9. Dix-neuf États européens font partie de la zone euro. L'économie allemande est de loin la plus importante de l'Union, avec un PIB de 3 867 milliards d'euros, suivie par celle de la France avec 2 642 milliards d'euros. Viennent ensuite l'Italie (1 909 milliards) et l'Espagne (1 327 milliards). Quel pays va l'intégrer en 2023 ?

(A) Albanie
(B) Monténégro
(C) Croatie
(D) Ukraine

Question 10. Il y a un an, le 16 septembre 2022, la mort de Mahsa Amini déclenchait un mouvement de révolte inédit en Iran, alors qu'elle avait été arrêtée pour ne pas avoir couvert correctement ses cheveux. La répression a coûté la vie à 552 manifestants dont 73 mineurs, et amené l'arrestation de 21 100 personnes. Depuis quand le pays subit le joug d'une théocratie islamique ?

(A) 1947
(B) 1955
(C) 1979
(D) 1991

Question 11. Après de longues négociations avec les pays membres, l'Union européenne a validé la fin des moteurs thermiques. Mesure phare du plan climat soutenu par les 27 États-membres, cette interdiction vise à atteindre la neutralité carbone en 2050. Quand prendra-t-elle effet ?

(A) 2030
(B) 2035
(C) 2040
(D) 2050

Question 12. Le Président Emmanuel Macron a détaillé ce lundi 25 septembre les conclusions du Conseil de ……….. écologique qui permettra à la France de réduire de 55 % ses émissions de gaz à effet de serre en 2030, de protéger la biodiversité et d'agir pour l'économie circulaire. Quel mot manque ?

(A) Transition
(B) Planification
(C) Mutation
(D) Transformation

Question 13. Paris accueillera les Jeux olympiques (du 26 juillet au 11 août 2024) et paralympiques (du 28 août au 8 septembre 2024), organisés par le Comité d'organisation des Jeux olympiques (COJO) Paris 2024. Dès les premiers Jeux olympiques de l'ère moderne, la voile est au programme olympique. Où auront lieu les épreuves de cette discipline ?

(A) Pointe du Groin, Saint Malo
(B) Marina du Roucas Blanc, Marseille
(C) Jetée des skippers, Les Sables d'Olonne
(D) Vague de Teahupo'o, Tahiti

Question 14. Un an après la décision de la Cour suprême du 24 juin 2022 annulant l'arrêt historique Roe vs Wade de 1973, plusieurs États ont interdit l'avortement, obligeant des cliniques à fermer ou à déménager. Sont notamment concernés le Texas, la Louisiane ou encore le Mississippi, qui ne prévoient aucune exception en cas de viol ou inceste. Combien d'États en tout l'ont interdit parmi les 50 ?

(A) 3
(B) 6
(C) 10
(D) 14

Question 15. L'année 2023 marque l'anniversaire de l'identification du virus de l'immunodéficience humaine (VIH) par l'Institut Pasteur. Le sida tue encore 600 000 personnes par an, et 39 millions de malades vivent avec ce virus au quotidien dans le monde. En quelle année a-t-il été découvert ?

(A) 2003
(B) 1993
(C) 1983
(D) 1973

Question 16. Le bitcoin est une cryptomonnaie décentralisée créée en 2009 par Satoshi Nakamoto. Après son plus haut historique en novembre 2021, à 69 000 dollars, le bitcoin a connu une baisse tendancielle. À quelle valeur s'échange-t-il désormais ?

(A) 16 842,55 $
(B) 26 842,55 $
(C) 36 842,55 $
(D) 46 842,55 $

Question 17. Le premier ministre japonais, Fumio Kishida, a choisi sa ville natale pour accueillir le sommet du G7 du 19 au 21 mai 2023. Cette ville nippone s'efforce de maintenir la mémoire du bombardement de 1945 et souhaite faire passer son message contre l'interdiction totale des armes atomiques. De quelle ville s'agit-il ?

(A) Nagasaki
(B) Hiroshima
(C) Tokyo
(D) Kyoto

Question 18. Dr. Dre, Kendrick Lamar, Mary J. Blige, Snoop Dogg, Eminem et 50 Cent en 2022, Rihanna en 2023, Usher en 2024 : le show de la mi-temps du Super Bowl, la finale du championnat de football américain, est l'événement le plus regardé à la télévision aux États-Unis. Depuis 2023, qui remplace Pepsi, le sponsor historique de l'événement musical de l'année ?

(A) Apple Music
(B) Youtube Music
(C) Spotify
(D) Amazon Music

Question 19. Charles a accédé au trône à la mort de sa mère, le 8 septembre 2022. Le couronnement de Charles III et de son épouse Camilla Parker Bowles en tant que roi et reine consort du Royaume-Uni et des autres royaumes du Commonwealth quelques mois plus tard à Londres, en présence de nombreux chefs d'État et personnalités. À quelle date ?

(A) 27 février 2023
(B) 18 mars 2023
(C) 6 mai 2023
(D) 9 juin 2023

Question 20. Chargé par le roi Charles III de former un gouvernement en octobre 2022, il est devenu officiellement Premier ministre britannique, le troisième en deux mois, dans un pays plongé dans une grave crise économique et sociale. Il devra faire face à des élections générales en 2024. Comment s'appelle-t-il ?

(A) Boris Johnson
(B) Keir Starmer
(C) Rishi Sunak
(D) David Cameron

Question 21. Les Français ont voté à quatre reprises en 2022 : deux fois pour l'élection présidentielle les 10 et 24 avril 2022, et deux fois pour les élections législatives les 12 et 19 juin 2022, avec une abstention allant de 26 % à 53 %, en forte progression. À quelle occasion voteront-ils de nouveau en 2024 ?

(A) Élections municipales
(B) Élections régionales
(C) Élections sénatoriales
(D) Élections européennes

Question 22. La Conférence de Dubaï de 2023 sur les changements climatiques est une conférence internationale de l'ONU se déroulant du 30 novembre au 12 décembre 2023 à Dubaï aux Émirats arabes unis. Cette Conférence des parties réunira les représentants des pays signataires de la Convention-cadre des Nations unies sur les changements climatiques (CCNUCC). Quel est le quantième de cette édition ?

(A) 21
(B) 26
(C) 27
(D) 28

Question 23. La Fifa a officiellement actualisé le format de la Coupe du monde 2026, qui se disputera aux États-Unis, au Canada et au Mexique. Le tournoi, à 48 équipes, se déroulera finalement avec des groupes de quatre équipes. Ce sera la 23e édition du genre. Où la finale va-t-elle probablement avoir lieu ?

(A) Estadio Akron, Guadalajara
(B) MetLife Stadium, New York
(C) Mercedes-Benz Stadium, Atlanta
(D) BC Place Stadium, Vancouver

Question 24. Déjà 10 ans : le 13 juillet 2013 en Floride, George Zimmerman est acquitté du meurtre de Trayvon Martin. Le vigile avait pourtant avoué avoir tiré en février 2012 sur le jeune afro-américain de 17 ans. Black Lives Matter est un mouvement politique né en 2013 aux États-Unis, amplifié par la mort de George Floyd suite à son interpellation par la police en mai 2020. Où est-il mort ?

(A) New York
(B) Austin
(C) Los Angeles
(D) Minneapolis

Question 25. TousAntiCovid, l'application la plus téléchargée par les Français en 2021, a disparu des radars. Plusieurs applications font leur entrée dans le classement des applications les plus téléchargées en France en 2022. Qui occupe la tête du classement ?

(A) Tiktok
(B) Telegram
(C) WhatsApp Messenger
(D) Doctolib

Question 26. Le taux d'inflation annuel a de nouveau baissé en juillet 2023. Il s'est établi à 6,1 % dans l'Union européenne. Ce phénomène s'est installé durablement dans les mois qui ont suivi la crise liée au Covid-19 en raison de la reprise économique, puis la guerre en Ukraine. À combien s'élève-t-il en août 2023 ?

(A) 3,9 %
(B) 4,9 %
(C) 5,9 %
(D) 6,9 %

Question 27. Avec 17 millions de vaches sur son territoire, la France est le premier producteur de viande bovine d'Europe et deuxième troupeau laitier derrière l'Allemagne. Néanmoins, selon la Cour des comptes, « le bilan de l'élevage bovin pour le climat est défavorable ». Combien cette filière représente-t-elle en part des émissions de gaz à effet de serre du pays ?

(A) 4,8 %
(B) 7,8 %
(C) 11,8 %
(D) 15,8 %

Question 28. Inaugurée le 19 octobre 2023, la Cité internationale de la langue française se situe dans le lieu historique où François Ier avait promulgué, en 1539, l'ordonnance qui rendit l'usage de la langue française obligatoire dans tous les documents juridiques et administratifs. Quel est ce lieu historique ?

(A) Château de Villers-Cotterêts
(B) Château de Versailles
(C) Château de Chambord
(D) Château de Fontainebleau

Question 29. Actuellement, cinq anciens présidents des États-Unis sont vivants : Jimmy Carter, Bill Clinton, George W. Bush, Barack Obama et Donald Trump. Depuis le 20 janvier 2021, Joe Biden, ancien vice-président de Barack Obama (2009-2017) est le président des États-Unis. Sa vice-présidente est Kamala Harris, ancienne sénatrice de Californie. Avant lui, combien ont occupé la fonction ?

(A) 45
(B) 46
(C) 47
(D) 48

Question 30. Au moins deux explosions ont touché les pipelines Nord Stream 1 et Nord Stream 2, situées dans la mer Baltique fin septembre 2022, provoquant de spectaculaires fuites de gaz. La thèse d'un accident est a priori écartée et de nombreux experts s'interrogent sur une possible implication de la Russie, qui dément. Destinés à approvisionner l'Europe en gaz russe, à quel pays sont-ils reliés ?

(A) Pologne
(B) Ukraine
(C) Biélorussie
(D) Allemagne

Question 31. L'usage du paiement sans contact a connu une accélération très rapide en 2020. En cause : l'épidémie de Covid-19, qui a érigé ce moyen de paiement en « geste barrière ». Le montant moyen d'un paiement sans contact a été de 16 euros en 2022. Quelle en est la part dans l'ensemble des paiements de proximité ?

(A) 41 %
(B) 57 %
(C) 61 %
(D) 79 %

Question 32. Début septembre, l'île italienne de Lampedusa a été frappée par une arrivée massive de migrants : près de 11 000 personnes ont débarqué sur les côtes. Cette situation remet en cause la politique migratoire du gouvernement italien. Qui le dirige depuis le 22 octobre 2022 ?

(A) Silvio Berlusconi
(B) Giorgia Meloni
(C) Matteo Salvini
(D) Antonio Tajani

Question 33. La Ligue des champions 2023-2024 est la coupe d'Europe des clubs champions. 78 clubs européens vont y participer. La finale se déroulera en 2024 au Stade de Wembley à Londres en Angleterre. Combien d'éditions ont été organisées avant celle-ci ?

(A) 65
(B) 66
(C) 67
(D) 68

Question 34. Avec à sa tête, Catherine Colonna, ministre de l'Europe et des Affaires étrangères depuis la réélection d'Emmanuel Macron en avril 2022, la France dispose d'un important réseau d'ambassades et de consulats au monde, avec ses 160 ambassades soit plus que le Royaume-Uni (148) et l'Allemagne (145). Quel est le rang de ce réseau dans le monde ?

(A) Quatrième
(B) Troisième
(C) Deuxième
(D) Premier

Question 35. « D'habitude, le rôle du ministre, c'est de rester assis à ne rien dire. Mais, là, ce n'est pas possible ! » Interpellée durant la cérémonie des Molière, lundi 24 avril, la ministre de la Culture a cassé les codes en se levant pour répondre aux deux comédiennes qui l'interpellaient sur l'inflation. Une première. Comment s'appelle-t-elle ?

(A) Catherine Colonna
(B) Rima Abdul-Malak
(C) Sylvie Retailleau
(D) Amélie Oudéa-Castéra

Question 36. L'année 2022 est aussi le bicentenaire de la naissance de Louis Pasteur, l'inventeur du vaccin contre la rage. À l'heure de la crise sanitaire liée au Covid-19, son œuvre n'a pas pris une ride ; les mesures préventives de distanciation physique et les règles d'hygiène qu'il a édictées sont toujours aussi efficaces et utiles en cas d'épidémie. Quelle autre technique a-t-il énormément fait progresser ?

(A) Montgolfière
(B) Fermentation du vin et de la bière
(C) Chemin de fer
(D) Cosmétiques

Question 37. Au cours du deuxième trimestre 2023, Tesla a vu ses livraisons mondiales bondir de 83 %, avec 466 140 unités contre 254 695 un an plus tôt. Le chiffre d'affaires sur la période progresse de 47 %, à 24,92 milliards de dollars. Le nom de l'entreprise est choisi en hommage à l'inventeur et ingénieur américain. De quelle origine était-il ?

(A) Croate
(B) Bulgare
(C) Serbe
(D) Roumaine

Question 38. Après avoir mis au pas Hong Kong, Xi Jinping a réaffirmé la « mission historique » d'une « réunification complète de Taïwan à la Mère Patrie ». Le fait que la Chine n'ait pas défini les limites de sa zone économique exclusive (ZEE) en mer de Chine du Sud complexifie le problème. La présidente taiwannaise Tsai Ing-wen, réélue en 2020, milite pour l'indépendance de l'île. Combien mesure une ZEE ?

(A) 200
(B) 250
(C) 300
(D) 350

Question 39. À l'occasion de la 95e cérémonie des Oscars présentée par Jimmy Kimmel, quel film a remporté la récompense dans les catégories suivantes : meilleur film, meilleur réalisateur, meilleure actrice dans un premier rôle et meilleur acteur dans un second rôle ?

(A) *Black Panther : Wakanda Forever*
(B) *Avatar, la voie de l'eau*
(C) *Top Gun : Maverick*
(D) *Everything, Everywhere, All at Once*

Question 40. Depuis le début de la guerre, Volodymyr Zelensky réclame l'adhésion de son pays à l'Union européenne. Lors de son discours sur l'état de l'Union mercredi 13 septembre 2023, Ursula von der Leyen a indiqué que l'Ukraine était sur la bonne voie concernant son adhésion. Quel autre pays est candidat ?

(A) Moldavie
(B) Biélorussie
(C) Arménie
(D) Géorgie

Corrigés de l'épreuve 3

Question 1. Réponse B

Le 6 septembre 2022, l'AIEA publie son rapport, estimant que « la situation actuelle est intenable » et que « les bombardements sur le site et dans les environs doivent cesser immédiatement » ; elle réclame la mise en place d'une « zone de sécurité » pour prévenir un accident nucléaire, c'est-à-dire une zone que les belligérants ne bombardent pas. Cela ne correspond pas pour autant à la « démilitarisation du site », en clair le retrait des soldats russes, demandée par Kiev, par le secrétaire général des Nations unies et par les pays occidentaux alliés de l'Ukraine.

Question 2. Réponse C

Yaël Braun-Pivet a été présidente de la commission des Lois de l'Assemblée nationale, sous la XVe législature, de 2017 à 2022. En mai 2022, elle est nommée ministre des Outre-mer par Emmanuel Macron dans le gouvernement Élisabeth Borne. Elle est ensuite élue présidente de l'Assemblée nationale, le 28 juin 2022. Elle est la première femme à occuper cette fonction, remplaçant à ce poste Richard Ferrand, président de 2017 à 2022.

Question 3. Réponse D

Les causes peuvent être liées à l'activité économique (chantiers de BTP, activités agricoles, dilatation de câbles électriques) ou à des activités du quotidien (mégots de cigarette, barbecue et feux de camps, incendies de véhicules ou de poubelle).

Question 4. Réponse A

La Gazzetta dello Sport l'annonçait déjà en 2022, le Tour de France 2024 n'arrivera pas sur les Champs-Élysées à Paris comme tous les ans, mais plutôt à Nice, à cause des Jeux olympiques de Paris 2024, pour éviter de surcharger la ville.

Question 5. Réponse C

La Chambre des représentants des États-Unis compose, avec le Sénat, le Congrès des États-Unis et forme à ce titre l'un des deux organes du pouvoir législatif américain. Elle représente les citoyens au sein de l'Union et constitue la chambre basse du congrès fédéral.

Question 6. Réponse C

OpenAI est une entreprise spécialisée dans le raisonnement artificiel, à « but lucratif plafonné », dont le siège social est à San Francisco. Avant mars 2019, elle est reconnue association à but non lucratif.

Question 7. Réponse B

Les chercheurs ont développé une technique moins invasive pour traiter la maladie la plus développée de l'œil : le kératocône. Avec cette méthode, le chirurgien n'a pas besoin de retirer les tissus du patient. Au lieu de cela, une petite incision est pratiquée, à travers laquelle l'implant est inséré dans la cornée existante.

Question 8. Réponse C

Considéré comme une région centrale de son histoire par l'Arménie, le Karabakh compte 146 000 habitants répartis sur 4,400 km^2. Après une période d'influence perse, elle est finalement incorporée à l'Empire russe en 1813. Depuis la guerre civile ayant suivi la révolution bolchevique de 1917, l'Arménie et l'Azerbaïdjan se disputent le territoire peuplé en majorité par des Arméniens de confession chrétienne et rattaché à l'Azerbaïdjan en 1921 par Staline. La région deviendra autonome à partir de 1923, statut qui restera inchangé jusqu'aux dernières heures de l'URSS.

Question 9. Réponse C

La Croatie deviendra le 1er janvier 2023 le 20e pays à intégrer la zone euro. Validée le 12 juillet par le Conseil de l'Union européenne, cette adhésion marque l'aboutissement d'un long processus au cours duquel le pays a notamment dû se conformer aux critères de convergence, garants d'une certaine homogénéité entre les économies de la zone euro.

Question 10. Réponse C

Après des mois de protestations populaires et de manifestations contre le régime du Shah, l'ayatollah Khomeini revient en Iran le 1er février 1979 et défait le pouvoir en place. Les Gardiens de la Révolution, théologiens islamistes, ont pris le pouvoir dans les gouvernements locaux dans tout l'Iran, et récupèrent ainsi la plupart des pouvoirs. La République islamique est instituée par référendum les 30 et 31 mars 1979.

Question 11. Réponse B

Après trois semaines d'un psychodrame lié au blocage de l'Allemagne, les 27 États membres de l'Union européenne ont validé la fin des moteurs thermiques dans les voitures neuves à partir de 2035. À cette échéance, les véhicules mis sur le marché ne pourront plus émettre aucun CO_2 en roulant.

Question 12. Réponse B

Le Président Emmanuel Macron a détaillé lundi 25 septembre 2023 la planification écologique qui permettra à la France de réduire de 55 % ses émissions de gaz à effet de serre en 2030, de protéger la biodiversité et d'agir pour l'économie circulaire.

Question 13. Réponse B

En 2024, la rade de Marseille sera le théâtre des épreuves de voile des Jeux olympiques. La création d'une Marina olympique qui comprend la rénovation du stade nautique du Roucas Blanc (situé à l'extrémité nord des plages du Prado) est la pierre angulaire du projet Jeux olympiques à Marseille pour accueillir athlètes et spectateurs.

Question 14. Réponse D

Le 24 juin 2022, la Cour suprême des États-Unis annulait un arrêt fédéral, Roe *vs* Wade, qui garantissait depuis 1973 le droit d'avorter sur tout le territoire. Depuis, chaque État est libre de déterminer sa propre politique sur l'accès à l'interruption volontaire de grossesse (IVG).

Question 15. Réponse C

40 ans de découverte du VIH : le virus responsable du sida est identifié le 20 mai 1983. En 1983, le VIH (le virus du sida) est isolé par des virologues de l'Institut Pasteur. Une première observation sous l'œil du microscope en février est confirmée en mai 1983 par une publication dans la prestigieuse revue Science.

Question 16. Réponse A

Le marché des cryptomonnaies est durement touché par l'inflation et par de mauvaises conditions économiques. Déjà proche de son niveau le plus bas de l'année, le Bitcoin pourrait encore perdre de la valeur. Alors que la cryptomonnaie avait atteint son record de valeur en novembre 2021, en s'échangeant à plus de 67 000 dollars, près d'un an plus tard, un bitcoin vaut autour de 26 000 dollars.

Question 17. Réponse B

Les chefs d'États des sept plus grandes puissances économiques mondiales sont réunis au Japon pour le G7. Et c'est dans une ville bien particulière que se tient ce sommet puisque tous sont à Hiroshima, la ville atomisée par la bombe atomique en 1945.

Question 18. Réponse A

« IT'S ON » : c'est sur ces mots qu'Apple Music a annoncé la venue de Rihanna au concert de la mi-temps du Superbowl 2023, événement le plus regardé de la télévision américaine. Le contrat passé avec la NFL va s'étendre sur plusieurs années. D'après le *New York Times*, le montant du deal s'élève à 50 millions de dollars.

Question 19. Réponse C

En recevant la couronne de Saint Édouard, samedi 6 mai, Charles III est devenu officiellement le souverain du Royaume-Uni et du Commonwealth. Cela faisait 70 ans que le pays n'avait pas assisté à un tel événement.

Question 20. Réponse C

Après une carrière dans la finance l'ayant fait millionnaire, il siège depuis 2015 à la Chambre des communes pour Richmond (Yorks). Partisan du Brexit, il est secrétaire en chef du Trésor en 2019-2020, puis chancelier de l'Échiquier. Méconnu du grand public il y a quelques années, ce fils d'immigrés indiens, passé par Oxford et Stanford, est parvenu à s'imposer comme une figure incontournable du parti conservateur.

Question 21. Réponse D

Les prochaines élections européennes auront lieu entre le 6 et le 9 juin 2024 partout dans l'Union européenne. Les électeurs français seront appelés aux urnes le dimanche 9 juin 2024 pour élire 81 eurodéputés. Les députés européens sont élus au suffrage universel direct depuis 1979.

Question 22. Réponse D

La COP28 devrait signer le premier « Bilan Mondial », dont les conclusions seront fondées sur le rapport de synthèse du GIEC. Fruit de huit ans d'études, ce document a d'ores et déjà dressé un constant sans appel : l'ampleur du changement climatique et de ses conséquences s'annonce pire que prévu. Cependant, il est encore possible d'inverser la tendance.

Question 23. Réponse A

La Coupe du monde de football 2026 se déroulera de juin à juillet 2026 en Amérique du Nord et sera organisée conjointement par les États-Unis, le Canada et le Mexique. Le projet a été nommé « United 2026 ». Cette édition sera la première avec un format à 48 équipes constitué de 16 groupes de 3 nations. Il y avait précédemment 32 équipes réparties dans 8 groupes de 4 nations.

Question 24. Réponse D

George Floyd est né le 14 octobre 1973 à Fayetteville dans l'État de Caroline du Nord. Cet Afro-Américain a été tué par la police lors de son arrestation le 25 mai 2020 à Minneapolis, dans l'État du Minnesota, pendant laquelle un policier, Derek Chauvin, le maintient menotté et en plaquage ventral avec son genou sur sa nuque durant plus de huit minutes, l'empêchant ainsi de respirer. Les images de son arrestation et la nouvelle de sa mort mènent à une vague de protestations aux États-Unis et dans d'autres pays du monde.

Question 25. Réponse C

En 2022, si les applications de messagerie instantanée et de réseaux sociaux figurent toujours en bonne place, seuls Whatsapp et TikTok remontent dans le classement après deux années marquées par la crise sanitaire pendant lesquelles les applications de santé et de visio-conférence ont figuré dans la liste des applications les plus téléchargées. À noter, l'entrée dans le top 10 de Telegram, de Lidl Plus, de Waze et de CapCut et la disparition de TousAntiCovid.

Question 26. Réponse C

Ce retour de l'inflation est principalement dû au traitement de la crise sanitaire de la Covid pour 2021. En 2022, cette crise est amplifiée par la guerre que mène la Russie contre l'Ukraine depuis le 24 février 2022. En conséquence les prix de l'énergie ont augmenté de 22,7 % depuis les 12 derniers mois. L'inflation s'est ensuite diffusée à d'autres produits dont l'approvisionnement est sous tension (céréales, métaux…). Les produits alimentaires ont ainsi augmenté de 7,9 % pendant cette même période.

Question 27. Réponse C

Aujourd'hui, 75 % des terres agricoles dans le monde servent à élever du bétail, c'est-à-dire à nourrir des bêtes qui serviront, ensuite, à nous nourrir. Aujourd'hui, à l'échelle mondiale, l'élevage représente 14,5 % des émissions de gaz à effet de serre – soit autant que le secteur du transport.

Question 28. Réponse A

Inaugurée le 19 octobre 2023, la Cité internationale de la langue française, qui sera installée au château de Villers-Cotterêts (Hauts-de-France), portera un regard inédit sur le français, ciment du pacte républicain et langue de diversité, en partage avec plus de 300 millions de locuteurs dans le monde.

Question 29. Réponse A

Donald Trump a été le 45e président des États-Unis. D'illustres personnages historiques ont occupé le bureau ovale : Franklin D. Roosevelt, John Fitzgerald Kennedy, Ronald Reagan ou encore George Washington, le premier titulaire de la fonction. À noter que c'est la première fois que la vice-présidence est occupée par une femme, Kamala Harris.

Question 30. Réponse D

Le sabotage des gazoducs Nord Stream a lieu le 26 septembre 2022 en mer Baltique, occasionnant d'importantes fuites de gaz. La première, sur Nord Stream 2 est découverte au sud-est de l'île danoise de Bornholm. Plusieurs heures plus tard, deux autres fuites sont découvertes sur Nord Stream 1 au nord-est de l'île.

Question 31. Réponse C

En 2022, 61 % de paiements par carte bancaire en situation de proximité ont été réalisés en mode sans contact, contre 57 % en 2021. Ces 9,1 milliards de paiements sans contact (+23,5 % par rapport à l'année précédente) représentent un montant total de 148 milliards d'euros.

Question 32. Réponse B

Présidente du parti Frères d'Italie (Fratelli d'Italia) et figure montante de l'extrême droite, Giorgia Meloni est arrivée en tête aux dernières élections législatives, revendiquant la direction du prochain gouvernement transalpin. Son programme allie libéralisme économique, conservatisme sociétal, politique nataliste et positions anti-immigration.

Question 33. Réponse D

Des journalistes qui travaillent au journal *l'Équipe* souhaitaient créer une coupe d'Europe interclubs. En 1955, la première Coupe d'Europe des clubs champions fait son apparition. La Ligue des champions de l'UEFA (UEFA Champions League) est une compétition annuelle de football organisée par l'Union des associations européennes de football (UEFA).

Question 34. Réponse B

La France occupe une place singulière dans le monde. En effet, elle dispose de l'arme nucléaire et d'un siège de membre permanent au Conseil de sécurité de l'ONU, désormais seul État membre de l'Union européenne (UE) dans ce cas. Sa langue, grâce à la démographie africaine galopante, est en passe de devenir la troisième la plus parlée au monde. Son réseau diplomatique demeure le troisième au monde derrière les États-Unis et la Chine, et il tient à conserver sa vocation universelle. En outre, l'armée française est la seule en Europe à avoir de réelles capacités de projection.

Question 35. Réponse B

Conseillère culture du maire de Paris, Bertrand Delanoë, entre 2012 et 2014, elle est ensuite nommée attachée culturelle à New York. En novembre 2019, elle devient conseillère culture et communication du président Emmanuel Macron. Elle est nommée ministre de la Culture le 20 mai 2022, dans le gouvernement Élisabeth Borne.

Question 36. Réponse B

Louis Pasteur a montré notamment que chauffer le vin ou la bière dénature les ferments problématiques et permet de le conserver intact en bouteille. Chauffé entre 55 °C et 60 °C, cette température permet d'éviter l'altération et de garder le bouquet d'arômes. Une méthode à laquelle il a donné son nom, la pasteurisation.

Question 37. Réponse C

Nikola Tesla est né le 10 juillet 1856 à Smiljan dans l'Empire d'Autriche et est mort le 7 janvier 1943 à New York. Il est un inventeur et ingénieur américain d'origine serbe. Il est connu pour son rôle prépondérant dans le développement et l'adoption du courant alternatif pour le transport et la distribution de l'électricité.

Question 38. Réponse A

La Zone Économique Exclusive (ZEE) est une bande de mer ou d'océan limitée par la ligne des 200 milles marins internationaux (370 km) à partir de la ligne de base en l'absence d'autre rivage sur laquelle un État riverain (parfois plusieurs États dans le cas d'accords de gestion partagée) dispose de l'exclusivité d'exploitation des ressources, selon la Convention de Montego Bay (10 décembre 1982).

Question 39. Réponse D

Everything Everywhere All at Once, le film le plus nommé des 95e Oscars a, comme attendu, triomphé. Avec sept statuettes remportées pour onze nominations (meilleur film, réalisateur, actrice, actrice et acteur dans un second rôle, scénario original et montage), cet ovni de la société indépendante de production et de distribution A24 aura donc audacieusement brillé toute sa carrière, du box-office jusqu'au tapis rouge de la plus importante cérémonie américaine.

Question 40. Réponse A

Le 23 mars 2023, le Conseil européen a réaffirmé que l'Union européenne continuera de fournir tout le soutien voulu à la République de Moldavie en vue de renforcer la résilience, la sécurité, la stabilité et l'économie du pays et de l'aider sur la voie de l'adhésion à l'UE.

III. FRANÇAIS

I. PRÉSENTATION DE L'ÉPREUVE

40 QCM – 20 minutes maximum

Cette épreuve a pour objectif d'évaluer votre maîtrise de la langue française à travers vos connaissances en grammaire, syntaxe, vocabulaire, orthographe et compréhension de texte.

En d'autres termes, cette épreuve évalue les capacités d'expression du candidat par la maîtrise écrite du français.

On ne le dira jamais assez : il faut lire, lire et lire ! Et s'entraîner autant que faire se peut à des exercices de français, disponibles sur le site Projet Voltaire, ou encore les annales du concours IAE en partie Expression écrite et les annales du concours Tage 2 dans la partie Lexiphrase et Paratexte.

Il faut également profiter de chaque exercice pour revoir les règles de la langue française si importantes et pourtant si peu respectées à notre époque. La syntaxe et l'orthographe sont une vitrine : mail, lettre de motivation, rapport de stage, compte rendu de réunion, contenu d'un site internet… Les intelligences artificielles et les correcteurs orthographiques ne remplacent pas – pour le moment – l'œil expert et avisé de l'être humain !

II. MEMENTO DE LANGUE FRANÇAISE ET APPLICATIONS CLÉS

1. Grammaire et orthographe : 20 règles essentielles

1. Aussi

- S'emploie dans les comparatifs d'égalité de l'adjectif ou de l'adverbe.
  Il est aussi élégant que toi. Il conduit aussi vite qu'elle.

- Au sens de « également », **aussi** s'emploie dans des phrases affirmatives. Dans les phrases négatives, on emploie **non plus.**
  Tu l'as vu ? Moi aussi. / Tu ne l'as pas vu ? Moi non plus.

- Quand il indique un très haut degré, **aussi** entraîne le subjonctif avec inversion du sujet. *Aussi petit soit-il…* Sans inversion du sujet, on emploie **aussi… que.** *Aussi petit qu'il soit…*

- Comme conjonction, au sens de « c'est pourquoi », **aussi** entraîne l'inversion du sujet en langue soutenue.
  J'ai oublié mon téléphone chez moi, aussi n'ai-je pas pu travailler aujourd'hui.

2. Demi

- Le préfixe **demi-,** toujours suivi d'un trait d'union, est invariable : *un demi-hectare, une demi-heure, trois demi-hectares, trois demi-journées.*

- Les mots composés avec **demi-** prennent la marque du pluriel sur le second élément : *des demi-livres, des demi-cercles, des demi-mètres, des demi-douzaines, des demi-finales, des demi-frères, des demi-maux, des demi-mesures, des demi-pensions, des demi-teintes, des demi-tours.*

- **Et demi, et demie** indiquent que l'on ajoute la moitié d'une unité. L'accord se fait en genre (masculin et féminin), mais l'expression reste au singulier : *trois mètres et demi, deux bouteilles et demie* (= deux bouteilles plus la moitié d'une bouteille). On écrit *midi et demi, minuit et demi.*

- **A demi** est invariable. L'expression s'emploie sans trait d'union devant un adjectif ou un participe : *des coupes à demi pleines, à demi remplies* ; et avec un trait d'union devant un nom : *parler à demi-mot, une entrée à demi-tarif.*

3. Les noms des jours

- **Les noms des jours** s'écrivent sans majuscule.
  Venise, mercredi 8 mars.

- Ils prennent la marque du pluriel. *Tous les lundis.* Mais on écrit *les mardi et samedi de la semaine* (= il n'y a qu'un mardi et qu'un samedi dans la semaine).

- Les mots **matin, midi, après-midi, soir** restent invariables.
  Tous les dimanches matin (= au matin).

4. Leur / Leurs V

- *Je leur indique. Indique-leur.*

> **Astuce :** Remplacer « leur » par « lui ». Si cela fait sens, alors c'est bien « leur » et non « leurs ».

- *Ce sont leur voiture.* Chacun n'a qu'une voiture donc on écrit « leur ».

- *Ce sont leurs enfants* signifie qu'ils en ont plusieurs.

5. Accord du verbe avec un nombre décimal

Avec un nombre décimal inférieur à deux, le verbe s'accorde obligatoirement au singulier :

- 1,65 million d'euros **sera économisé** grâce à cette mesure.

Notez que le nom auquel se rapporte le nombre décimal se met lui aussi au singulier :

- Il a acheté sa maison 1,2 **million** d'euros.

6. Sans

- *Il est venu sans son fils. Il est arrivé sans. Ils s'en vont sans rien dire.*

- **Sans que** est suivi du subjonctif.
  Il est venu sans qu'on l'entende, sans que rien le trahisse…

(On n'écrit donc jamais « Il est venu sans qu'on ne l'entende… ».)

- Les noms composés avec **sans** prennent un trait d'union et sont invariables : *un/des sans-abri, un/des sans-cœur, un/des sans-le-sou, un/des sans-grade, un/des sans-papiers.*

[Singulier ou pluriel après *sans* ?]

Lorsque *sans* introduit un complément du nom sans déterminant, il faut faire appel à la logique et au bon sens pour savoir si le nom est au singulier ou au pluriel.
Un chemisier sans col et sans manches.

Dans bien des cas, on a le choix.
Un ciel sans nuage (= il n'y a pas un seul nuage dans le ciel).
Un ciel sans nuages (= s'il y en avait, il y en aurait plusieurs).

[Locutions figées]

Il faut retenir certaines locutions figées dans lesquelles le nom précédé de *sans* est toujours au singulier.

sans arrêt	sans crainte	sans exception	sans suite
sans cesse	sans délai	sans fin	
sans conteste	sans encombre	sans pareil	

Lorsque *sans faute* (« absolument »), *sans façon* (« simplement ») et *sans doute* (« peut-être ») sont employés comme adverbes, ils s'écrivent toujours au singulier.

Elle fera ses devoirs ce dimanche sans faute et pourra sans doute t'aider à faire les tiens.

7. Quand plusieurs noms commandent l'accord

- Si les noms sont tous au masculin, l'accord se fait au masculin pluriel.
  Emmanuel, Philippe et Paul sont souriants. Il a un pardessus et un pull neufs.
- Si les noms sont tous au féminin, l'accord se fait au féminin pluriel.
  Salima, Marie et Antoinette sont souriantes.
- Si les noms sont au masculin et au féminin, l'accord se fait au masculin pluriel.
  Salima, Marie et Emmanuel sont souriants.
- Si les noms sont synonymes, l'accord se fait avec le dernier.
  Donnez-moi un indice, une piste sérieuse.
- Si les noms sont repris par un mot qui résume, l'accord se fait avec celui-ci.
  Les murs, le mobilier, la décoration, tout était rénové… / La maison entière était rénovée.

8. Inversion du sujet

Il y a **inversion du sujet** quand le sujet est placé après le verbe alors que l'ordre habituel est sujet-verbe.
Elle parlera. – Parlera-t-elle ?

- Dans les tournures poétiques.
  Vienne l'automne, souffle le vent.

- Dans des formes de la phrase interrogative.
  Comment vas-tu ? Est-ce vous ?

- Dans l'incise.
  « Il te parle.
  – J'ai entendu », rétorqua Philippe.

- Après certains adverbes ou locutions adverbiales.
  Encore faut-il que… Toujours est-il que… Tout au plus ai-je… A peine avait-elle ouvert les yeux que…

- Dans les subordonnées relatives.
  Ce sont des conditions que connaissaient déjà nos aïeux.

[Trait d'union et liaison dans l'inversion du sujet]

- Lorsqu'il y a inversion du sujet, le pronom sujet est lié au verbe par un trait d'union.
  Viens-tu ?

- Si le verbe se termine par *-e* ou *-a,* on ajoute un *-t* pour permettre la liaison.
  Aime-t-il le caramel ?
  A-t-on besoin de tout ceci ?

- Si le verbe se termine par *-d* ou *-t,* on fait la liaison en prononçant [t].
  Perd-il son temps ?
  Aiment-ils le caramel ?

9. Quelque ou quel que ?

Il ne faut pas confondre **quelque,** déterminant indéfini, qui ne varie pas en genre, et **quel(le)… que,** déterminant interrogatif, qui précède un verbe au subjonctif.

- Déterminant indéfini
  Quelque décision que tu prennes, je ne cèderai pas.
  Quelque choix que tu fasses, je ne cèderai pas.

- Déterminant interrogatif
  Quelle que soit ta décision, je ne cèderai pas.
  Quel que soit ton choix, je ne cèderai pas.
  Quelles que soient mes envies, tu dois les combler.

10. Accord des adjectifs de couleur

- Seuls s'accordent les adjectifs de couleur constitués d'un seul mot s'ils ne sont pas dérivés d'un nom (comme par exemple : beige, bleu, vert, etc.).
- Les adjectifs de couleur dérivés de noms employés comme adjectifs (comme par exemple : bistre, brique, carmin, crème, garance, grenat, indigo, marron, nacre, noisette, orange, pastel, pervenche, sépia, turquoise, vermillon, etc.) ne s'accordent jamais, sauf dans le cas de quelques exceptions qu'il faut connaître (comme par exemple : châtain, écarlate, rose, vermeille, violet, fauve).
  Notez : « pourpre », « mauve », « rose », « écarlate », « fauve », « incarnat » devenus de véritables adjectifs varient s'ils sont employés seuls (*Il avait les joues écarlates*).
- La couleur châtain est une double exception, car cette couleur peut prendre la marque du pluriel, mais peut aussi ne pas systématiquement prendre la marque du féminin (une chevelure châtain).
- Les adjectifs de couleur dérivés de langues étrangères (comme par exemple : auburn, kaki, etc.) sont invariables.
- Les adjectifs de couleur constitués de plusieurs mots (comme par exemple : bleu-vert, bleu clair, gorge-de-pigeon, etc.) ne s'accordent jamais, sauf éventuellement dans le cas d'une exception : les adjectifs de couleur unis par la conjonction de coordination « et » restent invariables lorsqu'il s'agit d'une seule et même indication (par exemple : des oiseaux vert et bleu), mais s'accordent lorsqu'il s'agit de deux indications distinctes (par exemple : des plumes vertes et bleues, autrement dit des plumes vertes et des plumes bleues).

11. Adverbes

- **Les adjectifs employés comme adverbes**

Certains adjectifs s'emploient au masculin singulier comme des adverbes. Ils sont alors invariables.
Ces stylos sont chers (adjectif). / *Ces stylos coûtent cher* (adverbe invariable).

- **La formation des adverbes en *-ment, -amment, -emment***

Les adverbes en *-ment, -amment, -emment* se forment à partir de l'adjectif.

L'adverbe en *-ment* se forme le plus souvent à partir du féminin de l'adjectif.

Fier	Fière	Fièrement
Vif	Vive	Vivement
Grand	Grande	Grandement
Doux	Douce	Doucement
Lent	Lente	Lentement
Fou	Folle	Follement

[Remarques]

- Si l'adjectif masculin se termine déjà par *-e,* on ajoute *-ment* : *logique/logiquement, propre/proprement*. Mais le -e peut prendre l'accent aigu : *aveugle/aveuglément*, *intense/intensément*.
- Si l'adjectif masculin se termine par *-é*, *-i* ou *-u*, on ajoute *-ment* : *aisé/aisément*, *poli/poliment*, *vrai/vraiment* (mais *gai/gaiement*), *absolu/absolument* (mais *assidu/assidûment*, *cru/crûment*).
- L'adverbe en *-amment* ou en *-emment* (toujours prononcé [a]) se forme à partir du masculin de l'adjectif en *-ant* ou en *-ent.*

Bruyant	Bruyamment	Différent	Différemment
Brillant	Brillamment	Prudent	Prudemment
Courant	Couramment	Violent	Violemment

12. Conjonctions

Une conjonction est un mot invariable qui sert à « joindre » deux mots, deux groupes ou deux propositions.

- **Les conjonctions de coordination *mais, ou, et, donc, or, ni, car***

Elles relient deux mots, deux groupes de mots ou deux propositions qui ont la même fonction dans la phrase.
Robert aime le thé et le café. (« et » relie deux noms COD.)
Robert et moi sommes de la partie. (« et » relie un nom et un pronom sujets.)
Robert parle et Jean écoute. (« et » relie deux propositions.)

> N'écrivez pas « mais donc », « et donc », « or donc », etc. Il n'est en effet pas possible d'écrire deux conjonctions de coordination l'une à la suite de l'autre.

A retenir : lorsque vous travaillerez sur des questions de reformulation, vous devrez choisir des phrases qui conservent le meilleur style. Aussi devez-vous savoir qu'il n'est pas bienvenu (bien que cela soit toléré) de débuter un phrase avec une conjonction de coordination.

- **Les conjonctions de subordination**

Elles relient une proposition subordonnée à une autre proposition dont elle dépend.

Les principales conjonctions de subordination sont : *que, quand, parce que, puisque, si, comme,* etc.

13. Accord du participe passé employé avec l'auxiliaire *avoir*

Le participe passé conjugué avec l'auxiliaire *avoir* ne s'accorde jamais avec le sujet. Il s'accorde avec le complément d'objet direct (COD) quand celui-ci est placé devant le verbe. Sinon, il reste invariable.

Sans accord	Avec accord
Ils ont couru.	Quelles belles fleurs tu as dessinées !
Ils nous ont menti.	Ces fleurs, je les ai dessinées pour toi.
	Cette lettre, je l'ai rédigée.
	Les fleurs que j'ai dessinées pour toi sont belles.
	Tu nous as vus ? (= des garçons ou des garçons et des filles)
	Tu nous as vues ? (= des filles)

Le pronom transmet le genre (masculin ou féminin) et le nombre (singulier ou pluriel) de ce qu'il représente.

[Cas particuliers]

- Avec le pronom *en,* le participe passé est le plus souvent invariable.
  As-tu cueilli des cerises ? – Oui, j'en ai cueilli. (= de cela).
  Des romans comme ça, je n'en ai jamais lu !
  Mais il peut s'accorder si c'est l'idée de pluriel qui prédomine.
  Tant de disques ! Combien en as-tu achetés ?

- Avec le pronom *l',* le participe est invariable si le pronom représente une phrase.
  Elle est plus craintive que je l'avais imaginé.

- Suivi d'un infinitif, le participe passé s'accorde logiquement avec son complément d'objet direct, mais pas avec celui de l'infinitif.
  Marie, je l'ai vue danser. (= J'ai vu Marie qui dansait.)

14. Accord du participe passé des verbes pronominaux

Le participe passé des verbes pronominaux s'accorde avec le sujet (comme normalement avec l'auxiliaire *être*) sauf si le pronom réfléchi est complément d'objet indirect (COI). Dans ce cas, il suit les règles d'accord du participe conjugué avec l'auxiliaire *avoir* : il reste invariable ou il s'accorde avec le COD placé avant.

- **Accord avec le sujet (comme avec l'auxiliaire *être*)**

Le pronom réfléchi ne représente rien.
Elles se sont perdues.
Ils se sont emparés du pays.
Elle s'est aperçue de sa méprise.
Ses livres se sont bien vendus.

Le pronom réfléchi est COD. Il représente le sujet.
Elle s'est vue dans la glace. (= elle-même)
Ils se sont aimés. (= l'un l'autre)
Il s'agit de verbes transitifs directs (avec COD) employés à la forme pronominale : *observer, aimer, habiller, laver,* etc.

- **Participe toujours invariable (comme avec l'auxiliaire *avoir*)**

Il n'y a pas de COD et le pronom réfléchi est COI.
Ils se sont parlé. (= l'un à l'autre)
Les employés qui se sont succédé. (= l'un a succédé à l'autre qui a succédé à l'autre, etc.)
Il s'agit de verbes transitifs indirects employés à la forme pronominale : *parler, mentir, nuire, plaire, succéder à quelqu'un,* etc.

Il y a un COD placé après le verbe.
Elles se sont offert des fleurs.
COI COD

Ils se sont écrit des lettres.
Elle s'est permis de partir en avance.
Elle s'est lavé les mains.
Il s'agit de verbes transitifs à deux compléments, l'un direct, l'autre indirect, employés à la forme pronominale : *donner, offrir, dire, écrire, demander quelque chose à quelqu'un,* etc., ou de constructions analogues : *se casser une jambe, se laver les mains.* Le complément d'objet direct suit le verbe, donc il n'y a pas d'accord.

- **Accord avec le COD placé avant le verbe (comme avec l'auxiliaire *avoir*)**

Quelles fleurs elles se sont offertes !
COD verbe

Les lettres qu'ils se sont écrites.
Les privilèges qu'elles se sont arrogés.
Quelle jambe s'est-elle cassée ?
Il s'agit le plus souvent de verbes transitifs à deux compléments employés à la forme pronominale : *donner, offrir, dire, écrire, demander, acheter quelque chose à quelqu'un,* ou de constructions analogues : *la jambe qu'il s'est cassée.* Le complément d'objet direct est placé avant le verbe, donc le participe passé s'accorde.

> Il ne faut pas confondre : *elle s'est lavée* (= elle-même ; *s'est* COD) et *elle s'est lavé les mains* (= les mains à elle, *s'est* COI).
>
> **Remarque :** le participe passé des locutions verbales est variable ou invariable selon les cas. Seul le recours au dictionnaire permet de lever la difficulté.
> *Elle s'est rendu compte de son oubli* (= invariable).
> *Elle s'est rendue maître des événements* (= variable).

15. Participe présent

Le participe présent d'un verbe est toujours terminé par *-ant,* quelle que soit la conjugaison de ce verbe.
1er groupe *chantant*
2e groupe *finissant*
3e groupe *cueillant, concluant, mourant, vivant,* etc.

Le participe présent peut s'employer seul.
Nous recherchons un collaborateur parlant le russe.

Ou après la préposition *en,* on parle alors du **gérondif.**
Ils sont partis en riant.

- **Participe présent et adjectif verbal**

On appelle **adjectif verbal** l'adjectif formé à partir du participe présent.
Le participe présent est toujours invariable, l'adjectif verbal est variable ; il s'accorde en genre (masculin ou féminin) et en nombre (singulier ou pluriel) avec le nom auquel il se rapporte.

Participe présent
Vivant à l'étranger, elle n'était pas au courant de la nouvelle.

Adjectif verbal
C'était une jeune femme très vivante.

- **Participe présent invariable ou adjectif verbal variable ?**

Le gérondif, participe présent précédé de *en,* est toujours invariable.
Elle est partie en riant et en chantant.

La forme en *-ant* est un participe présent invariable :
– s'il y a un sujet (exprimé ou non) ou un complément (on peut remplacer le participe présent par une forme conjuguée)
Les élèves obéissant à leurs maîtres attendaient sagement (= les élèves qui obéissent à leurs maîtres…).
– si l'on peut l'encadrer avec la négation *ne… pas*
Ne croyant pas pouvoir arriver à l'heure, elle a préféré décommander.

La forme en *-ant* est un adjectif verbal variable :
– si l'on peut l'employer comme attribut (après le verbe *être*)
Ces élèves sont obéissants.
– si l'on peut lui substituer un autre adjectif
Une jeune fille croyante (= dévote).
– si l'on peut l'employer avec des adverbes comme *très*
C'est une chanson très apaisante.

> Quelquefois, adjectif verbal et participe présent n'ont pas la même orthographe tout en ayant la même prononciation.

Verbes en *-ger, -guer, -quer* :

Verbe	Participe présent	Adjectif verbal
Diverger	divergeant	divergent
Négliger	négligeant	négligent
Fatiguer	fatiguant	fatigant
Naviguer	naviguant	navigant
Communiquer	communiquant	communicant
Suffoquer	suffoquant	suffocant

Autres verbes :

Verbe	Participe présent	Adjectif verbal
Adhérer	adhérant	adhérent
Equivaloir	équivalant	équivalent
Influer	influant	influent
Résider	résidant	résident

> Vous retiendrez que pour le verbe trafiquer, le participe présent (en trafiquant) s'écrit de la même façon que l'adectif verbal (un trafiquant de drogue).

16. Le subjonctif

Le subjonctif permet d'exprimer :

- Un souhait
  Je désire que tu viennes. *J'aimerais que tu viennes.*
  Vive le roi ! (= que le roi vive) *Puisses-tu dire vrai !*

- L'obligation ou l'ordre
  Il faut que tu lui répondes. *Qu'il y aille !*

Dans cet emploi, le subjonctif à la 3e personne remplace l'impératif.

D'une manière plus générale, le subjonctif indique le doute, le virtuel, le possible, alors que l'indicatif indique ce qui est réel, sûr, effectif.
C'est ainsi que l'on dira :
– à l'indicatif : *Je suis certain qu'il changera d'avis.*
– au subjonctif : *Je ne suis pas certain qu'il change d'avis.*

> **Remarque :** le subjonctif s'emploie aussi obligatoirement après des conjonctions de subordination telles que *pour que, avant que, bien que,* etc.

17. Des terminaisons inattendues

- **Des noms masculins qui se terminent par un -e**

Des noms masculins terminés par **-ée :** *un athée, un caducée, un camée, un apogée, un hyménée, un lycée, un mausolée, un musée, un pygmée, un scarabée, un trophée…*
Des noms masculins terminés par **-ie :** *un amphibie, un génie, un incendie, un parapluie, un sosie, le foie…*
Des noms masculins terminés par **-oire :** *un accessoire, un auditoire, un conservatoire, un interrogatoire, l'ivoire, un laboratoire, un observatoire, un pourboire, un réfectoire, un territoire…*
Des noms masculins terminés par **-eure :** *le beurre, un leurre.*
Un nom masculin terminé par **-ette :** *un squelette.*

- **Des adjectifs au masculin qui se terminent par un -e**

Les adjectifs au masculin terminés par le son **[il]** s'écrivent **-ile :** *habile, débile, futile, sénile, immobile…*
Exceptions : *civil, puéril, subtil, vil, volatil, tranquille.*

- **Des terminaisons inattendues pour des mots au singulier**

Certains noms au singulier se terminent par **-s** : *un croquis, le cambouis, une fois, un héros, un legs, un poids, un puits, un compromis, un remords, un relais, un tiers, un concours, un discours, un parcours, un recours, le velours…*

Certains noms au singulier se terminent par **-x** : *une croix, un crucifix, une faux, le flux, une noix, la paix, une perdrix, le prix, la toux, la voix…*

Tous les adjectifs masculins terminés par le son **[eü]** s'écrivent **-eux,** même au singulier : *ambitieux, mystérieux, précieux, respectueux, chanceux, honteux…*
Exceptions : *un bleu de travail / des bleus de travail ; un pneu de moto / des pneus de moto.*

- **Des terminaisons inattendues pour des mots féminins**

Les noms féminins terminés par le son **[tje]** s'écrivent **-tié.** Ils ne prennent jamais de -*e* final : *la pitié, l'amitié, la moitié, la piété…*

Quatre noms féminins terminés par le son **[y]** s'écrivent **-u,** sans -*e* final : *la bru, la glu, la tribu, la vertu.*

Les noms féminins terminés par le son **[te]** s'écrivent **-té,** sans -*e* final : *la beauté, la cité, la gaieté, la fierté, l'humanité, la quantité, la propriété, la satiété…*

Exceptions : *la butée, la dictée, la jetée, la montée, la nuitée, la pâtée, la portée, la tétée* ; les noms qui expriment un contenu : *une assiettée, une platée, une potée…*

- **Les noms feminins sans -*e***

Les noms de cette liste sont féminins. Ils se terminent par un « son » voyelle, mais s'écrivent sans -*e* final, contrairement à la majorité des noms féminins.

la brebis	la glu	la paroi	la tribu
la bru	la loi	la perdrix	la vertu
la clé	la nuit	la souris	
la foi	la paix	la toux	

18. Masculin, féminin, épicène

Dit-on *un* ou *une astérisque ?* Voici une liste de noms sur lesquels les erreurs sont les plus nombreuses.

- **Masculin :** acolyte, amalgame, arcane, aromate, astérisque, cerne, épilogue, interstice, intervalle, obélisque.
- **Féminin :** acné, agora, anagramme, arrhes, épithète, équivoque, obsèques, orbite, pléthore, réglisse.

- **Epicènes :** se dit d'un mot dont la forme ne change pas avec le genre qu'il désigne. Du grec *epikoinos*, « possédé en commun ».

Exemples : *cartouche* (une cartouche = une cartouche d'encre ou de cigarettes / un cartouche = un symbole hiéroglyphique ou encore un ornement de pierre taillée portant une inscription gravée), *critique, garde, greffe, livre, manche, mémoire, mode, moule, mousse, page, pendule, platine, poste, somme, tour, vase, voile.*

Il existe également quelques **prénoms épicènes** comme : *Claude, Maxime, Camille* et *Dominique.*

19. L'écriture des adjectifs numéraux cardinaux et ordinaux

- **Les adjectifs numéraux cardinaux**

On met normalement un trait d'union dans les composés inférieurs à cent sauf s'ils sont coordonnés par *et* : *vingt-deux* mais *vingt et un.*

Les adjectifs numéraux cardinaux sont invariables sauf *un, cent* et *vingt.*

- *Un* s'accorde en genre (masculin ou féminin). *J'ai lu trente et un paragraphes. J'ai lu trente et une pages.*
- *Cent* prend un -*s* quand il est multiplié : *deux cents livres,* sauf quand il est suivi d'un autre numéral : *deux cent trois livres,* ou quand il est employé comme ordinal : *page deux cent* (= la deux centième page).
- *Vingt* ne prend un -*s* que dans le nombre *quatre-vingts* : *il a quatre-vingts euros,* sauf quand il est suivi d'un autre numéral : *il a quatre-vingt-cinq ans* ou quand il est employé comme ordinal : *ouvrez vos manuels page quatre-vingt* (= la quatre-vingtième page).

Mille est toujours invariable : *cinq mille hommes.*

> *Million* et *milliard* ne sont pas des adjectifs mais des noms. Ils prennent donc la marque du pluriel : *six milliards et cinq cents millions de personnes.*

- **Les adjectifs numéraux ordinaux**

Ces adjectifs indiquent le rang, l'ordre. Ils sont formés d'un numéral cardinal auquel on ajoute la terminaison *-ième* : *deuxième, cinquième, trente et unième.*

Les adjectifs numéraux ordinaux s'accordent en nombre.
Ils sont huitièmes ex-æquo.

Les adjectifs *premier* et *second* s'accordent aussi en genre.
C'est le premier, c'est la première. Ils sont premiers, elles sont premières.

> Lorsque deux adjectifs numéraux se rapportent au même nom au pluriel, ils restent au singulier : *les dix-septième* et *dix-neuvième siècles.*

20. Pluriels particuliers

- La plupart des noms qui ont une terminaison en *-ail* ont un pluriel régulier en *-s.* Ils s'écrivent donc *-ails* au pluriel : *un portail/des portails, un caravansérail/des caravansérails.*

Cas particuliers

Certains noms font leur pluriel en *-aux.* Parmi les plus courants, on trouve :

un bail – des baux	un travail – des travaux
un corail – des coraux	un vantail – des vantaux
un émail – des émaux	un vitrail – des vitraux
un soupirail – des soupiraux	

- Seuls sept noms en *-ou* font leur pluriel en *-x.* Il faut les connaître.

des bijoux	des genoux
des choux	des joujoux
des hiboux	des poux
des cailloux	

2. Vocabulaire et style

1. Vocabulaire difficile

Au SCORE IAE MESSAGE, nombreuses sont les questions portant sur du vocabulaire. Il est évident que vous ne pourrez espérer connaître tous les mots du dictionnaire par cœur mais je vous livre quand même ici une liste de mots difficiles que l'on retrouve souvent dans des épreuves de QCM des concours commerciaux ou administratifs. Je vous conseille d'y jeter un œil attentif.

Nota bene : naturellement, dès que vous rencontrerez désormais un mot dont vous ignorez la définition, vous devrez absolument chercher sa définition et la noter dans un carnet que vous aurez à coeur de réviser quelques jours avant l'épreuve.

Mots	Définitions
Abhorrer	Eprouver de l'aversion pour quelque chose ou quelqu'un ; détester, exécrer
Abject	Qui inspire le dégoût, le mépris, par sa bassesse, sa dégradation morale ; ignoble
Annihiler	Anéantir un ensemble abstrait, le détruire, le ruiner complètement
Bougon	Qui a l'habitude de bougonner, de maugréer
Carcéral	Relatif aux prisons : le monde carcéral
Cataclysme	Désastre, bouleversement complet dans la situation d'un Etat, d'un groupe, d'une personne ; catastrophe
Chimère	Animal fabuleux ayant la tête et le poitrail d'un lion, le ventre d'une chèvre et la queue d'un serpent / Projet séduisant, mais irréalisable ; idée vaine qui n'est que le produit de l'imagination ; illusion : poursuivre des chimères
Colloque	Entretien entre deux ou plusieurs personnes / Réunion visant à l'étude d'une question scientifique ou à la discussion de problèmes diplomatiques, économiques, politiques, etc. ; congrès
Commensal	Personne qui mange (habituellement) à la même table qu'une autre ; hôte / Animal qui pratique le commensalisme. (Exemple le pluvian avec le crocodile, le pique-bœuf avec les bovins)
Courroux	Vive colère, emportement
Dextérité	Adresse de la main dans l'exécution de quelque chose, adresse d'esprit, ingéniosité dans l'accomplissement d'une action ; habileté
Diatribe	Critique amère et violente ; pamphlet
Egide	Couche égide, couche d'un faisceau qui est exploitée la première, pour assurer une détente des terrains et éventuellement faciliter leur dégazage
Emoluments	Traitement, salaire attaché à un emploi ; rétribution des actes effectués par un officier ministériel (notaire, huissier) ou un avocat, tarifés par l'autorité publique.

Mots	Définitions
Emphase	Exagération pompeuse dans le ton, le geste, dans les termes employés ; enflure, grandiloquence : parler avec emphase / Mise en relief d'un des constituants de la phrase par l'intonation ou par l'ordre des mots
Episode	Partie d'une œuvre s'intégrant à un ensemble mais ayant ses caractéristiques propres / Evénement qui fait partie d'une action plus générale et qui se distingue par tel ou tel caractère ; circonstance, péripétie
Equinoxe	Epoque de l'année (20 ou 21 mars, 22 ou 23 septembre) où le Soleil, dans son mouvement propre apparent sur l'écliptique, traverse l'équateur céleste et qui correspond à l'égalité de durée du jour et de la nuit
Esclandre	Manifestation bruyante faite en public contre quelqu'un ou quelque chose ; scandale
Euphémisme	Atténuation dans l'expression de certaines idées ou de certains faits dont la crudité aurait quelque chose de brutal ou de déplaisant
Exsangue	Qui a perdu beaucoup de sang / Qui est d'une grande pâleur, livide
Fallacieux	Qui cherche à tromper, à nuire ; perfide
Gallicisme	Idiotisme propre à la langue française (Ce sont des expressions comme se mettre en quatre, être sur les dents ou des constructions comme il y a, c'est lui qui, etc.) / Construction ou forme particulière à la langue française introduite abusivement dans une autre langue
Geôle	Cachot, prison
Gouailleur	Qui gouaille, dénote un esprit railleur ; narquois
Harangue	Littéraire : discours solennel prononcé devant une assemblée, une personnalité importante, des troupes, etc. / Familier : discours quelconque, ou discours pompeux, ennuyeux ou moralisateur
Hécatombe	Massacre, destruction d'un grand nombre de personnes ou d'animaux : les hécatombes des deux guerres mondiales / Grand nombre de personnes atteintes ou éliminées par quelque chose : l'hécatombe annuelle des blessés de la route
Héraldique	Discipline ayant pour objet la connaissance et l'étude des armoiries
Impécunieux	Qui a peu d'argent
Incriminer	Mettre quelqu'un, quelque chose en cause, les dénoncer comme responsable d'une action ou d'une situation blâmable ou dommageable
Indigène	Originaire du pays où il vit
Inextinguible	Qu'il est impossible d'éteindre. Qu'on ne peut apaiser, arrêter
Infléchir	Incliner quelque chose, le plier de façon à produire une courbe / Influer sur l'évolution de quelque chose en en modifiant le cours

Mots	Définitions
Insulaire	Relatif aux îles
Intempestif	Qui est fait à contretemps, se produit mal à propos ou apparaît comme inconvenant
Irascible	Qui est prompt à s'irriter
Irrévérencieux	Qui manque de respect
Lilliputien	Personne très petite
Malthusien	Relatif à la doctrine de Malthus ; partisan de cette doctrine
Matrimonial	Relatif au mariage
Moiteur	Etat de quelque chose qui est moite, humide
Morbide	Qui relève de la maladie, la caractérise ou en résulte : état morbide / Qui a un caractère malsain, anormal : curiosité morbide. Une littérature morbide
Morigéner	Réprimander quelqu'un en lui faisant une leçon de morale ; sermonner
Népotisme	Abus de quelqu'un qui use de son autorité pour procurer des avantages à sa famille
Obséquieux	Qui manifeste, qui marque un excès de respect, d'égards
Onirique	Relatif au rêve
Onomatopée	Processus permettant la création de mots dont le signifiant est étroitement lié à la perception acoustique des sons émis par des êtres animés ou des objets
Ostracisme	Action de tenir quelqu'un qui ne plaît pas à l'écart d'un groupe, d'une société, d'une manière discriminatoire et injuste
Paupérisme	Phénomène social caractérisé par un état de pauvreté endémique d'une partie de la population
Pédant	Personne qui fait étalage d'une science souvent superficielle ; cuistre
Pittoresque	Qui, par sa disposition originale, son aspect séduisant, est digne d'être peint / Qui a du relief, de la couleur, qui fait image
Plagiat	Acte de quelqu'un qui, dans le domaine artistique ou littéraire, donne pour sien ce qu'il a pris à l'œuvre d'un autre
Posthume	Qui ne se produit qu'après la mort de la personne intéressée
Quolibet	Raillerie, moquerie
Rasséréner	Rendre sa sérénité, son calme
Rebut	Ce qu'il y a de plus mauvais dans quelque chose et qui est laissé de côté / Ce qu'il y a de plus vil, de plus méprisable dans un groupe
Sarcasme	Action de railler avec méchanceté

Mots	Définitions
Sévices	Mauvais traitements exercés sur quelqu'un qu'on a sous son autorité ou sous sa responsabilité
Solécisme	Construction qui n'est pas conforme aux règles de la syntaxe d'une langue à une époque donnée ou qui n'est pas acceptée dans une norme ou un usage jugé correct
Subterfuge	Moyen habile et détourné pour se tirer d'embarras
Succédané	Produit de remplacement
Surseoir	Différer une action, une décision
Tergiverser	User de détours, de faux-fuyants, pour éviter de dire nettement quelque chose, pour retarder une décision
Torpeur	Etat de quelqu'un chez qui l'activité psychique et physique, la sensibilité sont réduites
Tribulations	Suite d'aventures plus ou moins désagréables, de revers, d'obstacles surmontés
Usurper	S'approprier indûment une dignité, un bien
Velléitaire	Qui est incapable de s'en tenir à une décision prise

2. Mots de sens proche et paronymes

Le jour de l'épreuve, on vous demandera dans certaines questions de choisir entre *officiel* et *officieux*, entre *cohérence* et *cohésion* ou encore entre *transparent* et *translucide*. Tout dépendra du contexte bien sûr mais sachez d'ores et déjà que ces questions sont réputées pour vous tendre quelques pièges auxquels vous pouvez pourtant échapper si vous vous donnez la peine de vous attarder sur la liste qui suit !

Analogue
Qui présente quelques similarités, qui est semblable.

Identique
Qui est en tous points pareil à autre chose.

Assurer
Certifier, garantir.

Promettre
S'engager envers quelqu'un, garantir, certifier (mais ne doit être employé que pour faire référence au futur).

Ceci
Se réfère à ce qui va être dit.

Cela
Se réfère à ce qui a été dit.

Cohérence
Union étroite d'idées qui s'accordent entre elles.

Cohésion
Attribut d'un ensemble dont les parties sont solidaires.

Colorer Donner de la couleur (nom dérivé : coloration)	**Colorier** Appliquer des couleurs sur une surface (nom dérivé : coloriage).
La découverte Elle consiste à faire connaître ce qui existe mais qui était occulté ou ignoré jusque-là.	**L'invention** Elle consiste à concevoir une technique ou un appareil qui n'existait pas jusque-là.
Dédicacer Signer l'exemplaire d'une œuvre dont on est l'auteur.	**Dédier** Mettre une œuvre sous le patronage de quelqu'un.
Affleurer Qui sort légèrement de la surface (de l'eau ou du sol).	**Effleurer** Le fait de toucher légèrement quelque chose.
Affliger Causer une grande douleur morale (mauvaise nouvelle). *La triste nouvelle nous a tous affligés.*	**Infliger** Faire subir quelque chose de pénible à quelqu'un. *Le tribunal a infligé une amende de 10 000 € à M. Martin.*
Une collision Un choc provoqué par deux choses qui se rencontrent. *Ce matin, un camion est entré en collision avec un train.*	**Une collusion** Entente entre un groupe de personnes pour faire du mal à quelqu'un.
Consommer Accorder, donner	**Consumer** Brûler
Dénudé Mis à nu, dépouillé *Elle est dénudée. Fermez les yeux !*	**Dénué** Qui manque de… *Les explications de Méline étaient totalement dénuées de sens.*
Une effraction Le fait de forcer une clôture, une serrure, une porte (casser). *Les voleurs sont entrés dans le magasin par effraction.*	**Une infraction** Le fait de ne pas respecter le règlement. *En roulant trop vite, Pierre a fait une infraction au code de la route.*
Un émigré Une personne qui quitte son pays.	**Un immigré** Une personne qui arrive dans un pays (un étranger).
Enduire Recouvrir une surface avec une autre matière.	**Induire** Avoir pour conséquence, entraîner.
Esquiver Eviter adroitement.	**Esquisser** Dessiner sans donner de détails.
Infecter Prolonger dans le temps.	**Infester** Envahir en grand nombre.

Subvenir
Donner à quelqu'un ce qui est vital.

Survenir
Arriver brusquement.

Coasser
Crier pour la grenouille.

Croasser
Crier pour le corbeau.

Une affectation
Un poste, une fonction, une destination.

Une affection
Attachement, tendresse.

L'excès
Ce qu'il y a en trop.

L'accès
L'entrée.

Désaffecté
Qui ne remplit plus le rôle qui lui était attribué.

Désinfecté
Au sens de retirer une infection.

Des bribes
Des petits morceaux.

Une bride
Pièce du harnais qui permet de diriger un cheval.
Expressions :
Lâcher la bride à quelqu'un : laisser plus de liberté.
Avoir la bride au cou : manquer de liberté.

Compréhensible
Qui peut être compris facilement (se dit d'une chose).

Compréhensif
Qui peut facilement comprendre (se dit d'une personne).
Mon père a été compréhensif sur le fait que je ne souhaitais pas venir avec lui.

Décerner
Accorder, donner.

Discerner
Apercevoir, se rendre compte.

Différencier
Faire la différence entre plusieurs choses.
Etre différent de…

Différer
Reporter à plus tard.

Elucider
Comprendre, clarifier.

Eluder
Eviter adroitement.
Eluder une question : ne pas répondre à une question adroitement.

Eminent
Grand, supérieur, remarquable, exceptionnel.

Imminent
Se dit de quelque chose qui va se produire bientôt.

Une éruption
Une apparition soudaine de quelque chose.

Une irruption
Une entrée brusque dans une pièce.

Evoquer
Parler de…

Invoquer
Appeler à l'aide (une divinité, un saint…).

Prolongation
Prolonger dans le temps.

Prolongement
Prolonger dans l'espace.

Conserver
Garder quelque chose en bon état.

Converser
Parler, discuter.

Une altitude
Une hauteur par rapport au niveau de la mer.

Une attitude
Une manière de se tenir, un comportement.

Affluence
Rassemblement d'un grand nombre de gens.

Influence
Action qu'une personne exerce sur une autre.

Une proposition
Action de proposer.

Une préposition
Mot invariable placé devant un complément.

Un accident
Gros évènement ayant des conséquences.

Un incident
Petit événement ayant peu de conséquence.

Une allocation
Une somme attribuée à quelqu'un.

Une allocution
Un discours.

Inculpé
Accusé, suspect.

Inculqué
Apprendre, enseigner.

Une illusion
Une apparence trompeuse, une erreur d'appréciation visuelle.

Une allusion
Un sous-entendu, un propos qui évoque quelque chose.

Acétique
Qui a rapport au vinaigre, à l'acide acétique.

Ascétique
Austère, rigoriste.

Allogène
D'une origine différente de celle de la population autochtone, et installé tardivement dans le pays.
Se dit d'un cours d'eau issu d'une région lui imprimant certains caractères.

Halogène
Chacun des éléments chimiques faisant partie de la colonne VII du tableau de Mendeleïev qui comprend en particulier le chlore.
Lampe (à halogène).

Ancrer
Retenir (un navire) en jetant l'ancre.
Fixer solidement.
Fixer avec une ancre, par un procédé d'ancrage.

Encrer
Enduire d'encre (typographique, lithographique).

Cantique
Chant religieux.

Quantique
Qui est relatif aux quanta, repose sur la théorie des quanta.

Cilice
Chemise, ceinture de crin ou d'étoffe rude et piquante, portée par pénitence, par mortification.

Silice
Oxyde de silicium, corps solide de grande dureté, blanc ou incolore, très abondant dans la nature.

Déférer
Porter (une affaire), traduire (un accusé) devant l'autorité judiciaire compétente.

Déferrer
Dégarnir (qqch.) du fer qui y avait été appliqué.

Placage
Application sur une matière d'une plaque de matière plus précieuse ; cette plaque.

Plaquage
Action de plaquer un adversaire, au rugby.

Taulier
Propriétaire ou gérant d'un hôtel.

Tôlier
Celui qui fabrique, travaille ou vend la tôle.

Tribu
Groupe social et politique fondé sur une parenté ethnique réelle ou supposée, chez les peuples à organisation primitive.

Tribut
Contribution forcée, imposée au vaincu par le vainqueur.

[Autres couples à risque : entraînez-vous à les distinguer !]

- Délivrer / Libérer
- Démythifier / Démystifier
- Dessécher / Assécher
- L'égalité / L'équité
- Emménager / Aménager
- Enfantin / Infantile
- Ephémère / Provisoire
- Gourmand / Gourmet
- La graduation / La gradation
- Hiberner / Hiverner
- Illettré / Analphabète
- Imminence / Immanence
- Immoral / Amoral
- L'inclination / L'inclinaison
- L'intégration / L'assimilation
- L'intégrité / L'intégralité
- Jadis / Naguère
- Judiciaire / Juridique
- La justesse / La justice
- Légal / Légitime
- Marin / Maritime
- La maturité / La maturation
- Médiéval / Moyenâgeux
- La médisance / La calomnie
- Le mobile / Le motif
- Mutuel / Réciproque
- Neuf / Nouveau
- Notable / Notoire
- Officiel / Officieux
- Oppresser / Opprimer
- Original / Originel
- Partial / Partiel
- Pédestre / Piétonnier
- Possible / Probable
- La prévoyance / Une prévision
- La prolongation / Le prolongement
- Le racisme / La xénophobie
- Raisonnable / Rationnel
- Transparent / Translucide
- Vivable / Viable

3. Attention aux homophones

Les homophones sont une catégorie particulière d'homonymes. Ce sont des mots qui se prononcent de la même manière, mais dont l'orthographe et le sens sont différents.

Au SCORE IAE MESSAGE, ces homophones sont très prisés des concepteurs qui les utilisent dans le cadre des questions de reformulation mais aussi de correction orthographique. Voici quelques grands classiques :

- **Un abord / Les abords**
  Un abord : façon d'aborder quelqu'un ou de s'introduire auprès de quelqu'un / Les abords (toujours au pluriel) : ce qui donne accès à un lieu, les alentours.
- **Un acquis / Acquit**
  Un acquis : qui a été gagné, une conquête, un héritage / Acquit : qui a été payé.
- **Une ballade / Une balade**
  Une ballade : un poème (souvent mis en musique) / Une balade : une promenade (les dérivés de balade s'écrivent aussi avec un seul l).
- **Censé / Sensé**
  Censé : supposé être / Sensé : qui a du bon sens.
- **Différent / Différend**
  Différend : désaccord.
- **Une session / Une cession**
  Session : réunion, séance / Cession : abandon, vente.

4. Des associations à éviter

Il est important de retenir ces associations peu élégantes afin de répondre au mieux aux questions de « reformulation » de l'épreuve d'expression du SCORE IAE MESSAGE.

- **D'avance, avant...** sont incompatibles avec les verbes composés du préfixe **pré-** qui expriment déjà une action anticipée : *prédire, prévenir, préparer, prévoir...*
- **Ensemble** est incompatible avec les verbes qui expriment déjà la mise en commun, l'action commune : *collaborer, se concerter, débattre, joindre, mélanger, se réunir...*
- **Encore** est incompatible avec les verbes comportant déjà le préfixe de répétition **re-** : *recommencer, refaire, redemander...*
- **Faire en sorte** est inutile et doit être supprimé après les verbes *tâcher, s'efforcer...*

- **Mutuellement, les uns les autres, réciproquement, ensemble...** sont incompatibles avec les verbes composés du préfixe **entre-** qui expriment déjà une action mutuelle : *s'entre-déchirer, s'entremêler, s'entretuer, s'entretenir...*
- **Ne... que** est incompatible avec **seulement, uniquement, juste...** On ne doit pas employer les deux tournures en même temps.
- **Ne... que** et **seulement** sont incompatibles avec les verbes exprimant déjà la restriction : *se borner à, se résumer à, se limiter à, s'en tenir à, se contenter de...*
- **Pouvoir** est incompatible avec **(im)possible** puisque *(im)possible* signifie déjà « (ne pas) pouvoir ».
- **Ou** est incompatible avec **sinon.** On n'emploiera donc pas les deux mots ensemble.
- **Permettre de...** est à éviter avec **pouvoir.**
- **Le superlatif** *(le plus, le moins)* ainsi que **très, entièrement...** sont incompatibles avec des adjectifs qui ont déjà une valeur de superlatif : *excellent, immense, imminent, omniprésent, maximum, minimum, supérieur...*
- **Préférer** est incompatible avec **plutôt, plus, mieux...**
- **Il suffit de** est à éviter avec **simplement.**
- **Trop** est incompatible avec les mots qui expriment déjà l'abus, la quantité excessive : *abuser, exagérer, excessif, extrême...*

5. Synonymes

On dit de deux mots qu'ils sont **synonymes** lorsqu'ils ont le même sens ou à peu près le même sens, un sens voisin, un sens proche.

Ainsi, des termes comme *gendre* et *beau-fils* / *confondre* et *démasquer* / *naviguer* et *voguer* / *diminuer* et *décroître* sont synonymes.

Toutefois, il n'existe pas vraiment de mots que l'on puisse substituer les uns aux autres dans une synonymie parfaite. Tout dépend du contexte d'emploi du mot.

Manger, se sustenter, se nourrir, bouffer ou *becter* désignent la même action mais ne s'emploient pas dans les mêmes circonstances. On peut *confondre* ou *démasquer* un coupable, mais on ne peut pas *démasquer* le sel avec le sucre.

Exemples :
- *Un bon musicien* : un musicien doué / talentueux / créatif.
- *De bons amis* : des amis chers / loyaux / proches.
- *Un bon rôti* : un rôti excellent / exquis / délicieux.
- *Un homme bon* : un homme altruiste / aimable / charitable, etc.

6. Mots de liaison

Ces listes peuvent s'avérer utiles tant pour l'épreuve de Compréhension de textes que celles d'Expression ou de Raisonnement et argumentation.

[Comment exprimer...]

- **La conséquence**
  Alors, Ainsi, C'est pourquoi, D'où, Dans ces conditions, De sorte que, Donc, En conséquence, Par conséquent

- **La terminaison**
  Ainsi, Etant donné, Puisque

- **L'introduction**
  D'abord, En premier lieu

- **L'addition**
  Aussi, De même, De plus, Encore, Et, Egalement

- **L'énumération**
  D'abord, Enfin, Ensuite

- **La liaison, la transition**
  Bref, D'ailleurs, Donc, Ensuite, En somme, En outre, Or, Par ailleurs, Puis

- **L'explication**
  Car, C'est-à-dire, En effet, Effectivement, Etant donné que, Puisque

- **L'illustration**
  Entre autres, Notamment, Par exemple

- **L'opposition**
  Au contraire, Néanmoins, Par contre, En revanche, Pourtant, Quoique, Toutefois

[Synonymes des mots de liaison]

- **A notre avis**
  En ce qui nous concerne, Pour notre part, Quant à nous

- **Au sujet de**
  A cet égard, A propos de, En ce qui a trait, Pour ce qui est de, Quant à, Relativement à, Sur ce point

- **Car (dans une phrase)**
  En effet, C'est qu'en effet, De fait

- **De plus**
  En outre, De surcroît
- **De toute façon**
  De toute manière, Quoi qu'il en soit
- **D'ailleurs**
  D'un autre côté, Par contre, En revanche, Du reste
- **D'une part… d'autre part**
  A première vue… mais toute réflexion faite, mais à bien considérer les choses, Non seulement… mais encore, mais aussi, mais en outre, Tout d'abord… ensuite
- **En réalité**
  A vrai dire, Effectivement
- **En résumé**
  Au fond, Bref, Dans l'ensemble, En d'autres termes, En définitive, En somme, Essentiellement, Somme toute, Tout compte fait
- **Enfin**
  Finalement, En dernier lieu, En fin de compte
- **Par conséquent**
  Ainsi, Ainsi donc, Aussi, C'est pourquoi, Donc, En conséquence, Partant de ce fait, Pour cette (ces) raison(s)
- **Pourtant**
  Cependant, Néanmoins, Toutefois

7. Figures de style

Les figures de style ont récemment fait leur apparition dans les épreuves d'expression au SCORE IAE MESSAGE avec des questions mettant en scène des figures telles que la métonymie, la périphrase ou encore la synecdoque. Ce ne sont pas forcément les questions les plus difficiles, mais elles peuvent être déroutantes si l'on n'a pas revu ne serait-ce qu'une fois les figures de style les plus classiques. Soyez donc attentifs aux définitions qui vont suivre.

[Allégorie]

Personnification d'une idée abstraite.

Exemple : un squelette armé d'une faux pour représenter la mort.

[Allitération]

Répétition d'une ou de plusieurs consonnes dans un groupe de mots.

Exemple : « Pour qui sont ces serpents qui sifflent sur vos têtes. »

[Anaphore]

Répétition d'une même expression ou d'un même mot en début de phrase ou de vers.

Exemple :

« Rome, l'unique objet de mon ressentiment !
Rome, à qui vient ton bras d'immoler mon amant !
Rome qui t'a vu naître, et que ton cœur adore !
Rome enfin que je hais parce qu'elle t'honore ! »

[Antithèse]

Rapprochement, à l'intérieur d'une structure syntaxique binaire et équilibrée, de deux termes de même nature qui s'opposent sémantiquement.

Exemples : « Paris est le plus délicieux des monstres : là, vieux et pauvre ; ici, tout neuf comme la monnaie d'un nouveau règne. » ; « Es-tu si las de vivre ? As-tu peur de mourir ? »

[Assonance]

Répétition d'une même voyelle dans un groupe de mots.

Exemple : « Tout m'afflige et me nuit et conspire à me nuire »

[Chiasme]

Structure en croix qui associe deux termes deux à deux sans qu'ils aient nécessairement un rapport de sens.

Exemples : « Ayant le feu pour père, et pour mère la cendre. » ; « La neige fait au nord ce qu'au sud fait le sable. » ; « Rester dans le paradis, et y devenir démon, rentrer dans l'enfer, et y devenir ange ! » ; « Il faut manger pour vivre et non pas vivre pour manger. » (Molière)

[Enumération]

Figure de style dans laquelle on trouve une suite de mots ou de propositions qui sont de même nature (noms, verbes) et de même fonction (sujets, compléments). Les éléments de l'énumération sont parfois séparés par d'autres mots.

Exemple : « Tout l'hiver va rentrer dans mon être : colère, haine, frissons, horreur, labeur dur et forcé. »

[Euphémisme]

Cette figure de style consiste à adoucir ou atténuer une idée déplaisante en ayant recours principalement à une litote ou une périphrase.

Exemples : les non-voyants (pour les aveugles) ; il nous a quitté (pour il est mort) ; les pays du Sud (pour les pays sous-développés) ; le troisième âge (pour les vieux).

[Gradation]

Succession de mots ou d'expressions de sens voisins et dont l'ordre suit une progression croissante ou décroissante.

Exemples : « Va, cours, vole, et nous venge. » ; « C'en est fait ; je n'en puis plus ; je me meurs ; je suis mort ; je suis enterré. »

[Hyperbole]

Consiste à exagérer l'expression d'une idée ou d'une réalité afin de la mettre en exergue.

Exemple : « C'est un géant ! » pour désigner quelqu'un de grande taille.

[Litote]

La litote est une figure de style qui consiste à déguiser sa pensée de façon à la faire deviner dans toute sa force. Autrement dit, caractériser une expression de façon à susciter chez le récepteur un sens beaucoup plus fort que n'aurait fait la même idée exprimée en toute simplicité. La litote « a une orientation de valeur inverse de celle de l'euphémisme, qui cherche à amoindrir l'information ». L'effet de la litote est principalement produit soit par un vocabulaire « neutralisé », soit par la négation d'un contraire ou autre tournure de contournement (source : *Wikipedia*).

Exemple : « Va, je ne te hais point » (pour je t'aime)

[Métaphore]

Figure de style fondée sur l'analogie et/ou la substitution. C'est un type particulier d'image sans outil de comparaison qui associe un terme à un autre appartenant à un champ lexical différent afin de traduire une pensée plus riche et plus complexe que celle qu'exprime un vocabulaire descriptif concret (source : *Wikipedia*).

Exemples : « Je me suis baigné dans le poème de la mer. » ; « La littérature : un coup de hache dans la mer gelée qui est en nous. » ; « Les lois sont des toiles d'araignées, à travers lesquelles passent les grosses mouches et restent les petites. » ; « Vieil Océan, ô grand célibataire. »

[Métonymie]

Phénomène par lequel un concept est désigné par un terme désignant un autre concept qui lui est relié par une relation nécessaire (source : *Larousse*).

Exemples : une bonne plume pour un bon écrivain ; boire un verre ; faire du piano, jouer aux cartes ; lire un bon Balzac.

[Oxymore]

Figure de style qui consiste à rapprocher deux termes (un nom et un adjectif) que leur sens devrait éloigner, dans une formule en apparence contradictoire. L'oxymore permet de décrire une situation ou un personnage de manière inattendue, suscitant ainsi la surprise (source : *Wikipedia*).

Exemples : une obscure clarté, « A travers la noirceur de l'ombre, qui cache la mer et les cieux, Une clarté blafarde et sombre, fait voir l'une et l'autre à nos yeux » ; aigre-doux ; une réalité virtuelle, « Le soleil noir de la mélancolie ».

[Périphrase]

Consiste à remplacer un mot par sa définition ou par une expression plus longue, mais équivalente.

Exemples : la capitale de la France (pour dire Paris) ; la langue de Goethe (pour dire l'allemand) ; la langue de Molière (pour dire le français) ; le toit du monde (pour l'Himalaya), le billet vert (pour le dollar) ; le roi des animaux (pour désigner le lion) ; le pays des droits de l'homme (pour dire la France).

[Personnification]

Attribuer des qualités humaines à un objet inanimé.

Exemples : « Berlin, Vienne, étaient ses maîtresses. » ; « L'habitude venait me prendre dans ses bras, comme un petit enfant. »

[Pléonasme]

Répétition de termes ou expressions ayant le même sens.

Exemples : monter en haut ; descendre en bas ; une bonne aubaine ; s'avérer vrai ; une petite camionnette ; un campus universitaire…

[Synecdoque]

Remplacer un mot par un autre ayant une relation d'inclusion avec celui-ci (la partie pour le tout ou le tout pour la partie). C'est un cas particulier de la métonymie.

Exemples :
Le tout pour la partie : Lille a gagné la finale (pour « l'équipe de foot de Lille »…)
La partie pour le tout : je quitterai bientôt ces murs / Je quitterai bientôt ce toit (pour dire je quitterai bientôt cette maison).

3. Homophones grammaticaux

> **Chapitre très important !** De nombreuses questions portent sur les homophones grammaticaux au SCORE IAE MESSAGE.

Les homophones grammaticaux représentent une catégorie particulière au sein de la famille des homophones : il s'agit de prépositions, de conjonctions, de verbes conjugués ou d'adverbes qui *se prononcent de la même façon, mais qui ont des sens et des fonctions grammaticales bien différentes*.

Exemples : *Quant* et *Quand*, *Quelque* et *Quel que*.

Puisque de nombreuses questions des QCM auxquels vous serez confrontés portent directement sur les confusions que ces homophones peuvent causer, nous allons tenter de vous fournir dès à présent une liste de ceux qui pourraient vous poser problème. Cette liste s'adjoint d'indications destinées à vous permettre de minimiser les risques de confusions.

Courage, sa longueur est trompeuse : la plupart des éléments qui y sont évoqués ne vous poseront aucun problème !

Homophones	Indications et exemples
à / a / as	***à*** *:* préposition, indiquant un lieu. Exemple : « Il est à Paris ». ***a*** *:* verbe « avoir » conjugué à la troisième personne du singulier au présent de l'indicatif (« il a faim »). Vérification : « a » est un verbe conjugué ; il peut donc être remplacé par la troisième personne du singulier du verbe *avoir* à un autre temps sans que la phrase ne devienne incorrecte – ce qui est un bon moyen de le différencier de son homophone « à ». Pour reprendre l'exemple évoqué plus haut, « Il a faim » peut donc être remplacé par « Il avait faim » ; là où « Il est à Paris » ne peut être remplacé par « Il est avait Paris » – la phrase n'ayant alors plus aucun sens. ***as*** *:* de même que pour « a », il s'agit de la conjugaison du verbe avoir (mais cette fois-ci, à la seconde personne du singulier).
ce / se / ceux	***ce*** *:* adjectif ou pronom démonstratif, se référant à un objet ou à une personne. Exemple : « Elle regarde ce réacteur ». ***ceux*** *:* pronom masculin pluriel, qui désigne des objets ou des personnes dont il a déjà été question précédemment. C'est là le principal élément de différenciation avec « ce ». Attention, donc, à ne pas confondre « ceci » avec « ceux-ci », « cela » avec « ceux-là », « ceux qui » avec « ce qui », etc.

Homophones	Indications et exemples
	se *:* pronom personnel réfléchi, se référant au sujet de la phrase. Exemple : « Elle se remaquille ».
Censé / Sensé	***censé*** *:* il s'agit d'un adjectif qui signifie « supposé » ; et qui est *toujours* suivi d'un infinitif. Exemple : « Ils sont censés arriver dans dix minutes. » ***sensé*** *:* cet adjectif est l'antonyme du mot « insensé ». Il dérive donc du mot « sens » et signifie « avoir du bon sens », « être raisonnable ». Exemple : « Si tu étais plus sensé, tu ne sortirais pas faire la fête à la veille de ton examen ».
Est / Ait	***est*** *:* verbe « être » conjugué à la troisième personne du singulier de l'indicatif présent – notez que cette forme est aussi un homographe de l'Est, en tant que point cardinal. ***ait*** *:* verbe « avoir » conjugué à la troisième personne du singulier du subjonctif.
Là / La / L'as / L'a	***là*** *:* adverbe de lieu, opposé à « ici » (« Là où tu iras, j'irai ») ; mais aussi démonstratif (« C'est celui-là que je veux »). ***la*** *:* article défini féminin (« La table ») ou pronom personnel féminin (« La voilà ! »). ***l'a / l'as*** *:* réunion du pronom personnel « le » ou « la » et du verbe avoir conjugué à la seconde ou à la troisième personne du singulier de l'indicatif présent. Exemple : « Tu l'as vu, celui-là ? »
Ces / c'est / s'est / ses / sais / sait	***ces*** *:* pluriel de « ce » (voir plus haut). ***c'est*** *:* réunion d'un pronom démonstratif (*« c' »)*, et du verbe être conjugué à la troisième personne du singulier du présent de l'indicatif. Vérification : comme pour « a » *(voir plus haut)*, le verbe « être » dans cette expression doit pouvoir être conjugué à un autre temps de l'indicatif sans que la phrase ne devienne incohérente. Par exemple, « C'est très élégant » peut être remplacé par « C'était très élégant » ; alors que « Ces oiseaux » ne saurait être remplacé par « C'était oiseaux ». ***ses*** *:* adjectif possessif. Exemple : « Ses livres ». ***s'est*** *:* réunion du verbe être et du pronom personnel réfléchi « *s'* ». De même que pour « c'est », le temps du verbe être doit pouvoir être changé sans pour autant que la phrase ne se trouve vidée de sens.

Homophones	Indications et exemples
	sais / sait *:* verbe « savoir » conjugué, respectivement, à la première ou à la deuxième et à la troisième personne du singulier à l'indicatif présent. Puisqu'il s'agit de la forme conjuguée d'un verbe, comme pour « être » et pour « avoir », elle doit pouvoir être remplacée par une forme conjuguée à la même personne, mais à un autre temps de l'indicatif. Exemple : « Tu sais qu'il dit la vérité » peut devenir « Tu savais qu'il disait la vérité » ; tandis que « As-tu vu ses livres ? » ne pourra jamais devenir « Avais-tu vu *savais* livres ? ».
Leur / Leurs	***leur*** *:* pronom personnel invariable. A ce titre, il *désigne* des individus ou des objets déjà évoqués – et ne se greffe pas à un pronom ou à un nom. Exemple : Il faudrait leur demander. ***leurs*** *:* adjectif possessif qui s'accorde avec les objets possédés, s'ils sont au pluriel, et qui peut donc prendre un « s ». Il se rattache directement à un nom ou à un pronom. Exemples : « C'est leur droit » ; « Ils ont perdu leurs montres ».
Ma / M'a / M'as	***ma*** *:* adjectif possessif féminin. Comme « leurs », il se greffe à un nom. ***m'a / m'as*** *:* réunion du pronom personnel réfléchi « me » et de l'auxiliaire « avoir » conjugué à la deuxième ou à la troisième personne du singulier de l'indicatif présent.
Même / Même(s)	***même*** *:* adverbe invariable induisant l'idée de renforcement ou de gradation ; ou pouvant aussi viser à insister sur l'opposition entre deux propositions contraires. Exemple : « Même si je sais que je devrais, je ne suis pas très inquiet pour les résultats de cet examen ». ***mêmes*** *:* adjectif indéfini ou pronom pouvant donc s'accorder au pluriel en fonction du/des objet(s) ou de la/des personne(s) visée(s). Il reflète une idée d'identité, de similitude. Exemple : « Ce sont les mêmes qu'hier ».
Or / Hors / Hors de	***or*** *:* conjonction de coordination, faisant le lien entre deux phrases ou entre deux propositions. Exemple : « Tu m'as dit hier que tu viendrais avec ta guitare. Or, aujourd'hui, je constate que tu ne l'as pas : c'est donc que tu as oubliée. »

Homophones	Indications et exemples
	hors / hors de : adverbe (hors) ou préposition (hors de) indiquant une extériorité. Exemple : « Hors de cette ville, vous ne trouverez pas de station service avant une bonne cinquantaine de kilomètres. »
Où / Ou	***où*** : pronom relatif de lieu ou de temps (« C'est l'endroit où je vivais », « A l'époque où je jouais encore au foot ») ; ou adverbe interrogatif (« Où es-tu ? »). ***ou*** : conjonction de coordination faisant le lien entre deux propositions ou entre deux phrases. Elle exprime l'idée de choix, d'alternative. Exemple : « Tu peux abandonner, ou tu peux prendre sur toi et tenter de continuer ».
Parce que / Par ce que	***parce que*** : conjonction de subordination instituant un lien de causalité entre deux propositions. Exemple : « Je suis ébahi parce que je vois ». Ici, on peut supposer que le locuteur a longtemps été aveugle, et qu'il recouvre soudain l'usage de ses yeux. ***par ce que*** : groupe logique composé d'une préposition (« par »), d'un pronom démonstratif (« ce »), et d'un pronom relatif (« que »). Il induit un lien explicatif, qui peut faire référence à une idée de causalité mais qui a d'abord pour vocation de préciser le propos. Exemple : « Je suis ébahi par ce que je vois ». Ici, ce n'est pas le fait de voir qui surprend le locuteur, mais bien la nature de ce qu'il voit. Le groupe « par ce que » vise donc à *préciser* son propos (il nous explique par quoi il est ébahi) ; mais pas à l'*expliquer*.
Pourquoi / Pour quoi	***pourquoi*** : adverbe interrogatif pouvant être remplacé par « *pour quelle raison* », « *dans quelle intention* », ou « *l'intention / la raison pour laquelle…* » Exemples : « Pourquoi (*pour quelle raison*) ne vient-il pas ? » « Je ne comprends pas pourquoi (*dans quelle intention*) il fait tout cela. » « C'est pourquoi (*la raison pour laquelle*) il a été relâché. » ***pour quoi*** : réunion de « pour » et de « quoi ». S'utilise généralement avec « ce », pour spécifier une cause ou une raison. Sa distinction avec l'usage de « pourquoi » comme « la raison pour laquelle » est assez difficile, retenez donc que le « ce » peut vous servir de repère. Exemple : « C'est ce pour quoi je ne suis pas venu. »

Homophones	Indications et exemples
Quel / Quelle / Qu'elle (et leurs pluriels)	***quel / quels / quelle / quelles*** *:* adjectifs exclamatifs (« Quel spectacle ! ») ou interrogatifs (« Quelle heure est-il ? »). ***qu'elle / qu'elles*** *:* réunion du pronom « elle(s) » et d'un « que » qui peut tout aussi bien être un adverbe exclamatif (« Qu'elle accélère ! »), une conjonction de subordination (« Il faut qu'elle nous rejoigne au plus vite »), ou un pronom relatif (« C'est celui qu'elle a acheté »).
Quand / Quant (à / aux) / Qu'en	***quand*** *:* conjonction de temps, qui peut s'apparenter à « lorsque ». Exemple : « Il sortira quand il sera prêt ». ***quant (à / aux)*** *:* locution prépositive, qui signifie « en ce qui concerne… » ou « s'agissant de… ». Exemple : « Quant à toi, ne t'avise pas de te débiner ! ». ***qu'en****… :* Contraction de « que » et de « en » (pronom personnel signifiant dans ce cadre « en cela »). Il peut s'agir d'une forme interrogative se référant à un acte ou une idée ; ou d'une façon d'introduire une proposition restrictive (dans ce cas, il est suivi d'un participe présent). Exemples : « Il propose de t'inviter au cinéma. Qu'en penses-tu ? » (*forme interrogative*) « Ce n'est qu'en travaillant dur que l'on peut obtenir de bons résultats » (*proposition restrictive :* il n'y a qu'une seule façon d'obtenir de bons résultats, et c'est en travaillant).
Quoique / Quoi que	***quoique*** *:* conjonction de subordination, synonyme de « bien que ». Exemple : « Quoiqu'elle soit très belle, cette montre est trop chère pour que je l'achète ». ***quoi que*** *:* locution signifiant « quelle que soit la chose que ». Exemple : « Quoi que tu dises, tu auras du mal à le faire changer d'avis ».
Quel(s) que / Quelle(s) que / Quelque / Quelques	***quel(s) que / quelle(s) que*** *:* adjectifs indéfinis, s'accordant donc avec le nom qui les suit. Exemple : « Quels que soient les obstacles, je suis convaincu que nous parviendront à nos fins ». ***Quelques*** *:* adjectif indéfini, épithète d'un nom – dont il vient qualifier le nombre. Exemple : « Il n'y en a plus que pour quelques minutes ».

Homophones	Indications et exemples
	quelque *:* adverbe invariable pouvant revêtir deux sens : celui d'un synonyme de l'adverbe « si », et celui d'un synonyme de l'expression « un(e) certain(e)… ». Exemples : « Quelque rapides qu'ils soient, ils n'arriveront jamais avant nous ». (ce qui peut être remplacé par : « Si rapides qu'ils soient, ils n'arriveront jamais avant nous »). « Depuis quelque temps, je me lève une heure plus tôt pour pouvoir faire du sport ». (ce qui peut être remplacé par : « Depuis un certain temps, je me lève une heure plus tôt… »)
S'y / Ci / Si	***s'y*** *:* assemblage du pronom réfléchi « *se* » et du pronom adverbial « *y* » (qui se réfèrent tous deux à des éléments déjà évoqués précédemment dans le discours). Exemples : « Bertrand est un amoureux de la forêt. Il s'y promène fréquemment ». (« *se* » se réfère à Bertrand, et « *y* » à la forêt) « Ce livre est souvent utilisé par les professeurs pour initier les élèves aux mathématiques. Il est vrai qu'il s'y prête merveilleusement bien ». (« *se* » se réfère au livre, et « *y* » à l'initiation des élèves aux mathématiques). ***ci*** *:* adverbe visant à établir une notion de proximité avec le contexte. Exemples : « Ces jours-ci, j'ai beaucoup de temps pour faire du sport ». (proximité temporelle) « Veuillez trouver ci-jointe l'attestation que vous me demandiez dans votre précédent courrier » (proximité « matérielle »). ***si*** *:* deux fonctions possibles : *Conjonction* de subordination, introduisant un complément circonstanciel de *condition*. Exemple : « J'irai avec toi si tu promets de te tenir correctement ». *Adverbe*, pouvant marquer la réponse à une négation ou marquer une insistance (dans ce second cas, il est alors synonyme de « tellement »). Exemple : « – Je suis sûr que tu n'as pas fait les courses. Si, je les ai faites ! » (réponse à une négation) « La Tour Eiffel est si grande que son sommet est souvent noyé dans les nuages ». (marque une insistance)
Sitôt / Si tôt	***si tôt*** *:* signifie « tellement tôt ». (un autre moyen de vérification consiste à se demander si la phrase reste cohérente lorsque l'on remplace « si tôt » par « si tard »). Exemple : « Il est arrivé si tôt à la réunion qu'il a dû attendre pendant une demi-heure le temps que les autres arrivent. »

Homophones	Indications et exemples
	sitôt *:* adverbe, synonyme d'« aussitôt » (utilisé surtout dans les proverbes et dans le langage soutenu). Exemples : « Sitôt dit, sitôt fait » « On ne le reverra pas de sitôt » « Sitôt que tu auras débarrassé la table, je pourrai la nettoyer ».
Tant / Temps	***tant*** *:* adverbe, synonyme de « tellement » (et souvent retrouvé dans les proverbes). Exemples : « Tant va la cruche à l'eau qu'à la fin elle se casse » (proverbe, signifiant qu'à force de s'exposer à un danger, on risque de voir survenir un malheur). « Tu m'as tant donné que je serai toujours ton débiteur ». ***temps*** *:* nom commun, masculin. Exemples : « Je n'ai pas le temps de te voir aujourd'hui ».
Voir / Voire	***voir*** *:* verbe « voir », qui peut être remplacé par « apercevoir ». Exemple : « Sans mes lunettes, je suis incapable d'y voir quoi que ce soit ». ***voire*** *:* conjonction, qui sert à unir deux groupes de mots en introduisant une idée d'accroissement, de gradation. Exemples : « Il y en avait des centaines, voire des milliers ! ». « Le temps sera à la pluie, voire à l'orage ».

Les QCM que vous allez passer contiendront sûrement des questions relatives à l'homonymie, et en particulier aux homophones grammaticaux. La plupart d'entre eux ne vous poseront aucun problème ; mais certains sont bien plus « piégeux » que la moyenne – et c'est de ceux-là que le SCORE IAE MESSAGE raffole.

Prenez le temps de bien assimiler la liste que nous vous avons fournie. En particulier (et même si ça ne doit pas vous dispenser d'assimiler les autres), veillez à bien vous familiariser avec les couples Quand à / Quant à ; Quelle / Qu'elle ; Leur / Leurs ; Quelque / Quel que ; Censé / Sensé et Quoique / Quoi que.

Pour ce qui est des autres formes d'homonymie, il nous est malheureusement impossible de vous fournir une liste exhaustive des homonymes de la langue française – qui en compte bien trop pour que nous puissions les inventorier ici. Il ne faut pas pour autant estimer qu'il vous est impossible de vous préparer sur ce terrain : pour eux comme pour les synonymes et les paronymes, la recette est la même. Lisez, lisez, lisez (nous vous avions prévenu que c'est un conseil dont nous ne nous lassons pas…). Que ce soit la presse quotidienne ou des ouvrages classiques, c'est en lisant que vous élargirez votre champ lexical et que vous vous donnerez les moyens d'assimiler les subtilités de la langue française.

4. Racines grecques et latines

Je vous conseille vivement de bien connaître les racines grecques et latines qui suivent. Cela vous sera très utile pour les questions de vocabulaire auxquelles vous devrez faire face et plus généralement pour votre bonne maîtrise de la langue française.

Préfixes et suffixes d'origine grecque	Exemples
A- (sans)	Athée, apolitique, amorphe
Ana- (en arrière)	Analepse, anachronisme
Anti- (contre)	Anticonformisme, antibactérien
Allo- (autre)	Allophone, allogène
Andro- (homme/mâle)	Androgyne, andropause
Anthropo- (homme)	Anthropologue, anthropocentrisme
Auto- (soi-même)	Automate, autocensure
Bio- (vie)	Biologie, biographie
Caco- (mauvais)	Cacophonie, cacographie
Cata- (de haut en bas, complètement)	Cataclysme, catastrophe, catacombe
Chromo- (couleur)	Chromographie, chromosome
Chrono- (temps)	Chronologie, chronomètre
Cyclo- (cercle)	Cyclathlon, cyclothymie
Déca- (dix)	Décamètre, décathlon
Dodéca- (douze)	Dodécasyllabe, dodécagone
Démo- (peuple)	Démocratie, démographie
Dia- (à travers)	Dialogue, diachronie
Dys- (avec difficulté)	Dyslexie, dysgraphie
En- (dans)	Endorphine, endémie
Entomo- (insecte)	Entomologie
Eu- (bien, bon)	Euphorie, euphémisme
Géo- (terre)	Géologie, géographie
Gloss(o)- (langue)	Glossaire, glose
Gyno-, **gynéco-** (femme)	Gynécologue, gynécée
Hecto- (cent)	Hectolitre, hectopascal
Hémi- (demi)	Hémisphère, hémicycle
Hétéro- (différent)	Hétéroclyte, hétérogène
Homo- (semblable)	Homogène, homologue
Hypo- (sous)	Hypoglycémie, hypothèque
Hyper- (au-dessus)	Hypermarché, hypertension

Préfixes et suffixes d'origine grecque	Exemples
Icon(o)- (image)	Iconographie, icone
Iso- (égal)	Isocèle, isotherme
Méso- (milieu)	Mésophile, mésosome
Méta- (après, changement)	Métamorphose, métastase
Métr(o)- (mesure)	Métronome, métropole
Mis(o)- (haine)	Misogyne, misanthrope
Mném(o)- (mémoire)	Mnémotechnique, mnémophobie
Morpho- (forme)	Morphologie, morphotype
Nécro- (mort)	Nécromancien, nécrologie
Néo- (nouveau)	Néologisme, néophyte
Par(a)- (près, contre)	Paradoxe, paranormal
Path(o)- (souffrance)	Pathétique, pathologie
Péri- (autour)	Périphrase, périphérie
Poly- (nombreux)	Polysémie, polyvalent
Pro- (avant, devant)	Prolepse, prologue, prototype
Psycho- (âme)	Psychologie, psychiatre
Pyro- (feu)	Pyrotechnie, pyrolyse
Séma- (signe)	Sémantique, sémaphore
Sun-, **syl-**, **syn-**, **sym-** (avec, ensemble)	Sympathie, symétrie
Théo- (dieu)	Théologie, théocratie
Top(o)- (lieu)	Topographie, toponymie
Xéno- (étranger)	Xénophobe, xénotype
-agogie, **-agogue** (qui conduit)	Pédagogie, démagogie
-algie (douleur)	Névralgie, lombalgie
-archie, **-arche** (qui commande)	Monarchie, anarchie
-crate, **-cratie** (pouvoir, force)	Démocratie, technocrate
-cycle (qui a une ou des roues)	Bicyclette, tricycle
-dactyle (qui a des doigts)	Ptérodactyle, hétérodactyle
-doxe (opinion)	Paradoxe, orthodoxe
-èdre (face, base)	Tétraèdre, dodécaèdre
-érèse (enlever)	Diérèse, synérèse
-ergie, **-urgie** (travail, force)	Energie, chirurgie
-game (qui engendre)	Cryptogame, phanérogame
-gamie (mariage)	Monogamie, polygamie
-gone (angle)	Polygone, octogone

Préfixes et suffixes d'origine grecque	Exemples
-gramme (un écrit)	Télégramme, monogramme
-graphe (écrire)	Autographe, biographe
-iatre (qui soigne)	Pédiatre, gériatre
-ite (maladie inflammatoire)	Bronchite, dermatite
-lâtre (adorateur)	Idolâtre, bellâtre
-lithe (pierre)	Monolithe, mégalithe
-logie, **-logue** (discours, science)	Dialogue, ornithologie
-mane (qui a la passion de, l'obsession de)	Mélomane, pyromane
-nome (qui règle)	Econome, métronome
-odie (chant)	Mélodie, parodie
-phage (qui mange)	Chronophage, anthropophage
-phile (qui aime)	Bibliophile, cinéphile
-phobe, **-phobie** (peur)	Hémophobie, agoraphobie
-phone (son)	Téléphone, polyphonie
-phore (qui porte)	Métaphore, sémaphore
-pole (ville)	Mégapole, métropole
-scope (examiner)	Microscope, télescope
-thérapie (soin)	Psychothérapie, hypnothérapie
-therme (chaleur)	Isotherme, hypothermie

Préfixes et suffixes d'origine latine	Exemples
Ab- (loin de)	Abdiquer, abstinence
Ad- (vers)	Adjoindre, addiction
Agri-, **agr(o)-** (champ)	Agriculture, agronome
Ambi-, **ambo-** (les deux)	Ambidextre, ambivalent
Ante- (devant)	Antéposition, antérieur
Aqua- (eau)	Aquatique, aquarelle
Bi- (deux)	Bipède, biathlon
Circon- (autour)	Circonstanciel, circoncision
Co-, **col-**, **con-**, **com-** (avec)	Collaborateur, concitoyen
Dis- (séparation)	Dissoudre, disculper
Equi- (égal)	Equitable, équidistant
Ex- (hors de)	Expatrier, exporter
Extra- (hors de, extrêmement)	Extraordinaire, extraterrestre

Préfixes et suffixes d'origine latine	Exemples
Igni- (feu)	Ignifuge, ignition
In- (dans)	Inclure, insinuer
Infra- (inférieur)	Infrarouge, infrason
Inter- (intérieur)	International, intercaler
Intro- (à l'intérieur, vers l'intérieur)	Introspection, introverti
Juxta- (auprès de)	Juxtaposer, juxtalinéaire
Multi- (nombreux)	Multicolore, multiple
Omni- (tout)	Omnipotent, omniprésent
Post- (après)	Postface, post
Pré- (avant)	Préface, prédire, préhistoire
Quinqu- (cinq)	Quinquagénaire, quinquennat
Radio- (rayon)	Radiographie, radiologie
Rétro- (en retour)	Rétroactif, rétrograder
Sub- (sous)	Subalterne, subdiviser
Super-	Supermarché, supersonique
Trans- (au-delà)	Transcrire, transformer
Ultra- (au-dessus)	Ultraviolet, ultrason
-cide (qui tue)	Homicide, génocide, parricide
-cole (qui cultive)	Agricole, vinicole
-fère (porter)	Conifère, mortifère
-forme (qui a la forme de)	Multiforme, protéiforme
-fique (qui fait)	Bénéfique, maléfique
-fuge (qui fuit/fait fuir)	Centrifuge, vermifuge
-grade (qui marche)	Rétrograde, plantigrade
-pare (qui enfante)	Ovipare, vivipare
-pède (qui a des pieds)	Bipède, quadrupède
-valent (valoir, être fort)	Polyvalent, plurivalent
-vore (dévorer)	Omnivore, carnivore

5. Conjugaison : 20 tableaux à connaître par cœur

Conjuguer parfaitement les verbes de la langue française est un prérequis nécessaire à tout manager soucieux de **rédiger correctement ses mails** ou de faire mouche **en apportant à ses courriers officiels toute la précision que ces derniers méritent.**

L'usage du futur antérieur, du présent ou de l'imparfait du subjonctif, mais encore de l'impératif, est bien plus fréquent que l'on ne peut l'imaginer. On croit souvent savoir conjuguer des verbes couramment utilisés dans la langue française ; mais il n'en est souvent rien. Alors **testez-vous sans plus attendre sur les 20 verbes suivants** que nous avons sélectionnés pour vous avec soin afin que vous passiez au travers des pièges qui vous seront tendus au SCORE IAE MESSAGE. N'oubliez jamais qu'un nombre relativement important de questions portent sur la conjugaison au SCORE IAE MESSAGE.

NB : les verbes entre parenthèses ont une conjugaison similaire aux verbes en gras.

(1) **Avoir**
(2) **Etre**
(3) **Chanter** (souhaiter, penser, rester, demander, aimer, donner, hésiter, trouver, passer, parler, travailler, intéresser, arriver, profiter, continuer, etc.)
(4) **Jeter** (appeler, projeter, renouveler, harceler, rejeter, s'atteler, amonceler, etc.)
(5) **Finir** (choisir, réfléchir, définir, subir, investir, garantir, fournir, avertir, réunir, réjouir, remplir, aboutir, nourrir, agir, s'agir, etc.)
(6) **Aller**
(7) **Cueillir**
(8) **Devoir**
(9) **Faire** (satisfaire, défaire, parfaire, refaire, contrefaire, etc.)
(10) **Prendre** (comprendre, apprendre, surprendre, entreprendre, se méprendre, etc.)
(11) **Savoir**
(12) **Valoir**
(13) **Venir** (tenir, prévenir, soutenir, devenir, obtenir, entretenir, appartenir, etc.)
(14) **Voir**
(15) **Vouloir**
(16) **Connaître** (paraître, apparaître, reconnaître, méconnaître, transparaître, etc.)
(17) **Acquérir** (requérir, s'enquérir, conquérir, etc.)
(18) **Pouvoir**
(19) **Mettre** (permettre, soumettre, transmettre, commettre, admettre, compromettre, émettre, remettre, omettre, etc.)
(20) **Falloir**

[Avoir – Auxiliaire]

INDICATIF

Présent	Imparfait	Passé simple	Futur
J'ai	J'avais	J'eus	J'aurai
Tu as	Tu avais	Tu eus	Tu auras
Il a	Il avait	Il eut	Il aura
Nous avons	Nous avions	Nous eûmes	Nous aurons
Vous avez	Vous aviez	Vous eûtes	Vous aurez
Ils ont	Ils avaient	Ils eurent	Ils auront

Passé composé	Plus-que-parfait	Passé antérieur	Futur antérieur
J'ai eu	J'avais eu	J'eus eu	J'aurai eu
Tu as eu	Tu avais eu	Tu eus eu	Tu auras eu
Il a eu	Il avait eu	Il eut eu	Il aura eu
Nous avons eu	Nous avions eu	Nous eûmes eu	Nous aurons eu
Vous avez eu	Vous aviez eu	Vous eûtes eu	Vous aurez eu
Ils ont eu	Ils avaient eu	Ils eurent eu	Ils auront eu

SUBJONCTIF

Présent	Passé	Imparfait	Plus-que-parfait
Que j'aie	Que j'aie eu	Que j'eusse	Que j'eusse eu
Que tu aies	Que tu aies eu	Que tu eusses	Que tu eusses eu
Qu'il ait	Qu'il ait eu	Qu'il eût	Qu'il eût eu
Que nous ayons	Que nous ayons eu	Que nous eussions	Que nous eussions eu
Que vous ayez	Que vous ayez eu	Que vous eussiez	Que vous eussiez eu
Qu'ils aient	Qu'ils aient eu	Qu'ils eussent	Qu'ils eussent eu

CONDITIONNEL / IMPERATIF

CONDITIONNEL Présent	CONDITIONNEL Passé	IMPERATIF Présent	IMPERATIF Passé
J'aurais	J'aurais eu	Aie	Aie eu
Tu aurais	Tu aurais eu	Ayons	Ayons eu
Il aurait	Il aurait eu	Ayez	Ayez eu
Nous aurions	Nous aurions eu		
Vous auriez	Vous auriez eu		
Ils auraient	Ils auraient eu		

INFINITIF / PARTICIPE

INFINITIF Présent	INFINITIF Passé	PARTICIPE Présent	PARTICIPE Passé
Avoir	Avoir eu	Ayant	Eu, ayant eu

[Etre – Auxiliaire]

INDICATIF

Présent	Imparfait	Passé simple	Futur
Je suis	J'étais	Je fus	Je serai
Tu es	Tu étais	Tu fus	Tu seras
Il est	Il était	Il fut	Il sera
Nous sommes	Nous étions	Nous fûmes	Nous serons
Vous êtes	Vous étiez	Vous fûtes	Vous serez
Ils sont	Ils étaient	Ils furent	Ils seront

Passé composé	Plus-que-parfait	Passé antérieur	Futur antérieur
J'ai été	J'avais été	J'eus été	J'aurai été
Tu as été	Tu avais été	Tu eus été	Tu auras été
Il a été	Il avait été	Il eut été	Il aura été
Nous avons été	Nous avions été	Nous eûmes été	Nous aurons été
Vous avez été	Vous aviez été	Vous eûtes été	Vous aurez été
Ils ont été	Ils avaient été	Ils eurent été	Ils auront été

SUBJONCTIF

Présent	Passé	Imparfait	Plus-que-parfait
Que je sois	Que j'aie été	Que je fusse	Que j'eusse été
Que tu sois	Que tu aies été	Que tu fusses	Que tu eusses été
Qu'il soit	Qu'il ait été	Qu'il fût	Qu'il eût été
Que nous soyons	Que nous ayons été	Que nous fussions	Que nous eussions été
Que vous soyez	Que vous ayez été	Que vous fussiez	Que vous eussiez été
Qu'ils soient	Qu'ils aient été	Qu'ils fussent	Qu'ils eussent été

CONDITIONNEL / IMPERATIF

CONDITIONNEL Présent	CONDITIONNEL Passé	IMPERATIF Présent	IMPERATIF Passé
Je serais	J'aurais été	Sois	Aie été
Tu serais	Tu aurais été	Soyons	Ayons été
Il serait	Il aurait été	Soyez	Ayez été
Nous serions	Nous aurions été		
Vous seriez	Vous auriez été		
Ils seraient	Ils auraient été		

INFINITIF / PARTICIPE

INFINITIF Présent	INFINITIF Passé	PARTICIPE Présent	PARTICIPE Passé
Etre	Avoir été	Etant	Eté, ayant été

[Chanter – 1er Groupe]

INDICATIF

Présent	Imparfait	Passé simple	Futur
Je chante	Je chantais	Je chantai	Je chanterai
Tu chantes	Tu chantais	Tu chantas	Tu chanteras
Il chante	Il chantait	Il chanta	Il chantera
Nous chantons	Nous chantions	Nous chantâmes	Nous chanterons
Vous chantez	Vous chantiez	Vous chantâtes	Vous chanterez
Ils chantent	Ils chantaient	Ils chantèrent	Ils chanteront

Passé composé	Plus-que-parfait	Passé antérieur	Futur antérieur
J'ai chanté	J'avais chanté	J'eus chanté	J'aurai chanté
Tu as chanté	Tu avais chanté	Tu eus chanté	Tu auras chanté
Il a chanté	Il avait chanté	Il eut chanté	Il aura chanté
Nous avons chanté	Nous avions chanté	Nous eûmes chanté	Nous aurons chanté
Vous avez chanté	Vous aviez chanté	Vous eûtes chanté	Vous aurez chanté
Ils ont chanté	Ils avaient chanté	Ils eurent chanté	Ils auront chanté

SUBJONCTIF

Présent	Passé	Imparfait	Plus-que-parfait
Que je chante	Que j'aie chanté	Que je chantasse	Que j'eusse chanté
Que tu chantes	Que tu aies chanté	Que tu chantasses	Que tu eusses chanté
Qu'il chante	Qu'il ait chanté	Qu'il chantât	Qu'il eût chanté
Que nous chantions	Que nous ayons chanté	Que nous chantassions	Que nous eussions chanté
Que vous chantiez	Que vous ayez chanté	Que vous chantassiez	Que vous eussiez chanté
Qu'ils chantent	Qu'ils aient chanté	Qu'ils chantassent	Qu'ils eussent chanté

CONDITIONNEL

Présent	Passé
Je chanterais	J'aurais chanté
Tu chanterais	Tu aurais chanté
Il chanterait	Il aurait chanté
Nous chanterions	Nous aurions chanté
Vous chanteriez	Vous auriez chanté
Ils chanteraient	Ils auraient chanté

IMPERATIF

Présent
Chante
Chantons
Chantez

INFINITIF

Présent	Passé
Chanter	Avoir chanté

PARTICIPE

Présent	Passé
Chantant	Chanté, ayant chanté

[Jeter – 1er Groupe]

INDICATIF

Présent	Imparfait	Passé simple	Futur
Je jette	Je jetais	Je jetai	Je jetterai
Tu jettes	Tu jetais	Tu jetas	Tu jetteras
Il jette	Il jetait	Il jeta	Il jettera
Nous jetons	Nous jetions	Nous jetâmes	Nous jetterons
Vous jetez	Vous jetiez	Vous jetâtes	Vous jetterez
Ils jettent	Ils jetaient	Ils jetèrent	Ils jetteront

Passé composé	Plus-que-parfait	Passé antérieur	Futur antérieur
J'ai jeté	J'avais jeté	J'eus jeté	J'aurai jeté

SUBJONCTIF

Présent	Passé	Imparfait	Plus-que-parfait
Que je jette	Que j'aie jeté	Que je jetasse	Que j'eusse jeté
Que nous jetions	Que nous ayons jeté	Qu'il jetât	Qu'il eût jeté
		Que nous jetassions	Que nous eussions jeté

CONDITIONNEL

Présent	Passé
Je jetterais	J'aurais jeté
Nous jetterions	Nous aurions jeté

IMPERATIF

Présent
Jette
Jetons
Jetez

INFINITIF

Présent	Passé
Jeter	Avoir jeté

PARTICIPE

Présent	Passé
Jetant	Jeté, ayant jeté

[Finir – 2e Groupe]

INDICATIF

Présent	Imparfait	Passé simple	Futur
Je finis	Je finissais	Je finis	Je finirai
Tu finis	Tu finissais	Tu finis	Tu finiras
Il finit	Il finissait	Il finit	Il finira
Nous finissons	Nous finissions	Nous finîmes	Nous finirons
Vous finissez	Vous finissiez	Vous finîtes	Vous finirez
Ils finissent	Ils finissaient	Ils finirent	Ils finiront

Passé composé	Plus-que-parfait	Passé antérieur	Futur antérieur
J'ai fini	J'avais fini	J'eus fini	J'aurai fini

SUBJONCTIF

Présent	Passé	Imparfait	Plus-que-parfait
Que je finisse	Que j'aie fini	Que je finisse	Que j'eusse fini
Qu'il finisse	Qu'il ait fini	Qu'il finît	Qu'il eût fini
Que nous finissions	Que nous ayons fini	Que nous finissions	Que nous eussions fini

CONDITIONNEL / IMPERATIF

Présent (Conditionnel)	Passé (Conditionnel)	Présent (Impératif)
Je finirais	J'aurais fini	Finis
		Finissons
		Finissez

INFINITIF / PARTICIPE

Présent (Infinitif)	Passé (Infinitif)	Présent (Participe)	Passé (Participe)
Finir	Avoir fini	Finissant	Fini, ayant fini

[Aller – 3e Groupe]

INDICATIF

Présent	Imparfait	Passé simple	Futur
Je vais	J'allais	J'allai	J'irai
Tu vas	Tu allais	Tu allas	Tu iras
Il va	Il allait	Il alla	Il ira
Nous allons	Nous allions	Nous allâmes	Nous irons
Vous allez	Vous alliez	Vous allâtes	Vous irez
Ils vont	Ils allaient	Ils allèrent	Ils iront

Passé composé	Plus-que-parfait	Passé antérieur	Futur antérieur
Je suis allé	J'étais allé	Je fus allé	Je serai allé

SUBJONCTIF

Présent	Passé	Imparfait	Plus-que-parfait
Que j'aille	Que je sois allé	Que j'allasse	Que je fusse allé
Qu'il aille	Qu'il soit allé	Qu'il allât	Qu'il fût allé
Que nous allions	Que nous soyons allés	Que nous allassions	Que nous fussions allés

CONDITIONNEL

Présent	Passé
J'irais	Je serais allé

IMPERATIF

Présent
Va
Allons
Allez

INFINITIF

Présent	Passé
Aller	Etre allé

PARTICIPE

Présent	Passé
Allant	Allé, étant allé

[Cueillir – 3e Groupe]

INDICATIF

Présent	Imparfait	Passé simple	Futur
Je cueille	Je cueillais	Je cueillis	Je cueillerai
Tu cueilles	Tu cueillais	Tu cueillis	Tu cueilleras
Il cueille	Il cueillait	Il cueillit	Il cueillera
Nous cueillons	Nous cueillions	Nous cueillîmes	Nous cueillerons
Vous cueillez	Vous cueilliez	Vous cueillîtes	Vous cueillerez
Ils cueillent	Ils cueillaient	Ils cueillirent	Ils cueilleront

Passé composé	Plus-que-parfait	Passé antérieur	Futur antérieur
J'ai cueilli	J'avais cueilli	J'eus cueilli	J'aurai cueilli

SUBJONCTIF

Présent	Passé	Imparfait	Plus-que-parfait
Que je cueille	Que j'aie cueilli	Que je cueillisse	Que j'eusse cueilli
Qu'il cueille	Qu'il ait cueilli	Qu'il cueillît	Qu'il eût cueilli
Que nous cueillions	Que nous ayons cueilli	Que nous cueillissions	Que nous eussions cueilli

CONDITIONNEL / IMPERATIF

Présent	Passé	Présent
Je cueillerais	J'aurais cueilli	Cueille Cueillons Cueillez

INFINITIF / PARTICIPE

Présent	Passé	Présent	Passé
Cueillir	Avoir cueilli	Cueillant	Cueilli, ayant cueilli

[Devoir – 3e Groupe]

INDICATIF

Présent	Imparfait	Passé simple	Futur
Je dois	Je devais	Je dus	Je devrai
Tu dois	Tu devais	Tu dus	Tu devras
Il doit	Il devait	Il dut	Il devra
Nous devons	Nous devions	Nous dûmes	Nous devrons
Vous devez	Vous deviez	Vous dûtes	Vous devrez
Ils doivent	Ils devaient	Ils durent	Ils devront

Passé composé	Plus-que-parfait	Passé antérieur	Futur antérieur
J'ai dû	J'avais dû	J'eus dû	J'aurai dû

SUBJONCTIF

Présent	Passé	Imparfait	Plus-que-parfait
Que je doive	Que j'aie dû	Que je dusse	Que j'eusse dû
Qu'il doive	Qu'il ait dû	Qu'il dût	Qu'il eût dû
Que nous devions	Que nous ayons dû	Que nous dussions	Que nous eussions dû

CONDITIONNEL

Présent	Passé
Je devrais	J'aurais dû

IMPERATIF

Présent
Dois
Devons
Devez

INFINITIF

Présent	Passé
Devoir	Avoir dû

PARTICIPE

Présent	Passé
Devant	Dû, ayant dû

[Faire – 3e Groupe]

INDICATIF

Présent	Imparfait	Passé simple	Futur
Je fais	Je faisais	Je fis	Je ferai
Tu fais	Tu faisais	Tu fis	Tu feras
Il fait	Il faisait	Il fit	Il fera
Nous faisons	Nous faisions	Nous fîmes	Nous ferons
Vous faites	Vous faisiez	Vous fîtes	Vous ferez
Ils font	Ils faisaient	Ils firent	Ils feront

Passé composé	Plus-que-parfait	Passé antérieur	Futur antérieur
J'ai fait	J'avais fait	J'eus fait	J'aurai fait

SUBJONCTIF

Présent	Passé	Imparfait	Plus-que-parfait
Que je fasse	Que j'aie fait	Que je fisse	Que j'eusse fait
Qu'il fasse	Qu'il ait fait	Qu'il fît	Qu'il eût fait
Que nous fassions	Que nous ayons fait	Que nous fissions	Que nous eussions fait

CONDITIONNEL

Présent	Passé
Je ferais	J'aurais fait

IMPERATIF

Présent
Fais
Faisons
Faites

INFINITIF

Présent	Passé
Faire	Avoir fait

PARTICIPE

Présent	Passé
Faisant	Fait, ayant fait

[Prendre – 3e Groupe]

INDICATIF

Présent	Imparfait	Passé simple	Futur
Je prends	Je prenais	Je pris	Je prendrai
Tu prends	Tu prenais	Tu pris	Tu prendras
Il prend	Il prenait	Il prit	Il prendra
Nous prenons	Nous prenions	Nous prîmes	Nous prendrons
Vous prenez	Vous preniez	Vous prîtes	Vous prendrez
Ils prennent	Ils prenaient	Ils prirent	Ils prendront

Passé composé	Plus-que-parfait	Passé antérieur	Futur antérieur
J'ai pris	J'avais pris	J'eus pris	J'aurai pris

SUBJONCTIF

Présent	Passé	Imparfait	Plus-que-parfait
Que je prenne	Que j'aie pris	Que je prisse	Que j'eusse pris
Qu'il prenne	Qu'il ait pris	Qu'il prît	Qu'il eût pris
Que nous prenions	Que nous ayons pris	Que nous prissions	Que nous eussions pris

CONDITIONNEL

Présent	Passé
Je prendrais	J'aurais pris

IMPERATIF

Présent
Prends
Prenons
Prenez

INFINITIF

Présent	Passé
Prendre	Avoir pris

PARTICIPE

Présent	Passé
Prenant	Pris, ayant pris

[Savoir – 3e Groupe]

INDICATIF

Présent	Imparfait	Passé simple	Futur
Je sais	Je savais	Je sus	Je saurai
Tu sais	Tu savais	Tu sus	Tu sauras
Il sait	Il savait	Il sut	Il saura
Nous savons	Nous savions	Nous sûmes	Nous saurons
Vous savez	Vous saviez	Vous sûtes	Vous saurez
Ils savent	Ils savaient	Ils surent	Ils sauront

Passé composé	Plus-que-parfait	Passé antérieur	Futur antérieur
J'ai su	J'avais su	J'eus su	J'aurai su

SUBJONCTIF

Présent	Passé	Imparfait	Plus-que-parfait
Que je sache	Que j'aie su	Que je susse	Que j'eusse su
Qu'il sache	Qu'il ait su	Qu'il sût	Qu'il eût su
Que nous sachions	Que nous ayons su	Que nous sussions	Que nous eussions su

CONDITIONNEL

Présent	Passé
Je saurais	J'aurais su

IMPERATIF

Présent
Sache
Sachons
Sachez

INFINITIF

Présent	Passé
Savoir	Avoir su

PARTICIPE

Présent	Passé
Sachant	Su, ayant su

[Valoir – 3e Groupe]

INDICATIF

Présent	Imparfait	Passé simple	Futur
Je vaux	Je valais	Je valus	Je vaudrai
Tu vaux	Tu valais	Tu valus	Tu vaudras
Il vaut	Il valait	Il valut	Il vaudra
Nous valons	Nous valions	Nous valûmes	Nous vaudrons
Vous valez	Vous valiez	Vous valûtes	Vous vaudrez
Ils valent	Ils valaient	Ils valurent	Ils vaudront

Passé composé	Plus-que-parfait	Passé antérieur	Futur antérieur
J'ai valu	J'avais valu	J'eus valu	J'aurai valu

SUBJONCTIF

Présent	Passé	Imparfait	Plus-que-parfait
Que je vaille	Que j'aie valu	Que je valusse	Que j'eusse valu
Qu'il vaille	Qu'il ait valu	Qu'il valût	Qu'il eût valu
Que nous valions	Que nous ayons valu	Que nous valussions	Que nous eussions valu

CONDITIONNEL

Présent	Passé
Je vaudrais	J'aurais valu

IMPERATIF

Présent
Vaux
Valons
Valez

INFINITIF

Présent	Passé
Valoir	Avoir valu

PARTICIPE

Présent	Passé
Valant	Valu, ayant valu

[Venir – 3e Groupe]

INDICATIF

Présent	Imparfait	Passé simple	Futur
Je viens	Je venais	Je vins	Je viendrai
Tu viens	Tu venais	Tu vins	Tu viendras
Il vient	Il venait	Il vint	Il viendra
Nous venons	Nous venions	Nous vînmes	Nous viendrons
Vous venez	Vous veniez	Vous vîntes	Vous viendrez
Ils viennent	Ils venaient	Ils vinrent	Ils viendront

Passé composé	Plus-que-parfait	Passé antérieur	Futur antérieur
Je suis venu	J'étais venu	Je fus venu	Je serai venu

SUBJONCTIF

Présent	Passé	Imparfait	Plus-que-parfait
Que je vienne	Que je sois venu	Que je vinsse	Que je fusse venu
Qu'il vienne	Qu'il soit venu	Qu'il vînt	Qu'il fût venu
Que nous venions	Que nous soyons venus	Que nous vinssions	Que nous fussions venus

CONDITIONNEL / IMPERATIF

Présent	Passé	Présent
Je viendrais	Je serais venu	Viens Venons Venez

INFINITIF / PARTICIPE

Présent	Passé	Présent	Passé
Venir	Etre venu	Venant	Venu, étant venu

[Voir – 3e Groupe]

INDICATIF

Présent	Imparfait	Passé simple	Futur
Je vois	Je voyais	Je vis	Je verrai
Tu vois	Tu voyais	Tu vis	Tu verras
Il voit	Il voyait	Il vit	Il verra
Nous voyons	Nous voyions	Nous vîmes	Nous verrons
Vous voyez	Vous voyiez	Vous vîtes	Vous verrez
Ils voient	Ils voyaient	Ils virent	Ils verront

Passé composé	Plus-que-parfait	Passé antérieur	Futur antérieur
J'ai vu	J'avais vu	J'eus vu	J'aurai vu

SUBJONCTIF

Présent	Passé	Imparfait	Plus-que-parfait
Que je voie	Que j'aie vu	Que je visse	Que j'eusse vu
Qu'il voie	Qu'il ait vu	Qu'il vît	Qu'il eût vu
Que nous voyions	Que nous ayons vu	Que nous vissions	Que nous eussions vu

CONDITIONNEL / IMPERATIF

Présent (Conditionnel)	Passé (Conditionnel)	Présent (Impératif)
Je verrais	J'aurais vu	Vois
		Voyons
		Voyez

INFINITIF / PARTICIPE

Présent (Infinitif)	Passé (Infinitif)	Présent (Participe)	Passé (Participe)
Voir	Avoir vu	Voyant	Vu, ayant vu

[Vouloir – 3e Groupe]

INDICATIF

Présent	Imparfait	Passé simple	Futur
Je veux	Je voulais	Je voulus	Je voudrai
Tu veux	Tu voulais	Tu voulus	Tu voudras
Il veut	Il voulait	Il voulut	Il voudra
Nous voulons	Nous voulions	Nous voulûmes	Nous voudrons
Vous voulez	Vous vouliez	Vous voulûtes	Vous voudrez
Ils veulent	Ils voulaient	Ils voulurent	Ils voudront

Passé composé	Plus-que-parfait	Passé antérieur	Futur antérieur
J'ai voulu	J'avais voulu	J'eus voulu	J'aurai voulu

SUBJONCTIF

Présent	Passé	Imparfait	Plus-que-parfait
Que je veuille	Que j'aie voulu	Que je voulusse	Que j'eusse voulu
Qu'il veuille	Qu'il ait voulu	Qu'il voulût	Qu'il eût voulu
Que nous voulions	Que nous ayons voulu	Que nous voulussions	Que nous eussions voulu

CONDITIONNEL

Présent	Passé
Je voudrais	J'aurais voulu

IMPERATIF

Présent
Veux / Veuille
Voulons / Veuillons
Voulez / Veuillez

INFINITIF

Présent	Passé
Vouloir	Avoir voulu

PARTICIPE

Présent	Passé
Voulant	Voulu, ayant voulu

[Connaître – 3e Groupe]

INDICATIF

Présent	Imparfait	Passé simple	Futur
Je connais	Je connaissais	Je connus	Je connaîtrai
Tu connais	Tu connaissais	Tu connus	Tu connaîtras
Il connaît	Il connaissait	Il connut	Il connaîtra
Nous connaissons	Nous connaissions	Nous connûmes	Nous connaîtrons
Vous connaissez	Vous connaissiez	Vous connûtes	Vous connaîtrez
Ils connaissent	Ils connaissaient	Ils connurent	Ils connaîtront

Passé composé	Plus-que-parfait	Passé antérieur	Futur antérieur
J'ai connu	J'avais connu	J'eus connu	J'aurai connu

SUBJONCTIF

Présent	Passé	Imparfait	Plus-que-parfait
Que je connaisse	Que j'aie connu	Que je connusse	Que j'eusse connu
Qu'il connaisse	Qu'il ait connu	Qu'il connût	Qu'il eût connu
Que nous connaissions	Que nous ayons connu	Que nous connussions	Que nous eussions connu

CONDITIONNEL

Présent	Passé
Je connaîtrais	J'aurais connu

IMPERATIF

Présent
Connais
Connaissons
Connaissez

INFINITIF

Présent	Passé
Connaître	Avoir connu

PARTICIPE

Présent	Passé
Connaissant	Connu, ayant connu

[Acquérir – 3e Groupe]

INDICATIF

Présent	Imparfait	Passé simple	Futur
J'acquiers	J'acquérais	J'acquis	J'acquerrai
Tu acquiers	Tu acquérais	Tu acquis	Tu acquerras
Il acquiert	Il acquérait	Il acquit	Il acquerra
Nous acquérons	Nous acquérions	Nous acquîmes	Nous acquerrons
Vous acquérez	Vous acquériez	Vous acquîtes	Vous acquerrez
Ils acquièrent	Ils acquéraient	Ils acquirent	Ils acquerront

Passé composé	Plus-que-parfait	Passé antérieur	Futur antérieur
J'ai acquis	J'avais acquis	J'eus acquis	J'aurai acquis

SUBJONCTIF

Présent	Passé	Imparfait	Plus-que-parfait
Que j'acquière	Que j'aie acquis	Que j'acquisse	Que j'eusse acquis
Qu'il acquière	Qu'il ait acquis	Qu'il acquît	Qu'il eût acquis
Que nous acquérions	Que nous ayons acquis	Que nous acquissions	Que nous eussions acquis

CONDITIONNEL

Présent	Passé
J'acquerrais	J'aurais acquis

IMPERATIF

Présent
Acquiers
Acquérons
Acquérez

INFINITIF

Présent	Passé
Acquérir	Avoir acquis

PARTICIPE

Présent	Passé
Acquérant	Acquis, ayant acquis

[Pouvoir – 3e Groupe]

INDICATIF

Présent	Imparfait	Passé simple	Futur
Je peux	Je pouvais	Je pus	Je pourrai
Tu peux	Tu pouvais	Tu pus	Tu pourras
Il peut	Il pouvait	Il put	Il pourra
Nous pouvons	Nous pouvions	Nous pûmes	Nous pourrons
Vous pouvez	Vous pouviez	Vous pûtes	Vous pourrez
Ils peuvent	Ils pouvaient	Ils purent	Ils pourront

Passé composé	Plus-que-parfait	Passé antérieur	Futur antérieur
J'ai pu	J'avais pu	J'eus pu	J'aurai pu

SUBJONCTIF

Présent	Passé	Imparfait	Plus-que-parfait
Que je puisse	Que j'aie pu	Que je pusse	Que j'eusse pu
Qu'il puisse	Qu'il ait pu	Qu'il pût	Qu'il eût pu
Que nous puissions	Que nous ayons pu	Que nous pussions	Que nous eussions pu

CONDITIONNEL / IMPERATIF

Présent (Conditionnel)	Passé (Conditionnel)	Présent (Impératif)
Je pourrais	J'aurais pu	-
		-
		-

INFINITIF / PARTICIPE

Présent (Infinitif)	Passé (Infinitif)	Présent (Participe)	Passé (Participe)
Pouvoir	Avoir pu	Pouvant	Pu, ayant pu

[Mettre – 3e Groupe]

INDICATIF

Présent	Imparfait	Passé simple	Futur
Je mets	Je mettais	Je mis	Je mettrai
Tu mets	Tu mettais	Tu mis	Tu mettras
Il met	Il mettait	Il mit	Il mettra
Nous mettons	Nous mettions	Nous mîmes	Nous mettrons
Vous mettez	Vous mettiez	Vous mîtes	Vous mettrez
Ils mettent	Ils mettaient	Ils mirent	Ils mettront

Passé composé	Plus-que-parfait	Passé antérieur	Futur antérieur
J'ai mis	J'avais mis	J'eus mis	J'aurai mis

SUBJONCTIF

Présent	Passé	Imparfait	Plus-que-parfait
Que je mette	Que j'aie mis	Que je misse	Que j'eusse mis
Qu'il mette	Qu'il ait mis	Qu'il mît	Qu'il eût mis
Que nous mettions	Que nous ayons mis	Que nous missions	Que nous eussions mis

CONDITIONNEL

Présent	Passé
Je mettrais	J'aurais mis

IMPERATIF

Présent
Mets
Mettons
Mettez

INFINITIF

Présent	Passé
Mettre	Avoir mis

PARTICIPE

Présent	Passé
Mettant	Mis, ayant mis

[Falloir – Verbe impersonnel]

INDICATIF

Présent	Imparfait	Passé simple	Futur
Il faut	Il fallait	Il fallut	Il faudra

Passé composé	Plus-que-parfait	Passé antérieur	Futur antérieur
Il a fallu	Il avait fallu	Il eut fallu	Il aura fallu

SUBJONCTIF

Présent	Passé	Imparfait	Plus-que-parfait
Qu'il faille	Qu'il ait fallu	Qu'il fallût	Qu'il eût fallu

CONDITIONNEL / IMPERATIF

Présent	Passé	Présent	Passé
Il faudrait	Il aurait fallu	(inusité)	(inusité)

INFINITIF / PARTICIPE

Présent	Passé	Présent	Passé
Falloir	Avoir fallu	(inusité)	Fallu, ayant fallu

III. ENTRAÎNEMENT

Épreuve 1 – 40 QCM – 20 minutes maximum

Question 1. Quelles propositions complètent de façon juste les phrases suivantes ?

1. Si tu avais pu, ... que tu sois là.
2. Je te le .... demain.
3. Nous .... le café deux fois par semaine.
4. Vous .... tout le temps vos supérieurs !

(A) j'aurai aimé / demanderais / moudons / contredites

(B) j'aurais aimés / demanderez / moudrons / contredisai

(C) j'aurais aimé / demanderai / moulons / contredisez

(D) j'aurai aimés / demanderait / moulions / contredizez

Question 2. Quelle proposition complète les phrases ci-dessous de façon correcte ?

1. La France ne possède que deux .... .
2. J'ai perdu mes deux .... .
3. Je n'arrive pas à retrouver les .... que nous avons commandés.
4. Les .... de la banque ont été forcés.
5. Mes deux .... adorent la pêche !

(A) porte-avions / porte-monnaie / ouvre-boîtes / coffres-forts / grands-pères

(B) porte-avions / porte-monnaies / ouvres-boîtes / coffre-fort / grands-pères

(C) porte-avion / portes-monnaie / ouvres-boîte / coffres-fort / grands-père

(D) portes-avions / porte-monnaies / ouvres-boîtes / coffre-forts / grand-pères

Question 3. Parmi les phrases ci-dessous, laquelle est grammaticalement correcte ?

(A) Après qu'il est parti, elle s'est mise à pleurer.

(B) Il est important de se demander comment pallier à ces défauts.

(C) La robe qu'elle s'est faite faire est trop courte.

(D) Quelque soit son avis, nous ferons comme nous le souhaitons.

Question 4. Quel poète ne fait pas partie du mouvement romantique ?

(A) Alfred de Musset
(B) François Villon
(C) Alfred de Vigny
(D) Victor Hugo

Question 5. « Dans le cas où le pronom réfléchi est complément d'objet indirect, le participe passé du verbe pronominal ...»

(A) ne s'accorde pas
(B) s'accorde avec le verbe
(C) s'accorde avec le sujet
(D) s'accorde avec le complément

Question 6. Quelle phrase ne présente pas de maladresse(s) d'expression, parmi les 4 proposées ci-dessous ?

(A) Malgré tout, les prévisions alarmistes des économistes se sont avérées vraies.
(B) Après plusieurs années de vaches maigres, les deux grands constructeurs automobiles français ont retrouvé le chemin de la croissance en 2015.
(C) Les étudiants ont été pré-évalués en amont, comme il se doit.
(D) La hausse du nombre croissant des immatriculations est solide et devrait s'étendre sur plusieurs années.

Question 7. Quelle suite de groupes nominaux est correcte ?

(A) deux litres et demi / une heure et demie / une demi-heure / deux demis-heures
(B) deux litres et demi / une heure et demie / une demi-heure / deux demi-heures
(C) deux litres et demis / une heure et demi / une demie heure / deux demis-heures
(D) deux litres et demis / une heure et demi / une demi-heure / deux demi-heures

Question 8. Deux des quatre phrases ci-dessous, sont grammaticalement incorrectes. Lesquelles ?

1. Après une phase de lancement ou les transporteurs se sont livrés une guerre féroce sur les prix, ils cherchent désormais à être rentables.
2. Les employeurs sont moins prompts à déclarer un accident du travail dans les 48 heures.
3. La fréquence des accidents de trajets a cru de 0,6 % selon un rapport de 2015.
4. Si le BTP voit la fréquence des accidents baisser, d'autres secteurs connaissent une hausse sensible.

(A) 1 + 4
(B) 2 + 3
(C) 3 + 4
(D) 1 + 3

Question 9. Quelles œuvres correspondent à des tragédies ?

(A) L'*Avare*, *Les Fourberies de Scapin*, *La maladie d'amour*
(B) *Iphigénie*, *On ne badine pas avec l'amour*, *Le Tartuffe*
(C) *Les Femmes savantes*, *Le Cid*, *Bouvard et Pécuchet*
(D) *Phèdre*, *Iphigénie*, *Britannicus*

Question 10. Compléter les phrases suivantes de façon à les rendre correctes :

1. Elle s'est .... .
2. Les enfants se sont .... .
3. Elle s'est .... les mains.
4. Elle s'est .... de prendre la parole.
5. Sophie s'est .... à l'agacer.

(A) évanouie / lavés / lavée / permis / plu
(B) évanouie / lavés / lavé / permis / plu
(C) évanouit / lavées / lavé / permise / plue
(D) évanoui / lavé / lavée / permise / plue

Question 11. Parmi les 4 phrases suivantes, laquelle comporte une faute d'orthographe ?

(A) Pour les véhicules légers, il est en effet bien plus efficace et moins coûteux d'utiliser l'électricité directement, via des batteries.
(B) La réduction du mineraie de fer s'effectue aujourd'hui principalement grâce au charbon ou au gaz naturel.
(C) Enfin, pour l'aviation, il est possible de concevoir des carburants de synthèse, dont le kérosène, à partir d'hydrogène et de dioxyde de carbone.
(D) N'étant pas pilotable, la production des énergies renouvelables devrait en outre à l'avenir régulièrement dépasser la demande d'électricité.

Question 12. Quelles propositions permettent de compléter les phrases ci-dessous de façon correcte ?

1. Les autorités financières (...) récemment dans un chiffrage des risques climatiques.
2. Selon le chercheur, les compagnies pétrolières (...) cette rente fossile pour se diversifier en vue d'un pic pétrolier.
3. Ces milliards (...) dans l'éolien et le solaire photovoltaïque.
4. Ainsi, les importations d'électricité du pays (...) en dix ans

(A) se sont lancé / pourraient utiliser / ont été investis / ont plus que triplé
(B) se sont lancées / pourraient utiliser / ont été investis / ont plus que triplé
(C) se sont lancées / pourraient utilisé / ont été investi / ont plus que triplées
(D) se sont lancées / pouraient utiliser / ont été investi / ont plus que triplés

Question 13. Combien de fautes le texte ci-dessous comporte-t-il ?

Pourquoi l'utopie promise par Keynes ne s'est-elle jamais matérialisée ? On dit souvent aujourd'hui qu'il n'avait pas prévu l'essort du consummérisme : plutôt qu'une durée de travail plus courte, nous aurions fait le choix d'un acroissement des gadgets et des loisirs à notre disposition. C'est une fable morale plaisante, mais une minute de réflexion suffit à montrer qu'elle est fausse. Oui, nous avons assisté à la création d'une infinie variété de nouveaux emplois et de nouveaux secteurs d'activités depuis les années 1920, mais très peu ont a voir avec la production et la distribution de sushis, d'iPhone ou de baskets à la mode.

(A) 0 fautes
(B) 2 fautes
(C) 3 fautes
(D) 4 fautes

Question 14. Quelles propositions correspondent à des équivalences acceptables pour les segments soulignés proposés ?

Quand les entreprises s'engagent dans d'impitoyables restructurations, les licenciements tombent invariablement sur la catégorie des salariés qui fabriquent, transportent, réparent et entretiennent réellement quelque chose.

(A) s'engouffrent dans / d'intraitables / attaquent inévitablement
(B) s'embarquent dans / d'insensibles / pleuvent inlassablement sur
(C) se lancent dans / d'implacables / s'abattent systématiquement sur
(D) se ruent vers / d'inexorables / fondent rituellement sur

Question 15. Parmi les propositions suivantes, laquelle est correcte ?

(A) Au Pagaillou, tous les premier et troisième jeudis du mois, c'est bouillabaisse.
(B) Au Pagaillou, tous les premiers et troisièmes jeudis du mois, c'est bouillabaisse.
(C) Au Pagaillou, tous les premier et troisième jeudi du mois, c'est bouillabaisse.
(D) Au Pagaillou, tous les premiers et troisièmes jeudi du mois, c'est bouillabaisse.

Question 16. Parmi les propositions suivantes, laquelle est correctement orthographiée ?

(A) Il tombait souvent et avait beaucoup de bleux sur les bras.
(B) Les nouveaux landaux sont magnifiques.
(C) Alice a dû changer deux pneux après son contrôle technique.
(D) Il faut surveiller la pression des pneus.

Question 17. Parmi les propositions suivantes, laquelle est grammaticalement correcte ?

(A) Ses peintures étaient telles que je les avais imaginé.
(B) Le père et le fils s'étaient téléphonés tous les jours pendant dix ans.
(C) Elle s'était lavée la tête puis était partie à la piscine.
(D) Il avait vendu les boîtes miniatures que sa tante avait collectionnées.

Question 18. Le mot « ressasser » est un :

(A) Catadrome
(B) Anadrome
(C) Boulodrome
(D) Palindrome

Question 19. Parmi les propositions suivantes, laquelle n'exprime pas l'idée de soumission ?

(A) Être raplapla devant quelqu'un
(B) Être un vrai paillasson
(C) Faire profil bas
(D) Tomber bien bas

Question 20. Parmi les propositions suivantes, quel est l'intrus ?

(A) Finir
(B) Mourir
(C) Fleurir
(D) Pourrir

Question 21. Parmi les propositions suivantes, laquelle est correctement conjuguée au futur de l'indicatif ?

(A) Tu excluеras ces étudiants, qui n'ont pas validé leur cursus.
(B) Vous entrevoyerez la vérité un jour, si vous prenez le temps de réfléchir.
(C) Je clorai le dossier quand toutes les informations auront été données.
(D) Nous étudirons bientôt ce chapitre sur les molécules.

Question 22. Parmi les propositions suivantes, laquelle est un acronyme ?

(A) A priori
(B) Ovni
(C) Oups
(D) Etc.

Question 23. Parmi les propositions suivantes, laquelle est grammaticalement correcte ?

(A) Je suis soulagée que tout ce soit débloqué.
(B) La pluie c'était épaissie, la visibilité s'amoindrissait.
(C) Le chien s'était mis à aboyer en entendant les enfants.
(D) Patrick ce lassait de répéter les mêmes choses tous les jours.

Question 24. Parmi les propositions suivantes, laquelle est incorrecte ?

(A) J'ai fait des choux de Bruxelles, manges-en !
(B) Je ne veux plus te voir, va-t'en !
(C) Vends ta voiture !
(D) T'inquiètes pas

Question 25. Parmi les propositions suivantes, laquelle est correcte ?

(A) Y-a-t'il un conducteur dans le train ?
(B) Y-a-t-il un conducteur dans le train ?
(C) Y a-t'il un conducteur dans le train ?
(D) Y a-t-il un conducteur dans le train ?

Question 36. Complétez la textuelle (attention : cette question constitue un texte suivi avec la question 35).

(...) il est nécessaire de garder son calme durant ces mois de dur labeur, (...) de la sérénité avec laquelle on aborde les épreuves dépend beaucoup la réussite finale.

(A) Par ailleurs / enfin
(B) Mais / et
(C) Pourtant / car
(D) En effet / ainsi

Question 37. Parmi les propositions suivantes, laquelle est correcte ?

(A) Les chats ne miaulent que fort peux en général.
(B) Le tigre peux ressembler à un gros chat parfois.
(C) Hélas, cette année la récolte sera peu abondante, se désolait le fermier.
(D) Nous regardons un peut les émissions de télé-réalité.

Question 38. Trouver l'intrus parmi les quatre propositions

(A) Dernier de la classe : je te félicite !
(B) Encore une merveilleuse semaine de grève !
(C) C'est incroyable que tu aies pu nous rejoindre malgré les intempéries !
(D) Rien de plus suave que ces hurlements d'enfants !

Question 39. Choisir la bonne définition pour le mot figurant en italiques. Dans une phrase, on parle de néologisme quand :

(A) On emploie un mot qui a une origine grecque ou latine.
(B) On renouvelle et modernise le sens d'un mot.
(C) On invente un nouveau mot.
(D) On emploie à tort un mot d'origine étrangère.

Question 40. Parmi les propositions suivantes, laquelle est correcte ?

(A) Bientôt, nous pourrons nous régalé de ces tomates du jardin.
(B) Bientôt, nous pourrons nous régaler de ces tomates du jardin.
(C) Bientôt, nous pourrons nous régalez de ces tomates du jardin.
(D) Bientôt, nous pourrons nous régalée de ces tomates du jardin.

Corrigé de l'épreuve 1

Question 1. Réponse C

J'aurais aimé : irréel du passé (conditionnel) ;

demanderai (conjugaison du futur donc sans « s » à la première personne) ;

moulons : première personne du pluriel du verbe moudre ;

contredisez : conjugaison de contredire à la deuxième personne du pluriel du présent de l'indicatif, à ne pas confondre avec dire : vous dites.

Question 2. Réponse A

Dans les noms composés (comme ailleurs), les verbes, adverbes et prépositions ne prennent jamais de « s ». Seuls les noms et les adjectifs sont susceptibles de prendre la marque du pluriel.

Question 3. Réponse A

« Après que » gouverne plutôt un indicatif même si cela sonne faux. A ne pas confondre, pour la construction, avec « avant que », la phrase « Après qu'il est parti, elle s'est mise à pleurer. » est donc correcte.

« Pallier » est transitif direct (sans préposition à), cette faute d'expression est très courante.

Dans le cas d'un groupe verbal complexe avec infinitif, le participe passé est invariable puisque le complément est celui du deuxième verbe.

Quel que soit son avis : « quel » s'accorde en genre et nombre avec le nom auquel il renvoie : « avis » est masculin singulier.

Question 4. Réponse B

Le mouvement romantique correspond au XIXe siècle, Villon est un auteur du XVIe.

Question 5. Réponse A

Dans le cas où le pronom réfléchi est complément d'objet indirect, le participe passé du verbe pronominal ne s'accorde pas.

Question 6. Réponse B

« Avérées vraies », « pré-évaluées en amont », « hausse du nombre croissant », disent (au moins) deux fois la même chose.

La seule phrase qui échappe à ce problème est « Après plusieurs années de vaches maigres, les deux grands constructeurs automobiles français ont retrouvé le chemin de la croissance en 2015. ».

Question 7. Réponse B

Accord en genre et nombre des adjectifs de mesure : « demi ».

Il s'accorde après « et » et reste invariable placé avant le nom.

Question 8. Réponse D

Les phrases 1 et 3 sont erronées : où prend un accent (pronom relatif et pas conjonction de coordination) ; crû prend un accent circonflexe, il s'agit du participe passer de croître et non pas croire.

Question 9. Réponse D

On ne Badine pas avec l'amour, *Le Tartuffe*, *Les femmes savantes*, *L'Avare*, *les Fourberies de Scapin* sont des comédies.

La maladie d'amour n'est pas une pièce de théâtre.

Question 10. Réponse B

– Les participes passés des verbes essentiellement pronominaux (se taire) s'accordent avec le sujet du verbe.

– Pour les verbes pronominaux réfléchis (se laver, s'évanouir), le participe passé suit la règle d'accord du participé passé conjugué avec « avoir » : il s'accorde avec le COD si celui-ci est placé avant.

– Le participe passé des verbes pronominaux réciproques (se battre) s'accorde avec le COD si celui-ci est placé avant le verbe.

Attention : quelques participes passés de verbes pronominaux réciproques sont toujours invariables puisqu'ils ne peuvent pas avoir de COD : Ils se sont convenu, souri, plu, déplu, parlé, souri, menti, succédé, rendu compte, etc.

Question 11. Réponse B

Minerai ne prend pas de « e ».

Question 12. Réponse B

Accord du participe passé pronominal, quand deux verbes se suivent le 2e est à l'infinitif (si le premier n'est pas un auxiliaire) et accord du participe passé avec avoir.

Question 13. Réponse D

Les erreurs à relever : essor, consumérisme, accroissement, ont à voir.

Question 14. Réponse C

La recherche du sens identique est essentielle, mais les collocations jouent : on se lance dans une restructuration, implacable est proche d'impitoyable (dimension de fatalité : on ne peut rien y faire). Les licenciements ne peuvent pas vraiment attaquer, pleuvoir, fondre mais plutôt s'abattre sur ... systématiquement (proche d'invariablement : sans variation possible, mais sur le versant positif).

Question 15. Réponse A

Il n'y a qu'un seul premier jeudi et un seul troisième jeudi dans chaque mois, donc premier et troisième restent au singulier.

Question 16. Réponse D

Les mots qui se terminent par -eau, -au, -eu prennent un -x au pluriel. Exceptions : pneu, landau et bleu prennent un –s au pluriel. Les mots en -al au singulier ont un pluriel en -aux. Exceptions les plus courantes : carnaval, festival, chacal, récital, fatal, banal, natal, naval prennent un –s au pluriel.

Question 17. Réponse D

Les cas d'accord :

1. Le participe passé s'accorde avec le sujet du verbe, lorsque le sujet fait l'action sur lui-même.

Exemple : Ils se sont aperçus de leur erreur. (sous entendu eux-mêmes)

2. Le participe passé s'accorde avec son COD en genre et en nombre lorsque le COD précède le verbe (même règle qu'avec l'auxiliaire avoir).

Exemple : les mains qu'ils se sont lavées (le COD « les mains » est placé devant le verbe.

Les cas de non-accord :

1. Le participe passé ne s'accorde pas lorsque le COD suit le verbe.

Exemple : ils se sont lavé les mains. (COD « les mains » placé après le verbe)

2. Le participe passé ne s'accorde pas lorsque le verbe pronominal réfléchi ou réciproque admet un COI.

Les participes passés des verbes suivants sont invariables : se plaire, se complaire, se déplaire, se rire, se convenir, se nuire, se mentir, s'en vouloir, se ressembler, se sourire, se suffire, se survivre.

Exemple : Ils se sont plu.

Question 18. Réponse D

Palindrome se dit d'un mot, d'un vers, d'une phrase que l'on peut lire indifféremment de gauche à droite ou de droite à gauche.

Question 19. Réponse D

L'expression « tomber bien bas » s'utilise de façon métaphorique et signifie, en parlant d'une personne, « se trouver dans une grande déchéance matérielle, morale ou sociale ».

Question 20. Réponse B

Mourir est un verbe du 3e groupe, contrairement aux autres réponses possibles. Astuce : conjuguer à la 1re personne du pluriel, les verbes du 2e groupe finissent en -issons.

Question 21. Réponse C

Attention à la terminaison au futur des verbes du premier et troisième groupe « exclurons, étudiErons, entreverrez »…

Question 22. Réponse B

En général, le sigle se prononce alphabétiquement. Par exemple : OGM (sigle de organisme génétiquement modifié). Lorsqu'il se prononce d'une manière syllabique, c'est-à-dire comme un mot ordinaire, on appelle le sigle un acronyme.

Question 23. Réponse C

Si le mot est devant un verbe, changez-le par cela. Si cela est possible, vous écrivez ce. Sinon, c'est se que vous devez utiliser. Si le mot n'est pas devant un verbe, vous devez écrire ce.

Question 24. Réponse D

L'impératif présent se termine généralement par un « s » à la 2e personne du singulier, hormis pour les verbes du 1er groupe (se finissant par -er) qui se terminent par un e : Mange (1er groupe) !

Question 25. Réponse D

La seule typographie correcte est « y a-t-il ». La lettre « t » encadrée de traits d'union se nomme un « t euphonique ». Cette consonne sert à éviter la répétition d'une voyelle.

Question 26. Réponse D

L'expression « au temps pour moi » est une interjection. Elle serait issue du langage militaire ou musical et de l'injonction « au temps ! », qui commandait de reprendre le mouvement ou la musique au premier temps indiqué par la personne qui dirige, après avoir fait une erreur. L'expression est employée lorsque le locuteur admet son erreur, en la reconsidérant.

Question 27. Réponse C

On dit que le H est muet s'il n'y a aucune conséquence sur la prononciation. On fera donc la liaison et l'élision avec le mot qui le précède. On dit que le H est aspiré quand il empêche la liaison ou l'élision avec le mot précédent.

Question 28. Réponse D

Les adjectifs « nu » et « demi » placés devant le nom resteront invariables et seront reliés par un trait d'union.

Les adjectifs « nu » et « demi » placés après le nom s'accorderont avec ce nom.

Question 29. Réponse D

L'expression à analyser est un proverbe commun : « Il n'est pire sourd que celui qui ne veut pas entendre ». Cela signifie qu'il est inutile de chercher à convaincre quelqu'un qui ne veut pas entendre raison. Le thème de la surdité, de l'infirmité, du handicap est ici à prendre au sens figuré comme une condamnation morale de l'obstination.

Un autre proverbe a le même sens et se construit sur la même opposition : Il n'est pire aveugle que celui qui ne veut pas voir.

Question 30. Réponse B

Les phrases A, C et D proposent toutes des métaphores (c'est-à-dire des comparaisons sans lien de comparaison explicite) qui associent un trait de l'homme avec une caractéristique animale. En revanche, il n'y a pas d'image, pas d'analogie (c'est-à-dire de comparaison) dans la phrase B qui est donc à prendre au sens propre et non figuré.

Question 31. Réponse C

C'est sur le sens de ces expressions que la différence était à faire. Les trois premières expressions veulent toutes signifier la même chose : se donner du mal pour parvenir à ses fins. L'expression C en revanche n'a rien à voir puisqu'elle signifie : être impitoyable.

Question 32. Réponse C

Concis est un adjectif qualificatif qui ne dérive pas d'une forme verbale, tandis que « pesé », « éprouvé » et « haï » sont tous des participes passés, et sont construits à partir des formes verbales (« peser », « éprouver » et « haïr »).

Question 33. Réponse A

Voici les fautes à corriger :

– une faute d'orthographe

Les travailleurs étaient épuisés et nul ne semblait s'en rendre compte

Attention à bien distinguer ces expressions de sens et d'orthographe différentes

–> se rendre compte (au singulier) : s'apercevoir ; découvrir

–> rendre des comptes (au pluriel) : se justifier ; expliquer

– une faute de syntaxe

Entre sans frapper et donne-moi ton petit pot de beurre

Attention à la conjugaison des verbes du premier groupe (verbes en -ER) à l'impératif : il n'y a pas de -S à la 2e personne du singulier, contrairement aux autres groupes. On distinguera ainsi aime, écoute, soulève (verbes du 1er groupe), de vois, finis, prends (verbes du deuxième et troisième groupe).

Question 34. Réponse A

Il s'agit d'une application classique de la règle de concordance de temps. Dans la proposition principale, on a un verbe au futur de l'indicatif (prendrons). Dans la subordonnée de temps, l'action est présentée comme antérieure à l'action de la principale : il faut donc un temps composé du passé. On éliminera donc d'emblée toutes les autres suggestions B (futur de l'indicatif), C (conditionnel présent) et D (présent de l'indicatif). Seule la suggestion A est recevable avec le futur antérieur qui indique bien le futur mais avec une idée de passé, d'antériorité par rapport au verbe de la principale.

Question 35. Réponse B

Les signes de ponctuation dans ce texte sont importants car ils soulignent la structure de la phrase et sa logique. Il y a d'abord la subordonnée (de temps), puis la principale. La subordonnée de temps est elle-même développée par deux subordonnées juxtaposées (entre virgules) et mises en parallèles : que ce soit ... ou bien. Il s'agit d'expliciter (de rendre plus précises) les conditions dans lesquelles s'effectue la préparation à l'examen : une première tentative ou une nouvelle tentative.

La principale (qui commence avec « il est difficile ») introduit comme une conséquence inévitable le sentiment de panique qui peut étreindre le candidat devant/face à la somme de travail à fournir.

Question 36. Réponse C

Il y a entre les deux phrases (questions 35 et 36) un lien de concession : on entend par là qu'il y a une rupture dans l'ordre de la logique (cause/conséquence). Contrairement à ce que la nature pourrait lui commander, l'étudiant se doit de surmonter son stress, son agitation, son anxiété pour affronter sereinement les épreuves. C'est le sens de l'adverbe pourtant, synonyme de toutefois, néanmoins.

La seconde partie de la phrase développe une explication et montre pourquoi ce calme, cette sérénité sont nécessaires au candidat : la conjonction de coordination car introduit la cause et développe cette justification.

Question 37. Réponse C

– Peux : verbe « pouvoir » à l'indicatif présent conjugué à la 1re ou 2e personne du singulier. – Peut : verbe « pouvoir » à l'indicatif présent conjugué à la 3e personne du singulier. – Peu : adverbe de quantité, antonyme de « beaucoup ».

Question 38. Réponse C

Les phrases A, B et D ont en commun de présenter le même ton ironique, c'est-à-dire qu'elles disent une chose tout en laissant entendre le contraire. On comprend sans peine qu'il faut lire à travers les lignes si on veut saisir la pensée véritable.

Seule la phrase C, pourtant exclamative commc lcs autrcs, cst dépourvuc dc cette intention cachée et doit être lue comme une exclamation d'étonnement.

Question 39. Réponse C

Le néologisme est un mot dérivé du grec que l'on peut décomposer ainsi : néo (nouveau) – logos (mot). On désigne par là le fait de créer de nouveaux mots, notamment pour s'adapter aux évolutions du monde, de la société ou de la technique. Parmi les néologismes les plus récents (années 2000) et désormais attestés dans les dictionnaires, on peut ainsi relever : pipolisation, zénitude, blogosphère ou encore bling-bling.

Question 40. Réponse B

Une règle simple pour savoir si on doit mettre é ou er à la fin d'un verbe est de le remplacer par le verbe « vendre » dans la phrase. Si l'on dit « vendu », il faut mettre é, sinon il faut mettre « er ».

Épreuve 2 – 40 QCM – 20 minutes maximum

Question 1. Quelle est la conjugaison du verbe « frémir » à la première personne du subjonctif présent ?

(A) Que je frémie
(B) Que je frémis
(C) Que je frémisse
(D) Que j'aie frémis

Question 2. Complétez la phrase suivante : « … soit la question, il y trouvait toujours … réponse du meilleur cru ».

(A) Quelle que / quelle que
(B) Quelque / quelque
(C) Quelque / quelle que
(D) Quelle que / quelque

Question 3. Éliminez l'intrus :

(A) Chou
(B) Caillou
(C) Pou
(D) Ecrou

Question 4. Lequel de ces mots est le synonyme le plus proche du mot « donation » ?

(A) Don
(B) Distribution
(C) Edification
(D) Concession

Question 5. Complétez la phrase suivante : « … exemplaires de ce livre ont été vendus ».

(A) Cinq million cinq cent milles
(B) Six millions deux cent cinquante mille
(C) Un million huit-cents mille
(D) Neuf cent deux milles

Question 6. Quel est le plus proche synonyme du mot « carafe » ?

(A) Pichet
(B) Pot
(C) Seau
(D) Vase

Question 7. Laquelle de ces expressions est correcte ?

(A) Des chaussures oranges
(B) Des yeux marrons
(C) Des vestes bleu clair
(D) Des gants rose

Question 8. Complétez la phrase suivante : « … soient ses propositions, tu peux lui dire que je l'écouterai avec attention ».

(A) Quelque
(B) Quels que
(C) Quelques
(D) Quelles que

Question 9. Indiquez l'orthographe correcte.

(A) Des hibous
(B) Des hiboux
(C) Des hiboues
(D) Des hibouex

Question 10. « J'eus donné » est la conjugaison du verbe « donner » au :

(A) plus-que-parfait de l'indicatif
(B) passé antérieur
(C) imparfait du subjonctif
(D) passé simple

Question 11. Lequel de ces verbes est mal orthographié ?

(A) Immiscer
(B) Gommer
(C) Condanner
(D) Encenser

Question 12. Le participe présent du verbe « pourvoir » est :

(A) pourvoirant
(B) pourvu
(C) pourvoyent
(D) pourvoyant

Question 13. Complétez la phrase : « Il … beaucoup plu … Paris ».

(A) a / à
(B) a / a
(C) à / a
(D) à / à

Question 14. Complétez la phrase : « Ce film est complètement … d'intérêt ».

(A) Dénudé
(B) Dénué

Question 15. Complétez la phrase : « … à vous, je me demande bien … vous vous ferez enfin à l'idée que vous avez tort ! »

(A) Quant / Quand
(B) Qu'en / Quand
(C) Quant / Quant
(D) Quand / Qu'en

Question 16. Lequel de ces mots n'est *pas* synonyme des trois autres ?

(A) Division
(B) Graduation
(C) Echelle
(D) Ratio

Question 17. Dans laquelle de ces phrases remplaceriez-vous les points de suspension par « quant » ?

(A) … serez-vous rentré chez vous ?
(B) Je désire que vous m'appeliez … vous aurez eu de ses nouvelles.
(C) … est-il du projet dont vous m'aviez parlé la dernière fois ?
(D) Et … à vous, vous savez à quoi vous en tenir.

Question 18. Dans laquelle des propositions suivantes les phrases ci-dessous (extraites du célèbre *Du Contrat Social* de J.-J. Rousseau) sont-elles ordonnées dans un ordre logique ?

1 – J'ai déjà dit qu'il n'y avait point de volonté générale sur un objet particulier.
2 – Alors il se forme entre le tout et sa partie une relation qui en fait deux êtres séparés, dont la partie est l'un, et le tout moins cette même partie est l'autre.
3 – S'il est hors de l'Etat, une volonté qui lui est étrangère n'est point générale par rapport à lui ; et si cet objet est dans l'Etat, il en fait partie.
4 – En effet cet objet particulier est dans l'Etat ou hors de l'Etat.

(A) 2 – 3 – 1 – 4
(B) 2 – 4 – 1 – 3
(C) 1 – 4 – 3 – 2
(D) 1 – 3 – 4 – 2

Question 19. Quelle est la phrase correcte ?

(A) Je vous serais gré de me renvoyer ces bordereaux signés.
(B) Je vous saurais gré de me renvoyer ces bordereaux signés.
(C) Je vous saurais gré de me renvoyé ces bordereaux signés.
(D) Je vous saurai gré de me renvoyer ces bordereaux signés.

Question 20. Parmi les expressions ci-dessous, laquelle est synonyme de « parler avec aménité » ?

(A) Parler sans aisance
(B) Parler sans rudesse
(C) Parler sans hésitation
(D) Parler sans affectation

Question 21. « Il ne m'a pas fallu longtemps pour la reconnaître : elle n'a pas vraiment changée depuis la dernière fois que je l'ai vue. J'ai été surpris de constater qu'elle, en revanche, avait l'air d'ignorer qui j'étais. Pourtant, cela n'aurait pas du m'étonner : d'aussi loin que je me souvienne, elle a toujours été tête-en-l'air. »

Dans le texte ci-dessus, quel est le participe passé mal orthographié ?

(A) été
(B) changée
(C) fallu
(D) du

Question 22. Quel est le pluriel du mot « rouge-gorge » ?

(A) Rouge-gorges
(B) Rouges-gorges
(C) Rouge-gorge
(D) Rouges-gorge

Question 23. Complétez correctement la phrase suivante : « Les … invités que nous avons … sont partis … ailleurs ».

(A) Treizes – attendus – dînés
(B) Treizes – attendu – dîné
(C) Treize – attendus – dîner
(D) Treize – attendu – dîné

Question 24. Dans laquelle des expressions suivantes le mot « fond » est-il mal orthographié ?

(A) Sa valise a été fouillée de fond en comble.
(B) L'argent était prêté à fond perdu.
(C) Il a étudié la question à fond.
(D) Cette musique fait un très bon fond sonore.

Question 25. Quel est le pluriel de canne-à-pêche ?

(A) Cannes-à-pêches
(B) Canne-à-pêches
(C) Cannes-à-pêche
(D) Canne-à-pêche

Question 26. Lesquels de ces mots sont des homonymes parfaits ?

(A) Fier (je suis fier de…) / Fier (infinitif du verbe « se fier à… »)
(B) Cent / Sang
(C) Mousse (mousse au chocolat) / Mousse (mousse dans l'équipage d'un bateau)
(D) Seau / Sceau

Question 27. Lequel de ces mots est masculin ?

(A) Limitation
(B) Marmaille
(C) Marmelade
(D) Chèvrefeuille

Question 28. Quel est le pluriel de savoir-faire ?

(A) Savoirs-faires
(B) Savoir-faires
(C) Savoir-faire
(D) Savoirs-faire

Question 29. Lorsqu'on cherche à convaincre, le discours est argumentatif. Lorsqu'on cherche à donner à voir au lecteur une chose, un être vivant ou un lieu, le discours est descriptif. Lorsqu'on donne des informations pour faire comprendre quelque chose, le discours est explicatif. Le discours narratif permet de raconter une histoire : il rapporte des événements qui mettent en scène des personnages dans un cadre précis (époque, moment, lieux).

Quel est le style de discours qui correspond à l'extrait qui suit ?

« Les sirènes aperçoivent la nef qui bondissait sur les flots ; elles entonnent un chant harmonieux : Allons, viens ici Ulysse, si glorieux, si illustre parmi les Grecs ; viens entendre notre voix. Tous ceux qui sont passés par là sur un noir vaisseau ont écouté l'harmonie des chants ; puis ils sont repartis charmés et plus riches en savoir ; car nous connaissons toutes les épreuves subies par les Grecs et les Troyens dans la vaste Troade et nous savons tout ce qui arrive sur la terre nourricière. »

Homère, *L'Odyssée*, chant XI

I. Argumentatif
II. Descriptif
III. Explicatif
IV. Narratif

(A) II seulement
(B) I + II + III
(C) I + II + III + IV
(D) I + III

Question 30. Parmi les quatre expressions suivantes, une seule n'existe pas. Laquelle ?

(A) « Ça ne casse pas trois pattes à un canard. »
(B) « Ça glisse sur moi comme sur les plumes d'un canard. »
(C) « Il ne faut pas prendre les enfants du bon Dieu pour des canards sauvages. »
(D) « Les canards boiteux ne vont pas par deux. »

Question 31. Indiquez la proposition correcte.

(A) La pièce qu'il a vu jouer l'a ému.
(B) La pièce qu'il a vue jouer l'a ému.
(C) La pièce qu'il a vu joué l'a ému.
(D) La pièce qu'il a vue jouée l'a ému.

Question 32. Le mot « inepte »…

(A) … se dit de quelque chose d'absurde.
(B) … se dit de quelque chose de sensé.
(C) … se dit d'une personne qui n'est pas apte.
(D) … se dit de quelque chose de lourd.

Question 33. Choisissez celui de ces mots qui forme son pluriel en « -aux ».

(A) Journal
(B) Festival
(C) Bal
(D) Chacal

Question 34. Parmi les quatre phrases suivantes, quelle est celle dont l'orthographe n'est pas correcte ?

(A) Cette année, les pantalons mi-long seront à la mode.
(B) Combien de films franco-américains ont été produits depuis 1989 ?
(C) Il y a tellement de valises jaunes sur ce tapis roulant que je ne sais plus quelle est la mienne.
(D) La proportion de garçons sourds-muets en France n'a de cesse que de croître.

Question 35. Parmi les propositions suivantes, laquelle est fausse d'un point de vue grammatical ?

(A) Je ne veux pas que tu le lui dises quand tu iras le voir.
(B) Il regrette que je fusse parti sans attendre.
(C) L'enfant hurle pour qu'on le laisse tranquille.
(D) Je ne pense pas qu'il ait déjà fini le déjeuner.

Question 36. Parmi les propositions suivantes, quelle est l'expression qui résume le mieux le texte ci-dessous extrait de la poésie *Le Spleen de Paris* de Charles Baudelaire ?

« Celui qui regarde du dehors à travers une fenêtre ouverte ne voit jamais autant de choses que celui qui regarde une fenêtre fermée. Il n'est pas d'objet plus profond, plus mystérieux, plus fécond, plus ténébreux, plus éblouissant qu'une fenêtre éclairée d'une chandelle. Ce qu'on peut voir au soleil est toujours moins intéressant que ce qui se passe derrière une vitre. Dans ce trou noir ou lumineux vit la vie, souffre la vie. »

(A) L'ombre et la lumière
(B) La puissance de l'imagination
(C) La vérité cachée
(D) Le mystère des ténèbres

Question 37. Parmi les quatre propositions suivantes, laquelle suit l'extrait tiré de l'œuvre d'André Gide ?

« Nathanaël, je te parlerai des attentes. J'ai vu la plaine, pendant l'été, attendre ; attendre un peu de pluie. La poussière des routes était devenue trop légère et chaque souffle la soulevait. Ce n'était même plus un désir ; c'était une appréhension. La terre se gerçait de sécheresse comme pour plus d'accueil de l'eau. Les parfums des fleurs de la lande devenaient presque intolérables. Sous le soleil tout se pâmait »

(A) Il y avait dans ce temps-là de grands hivers, de brûlants étés. J'ai connu, depuis, des étés dont la couleur, si je ferme les yeux, est celle de la terre ocreuse, fendillée entre les tiges du blé et sous la géante ombelle du panais sauvage, celle de la mer grise ou bleue.
(B) « Trop beau », pensait Fabien. Il errait parmi les étoiles accumulées avec la densité d'un trésor, dans un monde où rien d'autre, absolument rien d'autre que lui, Fabien, et son camarade, n'était vivant.
(C) Dans ce pays, il n'y a pas de soleil, et pas de nuit. Le ciel brûle toujours, agitant ses flammes comme des draps, et le sol luit de toutes ses parcelles de mica, de tous ses cristaux de soufre. De loin en loin, tu aperçois des troncs d'arbre calcinés ; leurs branches sont noires, tordues.

(D) Nous allions chaque après-midi nous reposer sous la terrasse, abrités un peu de l'extraordinaire éclat du jour. C'était le temps où les arbres à cônes, chargés de pollen, agitent aisément leurs branches pour répandre au loin leur fécondation. Le ciel s'était chargé d'orage et toute la nature attendait.

Question 38. Complétez en choisissant la solution optimale.

Les rapports entre les Turcs et les Européens furent de très longue date, (…) alternant des périodes de paix et de guerre, de coopération et de rivalité, depuis les croisades jusqu'à la Turquie républicaine, (…).

(A) avec beaucoup d'amour et un peu de haine en voguant sur le Bosphore
(B) complexes et contradictoires en passant par l'Empire ottoman
(C) passions et haines confondues en courant les océans du globe
(D) tumultueux et sanglants en construisant l'Europe

Question 39. Associez les expressions suivantes à leur définition :

1 : propos opportuns	A : propos mensongers qui attaquent la réputation
2 : propos fabulateurs	B : propos par lesquels on flatte et on exploite les passions des masses
3 : propos calomnieux	C : propos qui conviennent dans un cas déterminé
4 : propos démagogiques	D : propos imaginaires mais présentés comme réels par leur auteur

(E) 1D – 2A – 3B – 4C
(F) 1C – 2D – 3A – 4B

Question 40. Quel roman du XIXe siècle, souvent considéré comme une œuvre majeure de la littérature réaliste, dépeint la société provinciale française et la lutte d'une femme pour briser les conventions sociales de l'époque ?

(A) *Les Misérables* de Victor Hugo
(B) *Madame Bovary* de Gustave Flaubert
(C) *Le Père Goriot* d'Honoré de Balzac
(D) *Les Travailleurs* de la mer de Victor Hugo

Corrigés de l'épreuve 2

Question 1. Réponse C

Question 2. Réponse B

Le « quelque » ne signifie pas ici « bien que », mais « une certaine ». C'est un sens très ancien du mot, lié à une langue soutenue. Il n'est que très rarement utilisé dans le langage contemporain, si ce n'est dans le discours politique – mais nous estimons que dans le doute, il vaut mieux vous familiariser avec cet emploi de la locution.

Question 3. Réponse D

Ecrou est le seul des mots proposés à ne pas appartenir à la liste des noms en « -ou » formant leurs pluriels en « -oux ». Pour rappel, cette liste comprend les mots : hibou, chou, caillou, genou, pou, joujou, et bijou.

Question 4. Réponse A

Ici, le radical du don était un indice. La distribution s'apparente plus à la répartition qu'à la donation ; l'édification se rapporte à la fondation (à laquelle on fait des donations, mais qui n'est pas une donation elle-même) ; et la concession n'est pas une cession mais plutôt le fait d'accepter les exigences d'un interlocuteur.

Question 5. Réponse B

« Mille » est invariable ; les traits d'union ne s'utilisent que pour les nombres inférieurs à cent, sauf lorsqu'ils comprennent un « et » (vingt et un) ; et « cent » ne prend un « s » que lorsqu'il est précédé par un nombre qui le multiplie (ce qui n'est pas le cas, par exemple, pour « mille cent » (mille plus cent), et lorsqu'il n'est pas suivi par un autre nombre. On écrira donc : « huit cents » ; « huit cent deux ».

Question 6. Réponse A

Un pichet se réfère à un objet proche d'une carafe (on peut demander un pichet de vin dans un restaurant). En revanche, un pot, un vase ou un seau sont très distants de la carafe en ce sens que les liquides qu'ils contiennent ou peuvent contenir ne sont, en temps normal, pas destinés à être bus.

Question 7. Réponse C

Les noms de couleurs qui font référence à des fruits (ou des pierres, etc.) sont invariables, à quelques exceptions près (au nombre desquelles « rose » figure en bonne place : sur ce plan, voir le cours). En revanche, les noms de couleurs composés (bleu clair, jaune canari, etc.) sont eux aussi invariables.

Question 8. Réponse D

Ici, « Quelles que » est un adjectif qui s'accorde avec « propositions ». « Quelque » est une forme adverbiale qui, rappelons-le, signifie « bien que » ; « Quels que » correspond à la bonne forme (l'adjectif se rapportant à la nature des propositions) mais s'accorde en nombre et pas en genre ; « Quelques » fait référence à une idée de quantité, et pas à celle de la nature des propositions ; et enfin, « Quelles que » est la bonne forme, puisqu'elle s'accorde avec « propositions » en genre et en nombre.

Question 9. Réponse B

Cette question visait uniquement à vous permettre de vous auto-évaluer quant à votre mémorisation de la liste des sept mots en « -ou » qui se déclinent au pluriel en « -oux » (ce qui est le cas de hibou). Cela dit, même si vous ne l'aviez pas mémorisée, vous devriez d'ores et déjà pouvoir éliminer automatiquement « hibouex » et « hiboues », deux formes qui n'ont aucune logique et qui ne pourraient, selon aucune règle, constituer le pluriel de « hiboux ».

Question 10. Réponse B

Cette question est l'exemple typique des problèmes de conjugaisons que vous pourrez rencontrer. Afin de vous donner les meilleures armes possibles pour y répondre, révisez bien les tableaux de conjugaisons que vous trouverez dans un *Bescherelle* ou sur internet, et particulièrement ceux des auxiliaires « être » et « avoir » (qui vous permettront d'être plus au point sur les temps composés).

Ainsi, en l'occurrence, le fait de savoir que « j'eus » est le passé simple de « j'ai » et que le passé antérieur est le temps composé qui conjugue l'auxiliaire au passé simple suffisait à trouver la bonne réponse : il n'y avait pas besoin de connaître la conjugaison du verbe « donner ».

Question 11. Réponse C

Bien qu'il se prononce *« condanner »*, le verbe « condamner » s'écrit avec « mn » et pas avec « nn ». Il en va de même pour son radical, « damner ».

Question 12. Réponse D

Comme pour la question précédente, on a ici à faire au dérivé d'un radical connu – celui du verbe « voir ». Dans ce genre de cas, le préfixe (c'est-à-dire, la partie ajoutée au radical et qui vient se placer juste avant lui – « pour », dans le cas présent) reste invariable. Il vous suffit donc de vous remémorer les conjugaisons du radical pour trouver celle qui correspond à la question posée. Le participe présent de « voir » étant « voyant », celui de « pourvoir » est « pourvoyant ».

Question 13. Réponse A

Le premier « a » est de nature verbale (il sert à former le passé composé « il a plu ») ; tandis que le second est une préposition de lieu (« à » Paris : dans Paris).

Question 14. Réponse B

« Dénudé » se réfère à l'idée de l'absence de protection ou de couverture. On dira par exemple « des fils dénudés » pour parler de fils dont la partie conductrice est à l'air libre (et non protégée par une gaine en caoutchouc).

Question 15. Réponse A

En cas de doute, vous devez impérativement revoir la liste des homophones grammaticaux : elle vous permettra en effet de vous préparer à la plupart des questions de ce type.

Question 16. Réponse D

Les trois premiers mots proposés (division, graduation et échelle) sont synonymes : ils se réfèrent tous à l'idée d'une *mesure*, et plus précisément, de l'établissement d'un instrument de mesure. On parlera de l'échelle d'une carte, par exemple : des graduations ou des divisions d'un axe, etc.

Bien entendu, ces mots peuvent avoir plusieurs sens (il s'agit de mots *polysémiques*), mais c'est là leur sens commun. « Ratio », en revanche, est un mot issu du registre économique qui se réfère à l'idée de rapport entre deux grandeurs : il est donc très différent des trois précédents.

Question 17. Réponse D

Dans la formule « quant à », on écrit *toujours* quant avec un t. Le « quand » avec un *d*, de valeur interrogative ou circonstancielle, ne s'utilise que dans le cadre d'un rapport à l'idée de temps (phrases 1 et 2). Enfin, la phrase 3 commence par « Qu'en ».

Question 18. Réponse C

Les phrases en elles-mêmes sont complexes, mais même si elles vous semblent trop alambiquées, il peut en revanche vous être très facile d'en retrouver l'agencement. Pour cela, concentrez-vous bien sur les liens et les coordinations qui les réunissent. Ainsi, les phrases 1 et 4 sont clairement consécutives : le « *cet objet particulier* » de la phrase 4 fait clairement référence à *l'objet particulier* de la phrase 1 ; et le « *En effet* » en début de phrase indique que la phrase 4 fait immédiatement suite à la phrase où l'objet particulier que l'on évoque a été cité.

De là, il ne vous reste plus qu'à constater que la phrase 3 fait suite à la 4 puisqu'elle développe simplement l'idée qui y était avancée. La phrase 2 ne peut donc être que la dernière – car elle fait suite aux autres, sur le plan logique, et qu'elle ne peut s'intercaler entre elles sur le plan de la structure.

L'exercice peut vous sembler compliqué, mais après l'avoir pratiqué plusieurs fois, vous vous y ferez rapidement. Si les exemples que nous vous avons fournis dans le cadre de ces tests ne vous ont pas suffi à vous sentir à l'aise sur ce terrain, n'hésitez pas à faire la même chose avec des extraits d'articles de journaux, par exemple, dont vous demanderez à une bonne âme d'extraire quatre phrases consécutives et de les mélanger.

Question 19. Réponse B

« Je vous saurais gré » est une expression assez formelle, utilisée dans les courriers et les documents officiels plus que dans la conversation courante. Elle signifie : « Je vous serais reconnaissant ». Quant à la question de l'écriture de « renvoyer » ; comme à chaque fois que vous vous poserez la question d'écrire un verbe sous la forme de l'infinitif ou sous celle du participe, nous vous recommandons de tenter de remplacer le verbe par un autre infinitif et de voir si la phrase obtenue vous semble correcte.

Ici, par exemple, si l'on tente de remplacer « renvoyer » par l'infinitif « voir » et par le participe « vu », on constate rien qu'en le prononçant que seul le remplacement par un infinitif peut convenir. Faites l'expérience !

Question 20. Réponse B

« Sans aménité » : caractérise la rudesse ou la brutalité d'une action / d'un discours.

Question 21. Réponse B

En l'absence de COD précédant le participe passé, les participes passés des verbes se conjuguant avec l'auxiliaire « avoir » demeurent invariables.

Question 22. Réponse B

Lorsqu'un nom composé est formé d'un nom et d'un adjectif, les deux mots s'accordent au pluriel.

Question 23. Réponse C

« Treize » est invariable ; le participe « attendu » s'accorde avec le COD « les invités » (qui est placé avant le participe) ; et on peut remplacer « dîner » par un infinitif (« boire ») mais pas par un participe passé (« bu »).

Question 24. Réponse B

Lorsqu'on parle d'argent, le mot « fonds » est toujours pluriel. Il s'écrit donc toujours avec un « s » – et ici, « perdus » devrait en prendre un aussi.

Question 25. Réponse C

Règle d'accord pour les noms composés de forme « nom + préposition + nom » : seul le premier des deux noms s'accorde au pluriel. *Cf.* tableau (dans le cours).

Question 26. Réponse C

Des homonymes parfaits, pour rappel, sont des mots qui se *prononcent* et *s'écrivent* de la même façon.

Question 27. Réponse D

Ici, rien n'indiquait que « chèvrefeuille » est un masculin ; mais en revanche, les trois autres propositions avaient toutes les chances d'être des mots féminins (terminaisons en « -aille », en « -ade » et en « -tion »).

Question 28. Réponse C

Les noms composés de deux verbes sont invariables au pluriel.

Question 29. Réponse C

Question 30. Réponse D

La première expression signifie que « c'est tout juste moyen, à peine passable, pas terrible ». La seconde signifie « cela ne me fait ni chaud ni froid ». La troisième expression signifie qu'il ne faut pas prendre les autres pour des imbéciles. Enfin, « faire un canard » signifie « tremper un sucre dans un verre de cognac ou émettre un couac ». « Un canard boiteux » est une expression qui est usitée et qui symbolise quelqu'un qui se démarque de façon négative. Cependant, « Les canards boiteux ne vont pas par deux » est une expression qui n'existe pas et qui n'a donc aucune signification (même si nous savons que vous êtes tenté d'en trouver une !).

Question 31. **Réponse A**

Le COD « la pièce » est bien placé avant le participe ; mais il n'effectue pas l'action indiquée par l'infinitif (ce n'est pas la pièce qui joue : elle *est jouée*, ce n'est pas pareil). Le participe passé demeure donc invariable.

Question 32. **Réponse A**

Attention : la réponse 3 jouait sur le couple de paronymes que sont *inapte* (non-apte) et *inepte* (absurde).

Question 33. **Réponse A**

« Festival », « Bal » et « Chacal » forment leurs pluriels en « -als », de même que Carnaval, Cérémonials, Régal et Récital.

Question 34. **Réponse A**

Des pantalons mi-long<u>**s**</u>.

Question 35. **Réponse B**

Il faut choisir ! Ou bien on dit « Il **regrette** que je **sois** parti… » ; ou bien : « Il **regrettait** que je **fusse** parti… ». Concordance des temps oblige !

Question 36. **Réponse B**

Quelqu'un qui regarde du dehors une fenêtre fermée ne peut discerner véritablement ce qui se trouve derrière la vitre. Ce qui se voit avec les yeux (« ce qu'on peut voir au soleil ») devient alors moins intéressant que ce qui se voit par la force de la pensée (« plus profond, plus mystérieux »). L'auteur utilise justement l'adjectif « fécond », d'ordinaire utilisé pour désigner l'esprit de quelqu'un qui a beaucoup d'imagination. Ce n'est pas tant la vérité ni le contraste entre ombre et lumière qui est mis en valeur dans l'extrait, mais plutôt la capacité humaine de se représenter par la pensée les choses qu'on ne peut voir par nous-mêmes.

Question 37. **Réponse D**

Ce texte est un extrait des *Nourritures terrestres* d'André GIDE. Il décrit un été très sec, presque aride (« se gerçait de sécheresse », « sous le soleil tout se pâmait »). La suite du poème doit s'inscrire dans le même contexte ; la meilleure solution sera celle qui respecte le plus le cadre donné par l'auteur.

La réponse A peut être écartée puisqu'elle mentionne de nouveau le mot « été », déjà utilisé dans l'extrait. La B utilise un style de discours narratif qui ne convient pas avec le texte. La C souligne l'absence de soleil, pourtant présent dans l'énoncé. La D peut être directement reliée à l'extrait.

Question 38. Réponse B

Vous devez faire attention ici à ce que votre phrase ait du sens.

Complexe : qui contient plusieurs parties ou plusieurs éléments combinés d'une manière qui n'est pas immédiatement claire pour l'esprit ; compliqué, difficile à comprendre. Antonyme : brut, clair, rudimentaire, simple, sommaire, élémentaire.

Question 39. Réponse B

Propos opportuns : propos qui conviennent dans un cas déterminé.

Propos fabulateurs : propos imaginaires mais présentés comme réels par leur auteur.

Propos calomnieux : propos mensongers qui attaquent la réputation.

Propos démagogiques : propos par lesquels on flatte et exploite les passions des masses.

Question 40. Réponse B

Madame Bovary de Gustave Flaubert

Madame Bovary publié en 1857, raconte l'histoire d'Emma Bovary, insatisfaite de sa vie provinciale et de son mariage. Le roman est célèbre pour sa critique des conventions sociales et son style réaliste, représentatifs de la littérature du XIXe siècle.

IV. MATHÉMATIQUES

Scannez

Mes conseils pour réussir cette épreuve

Je vous livre dans cette vidéo quelques conseils essentiels pour bien préparer et réussir la difficile épreuve de Raisonnement et Compétences du concours Sésame.

Suivez-moi **sur Instagram !**

Vous avez des questions sur cette épreuve ? Scannez ce code et écrivez-moi sur WhatsApp !

I. PRESÉNTATION DE L'ÉPREUVE

Cette épreuve a pour objectif de tester en plus de vos acquis de niveau lycée, votre capacité à réfléchir, à raisonner sur des problèmes simples et accessibles à tous, quels que soient vos choix de spécialités en terminale.

Trois points importants :

1. Seules les bonnes réponses sont prises en compte

Cela signifie que vous devez absolument prendre 2 minutes en fin d'épreuve (autrement dit au moment où on vous dit qu'il vous reste 2 ou 3 minutes) pour vous assurer que vos grilles sont parfaitement remplies et que vous avez donc coché une réponse pour chacune des 45 questions.

Comprenez bien en effet que les réponses fausses ne pénaliseront pas votre score final et que vous pouvez donc tout à fait envisager **de répondre au hasard** aux questions que vous n'aurez pas eu le temps ou réussi à traiter.

Notre conseil : pour les épreuves de logique générale et d'aptitudes verbales (plus que pour l'épreuve d'aptitudes numériques), il vous arrivera souvent d'avoir un peu de feeling pour telle ou telle réponse. Aussi, quand vous n'avez pas réussi à traiter une question mais que votre cœur balance quand même pour une réponse en particulier, lancez-vous et répondez au hasard. Pour toutes les autres questions, celles pour lesquelles vous n'avez alors vraiment aucune intuition, **répondez au hasard en oubliant pas de toujours choisir la même lettre ! Répondez toujours la réponse A ou toujours la réponse B, C ou D.** En effet, statistiquement parlant, vous aurez ainsi plus de chance de grappiller ici et là quelques bonnes réponses supplémentaires.

2. N'oubliez pas que vous allez passer un CONCOURS

L'épreuve de mathématiques est difficile et déstabilisante. Difficile car le nombre de notions convoquées est très varié et surtout parce que vous ne disposez que de très peu de temps pour traiter les problèmes et questions qui vous sont posées.

Si durant l'épreuve, certaines questions vous paraissent difficiles, incompréhensibles, louches, bizarres, infaisables… pas de panique ! Car il est en effet sûr et certain que 98 % des autres candidats les trouvent tout aussi infaisables.

Dans un concours, ce n'est pas tant répondre juste à un maximum de questions qui compte **mais de répondre justes à plus de questions que vos adversaires.**

Notre conseil : quand vous rencontrerez une question difficile ou infaisable, ne baissez jamais les bras, respirez un bon coup et dites-vous que vous n'êtes vraiment pas le seul à vivre ce grand moment de solitude. Respirez donc profondément, souriez, et battez-vous !!!

3. Entraînez-vous jusqu'a plus soif !

Que les choses soient claires, plus vous vous entraînerez et meilleures seront vos chances de réussite à l'épreuve de logique du concours SÉSAME. L'expérience montre clairement qu'en s'exerçant sur des dizaines et dizaines de questions, on rencontre un nombre de cas très varié, **on gagne beaucoup de confiance en soi et on apprend surtout à être plus rapide et à mieux gérer son temps.**

II. FICHES DE COURS

12 FICHES DE COURS, MÉTHODES ET ASTUCES

1. Arithmétique
2. Opérations usuelles
3. Pourcentages
4. Equation du second degré
5. Moyennes
6. Géométrie
7. Vitesse – Temps – Distance
8. Raisonnement logique
9. Analyse combinatoire
10. Probabilités
11. Suites
12. Temps de travail

FICHE 1
ARITHMÉTIQUE

[1. Rappels sur les nombres]

1. Chiffres ou nombres ?

Il n'existe que dix chiffres : **0, 1, 2, 3, 4, 5, 6, 7, 8 et 9.**

En revanche, on dit qu'il existe une infinité de nombres (124, 67 615 273 ou encore 17 387 837 929). Les nombres s'écrivent donc avec un ou plusieurs chiffres et vous aurez donc compris que si les chiffres sont considérés comme des nombres (ainsi 3 est un chiffre mais aussi un nombre), les nombres, eux, ne sont pas tous des chiffres !

2. Entiers naturels

Il s'agit de l'ensemble des nombres entiers positifs, 0 inclus : 0, 1, 2, 3, 4… 100 050, 185 175 719 617, etc. ; il y en a une infinité ! C'est avec l'ensemble des entiers naturels que nous avons tous appris à compter.

3. Entiers relatifs

L'ensemble des nombres entiers relatifs contient l'ensemble des nombres entiers naturels ***plus*** l'ensemble des nombres entiers naturels précédés du signe « – » (ce sont des nombres entiers *négatifs*).

Exemples : 918 ; –12 ; –2 232 ; –11 ; 176 516 ; –10 013 303 ; etc. Là encore, il en existe une infinité.

4. Nombres décimaux

Un nombre décimal est un nombre possédant un développement décimal **limité (*i.e.* que le nombre éventuel de chiffres après la virgule est limité)** et pouvant s'écrire sous la forme $a \times 10^p$ (où a et p sont des entiers relatifs).

Ainsi, des nombres comme –12,87 ; 1,783 ; 8,819716517 ou tout simplement 10 003 sont des nombres décimaux.

> Le nombre *pi* n'est pas un nombre décimal car il possède un développement décimal illimité. En revanche, il existe des approximations dites décimales de π telles que 3,14 ; 3,14159 ou encore 3,1415926.

5. Nombres rationnels

Il s'agit de l'ensemble des nombres qui s'écrivent sous forme fractionnaire *p*/*q* avec *p* et *q* des entiers relatifs, *q* étant naturellement toujours différent de 0. Ces nombres admettent un développement décimal **illimité.**

Ainsi : 1/3, 3/4, 2/7, ou encore –12/11 sont des nombres rationnels.

> Les nombres rationnels présentent une particularité qui vous est peut-être déjà familière, à savoir que leur écriture sous la forme de nombres décimaux donne après la virgule une séquence finie de chiffres se répétant continuellement. Ainsi, si vous prenez par exemple la fraction 2/7, vous remarquerez que son écriture décimale donne : 0,285714**285714**28571428… et qu'ici la séquence finie de chiffres qui se répètent continuellement est précisément 285714.

6. Nombres irrationnels

Il s'agit de l'ensemble des nombres **que l'on ne peut écrire** sous la forme fractionnaire *p*/*q* avec *p* et *q* des entiers relatifs (*q* étant différent de 0).

Les premiers nombres irrationnels découverts sont les racines carrées des entiers qui ne sont pas des carrés parfaits. Vous noterez ainsi que les racines de 2, de 7 ou encore de 11 sont des nombres irrationnels. Mais ce n'est pas tout. D'autres nombres tels que **pi** ou **e** (nombre exponentiel) sont également des nombres irrationnels puisqu'ils ne peuvent s'écrire, eux non plus, sous formes de fractions.

7. Nombres réels

L'ensemble des nombres réels est l'ensemble le plus large sur lequel on peut vous demander de travailler au concours. Cet ensemble contient notamment l'ensemble des nombres entiers naturels et relatifs, des nombres décimaux mais encore l'ensemble des nombres rationnels et irrationnels.

> En résumé :
> 1. L'ensemble des **nombres rationnels** contient l'ensemble des **nombres décimaux** qui comprend **l'ensemble des nombres entiers.**
> 2. L'ensemble des **nombres rationnels** et l'ensemble des **nombres irrationnels** ne contiennent aucun élément commun, mais, ensemble, ils forment **l'ensemble des nombres réels.**

8. Les nombres premiers

Un nombre premier est un nombre qui n'est divisible **que par lui-même et par 1.**

> 1 n'est pas considéré comme un nombre premier et 2 est le seul nombre premier pair.

Apprenez par cœur les premiers nombres premiers… jusqu'à 101 : **2, 3, 5, 7, 11, 13, 17, 19, 23, 29, 31, 37, 41, 43, 47, 53, 59, 61, 67, 71, 73, 79, 83, 89, 97, 101.**

[2. Décomposition unique en un produit de facteurs premiers]

Vous venez d'apprendre vos nombres premiers (n'est-ce pas ?) et vous n'allez pas le regretter puisque nous allons aborder ici *le* théorème fondamental de l'arithmétique, à savoir la décomposition de tout nombre entier en un produit unique de facteurs premiers.

Si les nombres premiers sont des nombres entiers incassables, transparents… qui n'ont rien à cacher, les autres nombres entiers ont pour leur part *tous* une histoire à raconter. Et pour connaître leur histoire, il suffit de les décomposer en produits uniques de facteurs premiers.

Tout nombre entier peut se décomposer comme un produit unique de facteurs premiers.

Autrement dit, 91 par exemple, se décompose en 7 × 13 avec 7 et 13 qui sont des nombres premiers.

Si l'on qualifie cette décomposition d'**unique,** c'est parce qu'aucun autre nombre ne peut se décomposer de la même façon. On dit ainsi qu'il existe une **correspondance parfaite** entre [7 × 13] et 91. Pour utiliser une jolie image, on pourrait dire que 7 × 13 représente le noyau, l'ADN… l'oxygène de 91.

[3. Divisibles par… et multiples de…]

Si A est divisible par B alors A est un multiple de B.

Prenons à présent le nombre 42. Si l'on décompose 42 en un produit unique de facteurs premiers, cela nous donne : **42 = 2 × 3 × 7** avec 2, 3 et 7 des nombres premiers.

Comme vous l'aurez deviné, il y a d'autres façons d'écrire 42 en un produit de nombres entiers, mais *une seule* en un produit de nombres premiers. Voici toutes les façons d'écrire 42 comme un produit de nombres entiers :

(1) 42 = 1 × 42
(3) 42 = 2 × 21
(5) 42 = 3 × 14
(2) 42 = 6 × 7
(4) 42 = 2 × 3 × 7

Si l'on dresse à présent la liste de tous les nombres qui permettent de décomposer 42 en un produit de nombres entiers, cela nous donne : **1, 2, 3, 6, 7, 14, 21 et 42.**

On dira alors que 42 **est divisible par** 1, 2, 3, 6, 7, 14, 21 et 42 puisque la division de 42 par l'un de ces nombres donne un nombre entier.

On dira également que 42 **est un multiple de** 1, 2, 3, 6, 7, 14, 21 et 42 puisqu'il est possible d'écrire 42 comme le produit de l'un des nombres « 1, 2, 3, 6, 7, 21, 42 » par un autre nombre entier.

En règle générale, on dit qu'**un nombre entier A est un multiple d'un nombre entier B s'il existe un entier C tel que A = B × C**.

On dit également qu'**un nombre entier A est divisible par un nombre entier B si le reste de la division de A par B donne un quotient entier et un reste nul.** Cette dernière règle constitue une excellente transition pour notre prochain point : la division euclidienne.

[4. Division euclidienne]

Si A et B sont deux entiers naturels, B différent de 0, il existe des entiers Q et R déterminés de manière unique par les conditions suivantes :

$$A = B \times Q + R \text{ avec } R \text{ compris entre } 0 \text{ et } B - 1$$

Q s'appelle le quotient de la division de A par B et R s'appelle le reste de cette division. Si le reste est nul, cela signifie qu'il existe un entier Q tel que A = B × Q. On dit alors que B divise A, ou encore que A est un multiple de B.

[5. PPCM]

Le Plus Petit Commun Multiple (PPCM) de deux entiers naturels A et B est le plus petit entier naturel qui soit à la fois multiple de A **et** de B.

Exemple 1 : quel est le PPCM de 30 et 84 ?

Prenons les nombres 30 et 84 et décomposons-les en produits de facteurs premiers. Cela nous donne : 30 = **2 × 3 × 5** et 84 = 2 × 2 × 3 × 7 = $\mathbf{2^2 \times 3 \times 7}$

Pour calculer le PPCM de ces deux nombres, **nous allons sélectionner les facteurs qui figurent au moins une fois dans l'un des produits. Si ces facteurs figurent**

avec des exposants, nous leur attribuerons leur plus grand exposant et nous effectuerons alors le produit de tous ces nombres.

Pour le nombre premier 2, le plus grand exposant est 2. Pour les nombres premiers 3, 5 et 7, le plus grand exposant est 1.

On trouve alors PPCM [30, 84] = $2^2 \times 3 \times 5 \times 7 = 420$

Exemple 2 : quel est le PPCM 72 et 132 ?

Prenons nos deux nombres et décomposons-les en produits de facteurs premiers. Cela nous donne : $72 = 2 \times 2 \times 2 \times 3 \times 3 = \mathbf{2^3 \times 3^2}$ et $132 = 2 \times 2 \times 3 \times 11 = \mathbf{2^2 \times 3^1 \times 11^1}$

Pour le nombre premier 2, le plus grand exposant est 3. Pour le nombre premier 3, le plus grand exposant est 2 ; et pour le nombre premier 11, le plus grand exposant est 1.

On trouve alors : PPCM [72, 132] = $2^3 \times 3^2 \times 11 = 8 \times 9 \times 11 = 792$

Entraînez-vous à présent à trouver le PPCM des nombres suivants :
[36 et 24] ; [100 et 12] ; [144 et 81] puis [18 et 16]

Réponses : [36 et 24] : 72 ; [100 et 12] : 300 ; [144 et 81] : 1 296 ; [18 et 16] : 144

[6. PGCD]

Le Plus Grand Commun Diviseur (PGCD) de deux entiers naturels A et B est le plus grand entier naturel qui divise à la fois A **et** B.

[Exemple : quel est le PGCD de 72 et 132 ?]

La décomposition de ces deux nombres en produits de facteurs premiers nous donne :
$72 = 2 \times 2 \times 2 \times 3 \times 3 = \mathbf{2^3 \times 3^2}$ et $132 = 2 \times 2 \times 3 \times 11 = \mathbf{2^2 \times 3^1 \times 11^1}$

Pour calculer le PGCD de ces deux nombres, **nous allons sélectionner les facteurs communs (*i.e.* présents dans les deux produits). S'ils figurent avec des exposants, nous leur attribuerons leur plus petit exposant et nous effectuerons alors le produit de tous ces nombres.**

On trouve alors : PGCD [72, 132] = $2^2 \times 3^1 = 4 \times 3 = 12$

Entraînez-vous à présent à trouver le PGCD des nombres suivants :
[36 et 24] ; [100 et 12] ; [144 et 81] puis [18 et 16]

Réponses : [36 et 24] : 12 ; [100 et 12] : 4 ; [144 et 81] : 9 ; [18 et 16] : 2

[7. Critères de divisibilité]

Vous devez savoir que les épreuves de **calcul** et de **conditions minimales** font largement appel à votre maîtrise parfaite du calcul mental : vous serez en effet souvent amenés à faire des calculs simples mais rapides de tête (additions, multiplications, puissances, simplification de fractions). Souvenez-vous que vous n'avez jamais le droit à la calculatrice et que vous scrcz condamnés à identifier rapidement si tel nombre est divisible par 4 ou si tel autre est divisible par 6.

Connaître vos critères de divisibilité est également un prérequis nécessaire si vous souhaitez décomposer rapidement un nombre en un produit de facteurs premiers ou si vous souhaitez simplifier une fraction. Sachez enfin que reconnaître en **logique** une série composée de nombres qui sont tous divisibles par 9 ou 11 vous permettra de gagner très facilement des points ô combien précieux au concours.

1. Critère de divisibilité par 2

Un nombre N est divisible par 2 si, et seulement si, il se termine par les chiffres 0, 2, 4, 6 ou bien 8… Autrement dit, si, et seulement si, il est pair.

Exemples de nombres divisibles par 2 : **0, 14, 898, 123 456**

2. Critère de divisibilité par 3

Un nombre N est divisible par 3 si, et seulement si, la somme de ses chiffres est divisible par 3.

Exemples de nombres divisibles par 3 : **0, 12, 45, 99, 111, 189, 768, 123 456**

3. Critère de divisibilité par 4

Un nombre N est divisible par 4 si, et seulement si, il se termine par 2 chiffres AB constituant un nombre divisible par 4.

Exemples de nombres divisibles par 4 : **0, 12, 96, 144, 2 028, 162 536, 7 115 308**

4. Critère de divisibilité par 5

Un nombre N est divisible par 5 si, et seulement si, il finit par 0 ou 5.

Exemples de nombres divisibles par 5 : **0, 10, 125, 121 175, 1 971 860**

5. Critère de divisibilité par 6

Un nombre N est divisible par 6 si, et seulement si, il est divisible par 2 et par 3.

Exemples de nombres divisibles par 6 : **0, 42, 54, 114, 594, 612, 6 172 194**

6. Critère de divisibilité par 9

Un nombre N est divisible par 9 si, et seulement si, la somme de ses chiffres est divisible par 9.

Exemples de nombres divisibles par 9 : **0, 18, 54, 117, 234, 504, 927, 617 891 751**

7. Critère de divisibilité par 10

Un nombre N est divisible par 10 si, et seulement si, il se termine par 0.

Exemples de nombres divisibles par 10 : **0, 10, 110, 278 270**

8. Critère de divisibilité par 11

Critère général : un nombre N est divisible par 11 si, et seulement si, la différence entre la somme de ses chiffres de rang impair et celle de ses chiffres de rang pair est un multiple de 11 (0, 11, 22, etc.). Ainsi, le nombre 1 485 est divisible par 11 puisque que l'on a bien $(1 + 8) - (4 + 5) = 9 - 9 = 0$.

Exemples de nombres divisibles par 11 : **0, 22, 88, 99, 275, 451, 704, 814, 72 556**

Attention ! Erreur fréquente : 111 ou 333 ne sont pas divisibles par 11.

[8. Pair ou impair ?]

Un nombre pair est un entier positif qui se termine par 0, 2, 4, 6 ou 8.

Un nombre impair est un entier positif qui se termine par 1, 3, 5, 7 ou 9.

1. Addition de nombres pairs/impairs

Soit P un nombre pair et I un nombre impair ; on a :

$P + P = P$	$P + I = I$	$I + I = P$

2. Multiplication de nombres pairs/impairs

Soit P un nombre pair et I un nombre impair ; on a :

$P \times P = P$	$P \times I = P$	$I \times I = I$

[9. Nombres consécutifs]

On dit que deux nombres entiers sont consécutifs s'ils… se suivent ! Ainsi : 3 et 4 sont consécutifs, de même que 167 et 168.

On dit également que 9, 10, 11 et 12 sont des **nombres entiers consécutifs croissants,** tandis que 19, 18, 17, 16 et 15 sont des **nombres entiers consécutifs décroissants.**

On dit enfin que 22, 24, 26, 28 et 30 sont des **nombres entiers pairs consécutifs croissants** et que 87, 85, 83 et 81 sont des **nombres entiers impairs consécutifs décroissants.**

Concernant les nombres consécutifs, nous vous invitons à connaître les propositions suivantes qui pourront vous être utiles au concours :

1) La somme de deux nombres entiers consécutifs (croissants ou décroissants) est toujours **impaire.** Ainsi, 16 + 17 = 33 et 224 + 223 = 447. **Rappel : P + I = I.**
2) La somme de quatre nombres entiers consécutifs (croissants ou décroissants) est toujours **paire.** Ainsi, 2 + 3 + 4 + 5 = 14.
3) La moyenne de trois nombres entiers consécutifs (croissants ou décroissants) est égale au deuxième d'entre eux. Ainsi, la moyenne des nombres 3, 4 et 5 est égale à 4 et la moyenne de 98, 97 et 96 est égale à 97.
4) Le produit de deux nombres entiers consécutifs (croissants ou décroissants) est toujours **pair. Rappel : P × I = P.**

[10. Jargon arithmétique]

Dans certains énoncés, vous aurez affaire à du jargon arithmétique qui pourra parfois s'avérer quelque peu déstabilisant.

Si vous savez en effet ce que signifie « le double de », « le triple de » ou « le quadruple de », vous hésitez parfois sur la signification des mots « quintuple », « nonuple » ou « décuple ». Petit rappel donc :

– Quadruple	4 fois
– Quintuple	5 fois
– Sextuple	6 fois
– Septuple	7 fois
– Octuple	8 fois
– Nonuple	9 fois
– Décuple	10 fois
– Dodécuple ou Duodécuple	12 fois
– Centuple	100 fois

[11. Tables de multiplication, de carrés et de cubes]

Aussi bizarre que cela puisse vous paraître, vous devez absolument connaître par cœur vos carrés de 1 à 20 et vos cubes de 1 à 10, absolument par cœur ! **Et oui, que ce soit en calcul, en conditions minimales ou en logique, vous devrez dans de nombreux cas faire appel à eux pour gagner en rapidité et en efficacité.**

Astuce 1 : calculer les carrés de nombres qui se terminent par 5

Pour calculer le carré d'un nombre qui se termine par **5,** il suffit dans un premier temps d'isoler le chiffre ou le nombre qui se trouve avant le dernier chiffre (5, donc) et de le multiplier par son suivant. Et il suffit ensuite d'associer au résultat obtenu le nombre 25.

Premier exemple : si vous désirez calculer 25^2, il suffit de multiplier le premier chiffre (qui vaut 2) par son suivant (qui vaut 3) : $2 \times 3 = \underline{6}$ puis d'associer **25** à $\underline{6}$ pour obtenir $\underline{6}$**25**. Ainsi, 25 au carré est égal à 625.

Deuxième exemple : calculons 115^2 (pourquoi pas !) Pour cela, on multiplie 11 par son suivant (12) pour obtenir $11 \times 12 = 132$ et on associe ensuite 25 à 132 soit 13 225 et on trouve donc que le carré de 115 est égal à 13 225.

Astuce 2 : calculer des carrés consécutifs

Si vous connaissez le carré d'un entier N, il suffit d'**ajouter $2N + 1$** à ce carré pour trouver la valeur du carré de l'entier suivant.

Ainsi, si vous connaissez le carré de 20 (soit $N = 20$ et $N^2 = 400$) alors il est très facile de trouver le carré de 21 qui vaut $400 + \mathbf{(2 \times 20 + 1)} = 441$.

Astuce 3 : jouer les écarts !

Cette astuce est absolument géniale !

En fait, lorsque vous connaissez vos carrés par cœur, il devient très facile de calculer certains produits de nombres entiers.

Exemple 1 : si vous connaissez par exemple le carré de 12, alors 12×13 ne doit plus avoir de secret pour vous puisqu'il suffit d'ajouter 12 au carré de 12. En effet : $12 \times 13 = 12 \times (12 + 1) = 12^2 + 12 = 144 + 12 = 156$. Mais ce n'est pas tout.

Exemple 2 : disons que vous souhaitiez calculer à présent 13×17.

Dans ce cas, vous devez constater que 13 comme 17 sont « écartés » de 15 de façon égale (17 = **15** + 2 et 13 = **15** – 2) pour conclure que 13 × 17 = 221. Il suffit en effet de constater simplement que $13 \times 17 = (15 - 2) \times (15 + 2) = 15^2 - 2^2 = 225 - 4 = 221$.

Exemple 3 : calculons à présent 19 × 21.

19 et 21 sont « écartés » de 20 de façon égale. On peut donc appliquer l'astuce des écarts puisque $19 \times 21 = (20 - 1) \times (20 + 1) = 20^2 - 1^2 = 400 - 1 = 399$.

Quelques applications pour terminer **(rappel : $A^2 - B^2 = (A - B)(A + B)$)** :

13 × 14

$13 \times 14 = 13^2 + 13 = 169 + 13 = 182$

12 × 16

$12 \times 16 = 14^2 - 4 = 196 - 4 = 192$

23 × 27

$23 \times 27 = 25^2 - 4 = 625 - 4 = 621$

26 × 34

$26 \times 34 = 30^2 - 16 = 900 - 16 = 884$

97 × 103

$97 \times 103 = 100^2 - 9 = 10\,000 - 9 = 9\,991$

17 × 19

$17 \times 19 = 18^2 - 1 = 324 - 1 = 323$

Tables de multiplication, carrés et premiers nombres premiers

	1	2	3	4	5	6	7	8	9	10	11	12	13	14	15	16	17	18	19	20
1	1	2	3	4	5	6	7	8	9	10	11	12	13	14	15	16	17	18	19	20
2	2	4	6	8	10	12	14	16	18	20	22	24	26	28	30	32	34	36	38	40
3	3	6	9	12	15	18	21	24	27	30	33	36	39	42	45	48	51	54	57	60
4	4	8	12	16	20	24	28	32	36	40	44	48	52	56	60	64	68	72	76	80
5	5	10	15	20	25	30	35	40	45	50	55	60	65	70	75	80	85	90	95	100
6	6	12	18	24	30	36	42	48	54	60	66	72	78	84	90	96	102	108	114	120
7	7	14	21	28	35	42	49	56	63	70	77	84	91	98	105	112	119	126	133	140
8	8	16	24	32	40	48	56	64	72	80	88	96	104	112	120	128	136	144	152	160
9	9	18	27	36	45	54	63	72	81	90	99	108	117	126	135	144	153	162	171	180
10	10	20	30	40	50	60	70	80	90	100	110	120	130	140	150	160	170	180	190	200
11	11	22	33	44	55	66	77	88	99	110	121	132	143	154	165	176	187	198	209	220
12	12	24	36	48	60	72	84	96	108	120	132	144	156	168	180	192	204	216	228	240
13	13	26	39	52	65	78	91	104	117	130	143	156	169	182	195	208	221	234	247	260
14	14	28	42	56	70	84	98	112	126	140	154	168	182	196	210	224	238	252	266	280
15	15	30	45	60	75	90	105	120	135	150	165	180	195	210	225	240	255	270	285	300
16	16	32	48	64	80	96	112	128	144	160	176	192	208	224	240	256	272	288	304	320
17	17	34	51	68	85	102	119	136	153	170	187	204	221	238	255	272	289	306	323	340
18	18	36	54	72	90	108	126	144	162	180	198	216	234	252	270	288	306	324	342	360
19	19	38	57	76	95	114	133	152	171	190	209	228	247	266	285	304	323	342	361	380
20	20	40	60	80	100	120	140	160	180	200	220	240	260	280	300	320	340	360	380	400

Table de carrés

CARRES									
1^2	1	6^2	36	11^2	121	16^2	256	21^2	441
2^2	4	7^2	49	12^2	144	17^2	289	22^2	484
3^2	9	8^2	64	13^2	169	18^2	324	23^2	529
4^2	16	9^2	81	14^2	196	19^2	361	24^2	576
5^2	25	10^2	100	15^2	225	20^2	400	25^2	625

Table de cubes

CUBES			
1^3	1	7^3	343
2^3	8	8^3	512
3^3	27	9^3	729
4^3	64	10^3	1 000
5^3	125	11^3	1 331
6^3	216	12^3	1 728

FICHE 2
OPÉRATIONS USUELLES

[1. Puissances]

Soit n un entier naturel supérieur ou égal à deux et A un nombre réel.

$$A^n = A \times A \times \ldots \times A \text{ } (n \text{ fois})$$

A^n est lu « A puissance n » ou « A exposant n ». En particulier, le **carré** et le **cube** sont des puissances d'exposant 2 et 3 respectivement.

Manipulations fondamentales

Soient A, B et C des nombres réels non nuls ; soient n et p des entiers naturels.

(1) $A^0 = 1$	(2) $A^{-n} = \dfrac{1}{A^n}$	(3) $A^n \times A^p = A^{n+p}$
(4) $\dfrac{A^n}{A^p} = A^{n-p}$	(5) $(A^n)^p = A^{n \times p}$	(6) $\dfrac{A^n}{B^n} = \left(\dfrac{A}{B}\right)^n$
(7) $\sqrt{A} = A^{\frac{1}{2}}$ (A positif)	(8) $A^n \times B^n \times C^n = (A \times B \times C)^n$	(9) $A^n \times A^{-n} = 1$

Identités remarquables

Trois petites égalités à connaître par cœur !

Soient A et B des nombres réels.

(1) $(A + B)^2 = A^2 + B^2 + 2AB$ (2) $(A - B)^2 = A^2 + B^2 - 2AB$

(3) $(A - B)(A + B) = A^2 - B^2$

[2. Fractions]

À retenir !

Dans la fraction $\frac{a}{b}$, a est appelé **numérateur** et b est appelé **dénominateur.**

Soient a, b, c et d des nombres entiers non nuls, alors :

$$\frac{a}{b} = \frac{c}{d} \Leftrightarrow a \times d = b \times c$$

Soient a, b et x des nombres entiers non nuls, alors :

$$x = a \times b \Leftrightarrow a = \frac{x}{b} \Leftrightarrow b = \frac{x}{a} \Leftrightarrow \frac{a}{x} = \frac{1}{b} \Leftrightarrow \frac{b}{x} = \frac{1}{a}$$

Manipulations fondamentales

Soient a, b, x et y des nombres entiers non nuls.

$$(1)\ \frac{a}{b} + \frac{x}{y} = \frac{a \times y + b \times x}{b \times y} \qquad (2)\ a \times \frac{x}{y} = \frac{a \times x}{y} \qquad (3)\ \frac{a}{b} \times \frac{x}{y} = \frac{a \times x}{b \times y}$$

$$(4)\ \frac{1}{\frac{1}{a}} = a \qquad (5)\ \frac{\frac{a}{b}}{x} = \frac{a}{b \times x} = \frac{a}{b} \times \frac{1}{x} \qquad (6)\ \frac{\frac{a}{b}}{\frac{x}{y}} = \frac{a}{b} \times \frac{y}{x}$$

Simplifier une fraction

Simplifier une fraction consiste à transformer une fraction en une autre **avec un numérateur et un dénominateur qui sont les plus petits possibles.**

Si les fractions 2/3 ou 13/7 ne sont pas simplifiables (2 et 3 comme 13 et 7 n'ont pas de facteur commun), des fractions comme 14/4 ou 21/105 en revanche le sont !

Pour simplifier une fraction, on utilise le principe suivant :

> **On ne change pas la valeur d'une fraction si l'on divise ou multiplie le numérateur et le dénominateur par un même nombre non nul.**

$$\frac{14}{4} = \frac{\cancel{2} \times 7}{\cancel{2} \times 2} = \frac{7}{2} \text{ et } \frac{21}{105} = \frac{\cancel{7} \times 3}{\cancel{7} \times 15} = \frac{3}{15} = \frac{\cancel{3} \times 1}{\cancel{3} \times 5} = \frac{1}{5}$$

7/2 et 1/5 sont appelées **fractions irréductibles,** *i.e.* on ne peut simplifier davantage.

[3. Racines carrées]

La racine carrée d'un nombre réel positif A est le nombre positif dont le carré vaut A.

Manipulations fondamentales

Soient A et B deux nombres réels positifs non nuls et C un nombre réel quelconque.

(1) $\sqrt{C^2} = C$ si C est positif ou $-C$ si C est négatif

(2) $\sqrt{A} = A^{\frac{1}{2}}$ (3) $\sqrt{A} \times \sqrt{B} = \sqrt{A \times B}$ (4) $\frac{\sqrt{A}}{\sqrt{B}} = \sqrt{\frac{A}{B}}$

(5) $(\sqrt{A})^n = A^{\frac{n}{2}}$ (6) $\sqrt{A+B} < \sqrt{A} + \sqrt{B}$

Quelques approximations pour terminer :

$\sqrt{2} \approx 1{,}414$ $\sqrt{3} \approx 1{,}732$ $\sqrt{5} \approx 2{,}236$ $\sqrt{7} \approx 2{,}646$ $\sqrt{10} \approx 3{,}162$

[4. Quantité (ou partie) conjuguée]

La quantité conjuguée de « $a - b$ » est « $a + b$ ». On multiplie souvent un quotient par la quantité conjuguée au numérateur et au dénominateur pour supprimer les racines carrées au dénominateur grâce à l'identité remarquable : $(a - b)(a + b) = a^2 - b^2$.

Ex. : $\frac{2}{\sqrt{2}-2} = \frac{2}{\sqrt{2}-2} \times \frac{\sqrt{2}+2}{\sqrt{2}+2} = \frac{2(\sqrt{2}+2)}{-2} = (\sqrt{2}+2) = -2 - \sqrt{2}$

[5. Logarithme]

$$\ln(a \times b) = \ln(a) + \ln(b)$$

$$\ln\left(\frac{a}{b}\right) = \ln(a) - \ln(b)$$

$$\ln(a^n) = n \times \ln(a)$$

[6. Exponentielle]

$$e^{a+b} = e^a \times e^b$$

$$e^{a-b} = \frac{e^a}{e^b}$$

$$(e^a)^b = (e^b)^a = e^{ab}$$

FICHE 3
POURCENTAGES

[1. Les trois définitions du pourcentage]

1. Un pourcentage est une fraction

Un pourcentage permet d'exprimer un nombre comme une fraction de cent, généralement en utilisant le signe « % ». Un pourcentage permet alors de comparer une quantité par rapport à la quantité de référence 100 :

$$X\,\% = X/100$$

Ainsi, n'oubliez jamais qu'un pourcentage est d'abord une fraction. Justement, transformez donc **80 %, 72 %, 36 %, 44 %** en fractions irréductibles (*i.e.* en fractions qui ne peuvent pas être simplifiées davantage).

$80\,\% = 80/100 = (4 \times 4 \times 5)/(4 \times 5 \times 5) = 4/5$

$72\,\% = 72/100 = (9 \times 2 \times 4)/(5 \times 5 \times 4) = 18/25$

$36\,\% = 36/100 = (4 \times 9)/(4 \times 25) = 9/25$

$44\,\% = 44/100 = (4 \times 11)/(4 \times 25) = 11/25$

2. Un pourcentage est une part

Le pourcentage représente une proportion, une part d'un ensemble.

Le total est en fait ramené à 100 et le pourcentage représente donc le rapport d'un *sous-ensemble* à son ensemble :

$$\text{Pourcentage} = [(\text{Part}/\text{Total}) \times 100]\,\%$$

Une galette des rois est coupée en 16 parts. Joe prend 2 parts de galette. Quel pourcentage de la galette Joe a-t-il mangé ?

Réponse : 2 parts = (2/16) × 100 % = (1/8) × 100 % = 12,5 %

Dans une classe de 30 élèves, il y a 12 garçons. Quel pourcentage de la classe, les garçons représentent-ils ?

Réponse : part des garçons = 12/30 × 100 % = 40 %

3. Un pourcentage est un nombre décimal

Le pourcentage est un **nombre décimal** compris entre 0 et 1 lorsque le pourcentage est inférieur à 100 %, et au-dessus de 1 lorsque le pourcentage est supérieur à 100 %.

Transformez 25 % ; 112 % ; 72 % ; 0,5 % en nombres décimaux.

Réponse : 25 % = 0,25 ; 112 % = 1,12 ; 72 % = 0,72 ; 0,5 % = 0,005.

[2. Tableau fondamental de correspondances]

Voici les principales correspondances pourcentages / fractions / nombres décimaux que vous devez absolument connaître sur le bout des doigts et entre lesquelles vous serez amenés à jongler régulièrement en calcul !

N'oubliez jamais qu'un bon candidat est un candidat qui sait en une fraction de seconde que 1/8 est égal à 12,5 % et que 80 % est égal à 4/5 ! C'est à ce prix que l'on devient une « bête » dans les épreuves de calcul aux concours.

1 % = 1/100 = 0,01	2 % = 1/50 = 0,02	4 % = 1/25 = 0,04
5 % = 1/20 = 0,05	10 % = 1/10 = 0,1	12,5 % = 1/8 = 0,125
16,66 % ≈ 1/6 ≈ 0,166	20 % = 1/5 = 0,2	25 % = 1/4 = 0,25
33,33 % ≈ 1/3 ≈ 0,333	40 % = 2/5 = 0,4	50 % = 1/2 = 0,5
60 % = 3/5 = 0,6	66,6 %… = 2/3 = 0,66…	70 % = 7/10 = 0,7
75 % = 3/4 = 0,75	80 % = 4/5 = 0,8	100 % = 1
200 % = 2	250 % = 2,5	1 000 % = 10

Doubler revient à multiplier par **2** ou à ajouter **100 %.**

Tripler revient à multiplier par **3** ou à ajouter **200 %.**

Quadrupler revient à multiplier par **4** ou à ajouter **300 %.**
Décupler revient à multiplier par **10** ou à ajouter **900 %.**
Augmenter du **cinquième** revient à ajouter **20 %** ou à multiplier par **1,2.**
Diminuer du **cinquième** revient à baisser de **20 %** ou à multiplier par **0,8.**
Augmenter du **quart** revient à ajouter **25 %** ou à multiplier par **1,25.**
Diminuer du **quart** revient à baisser de **25 %** ou à multiplier par **0,75.**

[3. Les grands classiques des concours]

1. Appliquer une augmentation ou une baisse en pourcentage

Si on **augmente** X (ex. : un prix) de *a* %, alors on obtient une valeur X^+ telle que :

$$X^+ = (1 + a/100) \times X$$

X^+ signifie que l'on a fait subir à X une augmentation en pourcentage.

Retenez ainsi par exemple qu'augmenter X de 35 % revient à multiplier X par 1,35 et qu'augmenter X de 12,8 % revient à multiplier X par 1,128.

Si on **diminue** X (ex. : un prix) de *a* %, alors on obtient une valeur X^- telle que :

$$X^- = (1 - a/100) \times X$$

X^- signifie que l'on a fait subir à X une baisse en pourcentage.

Retenez ainsi par exemple que diminuer X de 35 % revient à multiplier X par 0,65 et que diminuer X de 12,8 % revient à multiplier X par 0,872.

L'action d'une entreprise cotée à 42 € en ouverture du marché gagne 5 % lors de la séance. Quelle est la côte de l'action à la clôture ?

Réponse : 42 € + 5 % × 42 € = 42 € × 1,05 = 42 € + 2,1 € = 44,1 €

2. Appliquer des augmentation(s)/baisse(s) successives en pourcentages

Lors d'augmentations ou de baisses successives en pourcentages, **les pourcentages se multiplient entre eux, mais ne s'ajoutent pas !**

Augmentations successives :

Si on **augmente** X de *a* % et qu'on **augmente** ensuite la quantité obtenue de *b* %, alors on obtient une valeur X^{++} telle que :

$$X^{++} = (1 + a/100) \times (1 + b/100) \times X$$

Baisses successives :

Si on **diminue** X de *a* % et qu'on **diminue** ensuite la quantité obtenue de *b* %, alors on obtient une valeur X^{--} telle que :

$$X^{--} = (1 - a/100) \times (1 - b/100) \times X$$

Augmentation et baisse successives :

Si on **augmente** X de *a* % et qu'on **diminue** ensuite la quantité obtenue de *b* %, alors on obtient une valeur X^{+-} telle que :

$$X^{+-} = (1 + a/100) \times (1 - b/100) \times X$$

Si on applique à X une **augmentation** de *a* % suivie d'une **baisse** de *b* %, suivie d'une **baisse** de *c* %, suivie d'une **hausse** de *d* %, alors on obtient une valeur X^{+--+} telle que :

$$X^{+--+} = (1 + a/100) \times (1 - b/100) \times (1 - c/100) \times (1 + d/100) \times X$$

Remarque : dans des augmentations/baisses successives en pourcentages, l'ordre des variations n'importe pas. Cela revient ainsi strictement au même d'appliquer une hausse de *a* % suivie d'une hausse de *b* % que l'inverse (*i.e.* une hausse de *b* %, puis une hausse de *a* %). Aussi, cela revient strictement au même d'appliquer une baisse de *a* % suivie d'une hausse de *b* % que l'inverse (*i.e.* une hausse de *b* % suivie d'une baisse de *a* %).

Par exemple, si vous effectuez une hausse de 10 % suivie d'une baisse de 20 % en partant d'une valeur égale à 100, alors les deux ordres possibles sont :

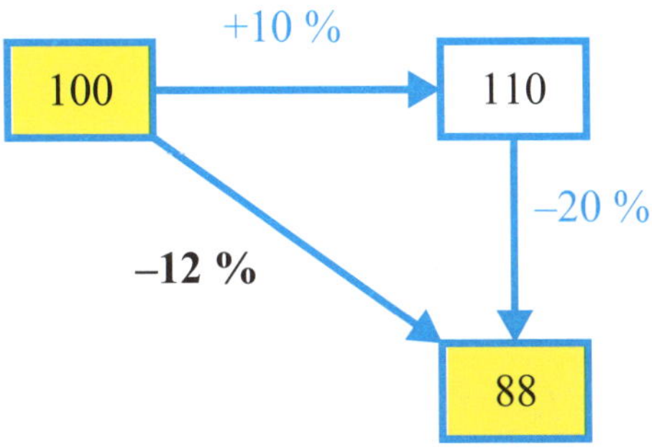

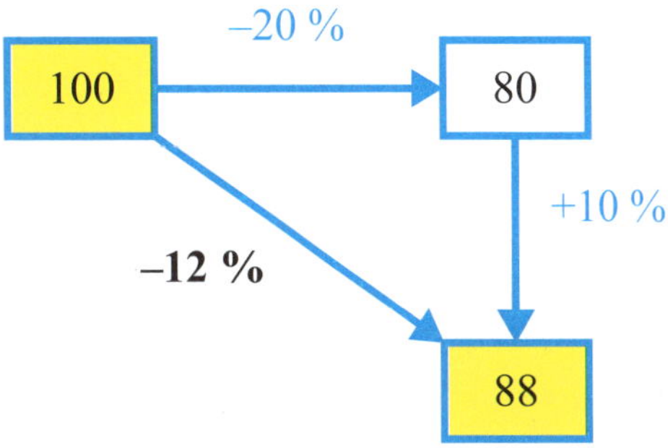

3. Trouver un pourcentage d'augmentation ou de baisse

Un problème classique aux concours consiste à vous demander de calculer l'évolution en pourcentage d'une valeur. La variation en pourcentage d'une valeur est égale à :

$$\left[\frac{V_f - V_i}{V_i} \times 100\right] \%$$

Avec V_f **la valeur finale** (après la baisse ou l'augmentation en pourcentage) et V_i **la valeur initiale** (avant la baisse ou l'augmentation en pourcentage).

Si $V_f > V_i$ alors on trouvera un pourcentage d'augmentation.

Si $V_f < V_i$ alors on trouvera un pourcentage de baisse.

Hier, le prix du litre d'essence à la pompe était égal à 1,40 €. Aujourd'hui, il est égal à 1,428 €. Quel est le pourcentage d'augmentation du prix du litre d'essence entre hier et aujourd'hui ?

Réponse : ici, $Vf = 1{,}428$ et $Vi = 1{,}4$.

Le pourcentage d'augmentation est donc égal à :

$$\left[\frac{1{,}428 - 1{,}4}{1{,}4} \times 100\right] \% = \left[\frac{0{,}028}{1{,}4} \times 100\right] \% = \frac{2{,}8}{1{,}4} \% = 2 \%$$

Astuce !

Lorsque vos valeurs finale et initiale Vf et Vi sont des fractions, nous vous conseillons de calculer le rapport $\frac{Vf}{Vi}$ puis d'en déduire la valeur de l'augmentation ou de la baisse en pourcentage.

On passe de 5/6 à 3/8. Quelle est la variation en pourcentage ?

Réponse : – 55 %.

En effet : $\frac{Vf}{Vi} = \frac{\frac{3}{8}}{\frac{5}{6}} = \frac{3}{8} \times \frac{6}{5} = \frac{18}{40} = \frac{9}{20} = 1 - \frac{11}{20} = 1 - 55\ \%$

Rappel : si 1/20 = 5 %, alors 11/20 = 55 %.

4. Retrouver une quantité d'origine

Nous attirons ici votre attention sur une erreur terrible que nous continuons de rencontrer régulièrement en tant que professeurs. Cette erreur consiste à penser curieusement que si l'on diminue X de *a* % et que l'obtient alors une valeur Y, alors il suffit d'augmenter Y de *a* % pour retrouver la valeur X.

Cette erreur n'est pas acceptable ! Imaginez en effet que vous perdiez **50 %** des 100 € que vous possédez, alors il vous reste 50 €, n'est-ce pas ? À présent, augmentez ces 50 € de **50 %,** quelle somme retrouvez-vous ? Vous ne retrouvez certainement pas les 100 € que vous aviez au départ, mais la somme de 75 € puisque 50 € + 50 % × 50 € = 1,5 × 50 € = 75 €. Attention donc à ne pas tomber dans ce vieux piège.

- Si vous retranchez $\frac{1}{N}$ à une valeur, alors vous devez rajouter $\frac{1}{N-1}$ pour retrouver la valeur d'origine. (N étant ici un entier naturel strictement plus grand que 1)
- Si vous ajoutez $\frac{1}{N}$ à une valeur, alors vous devez retrancher $\frac{1}{N+1}$ pour retrouver la valeur d'origine. (N étant ici un entier naturel strictement plus grand que 1)

Une action perd 25 % à la clôture ce mardi. Combien l'action devra-t-elle gagner mercredi en pourcentage pour effacer ses pertes de la veille ?

Réponse : vous avez appris grâce au tableau fondamental de correspondances que 25 % est égal à 1/4. Autrement dit, l'action a perdu 1/4 de sa valeur. Aussi, pour effacer ses pertes, l'action devra regagner 1/(4 – 1) = 1/3 de sa valeur, autrement dit environ 33,33 %. Vous l'avez compris, dans cet exemple : $N = 4$.

Le problème maintenant c'est lorsqu'une action perd 23,2 % par exemple, il ne nous est plus possible d'appliquer l'astuce vue précédemment. En effet, cette dernière s'applique avec efficacité lorsque l'on est en mesure de transformer un pourcentage en fraction dont le numérateur est 1. (ex. : 20 % = 1/5 ou 10 % = 1/10, etc.)

Voici donc comment nous ferons avec les pourcentages qui ne figurent pas dans le tableau fondamental de correspondances :

Soit X le prix initial et Y le prix final (*i.e.* après la baisse ou l'augmentation de a %).

L'énoncé vous donne les valeurs de a et de Y. Vous résoudrez alors les équations :

$$X = \frac{Y}{1 - \frac{a}{100}}$$ dans le cas où X a subi une baisse en pourcentage.

$$X = \frac{Y}{1 + \frac{a}{100}}$$ dans le cas où X a subi une augmentation en pourcentage.

Après une **baisse** de 15 %, un produit coûte 89,70 €. Quel était son prix initial ?

Réponse : soit X le prix initial, $Y = 89{,}70$ et $a\,\% = 15\,\% = 0{,}15$.

On pose $$X = \frac{Y}{1 - \frac{a}{100}} = \frac{89{,}70}{1 - 0{,}15} = \frac{89{,}70}{0{,}85} = \frac{8\,970}{85} = 105{,}53$$

5. Calculer des pourcentages de pourcentages

15 % de la population française habite en Ile-de-France. Parmi les habitants d'Ile-de-France, 20 % habitent Paris intra-muros. Quel est le pourcentage de la population française qui habite Paris intra-muros ?

Réponse : le pourcentage de Français franciliens est égal à 20 % de 15 %, soit : 20 % × 15 % = 1/5 × 15 % = 15 %/5 = 3 % (facile non, quand on connaît son tableau de correspondances ?)

FICHE 4
ÉQUATION DU SECOND DEGRÉ

Voici ce que vous devez savoir :

1. Soit A un nombre réel positif tel que : $X^2 = A$. On a alors : $X = \sqrt{A}$ ou $-\sqrt{A}$.

Exemple : Si $X^2 = 4$, alors $X = \sqrt{4}$ ou $-\sqrt{4}$, soit encore $X = 2$ ou -2.

2. Soient a, b et c, trois nombres réels. L'équation : $aX^2 + bX + c = 0$ est appelée équation du second degré.

Pour résoudre cette équation, vous devez d'abord calculer son discriminant ***D***, qui est égal à : $D = b^2 - 4ac$.

Trois cas se présentent alors à vous :

(1) : $D < 0$

Dans ce cas, l'équation $aX^2 + bX + c = 0$ n'admet **aucune solution réelle.**

(2) : $D = 0$

Dans ce cas, l'équation $aX^2 + bX + c = 0$ admet une **solution** réelle **unique.**

Cette solution unique vaut : $\frac{-b}{2a}$.

(3) : $D > 0$

Dans ce cas, l'équation $aX^2 + bX + c = 0$ admet **deux solutions réelles distinctes.**

La première solution vaut : $\frac{-b + \sqrt{D}}{2a}$.

Et la seconde solution vaut : $\frac{-b - \sqrt{D}}{2a}$.

FICHE 5
MOYENNES

[1. Définition de la moyenne arithmétique]

La **moyenne arithmétique** est la moyenne « ordinaire », c'est-à-dire, par définition, la somme des valeurs numériques divisée par le nombre de ces valeurs numériques :

$$\text{Moyenne arithmétique} = \frac{\text{somme des termes}}{\text{nombre de termes}}$$

Trois amies vont faire du shopping : la première dépense 50 €, la deuxième 70 € et la troisième 120 €. Combien ces trois amies ont-elles dépensé en moyenne ?

Réponse : ici, on vous demande de calculer une moyenne arithmétique. La somme des dépenses est égale à 50 + 70 + 120 = 240. La dépense moyenne (moyenne arithmétique) est donc égale à : (50 + 70 + 120) / 3 = 80 €.

[2. Deux corollaires de la moyenne arithmétique à connaître par cœur !]

$$\text{Somme des termes} = \text{moyenne arithmétique} \times \text{nombre de termes}$$

$$\text{Nombre de termes} = \frac{\text{somme des termes}}{\text{moyenne arithmétique}}$$

La moyenne des âges des frères de David est 23 ans. David a trois frères. Quelle est la somme des âges des frères de David ?

Réponse : pour trouver la somme des âges des frères de David, il suffit d'appliquer le corollaire de la moyenne arithmétique suivant :

Somme des âges = moyenne × nombre de frères = 23 × 3 = 69

[3. Définition de la moyenne pondérée]

Soient N termes $T_1, T_2, T_3... ,T_N$, auxquels on associe des poids respectifs $P_1, P_2, P_3...$ P_N. Alors la moyenne (M) pondérée des N termes est égale à :

$$M = \frac{T_1 \times P_1 + T_2 \times P_2 + T_3 \times P_3 + ... + T_N \times P_N}{P_1 + P_2 + P_3 + ... + P_N}$$

Au cours du dernier trimestre, Frédéric a obtenu la moyenne de 12 en maths, 11 en français, 11 en histoire et 15 en anglais. Sachant que les coefficients des matières sont respectivement 6, 4, 2 et 2 en maths, français, histoire et anglais, quelle est la moyenne générale de Frédéric au dernier trimestre ?

Réponse :

Moyenne = (12 × 6 + 11 × 4 + 11 × 2 + 15 × 2) / (6 + 4 + 2 + 2) = 168 / 14 = 12

[4. L'approche par la notion de barycentre]

En géométrie, la moyenne pondérée prend le nom de **barycentre. Le barycentre est le centre de gravité de plusieurs points auxquels des poids différents ont été associés.**

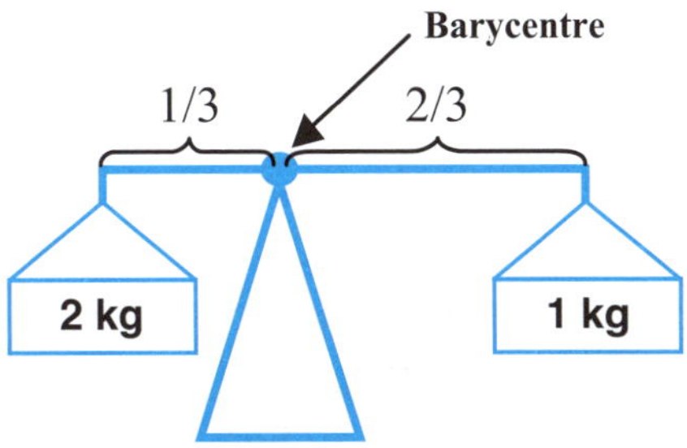

Comme vous le voyez sur ce schéma, le barycentre (appelé aussi point d'équilibre ou point moyen) est situé à 1/3 de la distance du poids de 2 kg et 2/3 de la distance du poids de 1 kg. En d'autres termes, pour atteindre le point d'équilibre, le poids de 1 kg doit compenser le poids de 2 kg par un écart de distance au point d'équilibre deux fois plus grand.

Par une approche analogue, le barycentre permet de trouver une moyenne pondérée grâce aux écarts à la moyenne de chaque terme et en comparant les poids des termes entre eux.

1. Dans une classe de 42 élèves, les garçons ont obtenu 12 de moyenne à un contrôle et les filles ont obtenu 15 de moyenne au même contrôle. La moyenne générale de la classe s'élève à 14. Combien y a-t-il de filles dans la classe ?

Réponse : raisonnons à partir de la notion du barycentre.

Le barycentre est ici égal à 14 (c'est la moyenne générale, **le point d'équilibre** de la classe pour ce qui concerne ce contrôle). La moyenne des filles étant plus proche de la moyenne générale que ne l'est celle des garçons, on en déduit que les filles seront plus nombreuses que les garçons. Plus précisément, elles seront **deux fois plus nombreuses** que les garçons. **En effet, comme elles sont deux fois plus proches de la moyenne générale que ne le sont les garçons, elles sont donc deux fois plus nombreuses** (elles pèsent deux fois plus « lourd » que les garçons !). En d'autres termes, **il faut deux filles pour un garçon,** soit : **28 filles et 14 garçons.** Pour trouver 28 et 14, on a simplement multiplié 2 (filles) et 1 (garçon) par 14… Le but étant d'arriver à un nombre total d'élèves égal à 42 !

2. Dans une classe de 30 élèves, les garçons ont obtenu 9 de moyenne à un contrôle et les filles ont obtenu 14 de moyenne au même contrôle. La moyenne générale de la classe s'élève à 12. Combien y a-t-il de filles dans la classe ?

Réponse : raisonnons à nouveau à partir de la notion du barycentre.

Le barycentre est ici égal à 12. La moyenne des filles étant plus proche de la moyenne générale que ne l'est celle des garçons, on en déduit là encore que **les filles seront plus nombreuses que les garçons.** Etant donné que la moyenne des filles est à 2 points de la moyenne générale (**14** *vs* 12) et que celle des garçons est à 3 points de la moyenne générale (**9** *vs* 12), on comprend qu'**il va falloir 3 filles pour 2 garçons** pour que le barycentre soit bien à 12. En conclusion, **la classe est composée de 18 filles et de 12 garçons.** Pour trouver 18 et 12, on a simplement multiplié 3 (filles) et 2 (garçons) par 6… Le but étant d'arriver à un nombre total d'élèves égal à 30 !

FICHE 6
GÉOMÉTRIE

[1. Cercle]

Courbe formée de points situés à la même distance *r* (appelée « rayon ») d'un point nommé « centre ». La longueur *2r* est appelée « diamètre du cercle ». Un arc de cercle est la portion d'un cercle, définie par un angle.

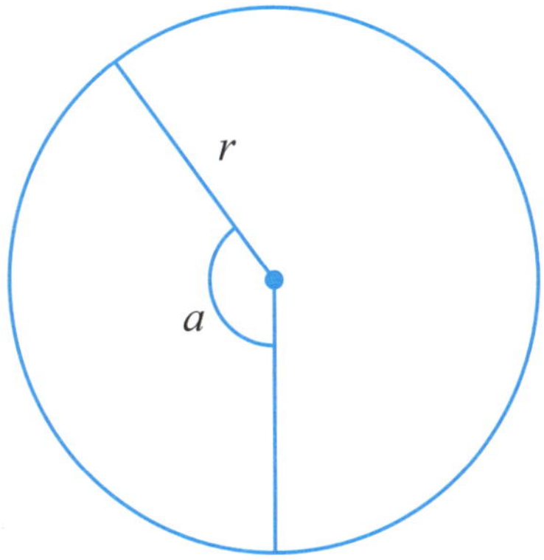

[2. Triangle]

Figure à 3 côtés.

- **Triangle rectangle :** triangle possédant un angle droit.
- **Triangle isocèle :** triangle possédant 2 côtés égaux.
- **Triangle équilatéral :** triangle ayant 3 côtés et 3 angles égaux.

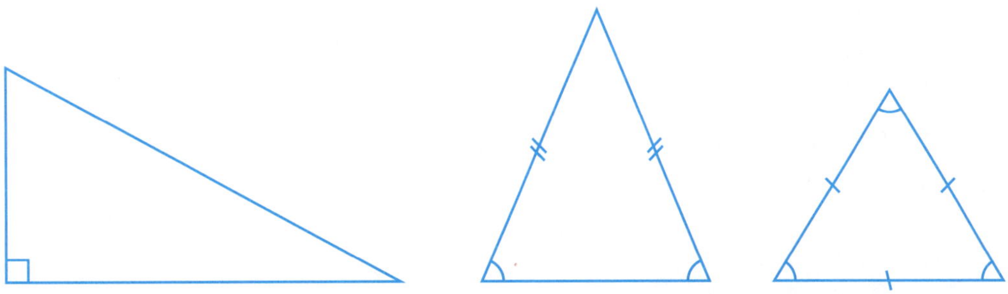

[3. Quadrilatère]

Figure à 4 côtés.

- **Trapèze :** quadrilatère possédant 2 côtés opposés parallèles.
- **Parallélogramme :** quadrilatère dont les côtés opposés sont parallèles deux à deux. Les diagonales du parallélogramme se coupent en leur milieu.
- **Losange :** parallélogramme dont les diagonales sont perpendiculaires.
- **Rectangle :** quadrilatère qui possède quatre angles droits.
- **Carré :** rectangle dont les 4 côtés sont égaux. *Nota bene* : un carré est à la fois un rectangle ET un losange.

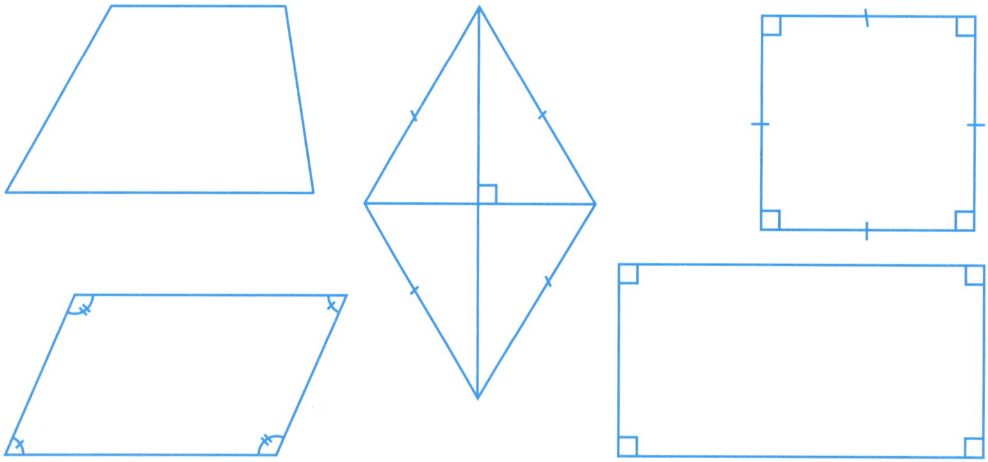

[4. Autres figures]

- **Pentagone :** figure à 5 côtés.
- **Pentagone régulier :** pentagone possédant 5 côtés égaux.
- **Hexagone :** figure à 6 côtés.
- **Hexagone régulier :** hexagone possédant 6 côtés égaux.
- **Heptagone :** figure à 7 côtés.
- **Heptagone régulier :** heptagone possédant 7 côtés égaux.
- **Octogone :** figure à 8 côtés.
- **Octogone régulier :** octogone possédant 8 côtés égaux.

[5. Périmètres]

• Cercle de rayon r :	$2\pi r$
• Arc de cercle de rayon r et d'angle a :	$2\pi r \times \dfrac{a}{360}$
• Triangle isocèle de base b et de côté c :	$b + 2c$
• Triangle équilatéral de côté c :	$3c$
• Parallélogramme de largeur l et de longueur L :	$2 \times (l + L)$
• Losange de côté c :	$4c$
• Rectangle de largeur l et de longueur L :	$2 \times (l + L)$
• Carré de côté c :	$4c$

[6. Aires]

1. Les triangles

La formule à retenir est, en toutes lettres,

Base fois hauteur divisé par 2

Attention cependant au terme de **base** : dans un triangle quelconque, quel côté doit être considéré comme la base ? La réponse est simple : à vous de choisir en fonction des longueurs dont vous disposez ! Une chose est sûre : **la base est perpendiculaire à la hauteur.** Et selon le sens dans lequel vous orientez votre triangle, l'aire se calcule de deux façons différentes, comme le montrent les deux figures ci-dessous :

Base choisie : c

$$\text{Aire} = \frac{h_1 \times c}{2}$$

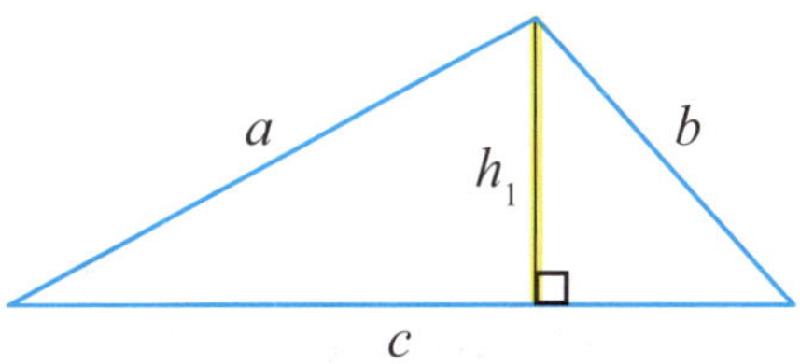

Base choisie : b

$$\text{Aire} = \frac{h_2 \times b}{2}$$

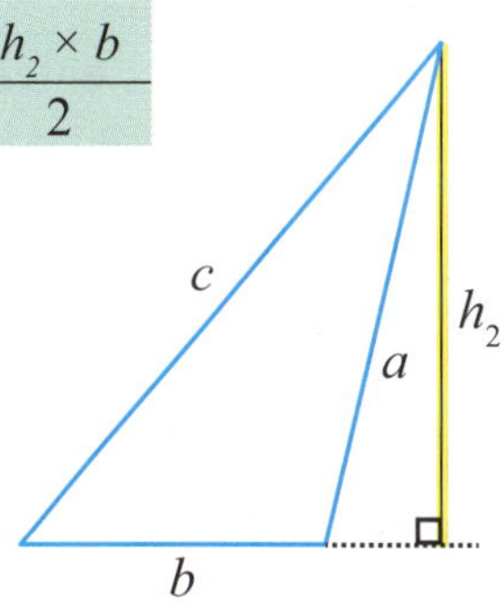

Les cas particuliers des triangles rectangle et isocèle sont remarquables :

- Dans un **triangle rectangle,** la hauteur est confondue avec l'un des deux côtés de l'angle droit, l'autre jouant le rôle de base. Vous pouvez également remarquer qu'un triangle rectangle est la moitié d'un rectangle et retrouver ainsi le résultat.
- Dans un **triangle isocèle,** à condition de choisir la bonne base (aucun des deux côtés égaux), la hauteur sera également la bissectrice, la médiane et la médiatrice de la base. Cela peut servir.

2. Les parallélogrammes

Le plus simple est de remarquer qu'un parallélogramme peut se séparer en deux triangles égaux en coupant le long de la diagonale. Il suffit alors de choisir une base (la diagonale ou l'un des deux côtés) et de calculer la hauteur correspondante.

La formule qui en découle est alors **Base × Hauteur**

3. Les rectangles

Un rectangle de longueur L et de largeur l est certes un parallélogramme, mais le fait qu'il possède des angles droits permet de calculer encore plus facilement son aire à l'aide de la formule $\boldsymbol{L \times l}$

On peut bien évidemment la retrouver en considérant qu'un rectangle est formé de deux triangles rectangles de base L et de hauteur l.

4. Les losanges

Pour les losanges, vous aurez remarqué qu'ils sont constitués de quatre triangles rectangles réunis. L'aire d'un losange est égale au produit des diagonales divisé par deux, autrement dit avec d la petite diagonale et D la grande diagonale, l'aire est égale à $\boldsymbol{\frac{d \times D}{2}}$

5. Les trapèzes

Ici, pas beaucoup de choix en ce qui concerne le sens à donner à votre figure : un trapèze aura toujours une petite base b et une grande base B, qui sont les deux côtés parallèles. La formule de l'aire d'un trapèze est : $\boldsymbol{\frac{h \times (b + B)}{2}}$.

6. Les disques et portions de disques

L'aire d'un disque de rayon r est égale à πr^2 tandis que l'aire d'une portion de disque de même rayon et d'angle a est donnée par la formule $\boldsymbol{\pi r^2 \times \frac{a}{360}}$.

[7. Volumes et aires latérales]

Si vous savez ce qu'est un « volume », vous ignorez parfois ce qu'est l'aire latérale d'une figure. L'**aire latérale** d'une figure est égale à la somme des aires de tous les côtés de la figure.

1. Parallélépipède rectangle (pavé droit)

Volume = $\boldsymbol{L \times l \times h}$

Aire latérale = $\boldsymbol{2 \times (L \times l + l \times h + L \times h)}$

2. Cône

Volume = $\boldsymbol{\frac{1}{3} \times \pi r^2 h}$

3. Sphère

Volume = $\boldsymbol{\frac{4}{3} \times \pi r^3}$

Aire latérale = $\boldsymbol{4\pi r^2}$

4. Cylindre

Volume = $\boldsymbol{r^2 h}$

Aire latérale = $\boldsymbol{\pi r \times (r + h)}$

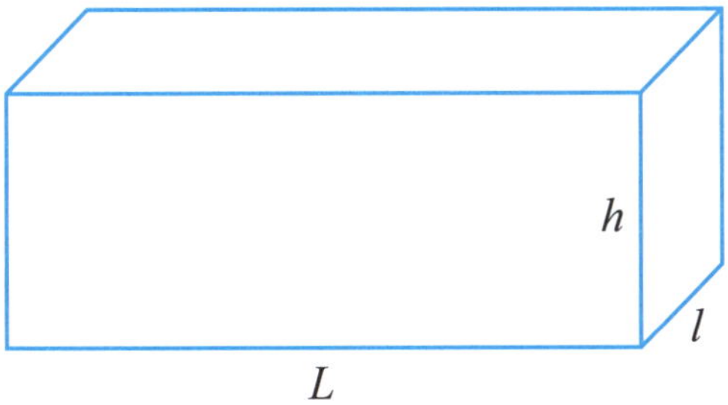

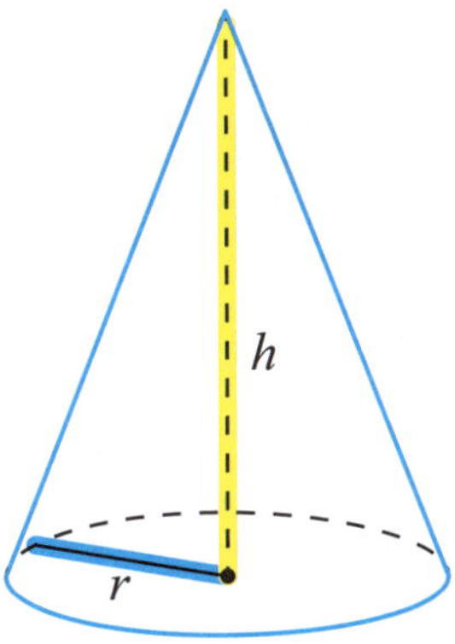

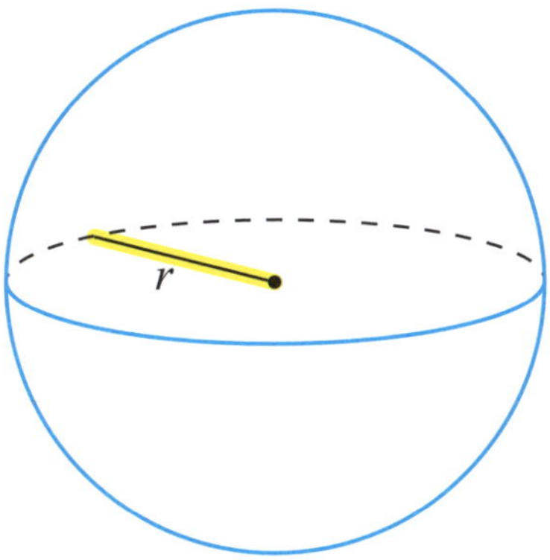

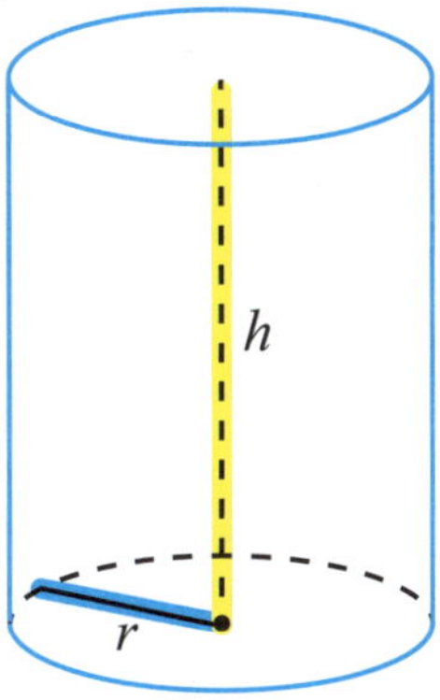

[8. Théorème de Pythagore et triangles pythagoriciens]

Dans un triangle rectangle, la somme des carrés des côtés de l'angle droit est égale au carré de l'hypoténuse. Autrement dit : $a^2 + b^2 = c^2$.

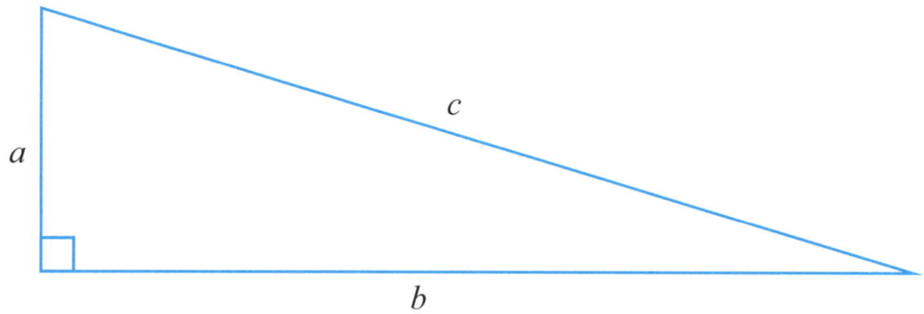

Triangles pythagoriciens

Les triangles pythagoriciens sont des triangles dont les longueurs des côtés sont des entiers naturels.

Les 4 triangles pythagoriciens à connaître par cœur sont les suivants :

1. [$a = 3, b = 4, c = 5$]
2. [$a = 6, b = 8, c = 10$]
3. [$a = 5, b = 12, c = 13$]
4. [$a = 8, b = 15, c = 17$]

[9. Théorème de Thalès]

Toute droite parallèle au côté d'un triangle sépare ce dernier en un triangle de mêmes proportions.

$$\frac{AD}{AC} = \frac{AE}{AB} = \frac{DE}{CB}$$

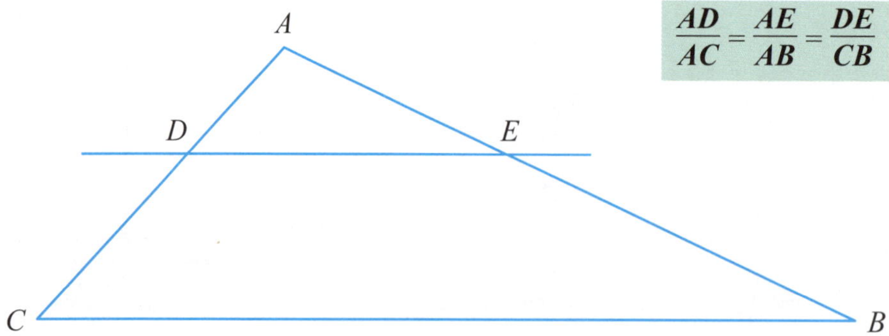

[10. Pythagore et les triangles équilatéraux]

Sachez qu'un triangle équilatéral est totalement défini par la longueur de l'un de ses côtés. Il est alors possible d'en déduire la totalité des informations souhaitées (aire, périmètre, hauteur, médiane, bissectrice, médiatrice…). En effet, comme le montre la formule suivante, on a :

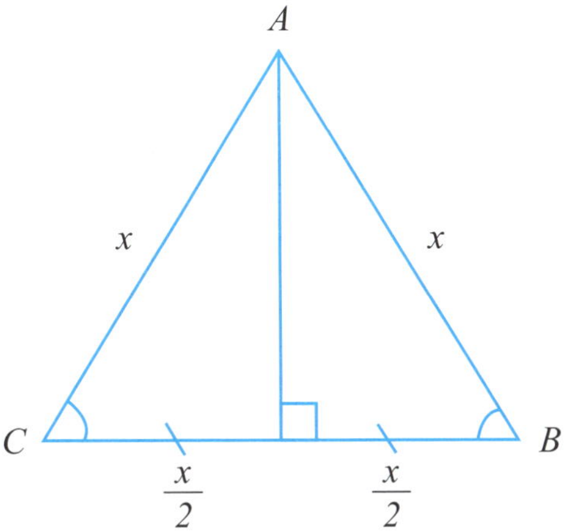

Hauteur = Médiatrice = $\frac{x\sqrt{3}}{2}$

Aire = $\frac{\sqrt{3}}{4} = x^2$

Périmètre = $3x$

[11. Angles]

Les angles alternes internes

Si deux droites parallèles sont toutes deux coupées par une même autre droite, les angles formés sont égaux deux à deux.

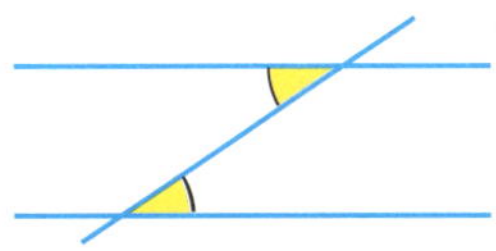

Les angles opposés par le sommet

Lorsque deux droites se croisent, elles forment des angles opposés par le sommet égaux deux à deux. On peut le voir sur la figure :

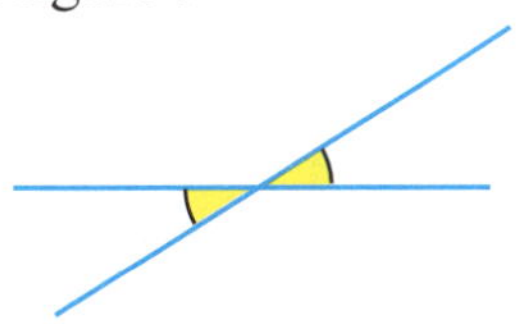

La somme des angles d'un **triangle** vaut toujours **180°.**
La somme des angles d'un **quadrilatère** vaut toujours **360°.**
D'un point à l'autre d'un **cercle**, on parcourt **360°.**

FICHE 7
VITESSE – TEMPS – DISTANCE

[1. Trois lettres : V, T et D]

- **V**, la vitesse d'un objet pendant une durée **T** pour parcourir une distance **D**.
- **T**, le temps/la durée mis par l'objet pour parcourir une distance **D** à la vitesse **V**.
- **D**, la distance parcourue par un objet à une vitesse **V** pendant un temps/une durée **T**.

Les problèmes VTD s'appuient sur **les trois formules suivantes** :

(1) $V = \frac{D}{T}$ (2) $D = V \times T$ (3) $T = \frac{D}{V}$

Dans chaque problème, posez-vous d'abord la question suivante : quelle est précisément la variable que je cherche ?

- Si vous cherchez une vitesse, utilisez la formule (1).
- Si vous cherchez une distance, utilisez la formule (2).
- Si vous cherchez un temps, utilisez la formule (3).

Ensuite, **soyez toujours attentifs aux unités** avant d'utiliser ces formules, et assurez-vous toujours que les unités soient bien homogènes (identiques) au sein de la formule. Par exemple, si la vitesse est exprimée en km/h, alors le temps doit être exprimé en heures et la distance en kilomètres.

1. Un avion reliant Paris à New York a parcouru la distance de 5 200 km en 6 heures et 30 minutes. Quelle a été sa vitesse de vol ?

Réponse : ici, vous cherchez une vitesse et vous devez donc bien sûr appliquer la formule : V = D/T = 5 200 km / 6,5 h = 800 km/h. (Attention ! 6 h 30 = 6,5 h… Pas 6,3 h (erreur fréquente)).

2. Un marcheur parcourt 13 km à la vitesse de 4 km/h. Combien de temps a-t-il mis pour parcourir cette distance ?

Réponse : on remplace tout simplement la distance et la vitesse dans la formule : T = D/V = 13 km / 4 km/h = 3,25 h = 3 h 15 min.

3. Une voiture roule pendant 2 h 20 min à 90 km/h. Quelle distance a-t-elle parcourue ?

Réponse : vous devez convertir les minutes en heures (ici 2 h 20 = 7/3 h) puis appliquer la formule : D = V × T = 7/3 h × 90 km/h = 210 km.

[2. Conversion des km/h en m/s]

Voici une astuce très utile :

Pour passer des m/s aux km/h, on multiplie les m/s par le coefficient 3,6.

Pour passez des km/h aux m/s, on divise les m/s par le coefficient 3,6.

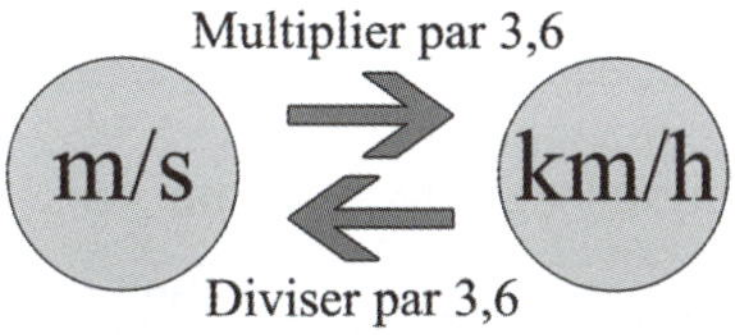

[3. Le tableau VTD]

Le tableau VTD est un outil très utile pour simplifier la compréhension d'un énoncé. Il n'est pas obligatoire pour résoudre une question, mais il s'avère souvent utile pour celles et ceux qui ont besoin de « tout mettre à plat ». Voici ce tableau :

	V	**T**	**D**
Acteur 1	V_1	T_1	D_1
Acteur 2	V_2	T_2	D_2

[4. Le cas de rattrapage]

Deux objets quittent le même lieu à deux moments différents et avec deux vitesses différentes. Ils se dirigent vers le même endroit. L'un des objets est parti en avance et le second rattrape le premier, grâce à une vitesse supérieure. **Dans un cas de rattrapage, vous devez appliquer l'équation clé :**

$$D_1 = D_2$$

Jeanne part en voiture de la ville A en direction de la ville B à 12 h à la vitesse de 48 km/h. A 13 h, Jean part de la ville A en direction de la ville B à la vitesse de 60 km/h. À quelle heure Jean va-t-il rattraper Jeanne ?

Utilisons dans un premier temps un tableau VTD.
On applique l'égalité $D_1 = D_2$. On sait en outre que comme Jean part avec une heure de retard par rapport à Jeanne : $T_{Jean} = T_{Jeanne} - 1$. En effet Jean dispose d'une heure de moins que Jeanne pour parcourir la distance qui la sépare du point de rencontre (cette distance étant la même pour Jean que pour Jeanne).

	V	**T**	**D**
Jeanne	48 km/h	$T_{Jean} + 1$	$D_{rattrapage}$
Jean	60 km/h	T_{Jean}	$D_{rattrapage}$

Pour trouver T_{Jeanne}, on applique l'égalité suivante :

$$D_{Jean} = D_{Jeanne} \Leftrightarrow V_{Jean} \times T_{Jean} = V_{Jeanne} \times T_{Jeanne} \Leftrightarrow \mathbf{60T_{Jean} = 48(T_{Jean} + 1)}$$

Par conséquent, $T_{Jean} = 4$ h et $T_{Jeanne} = 5$ h.

Astuce : vous auriez pu également raisonner autour de la vitesse de rattrapage.

Jean va à la vitesse de 60 km/h et Jeanne à la vitesse de 48 km/h. Par conséquent, la vitesse de rattrapage est de 12 km/h (60 – 48 = 12). Cela signifie qu'en 1 heure, Jean rattrape Jeanne de 12 km. Etant donné que Jeanne a 48 km d'avance sur Jean (la distance parcourue par Jeanne à la vitesse de 48 km/h pendant 1 heure), il faut 4 heures (48/4 = 12) à Jean pour rattraper Jeanne. Jean rattrape donc bien Jeanne à 17 h.

[5. Le cas croisement]

Deux acteurs partent de deux endroits éloignés d'une distance D_{Total}.
Dans un cas de croisement, vous devez résoudre l'équation clé suivante :

$$D_{Total} = D_1 + D_2$$

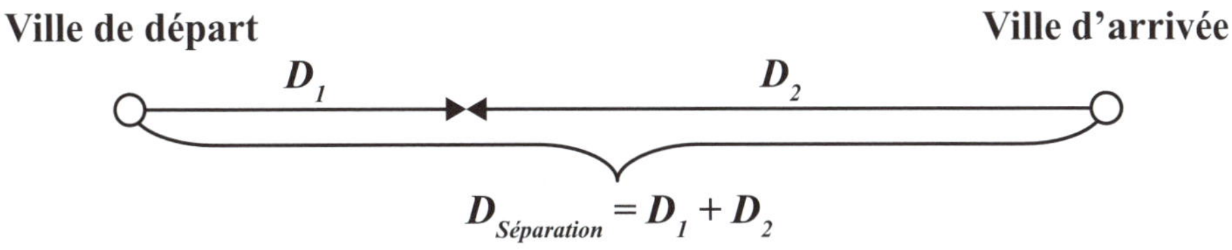

> Un train part d'Auxerre à 10 h et roule à la vitesse de 200 km/h. À la même heure, un train part de Marseille et roule à 300 km/h. À quelle distance de Marseille les trains se croisent-ils, sachant que les deux villes sont éloignées de 700 km ?

Vous cherchez ici la distance entre le point de rencontre des deux trains et la ville de Marseille, soit la distance $D_{Marseille}$. Utilisez là encore un tableau VTD :

	V	**T**	**D**
Auxerre	200 km/h	$T_{Auxerre}$	$700 - D_{Marseille}$
Marseille	300 km/h	$T_{Marseille}$	$D_{Marseille}$

Les deux trains se croisent au même moment, soit $T_{Auxerre} = T_{Marseille}$, ou encore :

$D_{Auxerre} / V_{Auxerre} = D_{Marseille} / V_{Marseille} \Leftrightarrow (700 - D_{Marseille}) / 200 = D_{Marseille} / 300$

Après résolution, vous obtenez $D_{Marseille} = 420$ km.

Astuce : vous pouviez également raisonner à partir du rapport des vitesses (la notion utilisée étant celle du barycentre, étudiée dans le chapitre consacré aux Moyennes).

Le train d'Auxerre roule à 200 km/h et le train de Marseille roule à 300 km/h. Par conséquent, le rapport est de 2 pour 3. Entre autres, quand le train d'Auxerre parcourt 200 km en 1 heure, le train de Marseille parcourt 300 km. Ou encore, quand le train de Marseille parcourt 3 tronçons, le train d'Auxerre parcourt 2 tronçons (voir schéma ci-dessous). Donc, si l'on divise la distance de séparation en 5 tronçons de même distance, alors chaque tronçon est égal à 140 km. Le train de Marseille doit parcourir 3 tronçons de 140 km, soit 420 km.

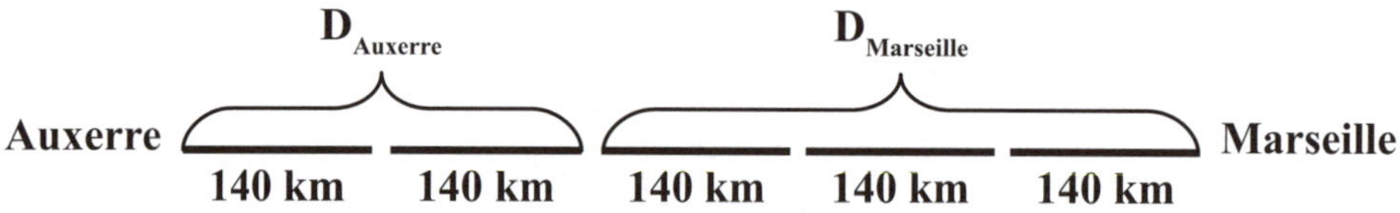

[6. Le cas aller-retour]

On considère un objet effectuant l'aller d'un parcours à une vitesse V_1, puis le retour du même parcours à la vitesse V_2.
Alors la vitesse moyenne de l'objet sur l'aller-retour est donnée par :

$$Vitesse\ moyenne = H = \frac{2 \times V_1 \times V_2}{V_1 + V_2}$$

Cette vitesse moyenne est également appelée **moyenne harmonique.**

Un coureur part de Paris pour aller à Versailles, puis revient par le même chemin. Il effectue l'aller à 8 km/h et le retour à 14 km/h. Quelle est la vitesse moyenne du coureur sur l'ensemble du parcours ?

Réponse : la vitesse moyenne du coureur sur l'aller-retour Paris-Versailles est égale à :

$$Vitesse\ moyenne = \frac{2 \times 8 \times 14}{8 + 14} \approx 10{,}2\ km/h$$

FICHE 8
RAISONNEMENT LOGIQUE

Vocabulaire

Soit P et Q deux propositions.

- « Si P est vraie alors Q est vraie » s'écrit « $P \Rightarrow Q$ ».
- « P est vraie si et seulement si Q est vraie » signifie « $P \Rightarrow Q$ » et « $Q \Rightarrow P$ » et s'écrit « $P \Leftrightarrow Q$ ». On dit aussi P équivalent à Q.
- « P et Q sont vraies » s'écrit « $P \wedge Q$ ».
- « P est vraie ou Q est vraie » s'écrit « $P \vee Q$ » et signifie « P est vraie ou Q est vraie ou P et Q sont tous les deux vraies » : on parle de « ou non exclusif ».
- La contraposée d'une proposition P se note $\overline{P}$ et représente le contraire de la proposition. Ex. : « J'ai chaud » a pour contraposée « Je n'ai pas chaud » (et non pas « j'ai froid »…).

Règles logiques

La contraposée de « $P \Rightarrow Q$ » est « $\overline{Q} \Rightarrow \overline{P}$ ».

Ex. : « Si j'ai gagné au loto alors je suis riche. » a pour contraposée « Si je ne suis pas riche alors je n'ai pas gagné au loto. » (et non pas « Si je n'ai pas gagné au loto alors je ne suis pas riche. »)

Propriété : « $P \Rightarrow Q$ » est équivalent à « $\overline{Q} \Rightarrow \overline{P}$ ».

<u>*Loi de Morgan*</u> :

- $\overline{P \vee Q} = \overline{P} \wedge \overline{Q}$
- $\overline{P \wedge Q} = \overline{P} \vee \overline{Q}$

<u>*Transitivité*</u> : si « $P \Rightarrow Q$ » et « $Q \Rightarrow R$ » alors « $P \Rightarrow R$ ».

<u>*Démonstration par l'absurde*</u> : pour montrer qu'une proposition P est vraie, on la suppose fausse et on montre par déductions successives qu'on aboutit à une contradiction (ou absurdité). Ainsi P est vraie.

FICHE 9
ANALYSE COMBINATOIRE

[1. Cardinal d'un ensemble]

Définition

Soit E un ensemble fini de n éléments. On appelle cardinal de l'ensemble E, noté Card(E), le nombre d'éléments de E.

Propriétés

– Si E et F sont deux ensembles finis, alors :

$$\text{Card}(E \cup F) = \text{Card}(E) + \text{Card}(F) - \text{Card}(E \cap F)$$

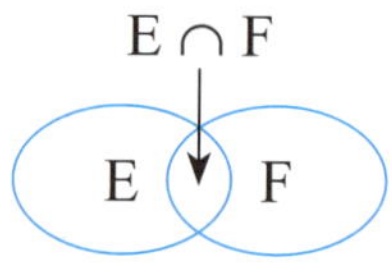

– Si E et F sont des ensembles finis disjoints, alors :

$$\text{Card}(E \cup F) = \text{Card}(E) + \text{Card}(F)$$

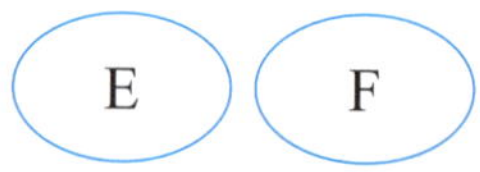

Dans une classe de 35 étudiants auxquels on a proposé de faire du sport (choix possibles : judo et karaté), 10 ont choisi de pratiquer le judo, 18 du karaté et 14 ont choisi de pratiquer les deux sports.

Combien d'étudiants ont choisi de ne pratiquer aucun sport ?

A. 25 B. 21 C. 19 D. 17 E. 12

Soit E l'ensemble fini des étudiants ayant choisi de pratiquer le judo et F l'ensemble fini des étudiants ayant choisi de pratiquer le karaté. D'après l'énoncé :

$\text{Card}(E) = 10$, $\text{Card}(F) = 18$ et $\text{Card}(E \cap F) = 14$

Commençons par calculer $\text{Card}(E \cup F)$, c'est-à-dire le nombre d'étudiants qui font du sport. On pourra ainsi en déduire le nombre d'étudiants qui ont choisi de ne rien faire car leur nombre sera égal à : tous les étudiants *moins* ceux qui font du sport.

$\text{Card}(E \cup F) = \text{Card}(E) + \text{Card}(F) - \text{Card}(E \cap F) = 10 + 18 - 14 = 14$

Par conséquent, le nombre d'étudiants qui ont décidé de ne pratiquer **aucun** sport est égal à 35 – 14 c'est-à-dire 21. **Réponse B.**

Dans toute la suite du cours de combinatoire, on désignera par E_n, *un ensemble fini de n éléments.*

[2. *p*-listes]

Définition

Soit p, un entier naturel non nul.

On appelle p-liste d'éléments de E_n, une liste ordonnée de p éléments de E_n, avec répétition possible (*i.e.* qu'une p-liste peut contenir plusieurs fois le même élément).

Nombre de *p*-listes

Soit n et p, des entiers naturels non nuls.

Le nombre de p-listes d'éléments de E_n est égal à n^p

Combien y a-t-il de nombres de 7 chiffres ne comportant aucun 0 ?

A. 4 782 969 B. 4 799 563 C. 4 893 675 D. 4 981 654 E. 4 999 990

Un nombre de 7 chiffres ne comportant aucun zéro est une 7-liste d'éléments de : E = {1, 2, 3, 4, 5, 6, 7, 8, 9}.

Card(E) = 9 et il y a donc $9^7 = 4\,782\,969$ nombres de 7 chiffres ne comportant aucun zéro. **Réponse A.**

Astuce : ne vous amusez surtout pas à calculer précisément la valeur de 9^7, vous perdriez trop de temps ! Ecrivez juste que $9^7 = 9^2 \times 9^2 \times 9^2 \times 9 = 81 \times 81 \times 81 \times 9$ et déduisez-en que le nombre résultat sera un nombre qui terminera nécessairement par 9 ! ($8\underline{\mathbf{1}} \times 8\underline{\mathbf{1}} \times 8\underline{\mathbf{1}} \times \underline{\mathbf{9}}$) Et seule la réponse A donne un nombre dont le dernier chiffre est 9 et c'est donc la bonne réponse ! Ne cherchez pas plus loin : **Réponse A.**

[3. Permutations]

Définition

On appelle permutation de E_n tout arrangement de n éléments de E_n.

Attention ! On parle aussi d'« anagramme » aux concours pour désigner une permutation.

Ainsi, les anagrammes ou permutations de AIMER sont : MARIE, ARIME, AREMI, EIMAR, etc.

Propriété

Le nombre de permutations de E_n est noté $n!$ et est égal à :

$$n! = n \times (n-1) \times \ldots \times 2 \times 1$$

Combien d'anagrammes au total (ayant un sens ou non) peut-on former avec les lettres du mot CLAMER ?

A. 360 B. 520 C. 640 D. 680 E. 720

CLAMER est un mot de 6 lettres. Une anagramme est une permutation des 6 lettres qui composent ce mot soit : $6! = 6 \times 5 \times 4 \times 3 \times 2 = 720$. **Réponse E.**

[4. Arrangements]

Définition

Soit p, un entier naturel non nul, tel que p soit inférieur ou égal à n.

On appelle arrangement de p éléments de E_n une p-liste d'éléments de E_n *où les éléments de la* p-*liste sont deux à deux distincts*.

Nombre d'arrangements

Le nombre d'arrangements de p éléments de E_n, noté A_n^p, est tel que :

$$A_n^p = \frac{n!}{(n-p)}! = n \times (n-1) \times (n-2) \times \ldots \times (n-p+1)$$

Combien y a-t-il de nombres de 7 chiffres ne comportant aucun zéro *et* ayant 7 chiffres différents ?

A. 185 875 B. 181 444 C. 187 764 D. 167 872 E. 181 440

Un nombre de 7 chiffres ne comportant aucun zéro et ayant 7 chiffres différents est un arrangement de 7 éléments de E = {1, 2, 3, 4, 5, 6, 7, 8, 9}. Il y a donc :

$$A_9^7 = \frac{9!}{2!} = \frac{9\times8\times7\times6\times5\times4\times3\times2\times1}{2\times1} = 9\times8\times7\times6\times5\times4\times3 = 181\,440 \text{ nombres}$$

qui répondent aux contraintes énoncées dans la question. **Réponse E.**

Astuce : il faut remarquer ici que le produit 9 × 8 × 7 × 6 × 5 × 4 × 3 donne un nombre qui finit nécessairement par 0 puisque le sous produit **5 × 4** est égal à 20 et que tout multiple de 20 donne un nombre qui finit par 0.

De combien de façons peut-on former un comité de direction composé d'un Directeur général, d'un Directeur marketing et d'un Directeur commercial sachant que 14 personnes sont aptes à pourvoir un de ces postes et que l'on ne peut bien entendu pas cumuler les fonctions ?

A. 3 200 B. 2 002 C. 1 960 D. 320 E. 4 014

On veut former un comité composé de 3 personnes à choisir parmi 14 personnes. Pour ce faire, il faut compter le nombre d'arrangements possibles, soit :

$A_{14}^{3} = \frac{14!}{11!} = \frac{14 \times 13 \times 12 \times 11!}{11!} = 14 \times 13 \times 12 = 2\,002$ arrangements possibles pour former ce comité de direction. **Réponse B.**

[5. Combinaisons]

Définition

Soit p un entier naturel, tel que p soit inférieur ou égal à n. On appelle combinaison de p éléments de E_n un sous ensemble de p éléments **(2 à 2 distincts)** de E_n.

Propriété

Le nombre de combinaisons de p éléments de E_n, noté C_n^p est égal à :

$$C_n^p = \frac{n!}{p!(n-p)!}$$

On désire constituer un jury composé de 2 experts-comptables et 5 avocats. On peut choisir les membres du jury parmi 6 experts comptables et 7 avocats. De combien de façons peut-on constituer le jury en sachant que n'importe quel expert-comptable et n'importe quel avocat peut être choisi ?

A. 420 B. 380 C. 315 D. 210 E. 180

Il y a C_6^2 combinaisons de 2 experts-comptables pris parmi 6, puis pour chacune de ces combinaisons, C_7^5 combinaisons de 5 avocats pris parmi 7… soit : $C_6^2 \times C_7^5$ façons de constituer un jury composé de 2 experts-comptables et 5 avocats. Ce qui donne : $\frac{6!}{2!\,4!} \times \frac{7!}{5!\,2!} = \frac{\cancel{6} \times 5}{\cancel{2}} \times \frac{7 \times \cancel{6}}{\cancel{2}} = 3 \times 5 \times 7 \times 3 = 15 \times 21$ soit 315 combinaisons. **Réponse C.**

[6. Modèles d'urnes]

Imaginons une urne contenant n boules numérotées de 1 à n (chacune des boules s'interprète comme un élément de E_n) et supposons que nous tirons p boules dans cette urne. Voici les 3 modèles d'urnes les plus classiques :

Tirages successifs et avec remise

On tire au hasard une boule dans l'urne, puis on la remet dans l'urne avant d'opérer le tirage suivant. Si on effectue p tirages avec remise entre chaque tirage, le résultat global s'interprète comme une p-liste et il y a donc n^p tirages avec remise (de p éléments) possibles.

Tirages successifs et sans remise

On tire au hasard une boule dans l'urne que l'on conserve : la boule n'est donc pas remise dans l'urne qui contient ainsi après chaque tirage une boule de moins. Si on effectue ainsi p tirages sans remise (p inférieur ou égal à n), le résultat global s'interprète comme une p-liste d'éléments deux à deux distincts ou encore comme un arrangement de p éléments de E_n. Il y a donc A_n^p tirages sans remise (de p éléments) possibles.

Tirages simultanés

On tire simultanément p boules de l'urne (l'ordre de tirages des boules est donc sans importance). Un tel tirage s'interprète comme un sous-ensemble de E_n et donc comme une combinaison de p éléments de E_n. Il y a donc C_n^p tirages simultanés (de p éléments) possibles.

FICHE 10
PROBABILITÉS

Calcul d'une probabilité en situation d'équiprobabilité

$$P(\text{événement}) = \frac{\text{nombre des cas favorables}}{\text{nombre total des cas}}$$

Formule des probabilités conditionnelles

$$P_A(B) = \frac{P(A \cap B)}{P(A)}$$

$$P_B(A) = \frac{P(A \cap B)}{P(B)}$$

Formule du Crible

$$P(A \cup B) = P(A) + P(B) - P(A \cap B)$$

Formule des probabilités totales

$$P(A) = P(B) \times P_B(A) + P(\overline{B}) \times P_{\overline{B}}(A)$$

Loi de Morgan appliquée aux probabilités

$$P(\overline{A_1 \cup A_2 \ldots \cup A_n}) = P(\overline{A_1} \cap \overline{A_2} \ldots \cap \overline{A_n})$$

FICHE 11
SUITES

Suite arithmétique

Une suite arithmétique est déterminée par deux éléments, son terme initial u_0 et sa raison r. Elle est définie par la relation de récurrence suivante : $\forall n \in \mathbb{N}, u_{n+1} = u_n + r$.

Sachant que $(u_n)_{n\in\mathbb{N}}$ est une suite arithmétique de terme initial u_0 et de raison r, son terme général est $u_n = u_0 + n \times r$.

On peut en déduire l'égalité suivante pour n_0 quelconque $u_n = u_{n_0} + (n - n_0) \times r$.

Somme des n premiers termes d'une suite arithmétique =

$$\frac{1}{2} \times (\text{nombre de termes}) \times (\text{premier terme} + \text{dernier terme})$$

Suite géométrique

Une suite géométrique est déterminée par sont terme initial u_0 et sa raison q. Elle est définie par la relation de récurrence suivante : $\forall n \in \mathbb{N}, u_{n+1} = q \times u_n$.

Si $(u_n)_{n\in\mathbb{N}}$ est une suite géométrique de terme initial u_0 et de raison q, son terme général est $u_n = q^n \times u_0$.

On peut en déduire l'égalité suivant pour n_0 quelconque $u_n = q^{n-n_0} \times u_{n_0}$.

Somme des n premiers termes d'une suite géométrique =

$$\text{premier terme} \times \left(\frac{1 - (\text{raison})^{\text{nombre de termes}}}{1 - \text{raison}}\right)$$

Quelques sommes à connaître :

$$1 + 2 + \ldots + n = \frac{n(n+1)}{2}$$

$$1 + 2^2 + 3^2 + \ldots + n^2 = \frac{n(n+1)(2n+1)}{6}$$

FICHE 12
TEMPS DE TRAVAIL

Pour connaître le temps T que vont mettre N personnes **ensemble** pour réaliser un travail, il vous suffit d'appliquer la formule suivante :

$$\frac{1}{T} = \sum_{k=1}^{N} \frac{1}{T_k} = \frac{1}{T_1} + \frac{1}{T_2} + \ldots + \frac{1}{T_N}$$

Avec $T_1, T_2, \ldots, T_N$ sont les temps respectifs mis par les N personnes pour réaliser ce même travail, **mais** seules.

Voici un exemple pour illustrer tout cela :

Sacha doit ranger sa chambre. Il sait que tout seul, cela lui prendra 3 h. Son ami Jonas, qui vient l'aider, est capable de ranger la chambre en 2 h sans l'aide de personne. S'ils s'y mettent ensemble, la formule vous indique qu'ils mettront un temps total T de :

$$\boldsymbol{\frac{1}{T}} = \frac{1}{3} + \frac{1}{2} = \frac{2}{6} + \frac{3}{6} = \boldsymbol{\frac{5}{6}}$$

Soit : $T = \frac{6}{5} = 1{,}2 \text{ h} = 1 \text{ h } 12$

Attention à ne pas vous dire que si l'un met 2 h et l'autre 3 h, alors ensemble ils mettront 2 h 30, soit plus de temps que Jonas tout seul !

Ainsi, si vous connaissez le temps mis indépendamment par chacun des membres du groupe pour réaliser la tâche, vous pouvez en déduire le temps total mis par le groupe s'ils la réalisent tous ensemble. Et réciproquement, vous pouvez déduire le temps mis seul par une personne parmi le groupe à condition de connaître le temps de tous les autres membres, ainsi que le temps total mis par le groupe.

III. ENTRAÎNEMENT

Vous trouverez ici **3 épreuves** d'entraînement.

Pour chaque question, vous avez quatre choix de réponses possibles. Une seule réponse est juste. Seules les réponses justes sont prises en compte.

Vous n'avez pas le droit à la calculatrice.

Epreuve 1 : 20 QCM - 40 minutes max

Question 1. Nous cherchons des nombres à trois chiffres, dont le chiffre des dizaines est le double de celui des unités, et le chiffre des centaines est le triple de celui des dizaines. Combien de nombres pouvons-nous trouver ?

(A) 1 (C) 6
(B) 2 (D) 9

Question 2. Voici 4 phrases concernant un nombre entier A :

« A est divisible par 5. » « A est divisible par 11. »
« A est divisible par 55. » « A est inférieur à 8. »

On sait que deux de ces phrases sont vraies et que les deux autres sont fausses. Alors A est égal à :

(A) 0 (C) 11
(B) 5 (D) 55

Question 3. La moyenne de 2A et 0,5A est égale à :

(A) 5/4 de A (C) 2,5A
(B) 1/5 de A (D) 12,5A

Question 4. Le cube de 7 additionné à la moitié de 14 donne :

(A) 49
(B) 54
(C) 335
(D) 350

Question 5. Trois frères achètent un cadeau pour leur mère. Le premier paie un sixième du cadeau, le deuxième paie un septième du cadeau et le dernier paie le double de la somme de ses deux frères. Il leur manque encore 30 € pour payer le cadeau. Quel est le prix du cadeau ?

(A) 360 €
(B) 390 €
(C) 420 €
(D) 460 €

Question 6. Un concessionnaire a liquidé ce mois-ci tous les modèles de voiture de sa concession. 60 % des voitures vendues étaient de modèle essence, deux septièmes de modèle diesel et 92 de modèle hybride. Combien de voitures ce concessionnaire a-t-il vendues ?

(A) 790
(B) 805
(C) 812
(D) 827

Question 7. Dans une école, 65 % des élèves sont des filles. Parmi les garçons, 75 % ont l'âge normal pour leur classe ; 15 % sont en avance et 20 garçons sont en retard. Quel est le pourcentage de garçons en retard par rapport au nombre total d'élèves ?

(A) 1,5 %
(B) 2,75 %
(C) 3,5 %
(D) 7,5 %

Question 8. Lors d'une réunion de famille, il y a 3 fois plus d'enfants que d'adultes et il y a 2 fois plus de personnes de genre masculin que féminin. Parmi les nombres suivants, lequel ne peut pas correspondre au nombre de personnes présentes dans cette réunion ?

(A) 12
(B) 24
(C) 36
(D) 44

Question 9. Un nénuphar, dont la surface double tous les jours, met 400 jours pour couvrir la surface d'un lac. Combien de temps mettront 4 nénuphars pour couvrir à eux quatre la moitié de la surface de ce lac ?

(A) 100 jours
(B) 200 jours
(C) 396 jours
(D) 397 jours

Question 10. La distance Paris-Marseille par voie ferrée est de 1 000 km. Un TGV part de Marseille à 10 heures et roule à la vitesse de 300 km/h. Un train part de Paris à 8 heures 30 et roule à la vitesse de 200 km/h. À quelle distance de Marseille les deux trains vont-ils se croiser ?

(A) 380 km
(B) 420 km
(C) 460 km
(D) 540 km

Question 11. Un cube a pour volume huit mètres cubes. On le découpe en petits cubes de deux décimètres de côté. On empile alors tous les petits cubes. Quelle est en mètres la hauteur de la pile obtenue ?

(A) 20 mètres
(B) 100 mètres
(C) 400 mètres
(D) 200 mètres

Question 12. Un tapis roulant dans un aéroport se déplace à 3 km/h. Sa longueur est de 20 mètres. Un enfant s'amuse à le prendre en sens inverse et marche à 5 km/h. Combien de temps mettra-t-il pour remonter entièrement le tapis roulant ?

(A) 1 minute et 15 secondes
(B) 1 minute et 30 secondes
(C) 45 secondes
(D) 36 secondes

Question 13. Lors d'un championnat de football, chaque équipe a rencontré toutes les autres équipes une seule fois. Combien y a-t-il eu de matchs disputés ?

(A) 80
(B) 102
(C) 117
(D) 120

Question 14. Nina a additionné six nombres de deux chiffres, tous différents. Le plus petit d'entre eux est supérieur à 80 mais inférieur à 90. Le total exact trouvé par Nina figure ci-dessous. C'est :

(A) 491
(B) 500
(C) 573
(D) 576

Question 15. Un certain nombre d'abeilles, en nombre égal à la racine carrée de la moitié de l'essaim, se sont posées sur un arbre de jasmin, laissant derrière elles les huit neuvièmes de l'essaim en plus du roi abeille et de la reine abeille. Combien d'abeilles y a-t-il en tout ?

(A) 72
(B) 76
(C) 92
(D) 96

Question 16. Les trois classes de terminale d'un lycée comprennent respectivement 35, 28 et 36 élèves. Sachant que respectivement 1/5, 1/4 et 1/9 des lycéens de ces trois classes vont échouer au baccalauréat, quel est le nombre total de lycéens qui vont redoubler leur terminale ?

(A) 21
(B) 17
(C) 19
(D) 18

Question 17. Un train part à 22 h et doit parcourir un trajet de 780 kilomètres. Il parcourt le premier tiers du trajet à la vitesse de 130 km/h. Puis il parcourt le reste du trajet à la vitesse de 100 km/h. À quelle heure le train arrivera-t-il ?

(A) 3 h 56
(B) 4 h 32
(C) 4 h 52
(D) 5 h 12

Question 18. Quatorze personnes se partagent un gros gâteau. La première en prend un cinquième, la deuxième en prend un sixième du reste. Ces deux personnes s'effacent alors et les autres décident de se partager le reste équitablement. Quelle fraction du gâteau chacune des personnes qui restent obtient-elle ?

(A) Un quinzième
(B) Un demi
(C) Un douzième
(D) Un dix-huitième

Question 19. Que vaut le tiers de 27^4 ?

(A) 3
(B) 3^{11}
(C) 3^{20}
(D) 2^{23}

Question 20. Mélanie, Stéphanie et Julie vont faire les soldes. Tandis que Mélanie achète des chaussures soldées à –10 %, Stéphanie opte pour un chemisier à –50 % et Julie achète une robe en solde à –28 %, qu'elle a payée 236,50 euros. Quel était le prix initial de la robe ?

(A) 308,19 euros
(B) 319,51 euros
(C) 328,47 euros
(D) 335,84 euros

Corrigés de l'épreuve 1

Question 1. Réponse A

Notons N = (c,d,u) le nombre en question, en notant c le chiffre des centaines, d celui des dizaines et u celui des unités. Les équations données par l'énoncé sont ainsi :

(1) $d = 2u$ (2) $c = 3d$

En testant pour $u = 1$, on aurait N = 621. En revanche, pour $u = 2$, on aurait $d = 4$ et $c = 12$, ce qui est impossible. La seule solution envisageable est donc 621 et on ne peut trouver qu'un seul nombre vérifiant ces conditions.

Question 2. Réponse B

La première des choses à remarquer est que si la troisième phrase est vraie, alors forcément la première et la deuxième le sont aussi : si A est divisible par $55 = 5 \times 11$ c'est forcément qu'il est divisible par 5 et 11. De plus, la première et la deuxième ne peuvent pas non plus être vraies ensemble sinon la troisième le serait aussi. Vous en déduisez donc que la quatrième est forcément vraie. Or il n'existe pas de nombre inférieur à 8 qui soit divisible par 11 : A est donc un nombre inférieur à 8 et divisible par 5, soit A = 5.

Question 3. Réponse A

$(2A + 0{,}5A)/2 = 2{,}5A/2 = 1{,}25A = 5/4$ de A.

Question 4. Réponse D

Le cube de 7 vaut 343 et la moitié de 14 vaut 7. Ainsi 343 + 7 = 350.

Question 5. Réponse C

Nous vous invitons à commencer par une traduction de l'énoncé en équations. En notant P le prix du cadeau, X le prix payé par le premier des trois frères, Y le prix payé par le deuxième et Z celui payé par le troisième, on a :

(1) $X + Y + Z = P - 30$, car il manque 30 € aux trois frères pour acheter le cadeau ;

(2) $X = 1/6 \times P$;

(3) $Y = 1/7 \times P$;

(4) $Z = 2 \times (X + Y) = 2 \times (1/6 \times P + 1/7 \times P)$.

Ici, au vu des réponses toutes entières, il est peu probable que les prix payés par chacun des trois frères soient des nombres décimaux. Dans ce type de questions, où les réponses proposées sont toutes entières, il est presque certain que les inconnues

introduites dans l'énoncé le soient aussi. Donc X, Y et Z sont des nombres entiers. Or les équations (2) et (3) nous donnent comme information que :
(2) X = P/6 ;
(3) Y = P/7.

Si vous voulez que P/6 soit un nombre entier, il faut nécessairement que P soit divisible par 6. De même, en utilisant l'équation (3), on trouve que P est divisible par 7. En se penchant sur les réponses, sachant que P est divisible par 6 et 7, c'est qu'il est divisible par 6 × 7 = 42. Seule la réponse C, 420, remplit cette condition.

Question 6. Réponse B

Nous vous invitons à commencer par une traduction de l'énoncé en équations. En notant T le nombre total de voitures vendues, E le nombre de modèles essence vendus, D le nombre de modèles diesel vendus et H le nombre de modèles hybrides vendus, on a :

(1) T = E + D + H
(2) E = 60 % × T = 3/5 × T
(3) D = 2/7 × T
(4) H = 92

Ici on peut légitimement affirmer qu'il est difficile de vendre, par exemple, 2,7 voitures, c'est-à-dire que nos inconnues E, D et T seront des nombres entiers. Or les équations (2) et (3) nous donnent comme information que :
E = 3/5 × T et D = 2/7 × T.

Si vous voulez que 3/5 × T soit un nombre entier, il faut nécessairement que T soit divisible par 5. Nous vous laissons le soin de vérifier que si ce n'est pas le cas, on se retrouve rapidement avec des cinquièmes de voiture… De même, en utilisant l'équation (2), on trouve que T doit être divisible par 7.
En se penchant sur les réponses, sachant que T est divisible par 5, on supprime les réponses C et D qui ne se finissent ni par un 5 ni par un 0.

Restent 790 et 805 dont on doit vérifier s'ils sont divisibles par 7. Prenons par exemple 790, qui vaut 700 + 70 + 20, soit 7 × 100 + 7 × 10 + 20 (qui n'est pas divisible par 7) donc 790 n'est pas divisible par 7.
Inversement, 805 vaut 700 + 70 + 35, soit 7 × 100 + 7 × 10 + 7 × 5 donc 805 est divisible par 7.

Question 7. Réponse C

Il suffit une fois de plus de lentement traduire les données de l'énoncé. Nous vous proposons de tracer un arbre pour représenter les différentes populations de cette école :

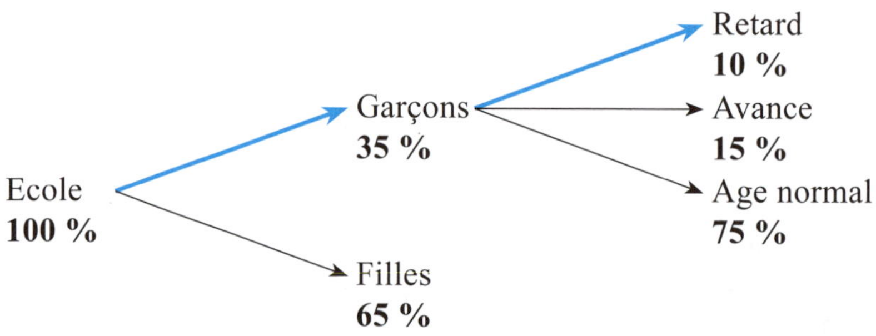

Dans cette école, on sait qu'il y a 65 % de filles : on en déduit qu'il y a 35 % de garçons. Parmi ces 35 %, 75 % ont l'âge normal pour leur classe et 15 % sont en avance, donc 10 % sont en retard (peu importe que ça représente 20 élèves, on ne nous demande que la proportion). Tout ce qui nous intéresse est la proportion R de garçons en retard, soit 10 % de 35 % des élèves, ce qui se traduit par $R = 0{,}1 \times 0{,}35 = 0{,}035$ soit $P = 3{,}5$ %.

Question 8. Réponse D

Notons E, A, F et M les nombre respectifs d'enfants, d'adultes, de personnes de genre féminin et de personnes de genre masculin à cette réunion, ainsi que T le nombre total de personnes présentes. Vous avez donc les équations suivantes :

(1) $T = E + A$ (2) $T = F + M$ (3) $E = 3A$ (4) $M = 2F$

En remplaçant E et M par leur valeur en fonction de A et F dans les équations (1) et (2), vous trouvez :

(1) $T = 4A$ (2) $T = 3F$

Au lieu de calculer, pensez au fait que vous êtes face à des inconnues entières : vous ne pouvez pas avoir de demi-personne. Ainsi, pour être entier, T devra être :

(1) Divisible par 4 (2) Divisible par 3

Une autre façon d'aboutir à ce résultat était de vous dire que s'il y a trois fois plus d'enfants que d'adultes, c'est qu'il y a 3 enfants pour un adulte, soit forcément un multiple de 3 + 1 = 4. En faisant de même pour les personnes de genre masculin, vous retombez sur le fait que T doit être un multiple de 3 et 4, donc de 3 × 4 = 12. 44 est le seul nombre parmi les solutions qui ne le soit pas.

Question 9. Réponse D

Prenons le cas d'**1** nénuphar.

Au terme du 400ᵉ jour, il a couvert tout le lac.

Au terme du 399ᵉ, il a couvert la moitié du lac.

Au terme du 398ᵉ jour, il a couvert la moitié de la moitié du lac, soit le quart du lac.

Au terme du 397ᵉ jour, il a couvert la moitié du quart du lac, soit le huitième du lac.

Si l'on prend 4 nénuphars à présent : arrivés au **397ᵉ jour,** chacun d'entre eux aura couvert un huitième du lac, soit à eux quatre, quatre huitièmes du lac, autrement dit, la moitié du lac.

Question 10. Réponse B.

Réglons d'abord un léger problème : les deux TGV ne partent pas à la même heure. C'est ici le seul point qui rend cette question moins classique qu'à l'accoutumée. Qu'à cela ne tienne, faisons en sorte de retomber sur nos pieds ! Si le train partant de Paris à 8 h 30 roule à 200 km/h, combien de km aura-t-il parcourus à 10 h, soit au bout d'une heure et demie (1,5 h) ?
Réponse : $200 \times 1{,}5 = 300$.

Finalement, nous sommes donc ramenés au problème suivant : deux trains partent respectivement des points A (Marseille) et B (à 300 km de Paris), distants de 700 km (1 000 – 300) au même moment (en l'occurrence 10 h), le premier roulant à 300 km/h et le second à 200 km/h. On cherche toujours à trouver la distance entre le point A et l'endroit où ils se croisent. Sur un axe cela donne :

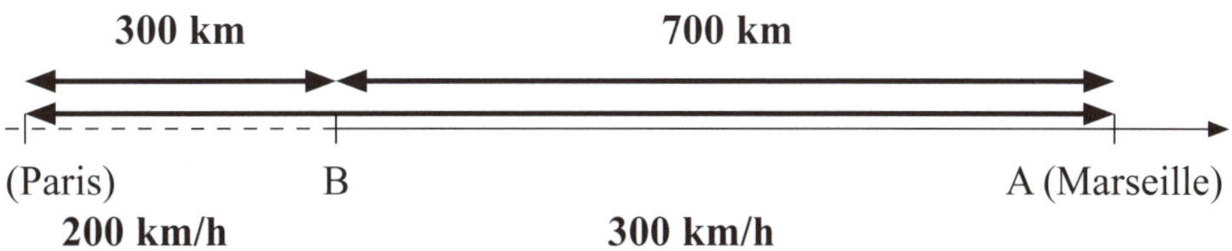

À partir de là, nous proposons nos deux méthodes :

<u>Méthode 1</u>

Notons D_A la distance du point A à laquelle les deux trains vont se croiser, D_B la distance du point B à laquelle les deux trains vont se croiser, T le temps après lequel ils vont se croiser (en considérant un départ à 10 h), V_1 et V_2 les vitesses respectives des trains partant de Paris et Marseille. Les équations classiques de Vitesse/Temps/Distance combinées aux informations de l'énoncé donnent :

(1) $D_A + D_B = 700$

(2) $V_1 = 200$

(3) $V_2 = 300$

(4) $D_A = V_1 \times T = 300 \times T$

(5) $D_B = V_2 \times T = 200 \times T$

En remplaçant D_A et D_B par leur valeur en fonction de T dans l'équation (1), on obtient :

(1) $300 \times T + 200 \times T = 700$

(2) $D_A = 300 \times T$

Soit après calcul :

(1) $T = 7/5$ h

(2) $D_A = 300 \times 7/5 = 420$ km

Méthode 2

Intuitivement, étant donné que les trains partent au même moment et que celui qui part de Marseille roule plus vite, on se dit que le point de rencontre sera plus proche de Paris que de Marseille. La question centrale est, encore une fois, combien de fois plus proche ?

Il nous suffit pour cela de calculer les poids relatifs de chaque train en fonction de sa vitesse : le train partant de Marseille va 300/200 = 3/2 fois plus vite, il « pèse » donc 3/2 fois plus lourd que l'autre train et va parcourir 3/2 fois plus de distance que celui-ci. C'est-à-dire que sur un « poids » total de 5, le train partant de Marseille « pèse » 3 et celui partant de Paris « pèse » 2.

Représentons cela sur notre axe en le segmentant en cinq parties égales à 700/5 = 140 km :

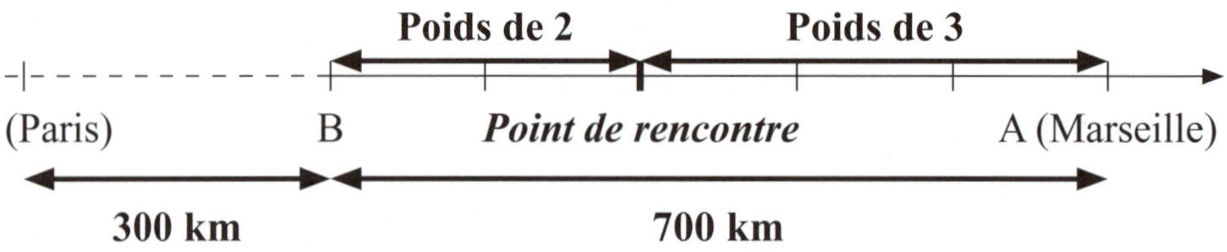

On retrouve bien le rapport des vitesses sur les distances parcourues : quand le train partant de Marseille parcourt 3 segments, celui partant de Paris en parcourt 2. Finalement, on trouve qu'ils se croisent à $3 \times 140 = 420$ km de Marseille.

Question 11. Réponse D

Tout est dans la lecture et la traduction de l'énoncé. On vous demande la hauteur, notée *h,* de la pile obtenue en empilant des petits cubes de 2 dm de côté. On peut immédiatement affirmer que $h = 20 \times N$, où N est le nombre de petits cubes et *h* est notre véritable inconnue. Dès lors, la question va être : « combien de petits cubes peut-on mettre dans le grand cube ? » Nous vous proposons deux méthodes pour trouver N :

Méthode 1 : par les côtés

Le grand cube ayant un volume de 8 m^3, il fait 2 m de côté, soit 20 dm. Sur chaque côté du grand cube, vous pouvez donc mettre 20/2 = 10 petits cubes.

La réflexion se faisant en 3 dimensions, vous pouvez donc mettre 10 petits cubes en longueur, 10 petits cubes en hauteur et 10 petits cubes en largeur soit $N = 10 \times 10 \times 10 = 1\ 000$ petits cubes.

Tout cela sera plus clair sur un dessin :

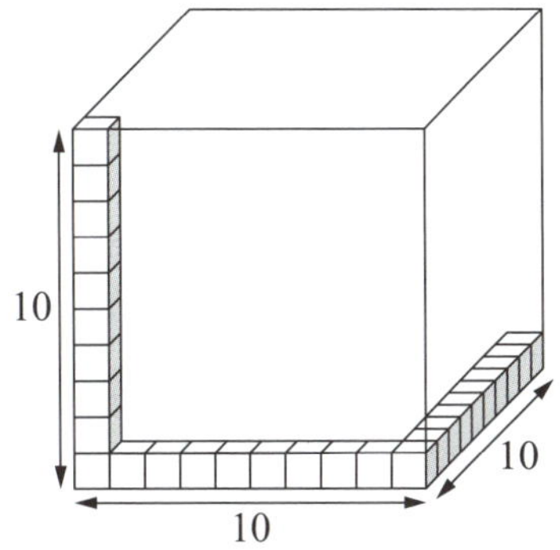

<u>Méthode 2 : par les volumes</u>
1. De façon plus intuitive, on peut remarquer que le volume du grand cube est de 8 m^3, soit **8 000 dm^3.**
Nous vous rappelons les tableaux de conversion, chaque case étant destinée à recevoir un chiffre :

km	hm	dam	m	dm	cm	mm
			1	**0**		

km^2		hm^2		dam^2		m^2		dm^2		cm^2		mm^2
						1	**0**	**0**				

km^3			hm^3			dam^3			m^3			dm^3			cm^3			mm^3
									1	**0**	**0**	**0**						

On a par exemple :
1 m = 10 dm 1 m^2 = 100 dm^2 1 m^3 = 1 000 dm^3

2. On sait en outre que le volume d'un petit cube est égal à 2^3 = **8 dm^3**. On trouve alors immédiatement que l'on peut mettre 8 000/8 = 1 000 petits cubes dans le grand cube.
On conclut là encore que la hauteur est égale à 1 000 × 2 dm = 2 000 dm = 200 m.

Question 12. Réponse D

On est face à une question de Vitesse/Temps/Distance où l'inconnue est le temps. Nous vous conseillons dans ce genre de situations de vous concentrer sur les deux autres données (ici Vitesse et Distance) l'une après l'autre. La distance (notée D) vaut 20 m. En ce qui concerne la vitesse, l'enfant marche certes à 5 km/h, mais en sens inverse d'un tapis roulant qui avance à 3 km/h. Il marche donc en réalité à 2 km/h. Pour vous en persuader, dites-vous qu'en une heure il aura avancé de 5 km et reculé de 3 km. On a donc : V = 2 km/h et D = 20 m.

On est tenté d'appliquer ici notre équation classique T = D/V, mais attention, n'oubliez pas que celle-ci ne fonctionne que si les unités de distance et de temps sont les mêmes. Or ici V et D mélangent les km et les m. On convertit donc la vitesse de l'enfant en V = 2 000 m/h et on peut remplacer les inconnues dans l'équation pour obtenir :
T = 20/2 000 = 1/100 h.

Or 1 h correspondant à 3 600 secondes, on trouve que 1/100 h = 36 secondes.

Une autre méthode aurait été de convertir immédiatement les heures en secondes dans l'expression de V et d'écrire :
V = 2 000 m / 3 600 secondes, soit « l'enfant fait 2 000 m toutes les 3 600 secondes ».
Puis en simplifiant par 100 :
V = 2 0~~00~~ m / 3 6~~00~~ secondes = 20 m / 36 secondes, soit « l'enfant fait 20 m toutes les 36 secondes ».

Remarquons qu'on aurait très bien pu vous proposer une question dans laquelle l'enfant marchait dans le même sens que le tapis roulant, auquel cas il aurait fallu additionner leurs vitesses respectives et non les soustraire comme c'était le cas ici.

Question 13. Réponse D

Une question bizarre, n'est-ce pas ?!
Il s'agit en fait ici d'une question de cohérence. Comme vous le savez, le nombre total de matchs disputés au cours de ce championnat (en faisant bien sûr l'hypothèse que chaque équipe a rencontré chacune des autres équipes une seule fois) est égal à : $\frac{E(E-1)}{2}$ avec E le nombre d'équipes.
Il n'y a en fait qu'une seule solution qui colle ici. Vous ne trouverez en effet aucun E entier naturel tel que $\frac{E(E-1)}{2}$ est égal à 80 ; 102 ou encore 117.

Il existe en revanche une valeur entière pour E tel que $\frac{E(E-1)}{2} = 120$: il s'agit en effet de $E = 16$. La réponse D est donc la seule réponse **possible,** autrement dit la seule réponse **cohérente**.

Pour arriver à cette conclusion, il suffisait de tester des valeurs pour E. Si E était égal à 13, alors on aurait eu un nombre total de matchs disputés égal à : $\frac{13 \times 12}{2} = 78$.
Si E était ensuite égal à 14, le nombre total de matchs disputés aurait été égal à : $\frac{14 \times 13}{2} = 91$.
On voyait bien alors que la réponse A (80) « passait à la trappe ». On testait alors $E = 15$ et l'on trouvait $\frac{15 \times 14}{2} = 105$ (la réponse B passait à son tour à la trappe).
Et pour finir $E = 16$ avec un nombre total de matchs disputés égal à 120 (ouf !).

Question 14. Réponse C

Soient les 6 nombres rangés dans l'ordre croissant : $a, b, c, d, e, f,$ avec $80 < a < 90$. La somme $a + b + c + d + e + f$ est minorée par $81 + 82 + 83 + 84 + 85 + 86 = 501$ et majorée par $90 + 95 + 96 + 97 + 98 + 99 = 575$. La seule réponse possible est donc 573.

Question 15. Réponse A

Si l'on vous parle à un moment des huit neuvièmes de l'essaim, c'est donc que $8/9 \times N$ (avec N le nombre total d'abeilles, autrement dit l'essaim) doit forcément être un nombre entier, car on ne peut pas envisager de tiers ou de quart d'abeille ! Autrement dit, N doit forcément être divisible par 9, et une seule solution l'est… La A ! Et oui c'était aussi simple que cela.

Question 16. Réponse D

Il vous suffit de traduire lentement les données de l'énoncé pour obtenir l'équation suivante, X étant l'inconnue recherchée :
$X = 1/5 \times 35 + 1/4 \times 28 + 1/9 \times 36$.

En effet, $1/5 \times 35$ représente le nombre d'élèves qui vont redoubler dans la première classe, $1/4 \times 28$ celui de la deuxième et $1/9 \times 36$ celui de la troisième. Comme vous connaissez parfaitement vos tables de multiplication, vous savez que :
$35 = 5 \times 7$ $28 = 4 \times 7$ $36 = 4 \times 9$

Donc vous en déduisez facilement que $X = 7 + 7 + 4 = 18$.

Question 17. Réponse D

Rappel : T = D/V

T1 = 260/130 = 2 heures.

T2 = 520/100 = 5,2 heures = 5 heures et 12 minutes.

En conclusion, le train arrive à 5 h 12.

À savoir : pour convertir 5,2 heures en heures/minutes, on dit que 5,2 heures c'est 5 heures et 0,2 heures et pour convertir 0,2 heures en minutes il suffit de multiplier 0,2 par 60, ce qui nous donne 12 minutes. 5,2 heures représentent donc bien 5 heures et 12 minutes.

Question 18. Réponse D

Le plus simple dans cette question est de réfléchir étape par étape, après que chaque personne a pris sa part :

1. La première en prend 1/5, il en reste alors 1 – 1/5 = 4/5.
2. La deuxième en prend 1/6, il en reste alors 4/5 – 1/6 × 4/5 = 4/5 × 5/6 = 4/6 = 2/3.
3. Chacune des 12 restantes obtient alors 2/3 × 1/12 = 2/36 = 1/18 du gâteau.

Question 19. Réponse B

Il s'agit ici d'une simple question de cours ! Et il y a de fortes chances que vous résolviez cette question en 20 secondes, montre en main. En effet, vous avez appris par cœur trois choses – que vous n'avez pas forcément eu besoin de comprendre.

1) $27^4 = (3^3)^4$ car vous avez appris que 27 était le cube de 3.

2) $(3^3)^4 = 3^{12}$ car vous avez appris que $(A^B)^C = A^{B \times C}$.

3) Enfin : le tiers de 3^{12} vaut $3^{12}/3 = 3^{12-1} = 3^{11}$ car vous avez appris que $\dfrac{A^B}{A^C} = A^{B-C}$.

Et le tour est joué !

Question 20. Réponse C

En effet, vous connaissez la formule :

PRIX INITIAL = PRIX FINAL / (1 – POURCENTAGE DE BAISSE)

De plus, vous devez avoir le réflexe de traduire l'énoncé en transformant 28 % (soit 0,28) en 72 % (soit 1 – 0,28). Il ne reste alors plus qu'à remplacer nos inconnues dans l'équation qui devient, en notant P le prix initial recherché :
P = 236,5/0,72 = 23 650/72.

Les plus doués (voire surdoués à ce stade) en calcul mental auront déjà arrêté la lecture de la correction… quoique l'on puisse douter de la faisabilité immédiate de ce calcul ! En effet, il n'y a pas de honte à prendre son courage à deux mains et à poser une belle division comme on avait l'habitude de le faire plus jeune. Ainsi, plutôt que de toujours chercher l'astuce de décomposition des deux membres d'une fraction (ce qui peut s'avérer bien pratique mais qui en l'occurrence a peu de chance d'aboutir au vu des réponses, toutes à virgule), mieux vaut écrire :

23 650	72
↓ 205	32

(1) Dans 236 vous pouvez mettre 3 fois 72 et il reste 20.

(2) Vous abaissez le 5. Dans 205 vous pouvez mettre 2 fois 72 et… stop !

En effet, en tant qu'étudiants consciencieux, vous aurez pris la précaution de garder un œil sur les réponses et, ô miracle, une seule commence par un 3 et un 2, c'est la réponse (C), qui se trouve donc être la bonne réponse !

Epreuve 2 : 20 QCM - 40 minutes max

Question 1. Une boîte contient des chaussettes de trois couleurs différentes : 2 rouges, 3 bleues et 4 noires. Certaines chaussettes sont trouées et deux tiers sont en bon état, mais je n'arrive pas à me souvenir de leur couleur ! Combien de chaussettes au minimum dois-je tirer pour être certain d'obtenir au moins une paire de chaussettes de la même couleur et sans trou ?

(A) 4
(B) 5
(C) 6
(D) 7

Question 2. a est un nombre pair entier à un chiffre tel que $a3 \times a7 = 6a1$. Que vaut a ?

(A) 0
(B) 2
(C) 4
(D) 6

Question 3. La moyenne des âges des sœurs d'Alexandre est de 18 ans. La sœur aînée a six ans de plus que sa cadette. Si la moyenne de l'âge d'Alexandre et de l'aînée de ses sœurs est de 21 ans, quel est alors l'âge d'Alexandre ?

(A) 20
(B) 21
(C) 22
(D) 23

Question 4. Une usine fabrique des pneus. Cette année, sa production a progressé de 13 %. Sachant qu'elle a produit, cette année, 26 000 pneus, quelle était (à l'unité inférieure) sa production de l'année dernière ?

(A) 19 000
(B) 21 000
(C) 22 000
(D) 23 000

Question 5. La surface totale d'un cube est de 294 cm^2. Que vaut la moitié du carré de la somme des chiffres de la valeur de son volume ?

(A) 49
(B) 50
(C) 72
(D) 76

Question 6. Une chaise, une valise et 3 poires valent 2 théières et 3 lampes. 2 théières, 2 lampes et 1 poire valent 2 valises et 1 chaise. Que valent une valise et une lampe ?

(A) 2 chaises et 3 lampes
(B) 2 théières et une chaise
(C) 4 poires
(D) 2 lampes et une poire

Question 7. Paul et Jean ne se sont pas vus depuis plus de 10 ans. Ils décident donc de se retrouver quelque part entre leurs deux villes. Paul vit à Arles tandis que Jean vit à Avignon. Ils choisissent de faire le trajet en vélo et quittent chacun leur ville, distantes de 120 km. Ils se croisent à 70 km d'Arles. Quelle est l'expression de la vitesse du plus rapide des deux en fonction de la vitesse de l'autre, notée V1 ?

(A) $1{,}1 \times V1$
(B) $1{,}2 \times V1$
(C) $1{,}3 \times V1$
(D) $1{,}4 \times V1$

Question 8. Parmi les fonctions suivantes, une seule est impaire. Laquelle ?

(A) $f(x) = x^2 + 1$
(B) $f(x) = x^3 + 1$
(C) $f(x) = x^4 + x^2$
(D) $f(x) = x^3 + x$

Question 9. Que vaut la somme des carrés des solutions de l'équation suivante :
$3x^2 - 7x + 2 = 0$?

(A) $\frac{7}{6}$
(B) $\frac{37}{9}$
(C) $\frac{49}{36}$
(D) $\frac{6}{7}$

Question 10. Quel est le résultat de la factorisation de $(x - 1)^2 - (2x + 3)^2$?

(A) $-(x + 4)(3x + 2)$
(B) $-(x - 4)(3x + 2)$
(C) $(x + 4)(3x - 2)$
(D) $-(x - 4)(3x - 2)$

Question 11. Si j'ai triplé le montant de mes économies, cela veut dire que le montant de mes économies a augmenté de :

(A) 30 %
(B) 200 %
(C) 300 %
(D) 400 %

Question 12. Soit un triangle ABC rectangle en A. On a : AB = 12 ; AC = 5.
Que vaut BC × AC ?

(A) 65
(B) 66
(C) 67
(D) 68

Question 13. Diviser par deux, c'est faire…

(A) × 100 %
(B) – 150 %
(C) – 55 %
(D) × 0,5

Question 14. Z est à la fois le triple d'un nombre A et le quintuple d'un nombre B. Parmi ces cinq valeurs, quelle est la seule qui ne peut pas correspondre à Z ?

(A) 75
(B) 60
(C) 55
(D) 30

Question 15. Un éleveur, pour nourrir 30 chiens pendant 30 jours, a besoin de 112,3 kg de croquettes. Quel est le poids de croquettes dont aurait besoin cet éleveur s'il devait nourrir 18 chiens pendant 7 jours ?

(A) 12,75 kg
(B) 13,50 kg
(C) 14,875 kg
(D) 15,75 kg

Question 16. Lors d'une réunion, chaque personne a serré la main de chaque autre personne. S'il y a eu 36 poignées de main en tout, combien de personnes étaient présentes à cette réunion ?

(A) 6
(B) 8
(C) 9
(D) 12

Question 17. Une croix est constituée de cubes dont l'aire d'une des faces est égale à 9 cm^2 (voir représentation de la croix vue de dessus). Quel est le volume de cette croix ?

(A) 162 cm^3
(B) 153 cm^3
(C) 144 cm^3
(D) 138 cm^3

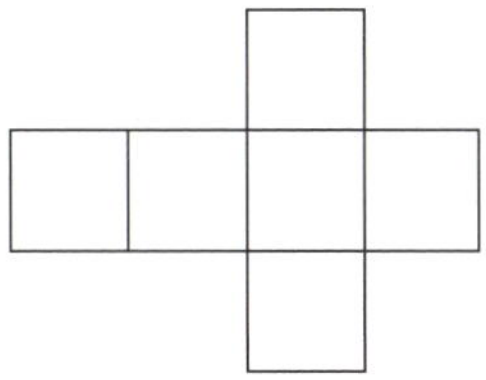

Question 18. Un rectangle est inscrit dans un cercle de rayon égal à 2,5 cm. La largeur du rectangle vaut 3 cm. Parmi ces valeurs, quelle peut être la surface du rectangle ?

(A) 12
(B) 14
(C) 18
(D) 24

Question 19. Tatiana est née en 1953. En quelle année son âge a-t-il été pour la première fois de sa vie égal à la somme des chiffres de l'année ?

(A) 1970
(B) 2008
(C) 1965
(D) 1997

Question 20. Jonas tire sur une cible. Il gagne le nombre de points indiqués dans la zone atteinte. Il a marqué 99 points et toutes ses flèches ont atteint le 5, le 8 ou le 10. Il a atteint autant de fois le 8 que le 10. Combien de flèches Jonas a-t-il tirées ?

(A) 10
(B) 12
(C) 13
(D) 15

Corrigés de l'épreuve 2

Question 1. Réponse D

Avant tout, il vous faut connaître les quantités exactes de chaque « famille » de chaussettes. En ce qui concerne les couleurs, l'énoncé vous dit tout. En revanche, un petit calcul est nécessaire pour trouver qu'il y a $(2 + 3 + 4)/3 = 9/3 = 3$ chaussettes trouées. Ainsi, pour être certains d'obtenir au moins deux chaussettes en bon état, il vous faudra tirer au minimum 5 chaussettes.

En revanche, si parmi ces 5 chaussettes se trouvent les 3 chaussettes trouées ainsi que 2 chaussettes de couleur différente, la paire de même couleur et sans trou ne sera pas obtenue. Vous remarquez donc immédiatement que le même problème se pose si vous ne tirez que 6 chaussettes : vous pouvez tomber sur les 3 trouées et 3 de couleur différente. Mais comme il n'y a que 3 couleurs, en tirant une 7e chaussette vous serez assuré qu'elle sera en bon état et de la même couleur qu'une chaussette sans trou que vous avez déjà.

Question 2. Réponse B

Testez simplement vos solutions ici !

Question 3. Réponse B

Il s'agit d'une question idéale pour tester les réponses, même si un bon vieux système d'équations est tout aussi efficace.

Traduisons les données de l'énoncé sous la forme de système d'équations avec x, y et A les âges respectifs des deux sœurs (de la plus jeune à la plus âgée) et d'Alexandre :

(1) $(x + y)/2 = 18$ (2) $y = x + 6$ (3) $(A + y)/2 = 21$

En remplaçant y par sa valeur en fonction de x dans l'équation (1) on obtient :

(1) $x + x + 6 = 36$ (2) $y = x + 6$ (3) $A = 42 - y$

Soit après calcul :

(1) $x = 15$ (2) $y = 21$ (3) $A = 21$

Alexandre a donc 21 ans.

Question 4. Réponse D

Dans ce type de questions, n'oubliez jamais de vous poser la question de savoir qui est l'inconnue entre la quantité avant augmentation Q1, le pourcentage de hausse P ou la quantité après augmentation Q2. Sachant que vous connaissez les deux dernières inconnues, c'est donc Q1 que vous devez trouver.

L'équation est donc :
Q1 = Q2/(1 + P)

Soit, en remplaçant par les valeurs de l'énoncé :
Q1 = 26 000/(1 + 0,13)
⇔
Q1 = 26 000/1,13 = 2 600 000/113

Il n'y a ici pas d'autre solution que de poser l'équation (nous vous invitons d'ailleurs fortement à vous entraîner) pour trouver que la production de l'année dernière était environ de 23 008, soit, si l'on arrondit à l'unité inférieure, de 23 000.

Question 5. Réponse B

Nous nous permettons de souligner l'importance d'une lecture lente de l'énoncé tout en traduisant les données qui y sont présentes : toute la résolution de cette question repose là-dessus. Ici on demande de trouver la moitié du carré de la somme des chiffres du volume du cube. Il va donc nous falloir trouver la longueur d'un de ses côtés.

1. Si la surface totale d'un cube (qui a 6 faces) est de 294 cm^2, c'est que chaque face a une surface de 294/6 = **49 cm^2**.
2. Chaque face d'un cube étant un carré, si sa surface est de 49 cm^2 c'est que chaque côté du cube mesure **7 cm**.
3. Si chaque côté du cube mesure 7 cm, c'est que son volume est de 7^3 = **343 cm^3**.

On a donc trouvé un volume de 343 cm^3, et il ne nous reste plus qu'à :
– sommer les chiffres de 343, soit : 3 + 4 + 3 = 10 ;
– élever cette somme au carré : 10^2 = 100 ;
– calculer la moitié de ce carré : 100/2 = **50**.

Question 6. Réponse C

Traduisons une fois de plus les données de l'énoncé en équations :
(1) C + V + 3P = 2T + 3L
(2) 2T + 2L + P = 2V + C

Pas de panique ! Ce n'est pas parce que l'on n'a que 2 équations pour 5 inconnues que la solution va être impossible à trouver. En effet, tout d'abord nous disposons d'une contrainte supplémentaire, à savoir que ces nombres sont tous entiers, mais surtout on vous demande simplement d'exprimer V + T en fonction des autres variables et non pas de trouver leur valeur. Ainsi, essayons de réunir V et L à gauche dans chaque équation :
(1) V – 3L = 2T – C – 3P
(2) 2L – 2V = C – 2T – P

On remarque qu'en sommant (1) et (2) on obtient V – 3L + 2L – 2V = – V – L = – (V + L) à gauche. Ainsi, en faisant – (1) – (2) on a :

V + L = – ~~2T~~ + ~~C~~ + 3P – ~~C~~ + ~~2T~~ + P

⇔ V + L = 3P + P

⇔ V + L = 4P

Donc une valise et une lampe valent 4 poires.

Question 7. Réponse D

Pour bien interpréter l'énoncé, nous vous conseillons de représenter un maximum d'informations sur un axe :

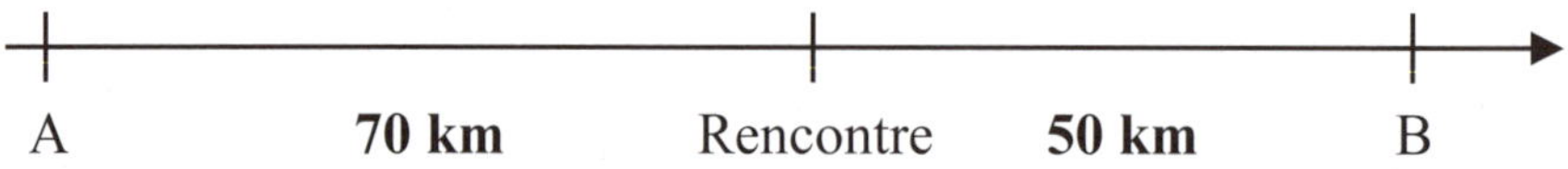

Ce qu'il faut bien comprendre ici, c'est que les deux cyclistes mettent le même temps pour arriver jusqu'au point de rencontre (ils sont en effet partis au même moment !).

Il suffit donc d'écrire que $T_1 = T_2$, soit : $D_1/V_1 = D_2/V_2$, soit encore $50/V_1 = 70/V_2$ et de conclure que $V_2 = 70/50 \times V_1 = 7 / 5 \times V_1 = \mathbf{1{,}4 \times V_1}$.

On aurait pu tout aussi bien appliquer une règle de trois :

	Distance parcourue	Vitesse
Cycliste 1	50 km	V_1
Cycliste 2	70 km	V_2

Soit : $V_2 = \dfrac{70}{50} \times V_1 = \dfrac{7}{5} \times V_1 = \mathbf{1{,}4 \times V_1}$.

Question 8. Réponse D

Pour tout x appartenant au domaine de définition de f :

- f est paire si $f(-x) = f(x)$
- f est impaire si $f(-x) = -f(x)$

A : $f(x) = x^2 + 1$ est paire. En effet : $f(-x) = (-x)^2 + 1 = x^2 + 1 = f(x)$.

B : fonction ni paire ni impaire.

C : $f(x) = x^4 + x^2$ est paire. En effet : $f(-x) = (-x)^4 + (-x)^2 = x^4 + x^2 = f(x)$.

D : $f(x) = x^3 + x$ est **impaire**. En effet : $f(-x) = (-x)^3 + (-x) = -x^3 - x = -f(x)$.

Question 9. Réponse B

Soit à résoudre $3x^2 - 7x + 2 = 0$.

$\Delta = (-7)^2 - 4 \times 3 \times 2 = 25$.

$$x_1 = \frac{-(-7) - \sqrt{25}}{2 \times 3} = \frac{7-5}{6} = \frac{1}{3} \text{ et } x_2 = \frac{-(-7) + \sqrt{25}}{2 \times 3} = \frac{7+5}{6} = 2.$$

Il ne nous reste plus qu'à calculer la somme des carrés respectifs de nos deux solutions, à savoir : $\left(\frac{1}{3}\right)^2 + 2^2 = \frac{1}{9} + 4 = \frac{1}{9} + \frac{36}{9} = \frac{37}{9}$.

Question 10. Réponse A

On reconnaît ici l'expression d'une identité remarquable du type :

$A^2 - B^2 = (A - B) \times (A + B)$

On a donc :

$(x - 1)^2 - (2x + 3)^2 = (x - 1 - 2x - 3)(x - 1 + 2x + 3) = (-x - 4)(3x + 2)$

$= -(x + 4)(3x + 2)$

Question 11. Réponse B

Doubler équivaut à faire + 100 %, tripler : + 200 %, quadrupler : + 300 %, etc.

Question 12. Réponse A

On trouve à l'aide du théorème de Pythagore que BC = 13 et on en déduit que BC × AC = **65**.

Question 13. Réponse D

0,5 est en effet équivalent à 1/2.

Question 14. Réponse C

L'énoncé nous donne deux équations :

(1) Z = 3A

(2) Z = 5B

Nous n'avons aucune information sur A et B hormis le fait que ce sont des nombres, par conséquent ils sont entiers. Ainsi, il est possible de traduire les deux équations par :

(1) Z est un multiple de 3

(2) Z est un multiple de 5

En partant des réponses, on se rend compte que tous sont multiples de 5 (Rappel : un nombre est multiple de 5 s'il se termine par un 5 ou un 0), tandis que seul 55 n'est pas un multiple de 6 car 5 + 5 = 10 qui n'est pas un multiple de 3.

Question 15. Réponse D

La notion fondamentale qui est abordée ici est celle des « jours-chiens ». Les « jours-chiens » représentent en fait le nombre total de rations que vous devez prévoir pour nourrir 30 chiens durant 30 jours puis 18 chiens durant 7 jours. La notion de « jours-chiens » fait référence à celle de « jours-hommes », très couramment utilisée en gestion de ressources humaines. Si vous savez que la réalisation d'un travail nécessite 40 « jours-hommes » alors vous pouvez embaucher 1 ouvrier pendant 40 jours, 2 ouvriers pendant 20 jours, 8 ouvriers pendant 5 jours, ou encore 40 ouvriers pendant un seul jour. Tout dépend de vos besoins.

Dans notre cas, pour nourrir 30 chiens durant 30 jours, il va falloir prévoir **30 × 30** rations. Et pour nourrir 18 chiens durant 7 jours, il va falloir prévoir **18 × 7** rations.

Ce qui nous amène alors à formaliser la règle de trois suivante :

30 × 30	112,3 kg
18 × 7	X

Soit X = (18 × 7) × 112,3/(30 × 30) = 7/50 × 112,3 (après simplification des fractions) soit un peu moins de 112,3/7 et comme 112,3/7 est environ égal à 16, on garde la réponse la plus proche : la réponse D.

Question 16. Réponse C

Il s'agit purement et simplement d'une question de cours qui doit se traiter en exactement 5 secondes : s'il y a N personnes à cette réunion, alors on a compté N(N – 1)/2 salutations. Donc on a :
N(N – 1)/2 = 36 donc N(N – 1) = 72.

On cherche donc deux nombres consécutifs dont le produit serait 72 : 8 et 9 sont des candidats parfaits. On trouve ainsi que N = 9, soit que 9 personnes étaient présentes à la réunion.

Question 17. Réponse A

L'aire d'une face d'un cube étant de 9 cm^2, cela signifie que son côté mesure $\sqrt{9}$ = 3 cm et par conséquent que le volume de chaque cube est de 3^3 = 27 cm^3.

La figure étant composée de 6 cubes, son volume total est de 27 × 6 = 162 cm^3.

Question 18. Réponse A

Traçons la figure en question :

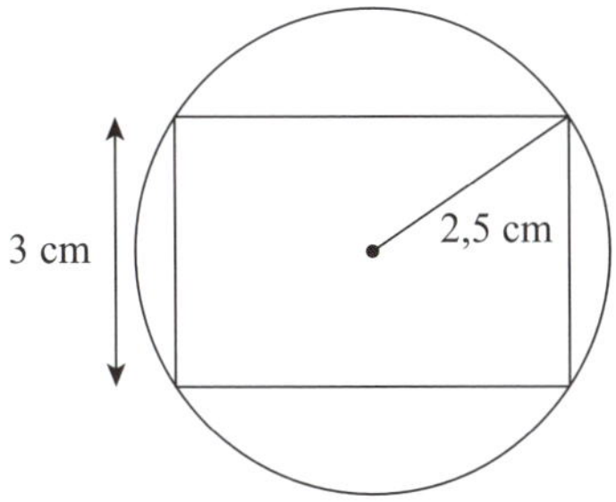

Comme on le voit, le fait que le rectangle soit inscrit dans le cercle implique deux contraintes :

(1) Ses quatre angles sont en contact avec le cercle ;

(2) Leurs centres respectifs sont confondus.

Ainsi, on en déduit que la diagonale du rectangle est en réalité le diamètre du cercle et on a :

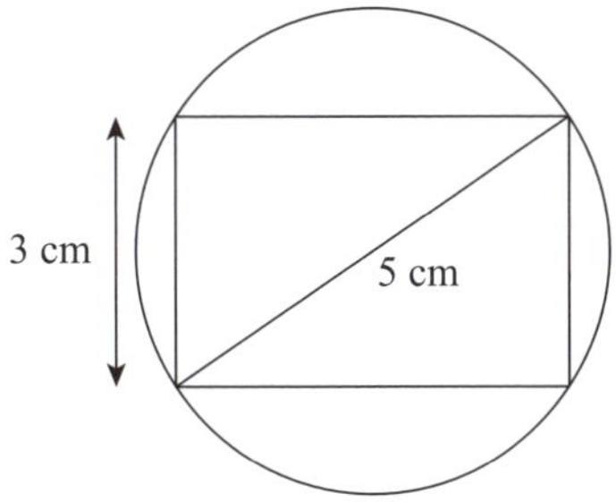

Pour trouver la surface, nous avons besoin de la longueur du rectangle. A l'aide du théorème de Pythagore, en notant l la largeur, L la longueur et d la diagonale du rectangle, on a :

$L^2 + l^2 = d^2$ soit $3^2 + L^2 = 5^2$ ou encore $L^2 = 25 - 9 = 16$ donc $L = \sqrt{16} = 4$.

Ainsi, on trouve que la surface du rectangle vaut $l \times L = 3 \times 4 = 12$ cm^2.

Question 19. Réponse A

Il est ici primordial de partir des réponses. Bien évidemment, on pourrait poser a, b, c et d les quatre chiffres de l'année recherchée et se demander quel est le plus petit nombre (a,b,c,d), tel que $a + b + c + d = (a,b,c,d) - 1953$. Mais cela reviendrait à oublier que l'on a 4 choix de réponses face à nous :

(A) $1 + 9 + 7 + 0 = 17$ et $1970 - 1953 = 17$

La réponse (A) fonctionne donc. Mais attention ! On vous demande la première fois que cela arrive : n'est-il pas possible que Tatiana ait vécu cela plus tôt dans

CORRIGÉS DE L'ÉPREUVE • 2

sa vie ? En regardant les réponses, on voit que la seule année précédant 1970 dans la liste est 1965. Or $1 + 9 + 6 + 5 = 21$ et $1965 - 1953 = 12 \neq 21$. 1970 est donc la seule réponse possible.

Question 20. Réponse D

Notons x le nombre de flèches tirées sur les zones notées 5, y pour 8 et z pour 10. D'après l'énoncé, on a donc les équations suivantes :
(1) $5x + 8y + 10z = 99$
(2) $y = z$

En remplaçant z par y dans (1) on obtient donc :
$5x + 18y = 99$

Avec une équation pour 2 inconnues il semble compliqué de trouver la valeur d'y. En revanche on sait que les inconnues sont entières et positives, ce qui peut nous permettre de tester plusieurs solutions. En effet, on se rend vite compte que la valeur de y est majorée sachant que $18 \times 6 = 108 > 99$ donc il faudrait une valeur négative pour x ce qui est impossible. Ainsi, y est compris dans l'intervalle [1 ; 5].

Testons différentes valeurs pour y jusqu'à en trouver une qui fonctionne :
Si $y = 5$, alors $18y = 90$ et on doit avoir $5x = 99 - 90 = 9$ donc $x = 9/5$, impossible.
Si $y = 4$, alors $18y = 72$ et on doit avoir $5x = 99 - 72 = 28$ donc $x = 28/5$, impossible.
Si $y = 3$, alors $18y = 54$ et on doit avoir $5x = 99 - 54 = 45$ donc $x = 45/5 = 9$: possible !

Bien évidemment on aurait pu commencer par 1 et 2 et obtenir le même résultat :
Si $y = 1$, alors $18y = 18$ et on doit avoir $5x = 99 - 18 = 81$ donc $x = 81/5$, impossible.
Si $y = 2$, alors $18y = 36$ et on doit avoir $5x = 99 - 36 = 63$ donc $x = 63/5$, impossible.

On a donc $y = 3$ et $x = 9$. Sachant que $z = y = 3$, Jonas a tiré en tout :
$9 + 3 + 3 = 15$ flèches.

Epreuve 3 : 20 QCM - 40 minutes max

Question 1. Que vaut le produit des solutions du système d'équations suivant ?

$$\begin{cases} \frac{1}{4}x - \frac{1}{2}y = 2 \\ \frac{1}{10}x + 2y = 1 \end{cases}$$

(A) $\frac{90}{121}$

(B) $\frac{11}{12}$

(C) 1

(D) $\frac{2}{13}$

Question 2. On considère la fonction affine g telle que $g(0) = 2$ et $g(4) = 0$. Que vaut $g(-8)$?

(A) 12

(B) 10

(C) 8

(D) 6

Question 3. Dans le quadrilatère ABCD, on a : AD = BC, l'angle DAC qui vaut 50°, l'angle DCA qui vaut 65°, et l'angle ACB qui vaut 70°. Combien mesure l'angle ABC ?

(A) 50°

(B) 55°

(C) 60°

(D) 65°

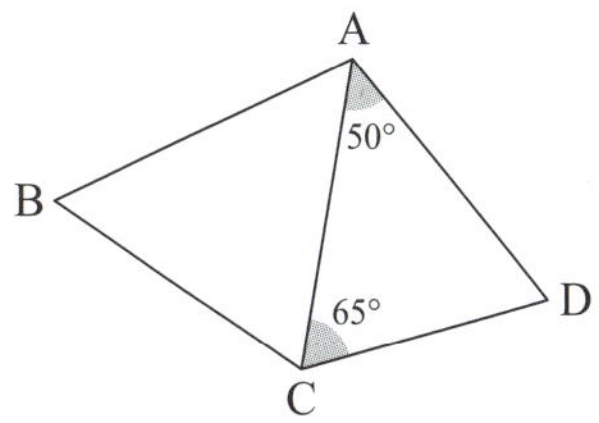

Question 4. La simplification de l'expression $(3x - 1)^2 + 3(1 - 3x)(x + 2)$ a pour résultat :

(A) $21x + 5$

(B) $- 7x + 2$

(C) $- 16x + 14$

(D) $- 21x + 7$

Question 5. obélisque. Il se propose d'évaluer sa hauteur. Il dispose d'un instrument de visée qu'il place sur un pied à 1 m au-dessus du sol et à 600 m de l'obélisque. Il évalue alors l'angle de visée à 45°. Quelle est la hauteur de l'obélisque ?

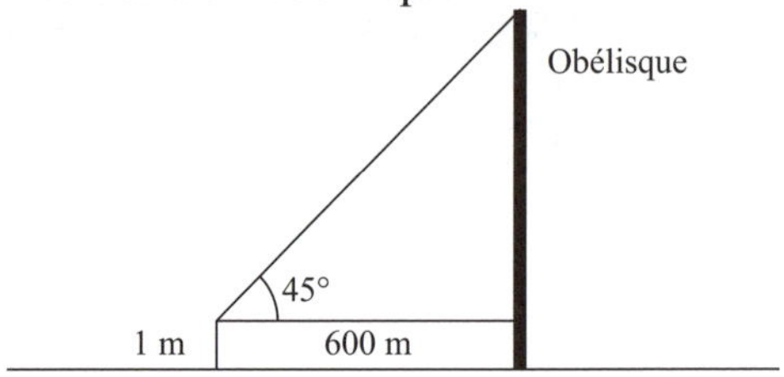

(A) 500 m
(B) 570 m
(C) 601 m
(D) 640 m

Question 6. Une entreprise compte 100 salariés. 99 employés ont un salaire mensuel moyen de 1 500 euros brut, tandis que le centième employé a 2 500 euros. Quel est le salaire moyen de cette entreprise ?

(A) 1 510 euros
(B) 1 550 euros
(C) 1 580 euros
(D) 2 000 euros

Question 7. Votre verre a une forme cylindrique de rayon $r = 3$ cm et de hauteur 10 cm. Parmi les formats standards proposés, quelle est la capacité de la plus grande canette dont le contenu pourra être totalement versé dans le verre ?

(A) 12,5 cl
(B) 20 cl
(C) 25 cl
(D) 33 cl

Question 8. On considère les droites d'équation (D1) : $-3x + 6y - 18 = 0$ et (D2) : $y = -2x + 5$.

Quelle affirmation est correcte ?

(A) (D1) et (D2) passent par le même point à l'origine
(B) (D1) et (D2) sont parallèles
(C) (D1) et (D2) sont sécantes et forment un angle de 45°
(D) (D1) et (D2) sont perpendiculaires

Question 9. On cherche le nombre de 5 chiffres qui, si l'on rajoute un 1 devant, forme un nombre trois fois plus petit que celui formé si l'on rajoute un 1 à la fin. Parmi les propositions suivantes, quel est le nombre qui correspond ?

(A) 11 111
(B) 22 367
(C) 42 857
(D) 45 827

Question 10. Une paire de skis équipés de fixations coûte 189 euros. Quel est le prix des skis seuls sachant qu'ils sont six fois plus chers que les fixations ?

(A) 27
(B) 29
(C) 125
(D) 162

Question 11. Quel nombre complète cette série double ?

		14		
		84		
18	108	?	27	45
		70		
		49		

(A) 47
(B) 58
(C) 63
(D) 88

Question 12. Retrouver l'équation de la droite perpendiculaire à la droite $4x - 5y = -10$ et qui passe par le point de coordonnées (2 ; –2).

(A) $4y = -5x + 2$
(B) $y = -x + 2$
(C) $5y = -4x - 2$
(D) $4y = -6x + 2$

Question 13. Quelle est la valeur minimale pouvant être prise par l'expression $3x^2 - 5x + 4$?

(A) –5/4
(B) –5/12
(C) 5/12
(D) 23/12

Question 14. Une heure sera appelée « sympathique » quand la somme des chiffres des heures est égale à la somme des chiffres des minutes, comme par exemple 17 h 44 (1 + 7 = 4 + 4). Combien d'heures sont « sympathiques » entre 16 h 00 et 18 h 00 ?

(A) 12
(B) 9
(C) 10
(D) 11

Question 15. Soit une écluse de 12 mètres de large sur 100 mètres de long, pleine d'eau. Quand on la vide, le débit maximum est fixé à 20 mètres cubes d'eau par seconde pour éviter d'abîmer les berges en aval. De quelle hauteur le niveau d'eau baissera-t-il chaque seconde ?

(A) 60 mm
(B) 1,666 cm
(C) 2 cm
(D) 33,333 mm

Question 16. Sur une pelouse sportive rectangulaire sont tracés, en partant de l'extérieur, quatre couloirs d'un mètre de large (voir la figure ci-dessous). Si l'aire du troisième couloir et du rectangle central sont respectivement de 50 m² et 84 m², quelle est l'aire totale de la pelouse (délimitée par le plus grand rectangle) ?

(A) 296 m²
(B) 300 m²
(C) 304 m²
(D) 308 m²

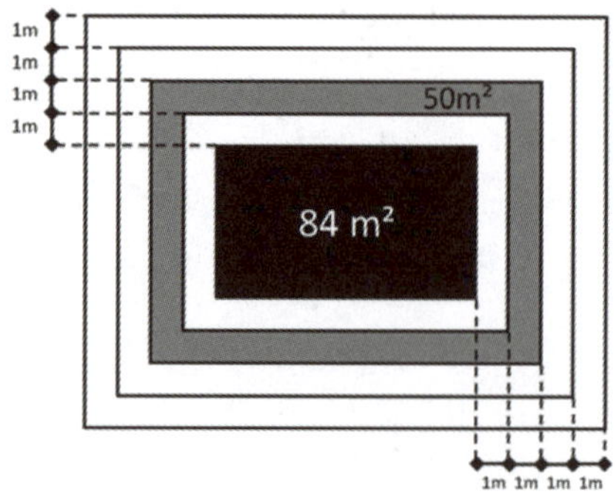

Question 17. Une paire de skis équipés de fixations vaut 150 euros. Quel est le prix des skis seuls sachant qu'ils valent 100 euros plus chers que les fixations ?

(A) 125
(B) 50
(C) 75
(D) 100

Question 18. Les sociétés Wash-it et Clean-up sont en concurrence pour prendre le marché de nettoyage d'une université. Les équipes de Clean-up mettent 90 minutes à 4 personnes pour nettoyer un amphithéâtre complet, alors que les équipes de Wash-it mettent 1 heure à 6 personnes. Si une équipe de Wash-it et une équipe de Clean-up se réunissent et travaillent à leur rythme, en combien de temps sera nettoyé cet amphithéâtre ?

(A) 30 minutes
(B) 36 minutes
(C) 40 minutes
(D) 45 minutes

Question 19. Le périmètre d'un carré de 24 centimètres est découpé en 2 rectangles. L'un des rectangles a alors pour périmètre 20 centimètres. Quel est le périmètre du second rectangle ?

(A) 4
(B) 9
(C) 14
(D) 16

Question 20. Chez le fleuriste de la rue Monge, une rose coûte 4 euros, un géranium en pot coûte 20 euros et un bouquet de tulipes jaunes coûte 25 euros. Quel est le prix du pot en céramique sachant que le géranium contenu à l'intérieur coûte 19 euros de plus que le pot en céramique ?

(A) 0,5 euro
(B) 0,75 euro
(C) 1 euro
(D) 1,5 euro

Corrigés de l'épreuve 3

Question 1. Réponse A.

$$\begin{cases} \frac{1}{4}x - \frac{1}{2}y = 2 \\ \frac{1}{10}x + 2y = 1 \end{cases} \Leftrightarrow \begin{cases} x - 2y = 8 \\ \frac{1}{10}x + 2y = 1 \end{cases} \Leftrightarrow \begin{cases} \frac{11}{10}x = 9 \\ \frac{1}{10}x + 2y = 1 \end{cases} \Leftrightarrow \begin{cases} x = \frac{90}{11} \\ \frac{1}{10} \times \frac{90}{11} + 2y = 1 \end{cases}$$

$$\Leftrightarrow \begin{cases} x = \frac{90}{11} \\ y = \frac{1 - \frac{9}{11}}{x^2} = \frac{1}{11} \end{cases}$$

Le produit des solutions de ce système est donc égal à : $\frac{90}{11} \times \frac{1}{11} = \frac{90}{121}$.

Question 2. Réponse D

Soit $g(x) = ax + b$ l'expression de la fonction affine g.

Trouvons les valeurs de a et b.

Les deux informations $g(0) = 2$ et $g(4) = 0$ nous permettent de calculer le coefficient directeur a de notre droite affine. En effet : $a = \frac{g(4) - g(0)}{4 - 0} = \frac{0 - 2}{4} = -\frac{1}{2}$.

b vaut 2 (l'ordonnée à l'origine) puisque l'on sait, d'après l'énoncé que $g(0) = 2$.

Au final, $g(x) = -\frac{1}{2}x + 2$ et $g(-8) = -\frac{1}{2} \times -8 + 2 = 4 + 2 = 6$.

Question 3. Réponse B

Dans le triangle ACD, l'angle ADC vaut : 180° – 65° – 50° = 65° (souvenez-vous que la somme des angles d'un triangle est égale à 180°).

Le triangle ACD est donc isocèle en A et on a l'égalité : AC = AD.

Comme d'après l'énoncé : AD = BC, on a : AC = BC. Et le triangle ABC est isocèle en C. Par conséquent : 180° = 70° + 2 × (l'angle ABC) (souvenez-vous ici que dans un triangle isocèle, les deux angles à la base sont égaux).

D'où : **Angle ABC = 55°.**

Question 4. Réponse D

$(3x - 1)^2 + 3(1 - 3x)(x + 2) = (3x - 1)^2 - 3(3x - 1)(x + 2) = (3x - 1)(3x - 1 - 3x - 6)$
$= (3x - 1)(-7) = -7(3x - 1) = -21x + 7$

CORRIGÉS DE L'ÉPREUVE • 3

Question 5. Réponse C

L'obélisque formant un angle droit avec le sol, on peut utiliser la propriété disant que la somme des angles d'un triangle doit être égale à 180°. On sait qu'un angle mesure 90° et un deuxième 45° : le troisième mesure donc forcément 180 – 90 – 45 = 45° également. Cela signifie donc que le triangle est isocèle et que les deux côtés de l'angle droit sont égaux.

Attention cependant, l'instrument de visée ayant été élevé d'un mètre, on voit que ce n'est pas l'obélisque qui mesure 600 m mais bien le côté du triangle à savoir l'obélisque moins 1 m. On a donc une hauteur de 600 + 1 = 601 m pour l'obélisque seule.

Question 6. Réponse A

Nous avons affaire ici à une question classique de moyenne pondérée.
Avant de nous lancer dans la correction de cette question faisons préalablement un rappel sur les moyennes pondérées.

RAPPEL :

Moyennes pondérées :
Soient N termes T_1, T_2, T_3, …, T_N auxquels on associe des poids (ou coefficients) respectifs P_1, P_2, P_3, …, P_N. Alors la moyenne (M) pondérée des N termes est égale à :

$$M = \frac{T_1 \times P_1 + T_2 \times P_2 + T_3 \times P_3 + \ldots + T_N \times P_N}{P_1 + P_2 + P_3 + \ldots + P_N}$$

En appliquant la formule des moyennes pondérées on trouve que le salaire moyen de l'entreprise vaut :

$$\frac{1\,500 \times 99 + 25\,000}{100} = \frac{148\,500 + 2\,500}{100} = \frac{151\,000}{100} = 1\,510\text{ €}$$

Question 7. Réponse C

Le verre étant cylindrique, son volume est $\pi \times r^2 \times h = 3{,}14 \times 9 \times 10 = 282{,}6\text{ cm}^3$, soit 28,26 cl puisque que 1 L = 1 dm^3 = 1 000 cm^3 et **1 cl est donc égal à 10 cm^3**.
Par conséquent, ce verre ne peut pas contenir toute la boisson d'une canette de 33 cl, mais celle d'une canette de 25 cl.

Question 8. Réponse D

RAPPEL :
Deux droites sont perpendiculaires si, et seulement si, le produit de leurs coefficients directeurs est égal à –1.

Dans l'énoncé, la droite D2 est exprimée sous sa forme réduite mais pas la droite D1. Transformez donc d'abord D1 sous sa forme réduite.

$-3X + 6Y - 18 = 0$

Soit : $6Y = 3X + 18$

Soit encore : $\frac{6Y}{6} = \frac{3X}{6} + \frac{18}{6}$

Soit encore : $Y = \frac{1}{2}X + 3$

Les coefficients directeurs de D1 et D2 sont donc respectivement $\frac{1}{2}$ et –2.

Calculons à présent le produit de ces deux coefficients directeurs :

$-2 \times \frac{1}{2} = -1$

On remarque que ce produit est égal à –1 et de conclure que les droits D1 et D2 sont perpendiculaires.

Question 9. Réponse C

La manière la plus évidente consiste assurément à partir des réponses. Vous trouverez alors que c'est la réponse C : 42 857.

Pour ceux qui veulent aller plus loin, c'est parti !

Ajouter un 1 devant un nombre à 5 chiffres revient à lui ajouter 100 000. Cela doit vous sembler évident. Moins évident de prime abord est le fait qu'ajouter un 1 à la fin du nombre revient à le multiplier par 10 puis ajouter 1.

Si X le nombre à 5 chiffres, alors : $10X + 1 = 3 \times (100\,000 + X)$

Soit : $10X + 1 = 300\,000 + 3X$

Soit encore : $10X - 3X = 300\,000 - 1$

Soit encore : $7X = 299\,999$

Donc : $X = 42\,857$

Réponse C !

Question 10. Réponse D

Notons x le prix des skis seuls et y le prix de ses fixations.

Sachant que les skis avec fixations coûtent 189 euros, nous pouvons écrire que :

$x + y = 189 \quad (1)$

Par ailleurs, nous savons que les skis seuls coûtent six fois plus chers que les fixations, d'où l'équation :

$x = 6y \quad (2)$

En remplaçant x par son expression en fonction de y dans l'équation (1), on trouve :

$6y + y = 189 \Leftrightarrow 7y = 189 \Leftrightarrow y = 27 \Leftrightarrow x = 6 \times 27 \Leftrightarrow x = 162$

Nous venons donc de démontrer que les skis seuls coûtent 162 euros.

Question 11. Réponse C

Nous sommes en présence ici d'une question de raisonnement logique type série double de chiffres. Il s'agit de deux séries de quatre éléments qui se croisent en un point d'interrogation. Vous devez alors trouver l'élément manquant commun aux deux séries.

Dans cet exercice, il suffit d'observer que les nombres de la série verticale sont tous des multiples de 7 tandis que les nombres de la série horizontale sont tous des multiples de 9.

La réponse C est la seule proposition vérifiant ces deux conditions.

Question 12. Réponse A

RAPPEL :

Soient deux droites (d) et (d') d'équations cartésiennes respectives :

(d) : $y = ax + b$

(d') : $y = a'x + b'$

où a et a' désignent le coefficient directeur (*synonyme de pente*) des droites (d) et (d') et b et b' désignent l'ordonnée à l'origine des droites (d) et (d').

Propriétés :

- **Deux droites sont parallèles** si et seulement si elles ont le **même coefficient directeur** ;
- **Deux droites sont perpendiculaires** si et seulement **si le produit de leur coefficient directeur vaut –1** (c'est-à-dire $a \times a' = -1$).

Nous cherchons l'équation de la droite (d_2) :

- perpendiculaire à la droite (d_1) d'équation $4x - 5y = -10$;
- et qui passe par le point A(2 ; –2).

Par définition, la droite (d_2) a pour équation cartésienne réduite :

$y = ax + b$

où a désigne le coefficient directeur (*pente*) de la droite et b son ordonnée à l'origine.

Nous chercherons donc par la suite à déterminer les valeurs de a et b en utilisant les deux informations dont nous disposons sur la droite (d_2).

<u>Interprétons la première information</u> :

Nous savons que la droite (d_2) est perpendiculaire à la droite (d_1) d'équation $4x - 5y = -10$.

D'après le rappel, on peut en déduire que le produit des coefficients directeurs de ces deux droites vaut –1. Pour identifier plus rapidement celui de la droite (d_1) nous allons transformer l'équation de cette droite sous la forme d'une équation cartésienne réduite :

$$4x - 5y = -10 \Leftrightarrow 5y = 4x + 10 \Leftrightarrow y = \frac{4}{5}x + 2$$

Avec cette équation, on remarque de suite que (d_1) a pour coefficient directeur $\frac{4}{5}$.

Par conséquent, le coefficient directeur a de (d_2) vérifie :
$a \times \frac{4}{5} = -1 \Leftrightarrow a = -\frac{5}{4}$

<u>Interprétons la seconde information</u> :
Le point A(2 ; –2) appartient à la droite (d_2) d'équation $y = -\frac{5}{4}x + b$

On peut donc écrire que :
$y_A = -\frac{5}{4}x_A + b \Leftrightarrow -2 = -\frac{5}{4} \times 2 + b \Leftrightarrow -2 = -\frac{5}{2} + b \Leftrightarrow b = -2 + \frac{5}{2} \Leftrightarrow b = -\frac{4}{2} + \frac{5}{2} \Leftrightarrow$
$b = \frac{1}{2}$

La droite (d_2) a donc pour équation :
$y = -\frac{5}{4}x + \frac{1}{2}$
On remarque que cette équation n'est pas présentée telle quelle dans les propositions de réponse.
En revanche, si on multiplie cette équation par 4 alors on trouve l'expression de la réponse A. En effet :
$y = -\frac{5}{4}x + \frac{1}{2} \Leftrightarrow 4y = -4 \times \frac{5}{4}x + 4 \times \frac{1}{2} \Leftrightarrow 4y = -5x + 2$

Question 13. Réponse D

MÉTHODE :
Déterminer l'extremum (*maximum ou minimum*) d'une fonction :

1re étape – Calculer la dérivée de la fonction

2e étape – Étudier le signe de la dérivée

3e étape – En déduire le tableau de signe de la dérivée et le tableau de variations

4e étape – Identifier l'extremum de la fonction

Pour gagner du temps on retiendra que :

Pour un polynôme du second degré de la forme $ax^2 + bx + c$:

- Si $a > 0$, alors le polynôme atteint son minimum quand $x = -\frac{b}{2a}$;
- Si $a < 0$, alors le polynôme atteint son maximum quand $x = -\frac{b}{2a}$.

Nous cherchons le minimum du polynôme $3x^2 - 5x + 4$.

D'après le rappel, on sait que le polynôme atteint cette valeur pour
$x = \frac{-(-5)}{2 \times 3} = \frac{5}{6}$.

La valeur minimale prise par ce polynôme vaut donc :

$$3 \times \left(\frac{5}{6}\right)^2 - 5 \times \frac{5}{6} + 4 = 3 \times \frac{25}{36} - \frac{25}{6} + 4 = \cancel{3} \times \frac{25}{12 \times \cancel{3}} - \frac{25 \times 2}{2 \times 6} + 4 \times \frac{12}{12} =$$

$$\frac{25}{12} - \frac{50}{12} + \frac{48}{12} = \frac{23}{12}$$

Question 14. Réponse A

La méthode la plus rapide est de lister l'ensemble des heures sympathiques comprises entre 16 h 00 et 18 h 00. On en dénombre 12 :

16 h 07, 16 h 16, 16 h 25, 16 h 34, 16 h 43, 16 h 52, 17 h 08, 17 h 17, 17 h 26, 17 h 35, 17 h 44 et 17 h 53.

Question 15. Réponse B

L'énoncé nous indique que la piscine se vide à un débit de 20 m^3 par seconde.

La formule permettant de calculer le volume qui s'écoule de l'écluse chaque seconde est :

V = longueur × largeur × hauteur

Nous connaissons déjà la valeur de la longueur et de la largeur de l'écluse. Nous allons donc chercher la valeur de la hauteur qui permet d'arriver à un volume de 20 m^3 par seconde comme indiqué par l'énoncé.

Pour cela, nous allons résoudre l'équation :

$V = 20\ m^3$

$\Leftrightarrow$ longueur × largeur × hauteur = 20

$\Leftrightarrow 100 \times 12 \times \text{hauteur} = 20$

$\Leftrightarrow \text{hauteur} = \dfrac{20}{100 \times 12}$

$\Leftrightarrow \text{hauteur} = \dfrac{20}{20 \times 5 \times 12}$

$\Leftrightarrow \text{hauteur} = \dfrac{1}{60}\ \text{m}$

$\Leftrightarrow \text{hauteur} = \dfrac{10}{6}\ \text{cm}$

$\Leftrightarrow \text{hauteur} = 1{,}666\ \text{cm}$

Question 16. Réponse B

L'énoncé vous donne l'aire du rectangle central, 84 mètres carrés. Considérez l et L respectivement la longueur et la largeur de ce rectangle.

$l \times L = 84$

Vous savez que l'aire du troisième couloir est de 50 m^2.

Soit : $(l+4)(L+4)-(l+2)(L+2)=50$

Soit encore :

$l \times L + 4l + 4L + 16 - (l \times L + 2l + 2L + 4) = 50 \Leftrightarrow l \times L + 4l + 4L + 16 - l \times L - 2l - 2L - 4 = 50$

Soit encore : $2l + 2L = 50 - 16 + 4 \Leftrightarrow 2(l+L) = 38$

Donc : $l + L = \frac{38}{2} \Leftrightarrow l + L = 19$

Placez-vous désormais dans le grand rectangle.

Si X l'aire de la surface totale alors :

$X = (l+8)(L+8) \Leftrightarrow X = l \times L + 8l + 8L + 64$

Soit encore : $X = l \times L + 8(l+L) + 64$

Or vous avez démontré plus haut que : $l \times L = 84$ et $l + L = 19$

Donc : $X = 84 + 8 \times 19 + 64 \Leftrightarrow X = 300$

Ainsi, la surface totale de la pelouse fait 300 m².

Question 17. **Réponse A**

D'après l'énoncé, si F est le prix d'une fixation et S celui d'une paire de skis :

$S + F = 150$ et $S = 100 + F$

En remplaçant S par 100 + F dans la première équation :

$100 + F + F = 150 \Leftrightarrow 2F = 150 - 100$

Soit : $2F = 50 \Leftrightarrow F = \frac{50}{2}$

Soit enfin : $F = 25$

Donc : $S = 100 + F \Leftrightarrow S = 100 + 25$

Soit enfin : $S = 125$

Question 18. **Réponse B**

RAPPEL :

Le partage du temps de travail

Pour connaître le temps T que vont mettre N personnes ensemble pour réaliser une tâche, un travail, il vous faut appliquer la formule suivante :

$$\frac{1}{T} = \sum_{k=1}^{N} \frac{1}{T} = \frac{1}{T_1} + \frac{1}{T_2} + \dots + \frac{1}{T_N}$$

Avec T_1, T_2, …, T_N les temps respectifs mis par les N personnes pour réaliser ce même travail seules.

En l'occurrence, les employés des sociétés Wash-it et Clean-up mettent respectivement 1 heure et 90 minutes (soit 1,5 heure) pour nettoyer un amphithéâtre complet.

$$\frac{1}{T} = \frac{1}{\text{Temps mis par Wash-it}} + \frac{1}{\text{Temps mis par Clean-up}}$$

$$\Leftrightarrow \frac{1}{T} = \frac{1}{1} + \frac{1}{1,5}$$

Soit : $\frac{1}{T} = \frac{1 \times 1,5}{1 \times 1,5} + \frac{1}{1,5} \Leftrightarrow \frac{1}{T} = \frac{2,5}{1,5}$

Soit : $2,5T = 1,5 \Leftrightarrow \frac{15}{25} = \frac{5 \times 3}{5 \times 5} = \frac{3}{5}$

Vous savez évidemment que $\frac{1}{5}$ d'heure représente 12 minutes et que par conséquent $\frac{3}{5}$ d'heure représentent 36 minutes.

Question 19. Réponse D

Pour cette question de géométrie, nous vous conseillons de dessiner la figure, tout sera beaucoup plus clair :

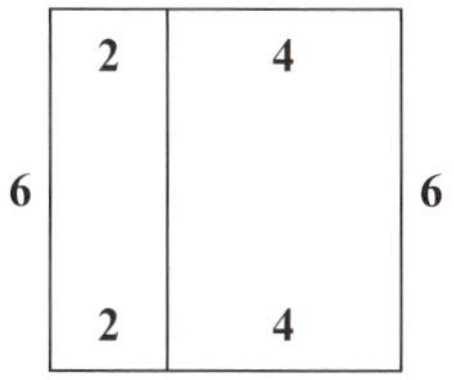

On sait tout d'abord que le périmètre du carré est de 24 cm, soit que chaque côté fait 6 cm. On découpe ce carré en 2 rectangles, dont la longueur est forcément de 6 cm également. On sait que l'un des deux rectangles a pour périmètre 20 cm. Ayant une longueur égale à 6 cm, on en déduit que sa largeur vaut 4 cm. Le côté du carré faisant toujours 6 cm, la largeur de l'autre rectangle est donc de $6 - 4 = 2$ cm, et son périmètre de $2 \times 6 + 2 \times 2 = 16$ cm.

Question 20. Réponse A

Attention à ne pas répondre 1 € sans réfléchir ! En effet, en testant les réponses, ce qui est la première méthode de résolution, vous trouvez que si le pot coûte 1 € et la plante 19 € de plus, alors elle coûtera $19 + 1 = 20$ et le total sera de $20 + 1 = 21$ €.

L'équation donnée par l'énoncé, en notant x le prix du pot en céramique, est :

$x + (19 + x) = 20$

En effet, la plante coûte $19 + x$. Après calcul vous trouvez :

$19 + 2x = 20$, soit $2x = 1$ et $x = 0,5$ €.

V. COMPÉTENCES DIGITALES

I. PRESÉNTATION DE L'ÉPREUVE

Pour cette épreuve, les questions portent sur 5 domaines :

Informations et données (recherche, traitement et gestion de données)

- Mener une recherche et une veille d'information pour répondre à un besoin d'information et se tenir au courant de l'actualité d'un sujet
- Gérer des données : stocker, traiter et organiser des données pour les retrouver, les conserver et en faciliter l'accès et la gestion

Communication et collaboration (interaction et insertion dans le numérique)

- Interagir avec des individus et de petits groupes pour échanger dans divers contextes liés à la vie privée ou à une activité professionnelle
- Maîtriser les stratégies et enjeux de la présence en ligne

Création de contenus (développement documentaire, textuel et programmation)

- Développer des documents textuels
- Écrire des programmes pour répondre à un besoin d'automatisation de tâches et écrire des algorithmes avec des instructions simples. NB : la maîtrise d'un langage de programmation type Python n'est pas demandée

Protection et sécurité (sécurité numérique et protection de la donnée)

- Sécuriser l'environnement numérique
- Protéger les données personnelles et la vie privée
- Protéger la santé, le bien-être et l'environnement

Environnement numérique : savoir évoluer dans un environnement numérique (savoir se connecter, utiliser les fonctionnalités élémentaires, retrouver des ressources, personnaliser un environnement, etc.)

Important :

La nature des questions repose sur le référentiel européen DIGICOMP sur lequel se base la certification PIX que vous devez passer en seconde ou première de lycée. Le niveau attendu est celui d'un élève de terminale autonome et indépendant sur l'utilisation des outils numériques.

Cette épreuve repose uniquement sur vos compétences et connaissances des outils numériques.

Le jour de l'épreuve, vous n'aurez ni ne pourrez utiliser des logiciels et navigateurs internet tels que Google, tableur, traitement de textes, etc.

Barème de points : seules les bonnes réponses sont prises en compte (pas de points négatifs en cas de réponse fausse).

II. FICHES DE RÉVISIONS

FICHE 1
INFORMATIONS ET DONNÉES

[Mener une Recherche et une Veille d'Information]

Stratégies de Recherche d'Information

- Définir le sujet de recherche :
  - Exemple : Si votre sujet est « énergies renouvelables en Europe », précisez-le en posant des questions spécifiques comme « Quel est le pourcentage d'énergies renouvelables dans la consommation totale d'énergie en Europe en 2022 ? »
- Utiliser des moteurs de recherche :
  - Exemple : Pour trouver des documents qui contiennent à la fois « énergies renouvelables » et « Europe », utilisez l'opérateur AND en tapant « énergies renouvelables » AND « Europe » dans le moteur de recherche.
- Évaluer la crédibilité des sources :
  - Chiffre : Selon une étude de Stanford, plus de 80 % des étudiants ne sont pas aptes à distinguer le contenu sponsorisé des articles journalistiques. Il est crucial de vérifier l'URL, les auteurs, et la date de publication.
- Utiliser des bases de données académiques :
  - Exemple : Google Scholar peut être utilisé pour rechercher des études sur l'impact des énergies renouvelables sur l'économie européenne, en filtrant les résultats par date de publication et citation.

Méthodes de Veille d'Information

- Abonnement à des newsletters thématiques :
  - Exemple : Le site « The Energy Mix » offre des newsletters régulières sur les sujets d'énergies renouvelables.
- Utilisation des alertes Google :
  - Chiffre : En 2023, Google Alerts envoie des notifications à des millions d'utilisateurs, en surveillant plus de 100 000 publications en ligne.
- Suivi des influenceurs et experts du domaine :
  - Exemple : Suivre des experts comme Elon Musk ou des organisations comme l'IRENA (International Renewable Energy Agency) pour des insights sur l'énergie renouvelable.
- Participation à des webinaires, conférences, et forums spécialisés :
  - Exemple : Les webinaires organisés par « SolarPower Europe » sur l'avenir de l'énergie solaire.

[Gestion des Données]

Gestion des Données

- Organisation des données :
  - Exemple : Si vous travaillez sur un projet d'étude de marché, vous pourriez avoir des dossiers intitulés « Rapports », « Données Raw », « Analyses », « Réunions », chacun contenant des fichiers pertinents.
- Sauvegarde des données :
  - Chiffre : Le coût moyen d'une perte de données pour une entreprise est estimé à 3,86 millions de dollars. La mise en place de sauvegardes automatiques hebdomadaires ou quotidiennes est cruciale.
- Sécurité des données :
  - Exemple : Utiliser des services comme LastPass pour gérer des mots de passe complexes, activer l'authentification à deux facteurs pour les comptes importants.
- Accessibilité et partage :
  - Chiffre : En 2020, 53 % des professionnels de l'informatique ont cité la collaboration améliorée comme un avantage principal du cloud computing.

Traitement des Données

- Utilisation de logiciels de traitement de données :
  - Exemple : Utiliser Excel pour calculer le retour sur investissement (ROI) de différentes initiatives énergétiques en utilisant des formules intégrées.
- Opérations de base :
  - Chiffre : Une connaissance approfondie d'Excel peut augmenter votre potentiel salarial jusqu'à 10 %, selon une étude de Burning Glass Technologies.
- Principes de la visualisation de données :
  - Exemple : Utiliser des outils comme Tableau ou PowerBI pour créer des visualisations interactives de la consommation d'énergie sur une période donnée.

FICHE 2
COMMUNICATION ET COLLABORATION

Interaction

- Contextes Personnels :
  - Exemple : Utiliser des applications comme WhatsApp ou Signal pour créer des groupes de discussion familiaux ou entre amis, permettant des échanges sécurisés et privés.
  - Chiffre : En 2023, il y a environ 2 milliards d'utilisateurs sur WhatsApp, faisant de cette plateforme un outil majeur de communication personnelle.
- Contextes Professionnels :
  - Exemple : Organiser des réunions sur Zoom ou Microsoft Teams pour faciliter la collaboration sur des projets. Partager des agendas, des documents de travail, et utiliser des tableaux blancs interactifs.
  - Chiffre : En 2020, Microsoft Teams a connu une augmentation de 894 % de son nombre d'utilisateurs en raison de la pandémie de COVID-19, soulignant l'importance des outils de collaboration à distance.

Maîtriser les Stratégies et Enjeux de la Présence en Ligne

- Stratégies de Présence en Ligne :
  - Exemple : Développer une présence professionnelle en ligne à travers des plateformes comme LinkedIn, en publiant régulièrement des articles, en participant à des discussions dans votre domaine, et en maintenant un profil complet et à jour.
  - Chiffre : 87 % des recruteurs utilisent LinkedIn pour évaluer les candidats pendant le processus de recrutement.

- Gestion de l'E-réputation :
  - Exemple : Surveiller votre présence en ligne en configurant des alertes Google pour votre nom, en révisant régulièrement les paramètres de confidentialité sur les réseaux sociaux, et en sollicitant des recommandations professionnelles sur LinkedIn.
  - Chiffre : 70 % des employeurs utilisent les réseaux sociaux pour filtrer les candidats pendant le processus de recrutement, selon CareerBuilder.

- Sécurité en Ligne :
  - Exemple : Être conscient des risques de phishing, en vérifiant toujours l'URL et l'expéditeur des emails. Ne jamais partager des informations sensibles sans vérification préalable.
  - Chiffre : Selon le FBI, les plaintes pour cybercriminalité ont augmenté de 69 % entre 2019 et 2020, soulignant l'importance de la vigilance en ligne.

FICHE 3
CRÉATION DE CONTENUS

Développer des Documents Textuels

- Rédaction Efficace :
  - Exemple : Lors de la rédaction d'un rapport de projet, utilisez des titres clairs, une langue concise, des points à puces pour les informations clés, et des graphiques pour illustrer les données.
  - Chiffre : Selon une étude de Boomerang, les emails écrits entre 50 et 125 mots reçoivent les taux de réponse les plus élevés, environ 50 %. Cela souligne l'importance de la concision dans la communication écrite.
- Mise en Forme et Présentation :
  - Exemple : Utilisez des outils comme Microsoft Word ou Google Docs pour la mise en forme des textes, incluant l'utilisation de styles pour des titres cohérents, des tables des matières automatiques, et l'insertion de citations pour référencer des sources.
  - Chiffre : Les documents bien structurés augmentent la compréhension du lecteur de 47 %, selon une recherche de l'Université de Twente, Pays-Bas.

Écrire des Programmes pour l'Automatisation de Tâches

- Comprendre les Bases de la Programmation :
  - Exemple : Apprendre à utiliser des outils de programmation visuelle comme Scratch ou Blockly qui permettent de comprendre les concepts de base de la programmation, tels que les boucles, les conditions, et les variables, sans écrire de code.
  - Chiffre : Scratch, utilisé par des personnes de tous âges, a plus de 57 millions de projets partagés en ligne en 2023, montrant son accessibilité pour apprendre les bases de la programmation.
- Automatisation de Tâches avec des Scripts Simples :
  - Exemple : Utiliser des outils comme IFTTT (If This Then That) ou Zapier pour créer des automatisations (appelées « zaps » ou « applets ») qui peuvent, par exemple, sauvegarder automatiquement les pièces jointes

d'email dans Google Drive ou envoyer un message de bienvenue aux nouveaux followers sur Twitter.

  - Chiffre : Zapier possède plus de 3 millions d'utilisateurs en 2023, et permet d'automatiser des actions entre plus de 2 000 applications.

Écrire des Algorithmes avec des Instructions Simples

- Développement de la Pensée Algorithmique :
  - Exemple : Pratiquer la décomposition de problèmes en étapes gérables. Par exemple, un algorithme pour planter un arbre peut inclure des étapes comme « choisir un site », « creuser un trou », « placer l'arbre », etc.
  - Chiffre : Selon Google, 50 % des emplois actuels exigent des compétences en résolution de problèmes, et cette tendance devrait augmenter à 85 % pour les nouveaux emplois.
- Utiliser des Diagrammes de Flux :
  - Exemple : Les diagrammes de flux peuvent aider à visualiser un algorithme. Des outils comme Lucidchart ou Draw.io peuvent être utilisés pour dessiner des processus étape par étape.
  - Chiffre : Les diagrammes de flux peuvent réduire le temps de projet de 12 %, en améliorant la compréhension et l'efficacité de la communication, selon une étude de la Society of Technical Communication.

FICHE 4
PROTECTION ET SÉCURITÉ
(SÉCURITÉ NUMÉRIQUE ET PROTECTION DE LA DONNÉE)

Sécuriser l'Environnement Numérique

- Prévention des Malwares :
  - Exemple : Installer et maintenir à jour des logiciels antivirus comme Bitdefender ou Norton. Ne pas cliquer sur des liens ou télécharger des fichiers de sources inconnues.
  - Chiffre : Il y a une augmentation de 358 % des tentatives de malwares en 2020 par rapport à 2019, selon un rapport de SonicWall Capture Labs.
- Mises à Jour et Patchs de Sécurité :
  - Exemple : Activer les mises à jour automatiques pour le système d'exploitation et toutes les applications pour prévenir les failles de sécurité.
  - Chiffre : 60 % des violations de données impliquent des vulnérabilités pour lesquelles un patch était disponible mais non appliqué, selon le rapport 2020 de ServiceNow.

Protéger les Données Personnelles et la Vie Privée

- Gestion des Mots de Passe :
  - Exemple : Utiliser un gestionnaire de mots de passe comme LastPass ou 1Password pour créer et stocker des mots de passe forts et uniques pour chaque compte.
  - Chiffre : 80 % des violations de sécurité sont liées à des mots de passe compromis, selon un rapport de Verizon.
- Navigation Sécurisée :
  - Exemple : Utiliser la navigation privée, les VPN, et vérifier les certificats SSL des sites web pour assurer une connexion sécurisée.
  - Chiffre : 33 % des internautes dans le monde utilisent un VPN, selon un rapport de GlobalWebIndex.

Protéger la Santé, le Bien-Être et l'Environnement

- Ergonomie et Santé Numérique :
  - Exemple : Suivre les directives ergonomiques pour la configuration du poste de travail, faire des pauses régulières en utilisant des applications comme Stretchly, et limiter la lumière bleue avec des outils comme flux.
  - Chiffre : 50-90 % des utilisateurs d'ordinateurs rapportent des symptômes de fatigue oculaire numérique, selon l'American Optometric Association.
- Éco-responsabilité :
  - Exemple : Pratiquer l'éco-responsabilité en limitant l'empreinte carbone numérique, en éteignant les appareils non utilisés, et en participant à des programmes de recyclage d'équipements électroniques.
  - Chiffre : Le numérique représente environ 4 % des émissions mondiales de gaz à effet de serre, selon un rapport de The Shift Project.

FICHE 5
ENVIRONNEMENT NUMÉRIQUE

Savoir Se Connecter

- Connexion à des Réseaux et des Plateformes :
  - Exemple : Apprendre à se connecter à divers réseaux Wi-Fi, créer et gérer des comptes sur différentes plateformes en ligne (ex. réseaux sociaux, plateformes éducatives, services de streaming).
  - Chiffre : Environ 4,66 milliards de personnes dans le monde ont accès à internet, ce qui souligne l'importance de savoir naviguer dans différents environnements en ligne, selon DataReportal en 2021.
- Gestion de Problèmes de Connexion :
  - Exemple : Savoir diagnostiquer des problèmes de connexion de base, tels que vérifier les paramètres du réseau, redémarrer le routeur, ou contacter le support technique.
  - Chiffre : 70 % des problèmes de connexion peuvent être résolus en redémarrant simplement l'appareil ou le routeur, selon une étude de l'American Society for Quality.

Utiliser les Fonctionnalités Élémentaires

- Compétences de Base en Informatique :
  - Exemple : Utilisation de suites bureautiques (comme Microsoft Office ou Google Workspace), navigation sur le web, utilisation de courriels, et compréhension des fonctionnalités de base des systèmes d'exploitation (Windows, macOS, Linux).
  - Chiffre : 86 % des emplois exigent une connaissance intermédiaire de la suite Microsoft Office, selon une étude de Burning Glass Technologies.
- Navigation et Recherche en Ligne :
  - Exemple : Utiliser des moteurs de recherche efficacement, comprendre les URL, et naviguer sur différents sites web et portails.
  - Chiffre : Google traite plus de 3,5 milliards de recherches par jour, illustrant la nécessité de compétences solides en recherche en ligne.

Retrouver des Ressources

- Stratégies de Recherche Avancée :
  - Exemple : Utiliser des opérateurs de recherche (comme des guillemets pour des phrases exactes, «site:» pour des recherches sur un site spécifique), et connaître des bases de données académiques ou professionnelles.
  - Chiffre : Seulement 25 % des utilisateurs regardent la deuxième page des résultats de recherche, selon une étude de HubSpot, soulignant l'importance des techniques de recherche efficaces.

Personnaliser un Environnement

- Configuration des Préférences et des Paramètres :
  - Exemple : Personnaliser les paramètres de votre ordinateur ou smartphone, ajuster les paramètres de confidentialité sur les réseaux sociaux, et configurer les préférences de notification.
  - Chiffre : Environ 60 % des utilisateurs de smartphones ne vérifient jamais les paramètres de confidentialité, selon un rapport du Pew Research Center, mettant en évidence l'importance de cette compétence.
- Utilisation des Extensions et des Add-ons :
  - Exemple : Installer et utiliser des extensions de navigateur pour améliorer la fonctionnalité (comme des bloqueurs de publicité, des gestionnaires de mots de passe, ou des outils de productivité).
  - Chiffre : Il y a plus de 1 milliard d'extensions Chrome installées en 2020, selon Statista.

III. ENTRAÎNEMENT

Épreuve 1 : 20 questions – 20 minutes max

Question 1. Quelle est la principale différence entre la veille d'information passive et active ?

(A) La veille d'information passive consiste à suivre l'actualité, tandis que la veille d'information active implique la collecte proactive d'informations pertinentes.

(B) La veille d'information passive nécessite l'utilisation d'algorithmes, tandis que la veille d'information active repose sur la recherche manuelle.

(C) La veille d'information passive consiste à ignorer complètement les informations, tandis que la veille d'information active implique une surveillance constante.

(D) La veille d'information passive est plus coûteuse que la veille d'information active.

Question 2. Vous travaillez dans une bibliothèque universitaire et un étudiant vous demande de l'aider à mener une recherche sur un sujet spécifique. Quelle est la première étape que vous recommanderiez pour une recherche efficace ?

(A) Demander à l'étudiant de chercher sur Google Scholar.

(B) Identifier les mots-clés pertinents pour la recherche.

(C) Lui fournir une liste de livres liés au sujet.

(D) Proposer à l'étudiant de consulter des articles de revues aléatoires.

Question 3. Pourquoi est-il essentiel de normaliser les données lors de leur gestion dans une base de données ?

(A) Pour rendre les données plus compliquées à comprendre.

(B) Pour éviter toute forme de stockage des données.

(C) Pour garantir que les données sont cohérentes, valides et comparables.

(D) Pour créer des copies inutiles des données.

Question 4. Quelle méthode de chiffrement est généralement considérée comme la plus sûre pour sécuriser les communications en ligne ?

(A) AES (Advanced Encryption Standard).
(B) ROT13 (Rotation de 13 positions).
(C) Caesar Cipher (Chiffre de César).
(D) Vigenère Cipher (Chiffre de Vigenère).

Question 5. Qu'est-ce qu'une attaque de type « zero-day » ?

(A) Une attaque qui n'affecte que les utilisateurs novices.
(B) Une attaque qui survient le jour de la sortie d'un nouveau logiciel.
(C) Une attaque qui exploite une vulnérabilité logicielle non encore connue ni corrigée.
(D) Une attaque qui vise à voler des informations en utilisant des zéros et des uns.

Question 6. Qu'est-ce qu'un pare-feu à état (stateful firewall) par rapport à un pare-feu sans état ?

(A) Un pare-feu à état analyse le trafic en utilisant l'intelligence artificielle, tandis qu'un pare-feu sans état ne le fait pas.
(B) Un pare-feu à état surveille l'état des connexions réseau en cours, ce qui lui permet de prendre des décisions de filtrage basées sur l'état de la connexion, tandis qu'un pare-feu sans état ne le fait pas.
(C) Un pare-feu à état ne filtre que les connexions sortantes, tandis qu'un pare-feu sans état ne filtre que les connexions entrantes.
(D) Un pare-feu à état est plus coûteux qu'un pare-feu sans état.

Question 7. Dans le contexte de la gestion de données, que signifie l'acronyme « ETL » ?

(A) Extrait, Télécharge, Lisez
(B) Extraction, Transformation, Chargement
(C) Échange, Traitement, Logistique
(D) Étiquetage, Tri, Lecture

Question 8. Quelle est l'importance de la confidentialité des données dans la gestion des informations d'une entreprise ?

(A) La confidentialité des données est essentielle pour protéger les données contre les erreurs humaines.
(B) La confidentialité des données garantit que toutes les données sont stockées en double exemplaire.
(C) La confidentialité des données aide à prévenir la divulgation non autorisée d'informations sensibles.
(D) La confidentialité des données est uniquement importante pour les organisations gouvernementales.

Question 9. Quelle est la principale différence entre les données structurées et non structurées ?

(A) Les données structurées sont stockées dans des bases de données, tandis que les données non structurées sont stockées sur des disques durs.
(B) Les données structurées sont organisées en tableaux ou en schémas, tandis que les données non structurées ne suivent pas de structure préétablie.
(C) Les données structurées sont plus difficiles à gérer que les données non structurées.
(D) Les données structurées sont exclusivement des données textuelles, tandis que les données non structurées sont principalement des images et des vidéos.

Question 10. Quelle est la méthode la plus courante pour stocker des données non structurées telles que des fichiers multimédias (images, vidéos) dans une base de données ?

(A) Utiliser une base de données relationnelle.
(B) Convertir les fichiers en données structurées avant de les stocker.
(C) Utiliser une base de données NoSQL.
(D) Supprimer les fichiers multimédias pour économiser de l'espace de stockage.

Question 11. Quel est le rôle d'un système de gestion de base de données (SGBD) dans la gestion de données ?

(A) Un SGBD est principalement utilisé pour collecter des données brutes.
(B) Un SGBD sert à supprimer des données inutiles.
(C) Un SGBD facilite le stockage, l'organisation et l'accès aux données de manière efficace.
(D) Un SGBD est uniquement utile pour les petites quantités de données.

Question 12. Si tous les Grands sont Verts et que certains Arbres sont Grands, lequel des énoncés suivants est nécessairement vrai ?

(A) Tous les Verts sont Grands.
(B) Certains Verts sont Arbres.
(C) Tous les Arbres sont Verts.
(D) Certains Grands ne sont pas Arbres.

Question 13. Qu'est-ce qu'un webinaire ?

(A) Un jeu vidéo en ligne auquel on peut jouer à plusieurs.
(B) Un format de contenu vidéo utilisé pour des présentations et des discussions en ligne.
(C) Un service de streaming musical.
(D) Un logiciel de traitement de texte en ligne.

Question 14. Quelle plateforme est principalement utilisée pour les échanges professionnels et les connexions en ligne ?

(A) Facebook.
(B) LinkedIn.
(C) Instagram.
(D) Snapchat.

Question 15. Quelle est la principale fonction des outils de gestion de projet en ligne ?

(A) Écouter de la musique en streaming.
(B) Faciliter la gestion des tâches et des projets en équipe.
(C) Partager des photos de vacances.
(D) Suivre les actualités sportives.

Question 16. Qu'est-ce qu'un réseau social professionnel qui permet de créer un curriculum vitae en ligne et de se connecter avec des professionnels ?

(A) Instagram.
(B) Twitter.
(C) Pinterest.
(D) Viadeo.

Question 17. Qu'est-ce qu'un intranet ?

(A) Un réseau social interne à une entreprise.
(B) Un réseau social public accessible à tous.
(C) Un site web personnel.
(D) Une plateforme de messagerie instantanée.

Question 18. Qu'est-ce qu'un wiki et comment est-il principalement utilisé en collaboration en ligne ?

(A) Un format de contenu vidéo.
(B) Un outil pour la création collaborative de documents en ligne.
(C) Un service de streaming musical.
(D) Un logiciel de traitement de texte.

Question 19. Quelle est la principale différence entre un blog et un forum en ligne ?

(A) Les blogs sont utilisés pour des discussions en temps réel, tandis que les forums sont des journaux en ligne.
(B) Les blogs sont principalement des journaux personnels, tandis que les forums sont des espaces de discussion communautaires.
(C) Les blogs sont plus anciens que les forums en ligne.
(D) Les blogs sont uniquement utilisés dans un contexte professionnel.

Question 20. Quel est l'objectif principal des applications de messagerie professionnelle comme Slack et Microsoft Teams ?

(A) Partager des photos personnelles.
(B) Gérer les finances de l›entreprise.
(C) Faciliter la communication et la collaboration en équipe.
(D) Regarder des vidéos en streaming.

Épreuve 2 : 20 questions – 20 minutes max

Question 1. Qu'est-ce qu'un « honeypot » en sécurité informatique ?

(A) Un logiciel malveillant qui tente de voler des informations.
(B) Une technique de phishing utilisée pour piéger les utilisateurs en leur faisant croire qu'ils gagnent un prix.
(C) Un leurre, un système ou un réseau factice utilisé pour attirer les attaquants afin de surveiller leurs activités et de les étudier.
(D) Un dispositif de sécurité utilisé pour bloquer les attaques par déni de service.

Question 2. Si tous les Rouges sont Ronds et que certains Cercles sont Rouges, lequel des énoncés suivants est nécessairement vrai ?

(A) Tous les Ronds sont Rouges.
(B) Certains Ronds sont Cercles.
(C) Tous les Cercles sont Ronds.
(D) Certains Rouges ne sont pas Cercles.

Question 3. Deux personnes, Pierre et Paul, parlent de leurs voitures. Pierre dit : « Si je mens, alors Paul dit la vérité. » Paul dit : « Si je dis la vérité, alors Pierre ment. » Si l'une d'elles dit la vérité, quelle affirmation est vraie ?

(A) Les deux, Pierre et Paul, mentent.
(B) Les deux, Pierre et Paul, disent la vérité.
(C) Seulement Pierre dit la vérité.
(D) Seulement Paul dit la vérité.

Question 4. Si vous souhaitez organiser un ensemble de données en ordre croissant ou décroissant, quelle fonctionnalité utiliseriez-vous ?

(A) Filtrer
(B) Trier
(C) Pivoter
(D) Regrouper

Question 5. Soit C = 2, D = 3, et l'opérateur C&D signifie «élever C à la puissance D, puis prendre la racine carrée du résultat, et multiplier par D». Quel est le résultat de C&D ?

(A) 6
(B) 9
(C) 12
(D) 18

Question 6. Qu'est-ce qu'un « phreaking » ?

(A) Une technique de piratage pour voler des informations financières.
(B) Une technique de piratage visant à intercepter et à manipuler des communications téléphoniques.
(C) Une méthode de phishing utilisée pour voler des mots de passe.
(D) Une technique de piratage visant à voler des informations personnelles en utilisant des courriels malveillants.

Question 7. Qu'est-ce qu'un « certificat d'authentification client » (CAC) en sécurité informatique ?

(A) Un certificat pour prouver la citoyenneté d'un utilisateur en ligne.
(B) Un certificat utilisé pour vérifier l'âge d'un utilisateur sur un site web.
(C) Un certificat numérique utilisé pour authentifier l'identité d'un utilisateur auprès d'un serveur ou d'une application.
(D) Un certificat pour déverrouiller des fonctionnalités avancées dans un logiciel.

Question 8. Qu'est-ce que la biométrie en matière de sécurité informatique ?

(A) Un logiciel antivirus utilisant des algorithmes biométriques.
(B) Une méthode de sécurité basée sur la cryptographie.
(C) Une technique d'authentification basée sur des caractéristiques physiologiques ou comportementales uniques, telles que les empreintes digitales ou la reconnaissance faciale.
(D) Une méthode de sécurité qui utilise des clés USB biométriques.

Question 9. Que signifie l'acronyme « VPN » en sécurité informatique ?

(A) Virtual Private Network.
(B) Very Private Network.
(C) Verified Personal Network.
(D) Virtual Protection Network.

Question 10. Quelle est la principale méthode de prévention des attaques par phishing en entreprise ?

(A) La désactivation des e-mails entrants.
(B) La sensibilisation des employés et la formation à la détection des tentatives de phishing.
(C) L'utilisation de logiciels antivirus avancés.
(D) La suppression des adresses e-mail des employés.

Question 11. Qu'est-ce qu'une « attaque par injection SQL » en sécurité informatique ?

(A) Une attaque qui consiste à injecter des logiciels malveillants dans une base de données.
(B) Une attaque qui consiste à injecter des commandes SQL malveillantes dans une application web pour accéder ou manipuler des données de la base de données.
(C) Une attaque qui consiste à injecter des virus dans le système d'exploitation.
(D) Une attaque qui consiste à injecter des scripts JavaScript malveillants dans une page web.

Question 12. Quelle est la principale fonction d'un gestionnaire de mots de passe en sécurité informatique ?

(A) Stocker des mots de passe en texte brut.
(B) Générer automatiquement des mots de passe complexes.
(C) Créer des connexions sécurisées entre les utilisateurs et les sites web.
(D) Chiffrer les mots de passe pour les protéger.

Question 13. Qu'est-ce que la « double authentification (2FA) à facteurs multiples » ?

(A) Une méthode d'authentification qui utilise deux méthodes différentes, telles que la saisie d'un mot de passe et la reconnaissance faciale.
(B) Une méthode d'authentification qui nécessite trois méthodes différentes pour accéder à un compte.
(C) Une méthode d'authentification qui requiert deux mots de passe.
(D) Une méthode d'authentification qui utilise un mot de passe unique.

Question 14. Qu'est-ce qu'une « attaque de type homme du milieu (MITM) » ?

(A) Une attaque visant à tromper les utilisateurs en utilisant des informations incorrectes.

(B) Une attaque qui cible uniquement les utilisateurs masculins.

(C) Une attaque où un attaquant intercepte les communications entre deux parties pour espionner ou manipuler les données échangées.

(D) Une attaque qui se produit au milieu de la nuit.

Question 15. Qu'est-ce que le chiffrement de bout en bout (end-to-end encryption) ?

(A) Un chiffrement qui protège uniquement les données stockées sur un périphérique.

(B) Un chiffrement utilisé pour protéger les données lors de leur transmission entre un émetteur et un récepteur, de telle sorte que seuls l'émetteur et le récepteur puissent les déchiffrer.

(C) Un chiffrement qui protège uniquement les données lorsqu'elles sont stockées dans le cloud.

(D) Un chiffrement utilisé exclusivement pour protéger les e-mails.

Question 16. Quelle est la principale fonction d'un pare-feu applicatif Web (WAF) ?

(A) Bloquer les attaques de type phishing.

(B) Protéger uniquement les applications mobiles.

(C) Surveiller le trafic réseau pour détecter les attaques visant les applications web et les bloquer.

(D) Générer des rapports sur les performances du réseau.

Question 17. Qu'est-ce qu'un « pontage (bypass) » en sécurité informatique ?

(A) Un moyen de contourner les pare-feu.

(B) Une méthode de cryptage avancée.

(C) Un processus pour récupérer des fichiers supprimés.

(D) Une technique pour améliorer les performances du réseau.

Question 18. Qu'est-ce que la « sécurité du périmètre (perimeter security) » en sécurité informatique ?

(A) La protection des données stockées localement sur un appareil.
(B) La sécurité d'un réseau au niveau de ses limites externes pour empêcher les menaces d'entrer.
(C) La sécurité d'un réseau au niveau de ses limites internes pour empêcher les fuites de données.
(D) La protection des données stockées dans le cloud.

Question 19. Qu'est-ce que le « phishing inversé » (reverse phishing) ?

(A) Une méthode utilisée par les utilisateurs pour tromper les attaquants.
(B) Une technique pour récupérer des informations volées lors d'une attaque de phishing.
(C) Une technique où un attaquant se fait passer pour une victime de phishing et contacte la victime réelle.
(D) Une méthode pour inverser les dégâts causés par une attaque de phishing.

Question 20. Qu'est-ce qu'un « hacker éthique » (ethical hacker) ?

(A) Un hacker qui vise à voler des informations personnelles.
(B) Un professionnel de la sécurité informatique qui utilise des techniques de piratage pour tester la sécurité des systèmes et des réseaux dans un cadre légal et éthique.
(C) Un hacker qui cible uniquement les entreprises malveillantes.
(D) Un pirate informatique.

Corrigés de l'épreuve 1

Question 1. Réponse A.

La veille d'information passive implique de recevoir des informations au fur et à mesure qu'elles sont disponibles, sans effort spécifique pour les rechercher, tandis que la veille d'information active est un processus où l'on recherche activement des informations spécifiques de manière proactive.

Question 2. Réponse B.

Avant de commencer à rechercher des informations, il est crucial de définir et d'identifier les mots-clés pertinents qui seront utilisés dans la recherche. Cela permet de cibler efficacement les ressources et les informations pertinentes, plutôt que de naviguer sans direction spécifique. Les mots-clés aident à affiner les recherches dans les bases de données, sur Google Scholar, dans les catalogues de bibliothèques, etc., en s'assurant que les résultats obtenus sont pertinents pour le sujet en question.

Question 3. Réponse C.

La normalisation des données est un processus essentiel dans la gestion des bases de données pour plusieurs raisons :

- Cohérence : la normalisation assure que les données sont logiquement stockées, sans répétition inutile, et que chaque donnée est cohérente dans l'ensemble de la base de données.
- Validité : en suivant des règles spécifiques de normalisation, on s'assure que les données entrées dans la base de données passent par des contrôles de validation, réduisant ainsi les erreurs.
- Comparabilité : des données normalisées sont plus facilement comparables car elles sont stockées de manière uniforme, facilitant ainsi les requêtes, les analyses et les rapports.

En évitant la redondance et en favorisant l'intégrité des données, la normalisation rend les bases de données plus efficaces et réduit le risque d'erreurs dans la manipulation des données.

Question 4. Réponse A.

AES, ou Advanced Encryption Standard, est largement reconnu pour sa sécurité et est utilisé à travers le monde pour la protection des données. Il s'agit d'un algorithme de chiffrement symétrique qui est utilisé par les gouvernements, les systèmes financiers, et même dans le cadre de la sécurité internet pour protéger

les communications et les données. AES a été établi par l'Institut national des normes et de la technologie des États-Unis (NIST) après un processus de sélection qui a duré plusieurs années, et il est devenu le standard de chiffrement pour sa robustesse et sa résistance aux tentatives d'attaques.
Les autres méthodes listées – ROT13, Caesar Cipher, et Vigenère Cipher – sont des systèmes de chiffrement historiques qui, bien qu'ils aient été innovants à leur époque, sont maintenant considérés comme obsolètes et vulnérables aux attaques modernes, notamment parce qu'ils peuvent être facilement déchiffrés avec l'informatique d'aujourd'hui.

Question 5. Réponse C.

Une attaque « zero-day » se réfère à une faille dans un logiciel qui est exploitée par des hackers avant que les développeurs du logiciel en question n'en aient connaissance et aient eu le temps de corriger. Le terme « zero-day » fait référence au fait que les développeurs ont « zéro jour » pour résoudre le problème puisque la vulnérabilité est déjà exploitée activement au moment où elle est découverte. Ces attaques sont particulièrement dangereuses parce qu'elles exploitent des logiciels dans un état où ils sont sans défense et parce qu'il n'y a souvent aucun moyen de se prémunir contre elles jusqu'à ce que la faille soit corrigée.

Question 6. Réponse B.

- Pare-feu à état (stateful firewall) : ce type de pare-feu garde une trace des connexions réseau actives et peut comprendre le contexte des paquets de données qui passent à travers lui, en se référant à l'état de la connexion (par exemple, s'il s'agit d'une nouvelle connexion, d'une partie d'une connexion existante, ou d'une connexion non sollicitée). Cette capacité permet à un pare-feu à état de prendre des décisions plus informées sur les paquets de données à autoriser ou à bloquer, en plus des règles de filtrage basées uniquement sur les paramètres des paquets comme les adresses IP source et de destination, les numéros de port, etc.
- Pare-feu sans état : contrairement à un pare-feu à état, un pare-feu sans état examine chaque paquet de données individuellement et n'a pas la capacité de comprendre ou de se souvenir du contexte de la connexion. Il filtre les paquets principalement basés sur des règles préétablies et statiques, comme les adresses IP source et de destination, les numéros de port, et les protocoles, sans tenir compte de l'état de la connexion.

Par conséquent, un pare-feu à état offre une sécurité plus robuste car il comprend le contexte des connexions réseau et peut identifier des tentatives malveillantes ou non autorisées qui pourraient passer inaperçues par un pare-feu sans état.

Question 7. Réponse B.

« ETL » est un acronyme pour « Extraction, Transformation, Chargement », qui sont trois fonctions centrales dans le processus de gestion des données, en particulier dans l'entreposage de données (data warehousing).

Question 8. Réponse C.

La confidentialité des données est cruciale dans tout environnement d'affaires car elle concerne la protection des informations sensibles contre l'accès ou la divulgation non autorisés. Cela inclut les données personnelles des clients, les informations financières, les détails sur les produits, les plans d'affaires, les stratégies, et plus encore. Une fuite de ces informations peut non seulement causer un préjudice financier et légal à une entreprise (comme des amendes pour non-conformité avec les réglementations sur la protection des données), mais aussi entraîner une perte de confiance de la part des clients et du public, ce qui peut être dévastateur pour la réputation et la viabilité à long terme de l'entreprise. De plus, la confidentialité des données est importante non seulement pour les organisations gouvernementales mais aussi pour les entreprises privées, les organisations à but non lucratif, et d'autres entités.

Question 9. Réponse B.

- Les données structurées sont celles qui sont organisées dans un format hautement organisé, souvent dans des lignes et des colonnes comme on le voit dans les bases de données relationnelles, les feuilles de calcul, etc. Elles sont généralement facilement analysables et accessibles car elles suivent un schéma ou une structure standard.
- Les données non structurées, en revanche, sont des informations qui ne sont pas organisées de manière structurée et peuvent comprendre des formats de données comme le texte, les documents, les images, les vidéos, les fichiers audio, les courriels, etc. Leur absence de structure standard rend leur traitement et leur analyse plus complexes, nécessitant des outils et des méthodes spécifiques pour en extraire des informations significatives.

Question 10. Réponse C.

Les bases de données NoSQL sont particulièrement bien adaptées au stockage de données non structurées ou semi-structurées. Elles sont conçues pour gérer de grands volumes de données diversifiées qui ne suivent pas un modèle de données tabulaire rigide trouvé dans les bases de données relationnelles. Les données non structurées comme les images, les vidéos, et les documents peuvent être stockées de manière efficace dans des bases de données NoSQL grâce à leur flexibilité en termes de schémas de données, leur évolutivité horizontale, et leur capacité à gérer de grandes quantités de données multimédia.

Question 11. Réponse C.

Un Système de Gestion de Base de Données (SGBD) est un logiciel qui permet aux utilisateurs de définir, de créer, de maintenir, et de contrôler l'accès aux bases de données. Il gère les interactions entre les utilisateurs finaux et les bases de données, facilitant la création, la récupération, la mise à jour, et la suppression de données de manière organisée et sécurisée. Les SGBD offrent des fonctionnalités telles que la gestion des transactions, la récupération et la sauvegarde des données, la restauration, et le contrôle des accès, ainsi que la possibilité de construire et de manipuler des schémas de données. Ils sont essentiels pour gérer efficacement les données structurées et, dans certains cas, non structurées, quelle que soit la taille de la base de données.

Question 12. Réponse D.

Pour répondre à cette question, examinons chaque déclaration individuellement par rapport aux prémisses données :

- « Tous les Grands sont Verts » signifie que s'il est Grand, alors il doit être Vert. Cependant, cela ne signifie pas que tout ce qui est Vert doit être Grand, car il pourrait y avoir d'autres choses qui sont Vertes mais pas Grandes. Donc, (A) n'est pas nécessairement vrai.
- « Certains Arbres sont Grands » signifie qu'il existe au moins un Arbre qui est également Grand (et donc Vert, car tous les Grands sont Verts). Cela implique qu'il y a des Arbres qui sont Verts, mais pas nécessairement que ces Arbres Verts sont tous Grands. Par conséquent, il est possible, mais pas nécessaire, que certains Verts (qui sont Grands) soient des Arbres. Ainsi, (B) pourrait être vrai mais ce n'est pas nécessairement le cas en se basant uniquement sur les prémisses données.
- « Tous les Arbres sont Verts » n'est pas nécessairement vrai car la prémisse originale dit « Certains Arbres sont Grands », pas tous. Cela signifie qu'il pourrait y avoir des Arbres qui ne sont pas Grands et donc pas nécessairement Verts. Ainsi, (C) n'est pas nécessairement vrai.
- « Certains Grands ne sont pas Arbres » est nécessairement vrai parce que la prémisse originale dit seulement que « Certains Arbres sont Grands », impliquant qu'il y a au moins un Arbre qui est Grand, mais cela ne signifie pas que tous les Grands doivent être des Arbres. Il pourrait y avoir des Grands qui ne sont pas des Arbres. Par conséquent, (D) est nécessairement vrai.

Question 13. Réponse B.
Un webinaire est un séminaire ou une présentation diffusé sur le web, qui permet une interaction en temps réel entre les présentateurs et le public.

Question 14. Réponse B.
LinkedIn est une plateforme conçue spécifiquement pour les professionnels pour établir des connexions, partager des expériences, et chercher des opportunités d'emploi.

Question 15. Réponse B.
Les outils de gestion de projet en ligne aident les équipes à planifier, organiser, et gérer les tâches et les ressources pour atteindre des objectifs spécifiques.

Question 16. Réponse D.
Viadeo est un réseau social professionnel qui permet aux utilisateurs de créer des profils professionnels, de se connecter avec d'autres professionnels, et de chercher des opportunités d'emploi.

Question 17. Réponse A.
Un intranet est un réseau privé accessible uniquement aux membres internes d'une organisation, souvent utilisé pour partager des informations et des ressources internes.

Question 18. Réponse B.
Un wiki est une plateforme collaborative en ligne qui permet aux utilisateurs de créer, modifier, et lier des pages web ensemble, souvent utilisé pour la gestion de connaissances.

Question 19. Réponse B.
Un blog est généralement un site web individuel ou d'entreprise où des articles sont postés régulièrement, tandis qu'un forum est un site web communautaire où les utilisateurs peuvent poster des discussions et y répondre.

Question 20. Réponse C.
Les applications de messagerie professionnelle comme Slack et Microsoft Teams sont conçues pour améliorer la communication interne, le partage de fichiers, et la collaboration en temps réel entre les membres d'une équipe ou d'une entreprise.

Corrigés de l'épreuve 2

Question 1. **Réponse C.**

Question 2. **Réponse B.**

Question 3. **Réponse D.**

Question 4. **Réponse B.**

Question 5. **Réponse A.**

Question 6. **Réponse B.**

Question 7. **Réponse C.**

Question 8. **Réponse C.**

Question 9. **Réponse A.**

Question 10. **Réponse B.**

Question 11. **Réponse B.**

Question 12. **Réponse D.**

Question 13. **Réponse A.**

Question 14. **Réponse C.**

Question 15. **Réponse B.**

Question 16. **Réponse C.**

Question 17. **Réponse A.**

Question 18. **Réponse B.**

Question 19. **Réponse C.**

Question 20. **Réponse B.**

VI. LANGUES

I. PRESÉNTATION DE L'ÉPREUVE

Anglais (obligatoire) : 40 questions – 30 min max

Les questions portent sur la grammaire, la conjugaison, le vocabulaire, les faux-amis, les dates, les chiffres. Le niveau attendu est celui de terminale (niveau B1-B2).

Autre langue étrangère – 40 questions – 30 min max

En plus de l'anglais obligatoire, vous devez choisir 1 langue étrangère parmi les 10 proposées : Allemand, Arabe, Chinois, Espagnol, Hébreu, Italien, Japonais, Néerlandais, Portugais, Russe.

Le niveau attendu pour la seconde langue est celui de terminale (niveau B1-B2).

Lors de votre inscription sur Parcoursup, vous devez choisir votre LVB (l'anglais est enregistré en LVA par défaut).

Si vous souhaitez passer l'anglais LVA en LVB et choisir une autre langue étrangère en LVA, vous devez procéder à ces modifications sur votre espace réservé mySESAME après votre inscription sur Parcoursup.

Pour choisir les langues, vous avez deux possibilités :

- Vous choisissez de passer au concours les langues que vous étudiez au lycée (dont l'anglais)
- Vous choisissez de passer votre langue maternelle (hormis le français et l'anglais) que vous n'étudiez pas au lycée mais dans laquelle vous êtes à l'aise, en plus de l'anglais.

Barème de points : seules les bonnes réponses sont prises en compte (pas de points négatifs en cas de réponse fausse).

Nous aborderons dans cet ouvrage l'**épreuve écrite d'anglais.**
Pour les autres épreuves, nous vous conseillons de vous référer aux annales officielles du concours SÉSAME.

II. FICHES DE COURS

Pour tous les points de grammaire et de conjugaison, vous pouvez vous référer à l'ouvrage de référence suivant :

ANGLAIS 50 FICHES METHODES ET ASTUCES, *Editions Studyrama.*

Pour tout ce qui concerne le vocabulaire, voici quelques tableaux que nous vous conseillons de réviser régulièrement !

FICHE 1
VOCABULAIRE GÉNÉRAL

NB : **les mots indiqués en deuxième colonne sont des <u>synonymes ou des mots proches</u> de ceux de la première colonne.**

	Synonyme	Traduction
abide by	comply with/respect	se conformer à/respecter
abroad	overseas	à/de l'étranger
abrupt	sharp/sudden	brutal/soudain
accountable	responsible	responsable
accurate	precise	précis
achieve	succeed/accomplish	réussir/parvenir
acknowledge	recognize/admit	reconnaître/admettre
actually	in fact/in reality	en fait
acute	sharp/strong	fort/aigu
adamant	inflexible/unyielding	inflexible/intraitable
adjourn	postpone/put off	ajourner/remettre à plus tard
adverse	unfavourable/hostile	défavorable/hostile

	Synonyme	Traduction
advertisement	ad/advert	annonce
advise	warn/suggest	conseiller/prévenir
advocate	support/defend	préconiser/défendre
afford (can afford)	be rich enough	avoir les moyens de
affordable	economical/cheap	abordable
aim	goal/purpose	but, objectif
albeit	although	bien que
allay	appease	apaiser
alleviate	relieve/ease	soulager
allocate	devote/provide	allouer
alluring	appealing	séduisant/attirant
alter	change/modify	altérer/changer
amazing	surprising/astonishing	surprenant/étonnant
annul	cancel	annuler
amusing	entertaining/funny	divertissant/amusant
anticipate	predict/foresee	anticiper/prévoir
anxious	impatient/keen to	impatient de
apologetic	very sorry	désolé
appalling	terrible/dreadful	épouvantable
appeal	attract/call for	attirer/plaire/faire appel à
apply for	solicit	postuler
appraisal	assessment/evaluation	évaluation
appraise	assess/evaluate	évaluer
argue	1/claim 2/ quarrel	prétendre que se disputer
array	range	gamme/éventail
ashamed	embarrassed	honteux/gêné
assert	affirm/state	affirmer
assign	give	confier/donner
assignment	mission/homework	mission/devoirs
assortment	range of products	assortiment/gamme

	Synonyme	Traduction
assume	suppose	supposer
assuredly	certainly	assurément/certainement
astounding	astonishing/surprising	étonnant/surprenant
attempt	try	tenter de/essayer
attend	be present	assister à
attend to	look after/take care of	prendre soin de
avert	avoid/dodge	éviter/esquiver
auction	sale	vente aux enchères
avoid	avert/dodge/elude	éviter/esquiver
awkward	clumsy	maladroit
baffling	puzzling/confusing	déroutant
balance	equibrium	équilibre
bankrupt (go)	bust	faillite
barely	hardly/scarcely	à peine/guère
bargain	negotiate/haggle	marchander/négocier
batch	accumulation /collection	ensemble/groupe/convoi
bedlam	chaos/confusion/turmoil	chahut/tumulte
beleaguered	besieged	assailli/cerné
benefit	advantage/aid/assistance	avantage/bienfait/allocation
besides	moreover/in addition	de plus/en outre
beware (of)	wary of	se méfier de
bewildered	confused/puzzled	médusé/perplexe
biased	prejudiced/partisan	partial/avoir un parti pris
bid (V.)	offer/tender/wish	faire une offre/souhaiter
bid (N.)	offer /attempt	offre/tentative
bill	invoice/account	addition/facture
bound	destined/doomed/tied	destiné à/condamné à
blackmail	intimidation/ransom	chantage
bleak	gloomy/dreary	sombre/peu encourageant
blemish	stain/dishonor	tache/souillure/imperfection

	Synonyme	Traduction
blight	scourge/eyesore	tache/plaie/calamité
blow up	burst/explode	exploser
blunder (make a)	mistake/slip-up	gaffe
blunt	1/unsharpened 2/downright/frank	émoussé direct/franc/brutal
bold	audacious/daring	téméraire/audacieux
bond	link/tie	lien
boost	improve/stimulate	dynamiser/stimuler
booze	alcohol	boissons alcoolisées
bounce	bump/leap/jump	bondir/sauter
breakdown	disruption/stoppage	panne/interruption
breakthrough	discovery/improvement	avancée/progrès
bribe	corrupt	corrompre/soudoyer
bribery	corruption	corruption
bring about	give rise to/cause	provoquer/causer
broad	wide	large
bruise	injure/hurt	bleu/blessure
bump (into)	come across/encounter	tomber sur/rencontrer
burden	weight	fardeau/poids
buzz	call	coup de fil
by and large	basically/on the whole	en moyenne/en général
bypass	get around/ignore	passer outre/ignorer
cancel	annul/call off	annuler
carry on	continue	poursuivre
carry out	achieve/accomplish	mener à bien
cast	deposit/emit	jeter/lancer (figuré)
casualty	loss/victim	victime/perte
cautious	careful/wary	prudent
challenging	daring/stimulating	stimulant/audacieux
charge (with)	accuse of/blame for	accuser/inculper
chase	follow/hunt	pourchasser

	Synonyme	Traduction
cheat	deceive/mislead/dupe	tricher/tromper
cheerful	enthusiastic/happy	joyeux
cheery	cheerful/enthusiastic	joyeux/enthousiaste
chore	duty/task	corvée/devoir
circumvent	avoid/dodge	éviter/contourner
cite	mention/quote/specify	citer
coarse	rough	grossier/brut
collide	clash/conflict	entrer en collision, en conflit
commit (oneself to + ING)	involve	s'engager
commodities	goods	denrées/marchandises
compel	oblige/constraint	obliger/contraindre
complaint	accusation/charge	plainte
comply (with)	respect/abide by	se plier à/se conformer à
comprehensive	thorough/complete	exhaustif/complet
compulsory	mandatory/obligatory	obligatoire
conceal	hide/disguise	dissimuler
device	apparatus/appliance/tool	appareil/engin
considerate	attentive/mindful	attentif
consistent (with)	logical/coherent	logique/cohérent
console	comfort/sooth	consoler
conspicuous	noticeable/blantant	flagrant
contempt	disdain/scorn/despise	mépriser/dédaigner
cope (with)	deal with/handle/solve	faire face/affronter
core	central/essential	essentiel
corporation	company/firm	société/compagnie
crisis	crunch	crise
crop	harvest	récolte
crumble	collapse	s'effondrer/s'écrouler
cuddle	hug	câlin/étreinte
culprit	criminal/offender	coupable

	Synonyme	Traduction
cunning	shrewd/subtle/imaginative	astucieux/malin
cure	heal	soigner
current	present	actuel
cut back	reduce/curtail	réduire/diminuer
cut down	cut back/reduce	réduire
cut out	stop/cease/give up	cesser/abandonner
daring	bold/audacious	osé/audacieux
daunting	frightening/challenging	dissuasif/décourageant
deadlock	stalemate	impasse
dearth	shortage/scarcity	manque/pénurie
deceive	dupe/mislead	tromper
deceptive	misleading	trompeur
deflate	1/shrink/contract 2/depreciate/devalue	rétrécir/se contracter diminuer/dévaluer
delay	postpone/prolong	retarder/remettre à plus tard
delete	remove/eliminate/erase	effacer/éliminer
demand	request/need	exiger
demise	death/end	fin/mort
dent	breach/hollow	entaille/bosse
dependable	reliable	fiable
depict	portray/describe	décrire
derelict	abandoned	désaffecté
despicable	contemptible/shameful	méprisable
design	1/create/invent 2/draft/sketch	créer/inventer ébaucher
destined	bound/doomed/inevitable	destiné à
deterrent	disincentive	dissuasif
devise	conceive/design /invent	inventer/concevoir
devote	allot/dedicate	allouer/consacrer
disabled	handicapped	handicapé/invalide
disclose	reveal/unveil	révéler/dévoiler

	Synonyme	Traduction
discontent	dissatisfaction/displeasure	insatisfaction
disguise	conceal/hide	dissimuler/cacher
disgruntled	discontented/dissatisfied	insatisfait/mécontent
dismal	gloomy/dreary	sombre
dismiss	lay off/make redundant	licencier
display	show/exhibit	étaler/exhiber
disseminate	spread/propagate	propager/répandre
disruptive	disturbing/troublesome	perturbateur
distort	deform/twist	déformer
doggedness	perseverance	détermination
dole (to be on the)	unemployed/jobless	être au chômage
drawbacks	disadvantage/downside	revers/désavantage
dreadful	appalling/horrible	horrible
dubious	doubtful	douteux
duty	mission/task/assignment	devoir
dwindle	decline/decrease/shrink	rétrécir/diminuer
eager to	anxious to/keen to	impatient de/avide de
earnest	constant/serious	sincère/fervent/sérieux
earnings	income/wages/salary	revenus/salaire
embezzlement	misuse/fraud	détournement de fonds
encroach (on)	impinge on/infringe	empiéter sur
endorse	shoulder/support	endosser
enforce	implement	mettre en vigueur
enhance	improve/make better	mettre en valeur
enroll	enlist/join up	inscrire
entail	give rise to/cause	causer/provoquer
entertainment	leisure	divertissements/loisirs
erratic	changeable/inconsistent	aléatoire/inégal/irrégulier
eschew	dodge/avoid	éviter
evade	escape/elude	échapper à/fuir

	Synonyme	Traduction
eventually	ultimately/finally	finalement
exemplify	symbolise/illustrate	illustrer
exhaust	consume/deplete	détruire/épuiser
expansive	1/spacious 2/communicative	étendu expansif
expenditure	expense/spending	dépense
extravagant	excessive	excessif
eyesore	atrocity/blemish/blight	tache/souillure
behavior	conduct/manner	comportement/conduite
fair	honest/just	juste/équitable
fallacy	falsehood	erreur/illusion
falter	hesitate	hésiter
fearful	scared/afraid	effrayé
fetch	conduct/escort	aller chercher
figure out	1/calculate/work out 2/imagine/understand	calculer comprendre
first hand	learned directly	de première main
fix	repair/mend	réparer
flair	ability/knack/talent	talent
flaw	defect	défaut/imperfection
flourishing	thriving/booming	florissant
fond of	keen on	amateur de
forecast	foresee/anticipate/predict	prévoir/anticiper
formation	constitution/establishment	formation
former	ex/previous	ancien/ex
fortnight	two weeks	quinze jours
frail	feeble/fragile/vulnerable	fragile
frugal	economical/penny-wise	économe
fund	money/subsidy	fonds/subvention
further	additional/supplementary	supplémentaire
fussy	difficult/hard to please	pointilleux/tatillon

	Synonyme	Traduction
gape at	stare at	être bouche bée
garbage	refuse/rubbish/waste	détritus/ordures
genuine	authentic/original/pure	authentique/véritable
glance (at first)	at first sight	vue
glimpse (catch a)	catch sight of	aperçu
goal	purpose/aim/objective	but/objectif
go-between	intermediary/middleman	intermédiaire
grab	take hold of/grasp	attraper/saisir
gregarious	sociable	sociable/grégaire
grounds	reasons/motives	raisons
gruelling	harsh/exhausting	épuisant/éreintant
grumble	complain	gémir/se plaindre
guilty	responsible for	coupable
halt	stop/cease	cesser
handle	cope with/address/solve	prendre en main/résoudre
hard-nosed	uncompromising	impitoyable/dur
hardly	barely/scarcely	à peine/guère
harmful	detrimental/damaging	néfaste/nuisible
harvest	crop	récolte/moisson
hasten	quicken	accélérer
havoc	carnage/devastation	carnage
hazard	danger/risk	danger/risque
hazardous	dangerous/risky	dangereux/risqué
hedge	dodge	éviter de répondre
heed	pay attention to	prêter attention à
herald	announce	annoncer
hire	1/rent 2/recruit	louer recruter
hue	colour/shade	teinte/couleur
hum	vibrate/murmur	vrombir/bourdonner
hurdle	obstacle	entrave/obstacle

	Synonyme	Traduction
idle	inactive/out of action	oisif
ignore	disregard/neglect/overlook	ignorer
impinge	infringe/breach	empiéter
implement	enforce	mettre en vigueur
incur	arouse/induce/provoke	susciter/provoquer
indict	accuse of/charge with	accuser
indisputable	unquestionable	indéniable
injury	damage/harm	blessure/lésion
insight	understanding	aperçu/connaissance
intricate	complicated	compliqué
invoice	bill/account	facture
jolly	cheerful/joyous	joyeux
keen on	enjoy/fond of	amateur de
lack	shortage/dearth	manque/pénurie
lavish	abundant/lush/plentiful	généreux/luxueux
lean to	support/favour	avoir un penchant pour
leash (on a)	controlled	sous contrôle
lecture	address/lesson/speech	cours/conférence
lend	loan/grant	prêter
lenient to	clement/indulgent/tolerant	indulgent
lethal	fatal/deadly	mortel
liability	responsibility	responsabilité
likely	expected/feasible/plausible	susceptible de
load	fill	charger/remplir
grant	give/allocate/allot	accorder
lodgings	accommodation/rooms	logement
looming	threatening/menacing	menaçant
mainstream	current/général/prevailing	dominant
mandatory	compulsory/obligatory	obligatoire
mayhem	confusion/havoc	confusion/grabuge

	Synonyme	Traduction
mean	1/average 2/nasty/unfriendly 3/stingy	moyen méchant radin
means	way	moyen (de)
menace	intimidation/threat/danger	menace
mere	simple/sheer	simple
merge	combine/converge/fuse	fusionner
miscellaneous	diverse/heterogeneous	divers
misconceive	misapprehend/misjudge	mal interpréter
misdemeanor	misbehaviour/misconduct	écart de conduite
mix up	1/confuse 2/embroil/entangle	confondre mêler
moan	deplore/lament	pleurer/se lamenter
mock	make fun of/insult	se moquer de
momentum	energy/impetus/thrust	dynamisme
mundane	ordinary/commonplace	banal
nasty	unpleasant/mean	mauvais/méchant
naughty	disobedient/teasing	méchant
nevertheless	nonetheless/however	néanmoins
nickname	familiar name/diminutive	surnom
noteworthy	outstanding/remarkable	remarquable
notwithstanding	despite/in spite of	malgré
obscure	ambiguous	ambigu
odd	strange/bizarre	étrange
offset	compensate/make up for	compenser
on the brink	on the verge of/about to	au bord de
outcast	misfit	marginal
outcome	result/conclusion	résultat/issue
outlet	point of sale	point de vente
outnumber	be more numerous	dépasser en nombre
outperform	do better	faire mieux

	Synonyme	Traduction
output	production	production
outsmart	deceive/dupe	être plus malin
outstanding	impressive/exceptional	exceptionnel
overlook	disregard/ignore	négliger/sous-estimer
overly	unduly/exceedingly	excessivement
overrate	overestimate/exaggerate	surestimer
overtime	additional working hours	heures supplémentaires
overtly	openly	ouvertement
overwrought	overworked	surmené
pace	speed	rythme/vitesse
partial	biased/prejudices	partial
patron	client	mécène/client
pattern	model	modèle/schéma
perks	fringe benefits	avantages en nature
pillar	support	pilier
pinpoint	define/identify/locate	identifier/localiser
pioneer	innovator/precursor	pionnier
pitfall	obstacle/trick/trap	écueil
plague	scourge	fléau/plaie/calamité
pledge	promise	promesse
plummet	collapse	baisser fortement
plush	lavish/costly	somptueux/luxueux
poll	survey	sondage/enquête
precursor	pioneer	précurseur
predicament	difficult situation	situation difficile
prejudiced	biased/partial	partial/biaisé
premises	offices	bureaux/locaux
presume	guess/assume	supposer
pretend	fake	faire semblant
prevail	predominate	dominer

	Synonyme	Traduction
primarily	1/mainly/essentially 2/originally	principalement originairement
prior (to)	before	avant
prompt	urge	inciter à
prone	inclined to	enclin à
prosecute	sue	poursuivre en justice
purpose	objective/goal/aim	but/objectif
pursue	aspire to	poursuivre
puzzled	baffled/bewildered	médusé/perplexe
quarter	semester	semestre
random	accidental/fortuitous	au hasard/fortuit
range	assortment	gamme
rank	classify/evaluate	classer
ravages	devastation	ravages/dégâts
readily	promptly	rapidement/promptement
record	register	enregistrer
redo	do again	refaire
redundancy	layoff/dismissal	licenciement
refund	reimburse	rembourser
relevant	pertinent	pertinent
relinquish	abandon/give up	renoncer à
remote	distant	éloigné
reply	answer	répondre
require	demand/claim	requérir/exiger
resign	quit	démissionner
resume	get back to	reprendre/recommencer
retire	leave	prendre sa retraite
retrieve	get back/recover	récupérer
reveal	disclose/show	révéler/montrer
rift	breach/division	division/désaccord
rough	approximate	grossier/approximatif

	Synonyme	Traduction
roughly	approximately	approximativement
rude	abrupt/crude	impoli
rule	govern	diriger/gouverner
rule out	exclude	exclure
ruse	deceit/scheme	tromper
sane	normal/sensible	sain/raisonnable
scale	degree/extent/scope	échelle/portée
scam	racket/fiddle/rip-off	arnaque/escroquerie
scarce	rare/uncommon	rare
schedule	programme	calendrier/programme
scheme	project/plan	projet/plan
scold	reprimand/tell off	réprimander/gronder
scorn	contempt/disdain	mépris/dédain
scrap	discard	jeter/supprimer
seaworthy	fit to travel	bon à prendre la mer
secluded	remote/isolated	reclu/isolé
securities	equities/stocks/assets	valeurs/actions
seize	grasp/catch	saisir
self-assured	self-confident	qui a de l'assurance
self-centered	selfish	égocentrique
selfless	unselfish/altruistic	altruiste
senior	elder/superior	aîné/du grade supérieur
sensible	reasonable/wise	raisonnable
sensitive	delicate/reactive	sensible
setback	blow/misfortune	revers/retour de bâton
settlement	1/agreement 2/colony	règlement/accord colonie
severe	1/drastic/strict/stringent 2/ violent/fierce	radical dur
shallow	not deep/superficial	superficiel
sheer	absolute/pure/total/utter	pur/total

	Synonyme	Traduction
skill	ability/compétence	compétence
skillful	talented/gifted/competent	compétent
skyrocket	soar	s'envoler en flèche
slice	cut/portion/share	tranche/part
sloppy	1/wet 2/clumsy/careless	trempé mal ajusté/mal ajusté
sluggish	slow/dull/lifeless	apathique/stagnant
smash	1/break/shatter 2/defeat/destroy	faire voler en éclats détruire
smooth	soft/peaceful/soothing	apaisant
soar	skyrocket	s'envoler
solace	relief/comfort	soulagement
solicit	ask/apply for	solliciter/postuler
soothing	calming/smoothing	apaisant
span	1/duration/time 2/distance	durée distance/écart/envergure
spill	overflow/shed	verser/renverser
sprawl	spread	s'étaler/se répandre
spy (on)	keep under surveillance	espionner
squabble	disagreement/quarrel	querelle
stable	constant/reliable	stable
stagger	hesitate/falter	hésiter
stake	interest	enjeu
stamp out	eradicate	éradiquer/éliminer
startle	amaze/astound	étonner
state	assert/declare	affirmer
steady	constant/stable/regular	régulier/constant
stiff	rigid	rigide/sans souplesse
stingy	mean	radin
store	stock	stocker
straightforward	genuine/direct/clear-cut	direct/franc/tranché
strain	pressure/tension	tension/pression

	Synonyme	Traduction
strenuous	demanding/tough	exigeant/dur
stretch	cover/spread	étendre/étirer/répandre
stringent	severe/strict	strict
strive	attempt/endeavour	s'efforcer de
stumble	trip against	trébucher
stunned	astounded	étonné
subsequent	following	qui succède
succinct	concise/short/brief	succinct
suitable	appropriate	qui convient
supply	provide/give	fournir
support	advocate/defend	aider/soutenir
susceptible	inclined/prone	prédisposé à
swap	switch/exchange	changer/échanger
sweep	clean/clear	balayer/nettoyer
swindle	rip off	escroquer
taciturn	mute/uncommunicative	terne
tackle	solve/deal with/address	résoudre/traiter
tailor	adapt/adjust/customize	tailler sur mesure
tardy	late/slow	tardif
tasty	delicious/savoury	goûteux
tedious	boring	ennuyeux/lassant
tentative	1/experimental 2/hesitant/faltering	expérimental hésitant
terminate	come to an end/conclude	achever
thorough	comprehensive/in depth	complet/approfondi
thoughtful	considerate/cautious	plein d'attention
thrifty	economical/frugal	économe
thrive	boom/flourish	être dynamique/florissant
thumb	flick through	feuilleter
tidy	clean	propre
tiny	small	petit

	Synonyme	Traduction
tough	harsh/inflexible	dur/inflexible
trade	exchange	échanger/commercer
training	exercising/education	formation/entraînement
trend	tendency	tendance
trick	device/gimmick/artifice	truc/astuce
trigger (off)	cause/spark	déclencher/provoquer
trivial	meaningless	banal
troublesome	demanding/difficult	difficile/exigeant
trustworthy	reliable/dependable	digne de confiance
turmoil	bedlam/confusion/tumult	tumulte/confusion
turning point	milestone/landmark	tournant
undeniable	unquestionable	indéniable
undertake	attempt/endeavour	entreprendre
unforeseeable	unpredictable	imprévisible
unique	exceptional	unique/exceptionnel
unkind	cruel/insensitive	insensible à
unlikely	improbable/implausible	peu susceptible de
unprecedented	unusual/exceptional	sans précédent
untruthful	deceptive/dishonest	trompeur
upset	bothered/confused	énervé
urge	prompt	inciter fortement
vacant	available/unoccupied	vacant
valuable	expensive/precious	de valeur
vanish	disappear/evaporate	disparaître
veer	change directions	virer/changer de cap
venture	endeavour/undertaking	entreprise/projet
versatile	adaptable/flexible	flexible/qui s'adapte
viscous	adhesive/glutinous	gluant
wage (war)	engage in	faire la guerre
wages	salary/pay/earnings	paye/salaire

	Synonyme	Traduction
warehouse	depot/storehouse	entrepôt
wealth	affluence/prosperity	richesse
weary	exhausted/tired	épuisé/las
whimper	moan/weep	gémir/geindre
widespread	common/popular	répandu/commun
windfall	bonanza/stroke of luck	aubaine
wise	judicious/sensible	sage
withdrawal	removal/retreat	retrait
withhold	keep/retain	retenir
worthless	meaningless/pointless	vain
wounded	injured	blessé
wrangle	quarrel/row/squabble	querelle
yield	1/give in/surrender 2/produce	céder à rapporter

FICHE 2
FAUX-AMIS

Voici une liste de faux-amis sur lesquels vous êtes souvent mis en difficulté au concours.

to achieve (to do sthg)	accomplir/réussir/mener à bien
to accomodate	loger
actual/actually	réel,véritable/réellement, véritablement
advise	conseiller
affluence	richesse
benefit	avantage/bienfait
caution	prudence
chance	hasard
to charge (sby)	faire payer
close	proche/serré
college	établissement scolaire post-bac/université
commodity	marchandise/denrée
comprehensive	complet
confection	friandise
confidence	confiance
to contemplate (+ ing)	envisager de faire qqch
countenance	expression du visage
court	tribunal
consistent (with)	cohérent
delay	retard
distracted	fou/égaré/éperdu
dramatic/dramatically	spectaculaire, impressionnant/de façon spectaculaire
to dispose (of sthg)	se débarrasser de
dispute	conflit
to deliver (sby)	livrer/accoucher

to deceive (sby)	tromper
to devise	concevoir/créer
engaged	occupé/fiancé
estate	domaine/propriété/biens/fortune
to evade	esquiver/échapper à/se dérober à
eventually	finalement/en fin de compte
evidence	preuves/signes d'évidence
extravagant	dépensier/gaspilleur/excentrique
fabric	tissu (au sens propre et figuré)
facilities	infrastructures/équipements
figure	silhouette/nombre/personnage
fortunate	chanceux
gas	gaz/mais aussi essence (US)
grapes	raisin
habit	habitude
hazard/hazardous	danger/dangereux, risqué
to indulge (in + ing)	se laisser aller à/se prêter à
inhabited	habité
to injure	blesser
intoxicated	ivre/grisé
issue	question/problème/exemplaire d'un journal
journal	revue
journey	trajet
lecture	conférence
location	emplacement
library	bibliothèque
malice	malveillance/malice
mechanic	mécanicien
mercy	miséricorde
niche	une niche au sens d'un créneau commercial
to notice	remarquer

notorious	de mauvaise réputation/d'une triste notoriété
parole	liberté conditionnelle
patron	mécène/client (d'un café, d'un pub)
petrol	essence (GB)
photograph	une photographie
phrase	expression/locution
physician	médecin
physicist	physicien
plant	plante/usine
prejudice	préjugé/idée toute faite
to prevent (sby from + ing)	empêcher
proper	adéquat
to qualify	obtenir un diplôme/nuancer (son propos)
rampant	qui fait rage
to realise	prendre conscience/se rendre compte
to recover	recouvrer/se remettre/récupérer
refuse (indénombrable)	déchets/ordures
to regard	considérer
relief	aide/soulagement
to remark	faire remarquer
to rest	se reposer
to resume	reprendre (après s'être interrompu)
route	itinéraire
rude	impoli
sensible	sensé/raisonnable
sensitive	sensible
sentence	phrase (en grammaire)/peine (au sens juridique)
spectacles	lunettes
store	grand magasin
susceptible	sensible/impressionnable
suit (nom)	costume

suit (verbe)	convenir à/aller
to supply	fournir
to support	soutenir/défendre
sympathetic	compatissant
sympathy	compassion
tentative	timide/hésitant/expérimental
touchy	susceptible
to train	entraîner/former
utility	utilité/service public
vacation	vacances
valid	valable
versatile	polyvalent, doué dans plusieurs domaines

FICHE 3
ORTHOGRAPHE À RISQUE

✗ : N'écrivez jamais / Ne dites jamais

✓ : **Ecrivez / Dites**

1. *Another*

an other ✗

another ✓

2. *Cannot*

can not ✗

cannot ✓

3. Utopique

His way of seeing things is very utopic. ✗

His way of seeing things is very utopian. ✓

4. Catastrophe

A catastrophy ✗

A catastrophe ✓

5. Monsieur, Madame…

Mr, Mrs, Ms, Dr ✗

Mr, Mrs, Ms, Dr ✓

6. Organisme

The UN is an international organism. ✗

The UN is an international organisation. ✓

7. Perte

This months's lost is the same as last month's. ✗

This months's losses are the same as last month's. ✓

8. Homme d'Etat

He is an outstanding stateman. ✗

He is an outstanding statesman. ✓

9. Développer

Developped countries have agreed to help the Third World. ✗

Developed countries have agreed to help the Third World. ✓

10. *A/An*

An university, an European… ✗

A university, a European... ✓

11. Dictature

Why are democratic countries supporting dictatures? ✗

Why are democratic countries supporting dictatorships? ✓

12. Dénonciation

His denounciation of the régime is excessive. ✗

His denunciation of the régime is excessive. ✓

13. Déséquilibre

There is an unbalance between supply and demand. ✗

There is an imbalance between supply and demand. ✓

14. Théorique

His views are very theoric. ✗

His views are very theoretical. ✓

15. Estimation

Our estimation is wrong. ✗

Our estimate is wrong. ✓

16. Exagérer

When describing the situation, he is liable to exagerate a bit. ✗

When describing the situation, he is liable to exaggerate a bit. ✓

17. Long/longueur/allonger

Everyone was surprised at the longness of his speech. ✗
Everyone was surprised at the length of his speech. ✓

18. *Analysis*

Two analysis ✗
Two analyses ✓

19. Nostalgie

His nostalgy for his childhood is most acute. ✗
His nostalgia for his childhood is most acute. ✓

20. Fierté

Proudness ✗
Pride ✓

21. Fondateur

Foundator ✗
Founder ✓

22. Monopole

The monopole on public transport will soon come to an end. ✗
The monopoly on public transport will soon come to an end. ✓

23. Moyen

A mean ✗
A means ✓

24. Négocier

He spent a long time negociating with unions. ✗
He spent a long time negotiating with unions. ✓

25. Illimité

Illimited ✗
Unlimited ✓

26. Le suffixe *-ful*

Disrespectfull, plentifull, awfull… ✗
Disrespectful, plentiful, awful… ✓

27. Le suffice *-ly*

Absolutly, expensivly, completly, fortunatly ✗
Absolutely, expensively, completely, fortunately ✓

28. Responsable/responsabilité

His responsability has not been proved beyond doubt. ✗
His responsibility has not been proved beyond doubts. ✓

29. Littérature

Litterature is part and parcel of the curriculum. ✗
Literature is part and parcel of the curriculum. ✓

30. *Lose/loose*

He is loosing weight. ✗
He is losing weight. ✓

31. *Until*

I won't leave untill I've met the manager. ✗
I won't leave until I've met the manager. ✓

32. Prétendu

He is the alledged murderer. ✗
He is the alleged murderer. ✓

33. Adjectifs de nationalité

French, english, israeli, chinese, japanese… ✗
French, English, Israeli, Chinese, Japanese… ✓

34. Quant à

As regard his work he is not as demanding. ✗
As regards his work he is not as demanding. ✓

35. Réaliste

This is a very realist approach. ✗
This is a very realistic approach. ✓

36. Critère

The authorities have set new criterions. ✗
The authorities have set new criteria. ✓

37. Romantisme

Romantism is by no means dead. ✗
Romanticism is by no means dead. ✓

38. Jours de la semaine/mois

On monday, on sunday, in december, in march… ✗
On Monday, on Sunday, in December, in March… ✓

39. Rythme

The rythm of job creation has slowed down. ✗
The rhythm of job creation has slowed down. ✓

40. Technique

This technic has been extensively used. ✗
This technique has been extensively used. ✓

FICHE 4
ERREURS FRÉQUENTES

✗ : N'écrivez jamais / Ne dites jamais
✓ : **Ecrivez / Dites**

1. Nous ne sommes pas d'accord.
   We are not agree. ✗
   We don't agree. ✓

2. Jamais je n'avais vu un tel désordre !
   Never I had seen such a mess! ✗
   Never had I seen such a mess! ✓

3. Il voyage souvent.
   He travels often. ✗
   He often travels. ✓

4. Cette femme est assez expérimentée pour le poste.
   This woman is enough experienced for the job. ✗
   This woman is experienced enough for the job. ✓

5. Le pouvoir, c'est l'objectif de tous les hommes politiques.
   Power, it is the aim of all politicians. ✗
   Power is the aim of all politicians. ✓

6. Les deux premiers trimestres
   The two first terms ✗
   The first two terms ✓

7. Dites-nous où se trouve l'église.
   Tell us where is the temple. ✗
   Tell us where the temple is. ✓

8. Il s'agit d'une offre assez intéressante.

This is a quite interesting offer. ✗

This is quite an interesting offer. ✓

9. C'est un professionnel.

It's a professional. ✗

He's a professional. ✓

10. Une telle mémoire ! Une si bonne mémoire !

A such memory! A so good memory! ✗

Such a memory! So good a memory! ✓

11. Un ami de Ben

A friend of Ben (A Ben's friend) ✗

A friend of Ben's ✓

12. Personne n'a contesté sa promotion. C'est un miracle !

No one has contested his promotion. It is a miracle! ✗

No one has contested his promotion. That is a miracle! ✓

13. Presque personne

Hardly nobody ✗

Hardly anybody ✓

14. Il n'est presque jamais à la maison.

He is nearly never home. ✗

He is hardly ever home (= almost never). ✓

15. Prendre de l'intérêt pour quelque chose

To take interest in something ✗

To get interested in something ✓

16. Mon professeur, américain et spécialiste de Faulkner, aimait le sud.

My teacher, American and specialist of Faulkner, liked the south. ✗

My teacher, an American and spécialist of Faulkner, liked the South. ✓

17. Elle a fait preuve de beaucoup de courage.

She showed a great courage. ✗

She showed great courage. ✓

18. Comme (le) dit l'auteur…

As says the author… ✗

As the author says… ✓

19. En tant que médecin de l'équipe…

As doctor of this team… ✗

As the doctor of this team… ✓

20. – Ne vous en faites pas, dit-il.

– Don't worry, said he. ✗

"Don't worry", he said. ✓

21. Aussi risquée que soit cette nouvelle politique…

So risky this new policy may be… ✗

However risky this new policy may be… ✓

22. Dans un avenir proche

In a near future ✗

In the near future ✓

23. C'est la première fois que je bois du thé sans sucre.

It's the first time I drink tea without sugar. ✗

It's the first time I've drunk tea without sugar. ✓

24. Combien êtes-vous ?

How many are you? ✗

How many of you are there? ✓

25. Avant, il était électricien.

Before, he was an electrician. ✗

He used to be an electrician. ✓

26. Comment est son nouveau patron ?

How is his new boss? ✗

What's his new boss like? ✓

27. Dans une certaine mesure…

In a certain measure… ✗

To a certain extent… ✓

28. A la différence de…

At the difference of… ✗

Unlike… ✓

29. Cette tour est haute de trente mètres.

This tower is high of thirty metres. ✗

The tower is thirty metres high. ✓

30. Quelle est la hauteur de cette tour ?

What is the high of this tower? ✗

How high is this tower? ✓

31. Et toi ?

And you? ✗

What about you? ✓

32. La voiture la moins chère.

The car the less expensive. ✗

The cheapest car. ✓

33. Tout le monde ne vote pas aux Etats-Unis.

Everyone doesn't vote in the United States of America. ✗

Not everyone votes in the United States of America. ✓

34. Il y a

There as ✗

There is ✓

35. Il y a vingt minutes que je vous attends.

There are twenty minutes that I'm waiting for you. ✗
I've been waiting for you for twenty minutes. ✓

36. Le plus de livres possible

The most books possible ✗
As many books as possible ✓

37. Il ouvrit la porte d'un coup de pied.

He opened the door with a kick. ✗
He kicked the door open. ✓

38. Les deux bâtiments

The both buildings ✗
Both buildings ✓

39. Les jeunes

The youngs ✗
Young people ✓

40. Le plus important, c'est…

The most important is… ✗
The most important thing is… ✓

41. L'auteur nous décrit…

The author describes us… ✗
The author describes… ✓

42. Il existe plusieurs solutions à ce problème.

It exist many solutions to this problem. ✗
There are/exist many solutions to this problem. ✓

43. On m'a dit que…

One told me that… ✗
I was told that… ✓

44. Ils se sont tués dans un accident.

They killed themselves in an accident. ✗
They got killed in an accident. ✓

45. Un discours trop violent

A too violent speech ✗
Too violent a speech ✓

46. Le nouveau budget a permis de construire une bibliothèque.

The new budget has allowed to build a new library. ✗
The new budget has allowed a new library to be built. ✓

47. Il marchait la cigarette à la main.

He was walking the cigarette in his hand. ✗
He was walking with his cigarette in his hand. ✓

48. Ils arrivèrent, la veste sur l'épaule.

They arrived, their jacket on their shoulder. ✗
They arrived with their jackets on their shoulders. ✓

49. Encore un accident ? Vous n'avez pas de chance.

Another accident? You don't have any chance. ✗
Another accident? You're not very lucky. ✓

50. – Tes enfants sont à l'école ? – Je pense.

"Are your children at school ?" "I think." ✗
"Are your children at school ?" "I think so." ✓

51. Mon professeur m'a suggéré de passer quelques mois en Angleterre.

My teacher has suggested me to spend a few months in England. ✗
My teacher has suggested I spend a few months in England. ✓

52. Il y a (+) distance

There is… to… ✗
It is… to… ✓

53. Elle regrette de ne pouvoir rester.

She regrets that she can't stay. ✗
She wishes she could stay. ✓

54. Et si nous dînions ?

And if we had dinner? ✗
What about having dinner? ✓

55. Ils se sont battus.

They've been fighting each other/themselves. ✗
They've been fighting. ✓

56. C'est le jour où nous nous sommes rencontrés.

That's the day where we met. ✗
That's the day when we met. ✓

57. Pourquoi peuvent-ils sortir et pas nous ?

Why can they go out and not us? ✗
Why can they go out and can't we? ✓

58. Ceux qui…

The ones who… ✗
Those who… ✓

59. Mon frère est médecin.

My brother is doctor. ✗
My brother is a doctor. ✓

60. Il désirait de plus en plus la voiture qu'il avait vue.

He wanted more and more the car he had seen. ✗
He wanted the car he had seen more and more. ✓

61. Actuel

The actual crisis can be put down to unions. ✗
The current crisis can be put down to unions. ✓

Actual signifie « réel ». « Actuel » se traduit par *current*, *present*. *Currently* signifie « à l'heure actuelle ».

62. Inhabité

The area is inhabited. ✗
The area is uninhabited. ✓

To inhabit traduit « habiter », « un habitant » étant traduit par *an inhabitant.* Il faut rajouter le préfixe négatif *un-* pour traduire « inhabité ».

63. Chance

With some chance, he'll pass the exam. ✗
With some luck, he'll pass the exam. ✓

Chance signifie « hasard ».

64. Achever

Work was achieved on time. ✗
Work was completed on time. ✓

To achieve signifie « réussir ».

65. Concevoir

He has conceived a new software program. ✗
He has developed a new software program. ✓

To conceive est utilisé pour rendre « concevoir, envisager ». Le sens de « concevoir, élaborer, mettre au point » est rendu par *to develop, to devise.*

66. Emission

There's a new emission on tonight. ✗
There's a new programme on tonight. ✓

« Une émission » se traduit par *a programme/a broadcast.* De ce dernier mot on tire le verbe « diffuser, émettre » : *to broadcast. Emission* s'emploie en référence à des émissions de fumées toxiques et est donc synonyme de *fumes.*

67. Déçu

My parents are deceived that I wasn't accepted at Oxford. ✗
My parents are disappointed that I wasn't accepted at Oxford. ✓

To deceive signifie « tromper ». « Décevoir » se traduit par *to disappoint.*

68. Dramatique

The news is dramatic. ✗

The news is tragic. ✓

Drama signifie « le théâtre » et *dramatic,* « spectaculaire ». *Tragic* traduit « dramatique » ; *a tragedy,* « un drame ».

69. Durement

There was no reason for him to speak to me so hardly. ✗

There was no reason for him to speak to me so harshly. ✓

Hardly est le synonyme de *scarcely*, *barely* et signifie « à peine ». « Durement » se traduit par *harshly, roughly.*

70. Elaborer

My brother has elaborated a new software program. ✗

My brother has developed a new software program. ✓

To develop, to devise sont les façons les plus courantes de traduire « élaborer ». L'anglais étant plus descriptif que le français, on notera également que *to write* est possible comme traduction pour l'exemple ci-dessus.

71. Ancien

My ancient husband now lives in Mexico. ✗

My former/ex-husband now lives in Mexico. ✓

Ancient est la traduction d'« antique ».

72. Performant

It's a very performing méthod. ✗

It's a very efficient méthod. ✓

To perform signifie « faire, réaliser ». *Performing* est employé dans *performing arts* et couvre l'ensemble des disciplines liées au monde du spectacle (théâtre, danse, acrobatie, musique…).

73. Affaire

This is quite a strange affair. ✗
This is quite a strange case. ✓

> *Affair* signifie « liaison sentimentale ». *Case* a souvent un sens juridique et peut être remplacé par *matter* ; *business* est employé pour les affaires dans le monde de l'entreprise mais aussi pour traduire « Ce ne sont pas mes affaires » *(This is none of my business).*

74. Eventuellement

He will eventually come, depending on whether his flight is on time or not. ✗
He will possibly come, depending on whether his flight is on time or not. ✓

> *Eventually* est la traduction de « finalement », *possibly* signifiant « éventuellement ».

75. Agriculteur

Agriculturers have decided to stage another demonstration. ✗
Farmers have decided to stage another demonstration. ✓

> *Farming* traduit « agriculture », *farmer* « agriculteur ». De même *farm trade* traduit « commerce agricole »

76. Exploitant

The exploiters of the Chunnel are in the red. ✗
The operators of the Chunnel are in the red. ✓

> « Exploiter » au sens de « faire marcher » se traduit par *to operate* et « exploitation » par *operation.* Le sens de « traiter comme un esclave, exploiter » peut se rendre par *to exploit.*

77. Apparition

The apparition of new means of communication. ✗
The emergence of new means of communication. ✓

> *Apparition* s'utilise pour le surnaturel.

78. Formation

Formation is one of the most important things ever. ✗
Training is one of the most important things ever. ✓

Formation vient du verbe *to form* au sens de « former / façonner » et signifie donc « la formation / la création / le développement ». « La formation / l'éducation » se traduira par *training,* formé sur le verbe *to train,* « éduquer, former ».

79. Hasard

I wonder if it is only a hazard. ✗
I wonder if it is only chance. ✓

A hazard est « un danger ». « Le hasard » se traduit par *chance.*

80. Implication

Bosses are demanding more implication on the part of employees. ✗
Bosses are demanding more involvement on the part of employees. ✓

To imply signifie « impliquer, entraîner » alors que *to involve* signifie « impliquer, faire participer ». « Etre impliqué dans » se traduit par *to be involved in.*

81. Comédien

Don't believe a word of what he's saying, he's a good comedian. ✗
Don't believe a word of what he's saying, he's a good actor. ✓

A comedian est un « comique » ; « un comédien, un acteur » se traduisent par *an actor/a player.*

82. Inciter

My teachers are inciting me to go abroad for one year. ✗
My teachers are encouraging me to go abroad for one year. ✓

To encourage est la façon la plus simple de traduire « inciter ». On notera aussi que *to press, to urge* sont possibles si le sujet est une personne.

83. Particularité

It is a French particularity. ✗
It is a French characteristic. ✓

Particularity traduit l'idée de maniaquerie. *Characteristic* peut être remplacé par *feature, peculiarity.*

84. Prétendre

He pretends he is sick. ✗
He says he is sick. ✓

To pretend signifie « faire semblant » ; « prétendre » est traduit par *to say, to argue, to claim, to contend.*

85. Réaliser

She wants to realize her dream of taking part in a fashion show. ✗
She wants to fulfill her dream of taking part in a fashion show. ✓

« Réaliser, se rendre compte » se traduit par *to realize*, mais « réaliser, faire aboutir » est rendu par *to fulfill a dream, to make a dream come true.*

86. Cours

The next course is on Tuesday at 10 am. ✗
The next class is on Tuesday at 10 am. ✓

A course est un ensemble de cours, un cursus, une formation en entier.

87. Rentabilité

Most companies are looking for rentability. ✗
Most companies are looking for profitability. ✓

Profit signifie « bénéfice », *profitable* « bénéficiaire, rentable ». *To rent* signifie « louer ».

88. Résumer

He has resumed the text in less than 3 minutes. ✗
He has summed up the text in less than 3 minutes. ✓

> *To resume* signifie « recommencer » ; « résumer » se traduit par *to sum up, to summarize.*

89. Polémique

His statement will cause a polemic. ✗
His statement will spark a controversy. ✓

> Le mot *polemic* est rarement employé.

90. Société

This society has been in the red for two years. ✗
This company has been in the red for two years. ✓

> « La société » se traduit par *society*, « une société, une entreprise » étant *a business, a firm, a company.*

91. Unique

She is a unique child. ✗
She is an only child. ✓

> *Unique* traduit « exceptionnel » alors qu' « unique » se traduit par *only, single, sole.*

92. Ecologiste

Ecologists have yet again demonstrated against the new road. ✗
Environmentalists have yet again demonstrated against the new road. ✓

> *Ecology* est la science dont l'objet d'étude est l'environnement et *an ecologist* est donc le scientifique spécialiste de l'environnement. « Un militant écologiste » se traduit par *an environmentalist.*

93. Utilité

The utility of such moves escapes many observers. ✗
The use/usefulness of such moves escapes many obervers. ✓

« Utilisation » se traduit généralement par *use* et « utilité » par *usefulness*. Quant à *utility* il signifie « service public ».

94. Sympathique

He is a very sympathetic person. ✗
He is a very nice person. ✓

Sympathetic signifie « compatissant », *to sympathize* signifie « comprendre » (la douleur, la peine…) ; « sympathique » se traduit par *nice, friendly, kind.*

95. Assister à

We are assisting to a return to traditional values. ✗
We are witnessing a return to traditional values. ✓

« Assister à » se traduit par *to attend sthg* si le sujet est un spectateur volontaire. D'où *to attend a match/a play*, « assister à un match/une pièce ». Si le sujet n'est qu'un témoin, et non plus un spectateur volontaire, la traduction est *to witness sthg.*

III. ENTRAÎNEMENT

Vous trouverez ici deux séries de QCM d'entraînement.

N'oubliez pas de répondre au hasard aux questions de QCM que vous n'aurez pas réussi à traiter.

Épreuve 1 : 40 QCM • 30 minutes max

Question 1. It's high time we … a break. I can't … the heat any longer.

(A) have / stand
(B) had / hold
(C) had / stand
(D) have / bore

Question 2. How long is it since you … to your cousin who lives in the south of Spain?

(A) speak
(B) spoke
(C) have spoken
(D) had spoken

Question 3. In many … the … has an impact on people's political opinions.

(A) consumer societies / cost of living
(B) consumption societies / cost of life
(C) consumer societies / cost of life
(D) consumption societies / cost of living

Question 4. It was really noisy in the car so my brother told his children to stop …

(A) to shout
(B) shouting
(C) injuring
(D) to injure

Question 5. The policeman attempted to … the embassy wall.

(A) prevent the protester from climbing
(B) prevent the protester to climb
(C) prevent the protester from clims
(D) prevent the protester to climbing

Question 6. He … the soccer club which was set up … .

(A) belongs to / since 10 years
(B) is belonging to / for 10 years
(C) belongs to / 10 years ago
(D) is belonging to / 10 years ago

Question 7. By this time next year, I … in this country for more than fifteen years.

(A) have lived
(B) will live
(C) will have lived
(D) would live

Question 8. Although the job centre gave me some … I found a lot more … on the Internet.

(A) advice / informations
(B) advises / informations
(C) advice / information
(D) advices / information

Question 9. Because I had left my mobile phone at home I … ask my brother to bring it to school.

(A) had to
(B) must
(C) should
(D) should have

Question 10. As the mobile phone industry is booming, many companies have decided to …

(A) take the bandwagon
(B) take the moving train
(C) jump on the train
(D) jump on the bandwagon

Question 11. Most people … upset when they received her email. However, when he read it he … reacted.

(A) fell / hardly
(B) felt / hard
(C) fell / hard
(D) felt / hardly

Question 12. My sister works in a zoo so she … dangerous animals.

(A) was used feeding
(B) is used to feeding
(C) is used to feed
(D) has the habit to feed

Question 13. My boss said, "Can you … why we have … paper for the printer"?

(A) explain me / run out of
(B) explain to me / run out
(C) explain to me / run out of
(D) explain me / not

Question 14. The cost of raw materials has increased dramatically. Therefore many manufacturers have decided to … their prices.

(A) higher
(B) rise
(C) grow up
(D) raise

Question 15. When he … enough money, he … to buy a new car.

(A) earns / will be able
(B) will earn / will be able
(C) earns / be able
(D) will earn / be able

Question 16. Whether you are accepted in this university depends … the … you obtain.

(A) on / graduation
(B) of / notes
(C) of / average
(D) on / marks

Question 17. Many … like to … the films they have recently seen at the cinema.

(A) young people / discuss about
(B) youngs / discuss
(C) young people / discuss
(D) youngs / talk about

Question 18. He really wanted to go to Ibiza so he … his uncle and aunt.

(A) borrowed some money to
(B) borrowed some money from
(C) borrowed some money of
(D) borrowed some money at

Question 19. … for being late, he … .

(A) Had he apologized / would not have been punished
(B) Was he apologize / would not have been punished
(C) He apologizes / didn't punish
(D) Had he apologized / had been punished

Question 20. Susan: "Do you think it's going to rain tomorrow?"
Jack: …

(A) "I have the slightest idea!"
(B) "I don't know nothing!"
(C) "I haven't got a clue!"
(D) "I don't have an idea!"

Question 21. Hardly had he seen the dog … away.

(A) when he ran
(B) when he runs
(C) than he ran
(D) he runs

Question 22. "Charles, what are you doing with that bucket of water?"
" … wash my car."

(A) I will
(B) I'm going to
(C) I'm going
(D) I

Question 23. John: "How many people were you able to count at that enormous beach party?" Peter: "There were … participants."

(A) severals hundreds
(B) two hundreds
(C) hundreds of
(D) some hundreds of

Question 24. It was really kind of Kate to have helped us out. …

(A) She didn't have.
(B) She needn't have to.
(C) She needn't have.
(D) She needn't to.

Question 25. When the envelope arrived with my school results and I opened it, … .

(A) I wished I had worked harder
(B) I wish I worked harder
(C) I wish I work harder
(D) I wish I only had work harder

Question 26. We all remember Mohamed Ali, … boxing skills were legendary.

(A) which
(B) whose
(C) who
(D) what

Question 27. There are 2 … that I must give you before you go.

(A) informations
(B) information
(C) pieces of information
(D) of information

Question 28. Manchester United have gone through to the third … of the UEFA Cup.

(A) turn
(B) position
(C) round
(D) ring

Question 29. John is a good player, but Jim is … .

(A) best
(B) better
(C) the better
(D) more good

Question 30. He … be very rich to have such a beautiful house.

(A) should
(B) is supposed to
(C) must
(D) would

Question 31. … seen such a great match.

(A) Never I have
(B) I never
(C) Never have I
(D) Never I

Question 32. I can't hear you. Speak … .

(A) over
(B) out
(C) down
(D) up

Question 33. I … the bus. Now I will have to walk.

(A) am missing
(B) have missed
(C) had missed
(D) was missed

Question 34. The … of the Seine is on the Normandy coast.

(A) foot
(B) opening
(C) mouth
(D) throat

Question 35. Always look before … the road.

(A) crossing
(B) to cross
(C) cross
(D) crossed

Question 36. What is the tallest mountain in the United States and North America, located in Alaska ?

(A) Mount St. Helens (B) Mount McKinley (Denali)
(C) Mount Rainier (D) Mount Hood

Question 37. Who was the first President of the United States, often referred to as the "Father of His Country" ?

(A) Thomas Jefferson (B) Benjamin Franklin
(C) John Adams (D) George Washington

Question 38. Who wrote the classic American novel *The Adventures of Huckleberry Finn* ?

(A) John Steinbeck (B) F. Scott Fitzgerald
(C) Ernest Hemingway (D) Mark Twain

Question 39. Which English monarch is known for his six marriages and his role in the English Reformation ?

(A) King John (B) King Edward III
(C) King Henry VIII (D) Queen Elizabeth I

Question 40. What famous British rock band, known for hits like *Bohemian Rhapsody and We Will Rock You*, was led by Freddie Mercury?

(A) The Rolling Stones (B) The Beatles
(C) Queen (D) Led Zeppelin

Corrigés de l'épreuve 1

Question 1. Réponse C

*It's high time we **had** a break. I can't **stand** the heat any longer.*

Il est grand temps que nous fassions une pause. Je ne peux plus supporter la chaleur.

– L'expression ***"it's high time…"*** appelle **le prétérit**. A et D ne conviennent donc pas.

– *"I can't bore"* est un barbarisme.

Question 2. Réponse B

*How long is it since you **spoke** to your cousin who lives in Spain?*

Depuis combien de temps n'as-tu pas parlé à ton cousin qui vit en Espagne ?

– L'adverbe ***"since"*** appelle le **prétérit** puisqu'il définit un point fixe dans le passé.

Question 3. Réponse A

*In many **consumer societies** the **cost of living** has an impact on people's political opinions.*

Dans de nombreuses sociétés de consommation, le coût de la vie a un impact sur les opinions politiques des personnes.

– L'expression « la société de consommation » se traduit en anglais de façon idiomatique par ***"the consumer society"***. B et D ne conviennent donc pas.

– De même, « le coût de la vie » se traduit par ***"the cost of living"***.

Toutes ces constructions idiomatiques ne peuvent pas s'inventer et c'est pour cela que vous devrez les apprendre pour ne pas être surpris le jour de l'épreuve.

Question 4. Réponse B

*It was really noisy in the car so my brother told his children to stop **shouting**.*

Il y avait beaucoup de bruit dans la voiture, mon frère a donc dit à ses enfants d'arrêter de hurler.

– *"Stop"* se construit avec une **forme progressive** en **ING** quand il signifie cesser de faire quelque chose. A et D ne conviennent donc pas.

– *"To injure"* est un **faux-ami** et signifie « blesser ».

Question 5. Réponse A

*The policeman attempted to **prevent the protester from climbing** the embassy wall.*

Le policier tenta d'empêcher le manifestant d'escalader le mur de l'ambassade.

– **to prevent someone FROM + ING**.

Question 6. Réponse C

*He **belongs to** the soccer club which was set up **10 years ago**.*

Il appartient au club de football qui a été créé il y a 10 ans.

– ***To belong TO*** est **incompatible** avec la forme en **ING**. B et D ne conviennent donc pas.

– ***Since*** intervient dans une construction mettant en jeu **un point fixe dans le passé**, or, *10 years* est un **intervalle de temps**, non pas un point.

Question 7. Réponse C

*By this time next year, I **will have lived** in this country for more than fifteen years.*

À cette date l'année prochaine, j'aurai vécu dans ce pays depuis plus de quinze ans.

– *By this time next year* appelle un **futur antérieur**.

Question 8. Réponse C

*Although the job center gave me some **advice** I found a lot more **information** on the Internet.*

Bien que le Pôle emploi m'ait donné quelques conseils, j'ai trouvé bien plus d'informations sur Internet.

– *Advice* et *information* sont tous les deux des **indénombrables**, au même titre que *money*, *water, luggage, furniture…*

Attention, indénombrable signifie également toujours singulier, ce qui n'est pas toujours évident.

Ex. : *My luggage **IS** in the car* ; qui signifie bien Mes bagages sont dans la voiture.

Pour dire *une information* ou *un conseil* on utilisera *a piece of* :

*He gave me **a piece of advice**.*

Il m'a donné un conseil.

De même, Il ne reste plus qu'un meuble dans la pièce se traduit :

*There is only **one piece of furniture** left in the room.*

NB : le nom *"advise"* n'existe pas, cependant, le verbe *"to advise"* existe, et signifie « conseiller ».

Question 9. Réponse A

*Because I had left my mobile phone at home I **had to** ask my brother to bring it to school.*

Puisque j'avais oublié mon téléphone portable à la maison, j'ai du demander à mon frère de l'amener à l'école.

– *"Must"* n'ayant **pas de forme passée**, on utilise ***"have to"*** à la place.

Question 10. Réponse D

*As the mobile phone industry is booming, many companies have decided to **jump on the bandwagon**.*

Comme l'industrie du téléphone portable explose, de nombreuses entreprises on décidé de prendre le train en marche.

On essaye ici de vous tester sur le vocabulaire, sachez que l'expression française **« prendre le train en marche »** se traduit en anglais par l'expression idiomatique ***"jump on the bandwagon"***.

Question 11. Réponse D

*Most people **felt** upset when they received her email. However, when he read it he **hardly** reacted.*

La plupart se sont sentis contrariés quand ils ont reçu son mail. Cependant, quand il le lut, il réagit à peine.

– Le prétérit de *"to feel"* est ***"felt"***, non pas *"fell"*. A et C ne conviennent pas.

– *"He **hardly** reacted"* est correct et signifie « il réagit à peine ». *"He hard reacted"* ne veut rien dire.

NB : ***Hardly*** ne signifie en aucun cas « durement » mais toujours « à peine ».

Question 12. Réponse B

*My sister works in a zoo so she **is used to feeding** dangerous animals.*

Ma sœur travaille dans un zoo, elle a donc l'habitude de nourrir de dangereux animaux.

L'expression française « avoir l'habitude de » se traduit en anglais par l'expression idiomatique ***"to be used to + ING"***.

Question 13. Réponse C

My boss said, "Can you ***explain to me*** *why we have* ***run out of*** *paper for the printer?"*

Mon patron dit « Peux-tu m'expliquer pourquoi nous sommes arrivés à court de papier pour l'imprimante ? »

– « Expliquer à qqn » se traduit ***"to explain TO someone"***. Les réponses A et D ne conviennent pas.

– « Etre à cours de qqch » se traduit ***"to run out OF smth"***.

Question 14. Réponse D

The cost of raw materials has increased dramatically. Therefore many manufacturers have decided to ***raise*** *their prices.*

Le coût des matières premières a augmenté de façon spectaculaire. De nombreux constructeurs ont ainsi décidé d'augmenter leurs prix.

– *"Higher"* n'est pas un verbe mais un adjectif comparatif.

– *"To rise"* signifie « s'élever » non pas « élever, augmenter ».

– *"To grow up"* signifie « grandir ».

– *"To raise"* signifie effectivement « élever, augmenter qqch ».

Question 15. Réponse A

When he ***earns*** *enough money, he* ***will be able*** *to buy a new car.*

Quand il aura gagné assez d'argent, il pourra s'acheter une voiture.

Dans une subordonnée introduite par *"when"*, le verbe doit être au présent.

Question 16. Réponse D

Whether you are accepted in this university depends ***on*** *the* ***marks*** *you obtain.*

Ton admission dans cette université dépend des notes que tu obtiens.

– L'expression française « dépendre de » se traduit en anglais par ***"to depend ON"***. B et C ne conviennent donc pas.

– Pour désigner les notes obtenues à un examen, on utilise le nom ***"marks"*** (singulier : *"mark"*).

NB : graduation désigne l'obtention d'un diplôme.

Note ne désigne pas une note dans son acception scolaire, mais un billet.

Average signifie bien « moyenne ».

Question 17. Réponse C

Many ***young people*** *like to* ***discuss*** *the films they have recently seen at the cinema.*

De nombreux jeunes gens aiment discuter des films qu'ils ont vu récemment au cinéma.

– Le mot *"youngs"* est un barbarisme et n'existe pas. Pour désigner de jeunes gens, on utilise ***"young people"*** ou ***"youngsters"***, ce qui élimine les réponses B et D.

– Le verbe *"to discuss"* s'utilise en outre **sans préposition**.

Question 18. Réponse B

He really wanted to go to Ibiza so he ***borrowed some money from*** *his uncle and aunt.*

Il voulait vraiment aller à Ibiza, il emprunta donc de l'argent à ses oncle et tante.

– « Emprunter qqch à qqn » se traduit par ***"to borrow smth FROM someone"*** ***TO LEND***.

Question 19. Réponse A

Had he apologized *for being late, he* ***would not have been punished****.*

S'il s'était excusé pour son retard, il n'aurait pas été puni.

"Had he apologized" est équivalent à *"If he had apologized"*, qui appelle *"would"*.

Question 20. Réponse C

Susan: "Do you think it's going to rain tomorrow?"

Jack: ***"I haven't got a clue!"***

Susan : « Penses-tu qu'il va pleuvoir demain ? »

Jack : « Je n'en ai aucune idée ! »

– *"I have the slightest idea!"* signifie « J'ai la moindre idée », et ne colle pas au contexte ici, en plus d'être une tournure maladroite.

– *"I don't know nothing!"* est un **double négatif**, donc grammaticalement incorrect.

– *"I don't have an idea!"* est une traduction **mot-à-mot** de l'expression française « je n'en ai aucune idée », l'expression idiomatique correcte est ***"I have no idea!"***, on retrouve également très souvent ***"I haven't got a clue!"***.

Question 21. Réponse A

Hardly had he seen the dog ***when he ran*** *away.*

Il avait à peine vu le chien lorsqu'il (celui-ci) s'enfuit.

– Ici, on doit appliquer la concordance des temps. Le prétérit est utilisé dans la proposition principale (***had***), c'est donc le prétérit que l'on doit choisir dans la proposition subordonnée. B et D ne conviennent pas, puisqu'elles font intervenir le présent.

– La réponse C constitue un non-sens syntaxique, la réponse A est donc la bonne réponse.

Question 22. Réponse B

"Charles, what are you doing with that bucket of water?"

*"****I'm going to*** *wash my car."*

« Charles, que faites-vous avec ce seau d'eau ?

– Je vais laver ma voiture. »

Le concepteur essaie ici de tester votre connaissance de la construction du futur comprenant une idée d'intention. Celui-ci se construit comme suit : ***to be going TO + INF***.

Question 23. Réponse C

John: "How many people were you able to count at that enormous beach party?"

Peter: "There were ***hundreds of*** *participants."*

John : « Combien de gens as-tu pu compter à cette énorme fête sur la plage ? »

Peter : « Il y avait plusieurs centaines/deux cents/des centaines/quelques centaines de participants. »

Pour répondre à cette question, il suffit de bien connaître les règles portant sur la numération en anglais.

On peut éliminer d'office la réponse A, puisque ***several***, qui est un adverbe, est invariable, et ne prend donc **jamais de s.**

La réponse B est alléchante, mais on sait que lorsque que ***hundred*** est utilisé dans l'écriture d'un nombre, il est lui aussi invariable.

Ex. : trois cent mille huit cent trente-quatre s'écrit ***three hundred thousand eight hundred thirty-four***.

La formation avec ***some***, bien que rare et peu habile existe, mais au même titre que pour A et B, ***hundred***, est invariable dans ce cas également.

Il nous reste donc la réponse C, correcte, signifiant « des centaines de ».

Question 24. Réponse B

It was really kind of Kate to have helped us out ***she needn't have to****.*

C'était très aimable de la part de Kate de nous avoir aidé. Elle n'était pas obligée.

Il s'agit de signifier ici que, bien que Kate ait prêté main forte au locuteur, cela n'était pas nécessaire.

Il manque à la réponse A une petite préposition qui l'aurait rendue correcte. En effet, on aurait pu écrire ***She didn't have TO***, qui était correct est très naturel.

La réponse C est grammaticalement bonne, cependant, ***need not*** dénote plutôt un devoir moral. On le traduirait ici par « Elle ne le devait pas. »

La proposition D n'est pas grammaticalement correcte, on écrirait plutôt : ***She didn't need to****.*

Il nous reste donc la réponse B, qui est la bonne, et signifie « Elle n'y était pas obligée. »

Question 25. Réponse A

When the envelope arrived with my school results and I opened it, ***I wished I had worked harder****.*

Quand l'enveloppe contenant mes résultats scolaires arriva, et que je l'ouvris, je regrettai de ne pas avoir travaillé plus dur.

Sous l'angle de la concordance des temps, on peut déjà affirmer que la réponse A est la seule correcte, en effet, la proposition subordonnée étant au prétérit, la principale doit l'être aussi.

Cette question est cependant propice à un petit point de grammaire sur l'emploi de ***wish***.

On utilise ***wish*** avec le subjonctif passé.

Ex. : ***I wish I were with you***, qui signifie « Je regrette de ne pas être avec toi/Si seulement j'étais avec toi. »

On note l'emploi du subjonctif passé ***were***, et non du prétérit ***was***.

Et on peut bien évidemment faire concorder les temps. En conjuguant ***wish*** au prétérit plutôt qu'au présent, on obtient ***I wished I had been with you*** : « Je regrettai de ne pas avoir été avec toi », ***had been with you*** étant un subjonctif plus-que-parfait.

Question 26. Réponse B

We all remember Mohamed Ali, ***whose*** *boxing skills were legendary.*

Nous nous souvenons tous de Mohamed Ali, dont les qualités de boxeur étaient légendaires.

Il faut ici utiliser le pronom relatif possessif pour exprimer l'appartenance. Quelle que soit la nature de l'antécédent, animé ou inanimé, il s'agit de *whose*.

Question 27. Réponse C

There are 2 ***pieces of information*** *that I must give you before you go.*

Il y a deux informations que je dois vous donner avant que vous ne partiez.

Information est un indénombrable. Pour dire deux informations, on utilisera *two pieces of information. Two informations* ne fonctionne pas, puisque que *information* est un indénombrable, *two information* ne rend pas compte du pluriel, et *two of information* était à éliminer d'office puisque cela ne veut rien dire.

Question 28. Réponse C

Manchester United have gone through to the third ***round*** *of the UEFA Cup.*

Manchester United est arrivé jusqu'au troisième tour de la Coupe de l'UEFA.

Les amateurs de football auront sûrement reconnu, grâce au contexte que le mot recherché était en français le mot tour. Pour désigner le tour d'un tournoi en anglais, on utilise le mot *round. Turn* désigne un tournant, *position* ne collait pas au contexte, malheureusement pour ceux qui ne sont pas férus de ballon rond, et *ring* signifie anneau, et désigne tout aussi bien une bague, qu'un ring de boxe, mais pas un tour de championnat.

Question 29. Réponse B

John is a good player, but Jim is ***better****.*

John est un bon joueur, mais Jim est meilleur.

Lorsque l'on compare les qualités – ou les défauts – de deux personnes en anglais, on utilise le comparatif. Le comparatif de *good* est *better* – et en aucun cas *more good* qui vous vaudra une très mauvaise impression en expression par exemple. Ainsi, pour dire que Jim est meilleur que John, on écrira *Jim is better*.

Question 30. Réponse C

He ***must*** *be very rich to have such a beautiful house.*

Il doit être très riche pour avoir une si belle maison.

Must peut s'employer, comme en français, pour émettre des hypothèses.

Ex. : *I am flying to Siberia. It must be cold.*

Question 31. Réponse C

***Never have I** seen such a great match.*

Je n'ai jamais vu un si grand match.

La formulation standard, pour laquelle vous auriez sûrement opté d'office, est la suivante : I have never seen such a great match. Mais vous l'avez remarqué, elle n'est pas proposée par le concepteur. Procédons donc par élimination…

Deux propositions peuvent d'être écartées au premier coup d'œil, en effet, celles ne comprenant pas d'auxiliaire sont grammaticalement fausses. Nous nous débarrassons donc des réponses B et D.

Ensuite, il faut savoir que lorsque la phrase commence par une emphase portant sur un terme négatif – ici, *never* – il y a inversion entre le sujet et le verbe.

Question 32. Réponse D

*I can't hear you. Speak **up**.*

Je ne t'entends pas. Parle plus fort.

Parler plus fort se dit soit *to speak louder* ou *to speak up.*

Question 33. Réponse B

*I **have missed** the bus. Now I will have to walk.*

J'ai manqué le bus. Je vais devoir marcher, maintenant.

Il s'agit d'un constat fait au présent d'une action passée. On utilise donc le present perfect.

Question 34. Réponse C

*The **mouth** of the Seine is on the Normandy coast.*

L'embouchure de la Seine est sur la côte normande.

Il s'agit ici d'une question portant sur le vocabulaire. Embouchure se dit *mouth* en anglais.

Question 35. Réponse A

*Always look before **crossing** the road.*

Il faut toujours regarder avant de traverser la route.

Before se construit avec ING.

Question 36. Réponse B : Mont McKinley (Denali)

Le Denali, également connu sous le nom de Mont McKinley, est la plus haute montagne d'Amérique du Nord, située en Alaska.

Question 37. Réponse D

George Washington a été le premier président des États-Unis et est souvent appelé le « Père de son pays » pour son rôle crucial dans la fondation de la nation.

Question 38. Réponse D

Les Aventures de Huckleberry Finn est un célèbre roman écrit par Mark Twain, un grand auteur américain.

Question 39. Réponse C

Le roi Henry VIII est célèbre pour ses six mariages et son rôle déterminant dans la Réforme protestante en Angleterre.

Question 40. Réponse C

Freddie Mercury était le chanteur principal du célèbre groupe de rock britannique Queen.

Épreuve 2 : 40 QCM • 30 minutes

Question 1. I … so fast on this road, … .

(A) don't drive / if I am you
(B) didn't drive / if I was you
(C) shouldn't drive / if I be you
(D) wouldn't drive / if I were you

Question 2. Andy Murray is a great … .

(A) sportif
(B) sporty
(C) sportsman
(D) sporter

Question 3. The meeting is … Monday morning … 10 o'clock.

(A) on / at
(B) at / to
(C) in / at
(D) at / at

Question 4. I have two criticisms. … , I don't like this type of music.

(A) At first
(B) Firstable
(C) Firstly
(D) In first

Question 5. Johnny is a great singer, … ?

(A) is he
(B) isn't he
(C) isn't it
(D) is it

Question 6. I … the fax to your head office yesterday morning to confirm our order.

(A) send
(B) was sending
(C) sent
(D) have sent

Question 7. The candidate decided to set off 30 minutes early as he wanted to make sure he would be … for the interview.

(A) on time
(B) in time
(C) at time
(D) over time

Question 8. The new football coach … has taken over the local team, used to play professional football.

(A) what
(B) who
(C) whom
(D) whose

Question 9. The employees were only … yesterday about the relocation of their factory overseas.

(A) told
(B) said
(C) explained to
(D) spoken

Question 10. I tried to reach you several times on your mobile phone this morning but the line was … busy.

(A) always
(B) still
(C) yet
(D) never

Question 11. I usually take my car to go to work but at the moment … the bus as my car is being repaired.

(A) I take
(B) I'm taking
(C) I've been taking
(D) I've taken

Question 12. Senior level managers are required … abroad regularly for meetings, to meet customers and suppliers.

(A) to journey
(B) to voyage
(C) to travel
(D) to visit

Question 13. Rather than getting a taxi, I can drop you … at the station if you prefer.

(A) off
(B) down
(C) over
(D) in

Question 14. If you want to buy a new car, you can expect to pay around … .

(A) eleven thousands of pounds
(B) eleven thousand of pounds
(C) eleven thousands pound
(D) eleven thousand pounds

Question 15. When shopping on a budget, you should buy fruit and vegetables … rather than pre-packed as this will save you money.

(A) loosely
(B) lose
(C) loosen
(D) loose

Question 16. … passengers travelling through British airports is estimated to reach 490 million by the year 2030.

(A) Number of
(B) The numbers of
(C) A number of
(D) The number of

Question 17. Can you remember … when you heard that Princess Diana had died?

(A) what were you doing
(B) what are you doing
(C) what you were doing
(D) what do you do

Question 18. He took the metro to get to the airport, … miss his flight by getting stuck in traffic jam.

(A) not to
(B) so as not to
(C) in order to
(D) for to not

Question 19. I have spent all morning working on this report; it has … by the end of this afternoon.

(A) been finished
(B) to be finished
(C) must be finished
(D) should be finished

Question 20. In the UK, you … drive on the left hand side of the road.

(A) must forget to
(B) don't have to forget to
(C) would not forget
(D) mustn't forget to

Question 21. This time next month, … in this company for twenty years.

(A) I have worked
(B) I will work
(C) I have been working
(D) I will have been working

Question 22. At check-in you will be asked … on the plane and you will be given your boarding pass.

(A) where you want to sit
(B) where do you sit
(C) where you will sit
(D) where you are wanting to sit

Question 23. Everybody in the Finance department is working overtime at the moment, it seems they are … for the company audit next week.

(A) getting ready
(B) got ready
(C) ready to get
(D) will get ready

Question 24. The job perks listed in the advertisement sound …!

(A) too good to be true
(B) so good to be true
(C) too good in truth
(D) very good to be true

Question 25. Yorkshire pudding, which is part of a typical English Sunday roast lunch, … by mixing flour, eggs and water.

(A) is being made
(B) is made
(C) are made
(D) are being made

Question 26. Would you mind … part in a customer survey questionnaire?

(A) to take
(B) take
(C) taking
(D) to be taking

Question 27. Last time I saw her, she was wearing a sling because she … her arm.

(A) has broken
(B) broke
(C) had broken
(D) was breaking

Question 28. If we fax you the purchase order today, … promise us delivery of the goods by the end of the week?

(A) when would you
(B) would you able to
(C) would you be able to
(D) when can you

Question 29. … informed about the rules on his first day, the new employee refused to comply with company policy and would often take unauthorised breaks.

(A) In spite of
(B) Despite he was
(C) Despite
(D) Despite being

Question 30. It has been announced today that negotiations between trade unions and industry management are … to reach agreement before this Friday's deadline.

(A) underway with an aim of
(B) underway in an attempt
(C) attempting to be underway
(D) underway and suggest

Question 31. … the last fire drill was not very successful, I suggest we remind staff of the procedure and follow this up with another practice.

(A) Seeing that
(B) Seen as
(C) Saw that
(D) Being seen that

Question 32. She phoned her boss this morning to say she couldn't come into the office today as she was still ill with a cold. If she didn't feel any … she would be in tomorrow.

(A) the worst
(B) worsened
(C) worse
(D) worst

Question 33. Taking a year out of your studies to travel around the world can be a … for many young people.

(A) rewarding hugely experience
(B) experience hugely rewarding
(C) experience rewarding hugely
(D) hugely rewarding experience

Question 34. … it seemed a good idea in theory, it turned out to be much more difficult to put into practice.

(A) However
(B) Although
(C) Despite
(D) Regardless

Question 35. The Chief Finance Officer admitted that if he had checked the end of year report himself before it was distributed to the board, he … rectify the errors.

(A) will have been able to
(B) would have been able
(C) would have been able to
(D) would be able to

Question 36. What American artist is famous for works like *Campbell's Soup Cans* and is a leading figure in the Pop Art movement?

(A) Jackson Pollock
(C) Georgia O'Keeffe
(D) Johnson Spencer

Question 37. What river forms part of the border between the United States and Canada, known for its spectacular waterfalls?

(A) Colorado River
(B) Mississippi River
(C) Niagara River
(D) Hudson River

Question 38. Which Welsh poet and writer is famous for his works like *Under Milk Wood* and *Do not go gentle into that good night*?

(A) Dylan Thomas
(B) Robert Burns
(C) William Blake
(D) Geoffrey Chaucer

Question 39. What is the capital city of Jamaica?

(A) Kingston
(B) Montego Bayw
(C) Port of Spain
(D) Nassau

Question 40. In what year did Scotland hold a referendum on independence from the United Kingdom?

(A) 2012
(B) 2014
(C) 2016
(D) 2018

Corrigés de l'épreuve 2

Question 1. Réponse D

*I **wouldn't drive** so fast on this road, **if I were you**.*

Je ne roulerais pas si vite sur cette route si j'étais toi.

En anglais, le conditionnel se forme avec *would*. De plus, en anglais, le conditionnel appelle le subjonctif.

Ainsi « si j'étais toi, je mangerais plus de légumes » se traduirait par :

If I WERE you, I WOULD eat more vegetables.

Question 2. Réponse C

*Andy Murray is a great **sportsman**.*

Sportif est un mot qui n'existe pas en anglais.

Sporty est un adjectif signifiant sportif.

A sportsman veut effectivement dire un sportif.

Sporter veut également dire sportif, mais est beaucoup moins usité. La définition du Webster pour *sporter* est d'ailleurs tout simplement *sportsman*.

Question 3. Réponse A

*The meeting is **on** Monday morning **at** 10 o'clock.*

Cette question est l'occasion pour un petit rappel de cours sur l'expression de la date et de l'heure.

Pour exprimer l'année on utilise IN : *in 1964*.

Pour exprimer une date ON : *on July 4th*.

Idem pour le jour de la semaine : *on Thursday*.

… et en combinant les deux : *on Thursday July 4th*.

Pour exprimer l'heure on utilise AT : *at 9 am*.

Question 4. Réponse C

*I have two criticisms. **Firstly**, I don't like this type of music.*

At first signifie à première vue.

Firstable est un barbarisme qui n'existe pas.

In first est une formation qui n'existe pas.

Firstly existe et veut effectivement dire premièrement.

Question 5. Réponse B

Johnny is a great singer, ***isn't he****?*

Cette question requiert la connaissance de la formation des *question tags*, l'équivalent anglais de notre « n'est-ce pas ? »

Premièrement, le *question tag* reprend nécessairement l'auxiliaire et le pronom correspondant au sujet de la principale (accord en genre et nombre).

Deuxièmement, si la proposition principale est affirmative, son *question tag* sera négatif, et inversement.

Ex. : *He has not been kind to you, has he?*

She harrassed you, didn't she?

Question 6. Réponse C

« Yesterday » est le signe qu'il faut employer le preterit, à la forme simple (sans ING) car l'action est passée et ponctuelle, c'est-à-dire qu'elle n'est pas en cours de déroulement. La réponse B. serait possible si l'action était en train de se dérouler. La réponse D. serait possible s'il n'y avait pas « yesterday ».

Question 7. Réponse A

« On time » = « à l'heure ». B. « in time » = « à temps ». C. on peut dire « at the time » = « à l'époque ». D. « over time » = « avec le temps ».

Question 8. Réponse B

« who » est un pronom sujet qui remplace une personne. A. « what » est un pronom interrogatif sujet ou complément qui peut également servir à annoncer une proposition. C. « whom » est un pronom complément qui remplace une personne. D. « whose » est un pronom que l'on emploie dans le cas génitif (rapport de possession ou de parenté).

Question 9. Réponse A

« were told » = « on leur a dit ». B. Ne confondez pas « say » et « tell ». C. On dit « to be explained something » sans « to ». D. « speak » = « parler ».

Question 10. Réponse A

« always » = « toujours ». B. « still » = « pourtant » (Still, he was happy) ou « toujours pas/pas encore» (He still doesn't know). C. « yet » = « pourtant » (Yet he was happy) ou « toujours pas/pas encore » (He doesn't know yet). D. « never » = « jamais » au sens négatif.

Question 11. Réponse B

La forme progressive est justifiée par « at the moment » ; l'action est ponctuelle et se déroule dans le présent. A. « I take » serait justifié si le fait de prendre le bus était habituel, régulier. C. « I've been taking » serait correct si on avait l'expression d'une durée : « I've been taking the bus since I decided to give up driving ». D. « I've taken » serait correct si on faisait le bilan de quelque chose : « I've just taken the bus ».

Question 12. Réponse C

« to travel » = « voyager », qui est le sens attendu ici (voyager à l'étranger). A. « to journey » = « faire un trajet ». B. « to voyage » = « faire une traverser » (en mer ou cn avion), sens trop restreint ici. D. « to visit » n'est pas compatible avec « abroad ».

Question 13. Réponse A

« drop off » = « déposer, laisser ». B. « drop down » = « tomber ». C. « drop over » n'a pas vraiment de sens ici. D. « drop in » = « passer voir », « débarquer ».

Question 14. Réponse D

Question 15. Réponse D

« loose » est ici un adjectif = « en vrac ». A. « loosely » = adverbe signifiant « sans être trop serré » ou « sans grande rigueur ». B. « lose » = verbe « perdre ». C. « loosen » est un verbe signifiant « desserrer », « relâcher ».

Question 16. Réponse D

Il faut ici mettre une détermination car il s'agit du nombre de passagers « qui transitent pas les aéroports britanniques ». Le sens est donc « le nombre de passagers qui… ». A. Ne fonctionne pas si on n'a pas « the » devant « number ». B. Au pluriel, « numbers » signifierait « nombres », « chiffres ». C. « a number of » = « un certain nombre de personnes », ce qui ne convient pas ici en raison de la détermination de la phrase.

Question 17. Réponse C

Dans une interrogative de ce type, la syntaxe des mots doit être « to remember what somebody is doing » et non « what is doing somebody ». De plus, l'action est révolue, donc au passé, et elle est en cours de déroulement, d'où la forme progressive. On s'intéresse à ce que la personne « était en train » de faire au moment de la mort de Diana.

Question 18. Réponse B

« so as not to » = « de manière à ne pas », ce qui est plus précis que la réponse A. qui signifie « pour ne pas ». C. « in order to » n'est pas correct car il manque la négation. D. « for not to » n'est pas correct ! « for », n'exprime en principe pas le but, mais la cause : « He was punished for breaking the glass ». En outre, “for” est suivi de ING.

Question 19. Réponse B

“have to” exprime une obligation qui vient de l'extérieur. L'action doit ici être accomplie « d'ici » (« by ») la fin de l'après-midi, donc dans le futur. A. L'action n'est pas été accomplie, elle doit l'être d'ici la fin de l'après-midi. C. « must » exprime une obligation qui provient de l'intérieur, de soi, d'un devoir moral, ce qui n'est pas le cas ici. D. ne peut pas convenir ici car on ne peut pas mettre « should » derrière « has ».

Question 20. Réponse D

Ici, l'obligation s'impose d'elle-même, elle est impérative, d'où l'emploie de « must ». A. est en contradiction avec le sens de la phrase. B. « don't have to forget » = « vous n'êtes pas obligé d'oublier », ce qui n'a pas de sens ici. C. serait plausible si on avait « to » derrière « forget » car on dit « to forget to do something ».

Question 21. Réponse D

L'action envisagée est au futur antérieur, qui est un temps qui exprime une action dans le futur, mais antérieure à une autre action ou à un moment eux-mêmes situés dans le futur. La phrase signifie « Le mois prochain, à ce moment précis, j'aurai travaillé pendant 20 ans dans cette entreprise ». Il y a également la notion d'une durée introduite par « for ». Les autres temps ne conviennent pas. **Attention** ! C'est un cas récurrent dans les QCM.

Question 22. Réponse A

Attention à la syntaxe dans une interrogative indirecte : « you will be asked where you want to sit », contrairement à une interrogative directe dans laquelle on doit dire « Where do you want to sit ? ». C'est la raison pour laquelle, la réponse B. ne convient pas. C. Cette réponse est grammaticalement correcte, mais elle signifierait qu'on vous demande où vous serez assis, ce qui n'est pas garanti. La question porte sur le souhait « want ». D. Le verbe « want » ne se met pas à la forme progressive sauf dans certains cas particuliers, comme lorsqu'on insiste sur le côté capricieux de quelqu'un : « He is always wanting something ».

Question 23. Réponse A

La présence de « are » dans la phrase exclut les réponses B. et D. Il s'agit d'une action présente en cours de déroulement. Si « They are ready to get something » est plausible, dans le contexte précis de la phrase « They are ready to get for the company audit » n'a en revanche aucun sens.

Question 24. Réponse A

L'expression correspond littéralement au français « trop beau pour être vrai ». B. Serait plausible si la phrase s'arrêtait après « so good ». D. Serait plausible si la phrase s'arrêtait après « very good ».

Question 25. Réponse B

La phrase est au passif, et on énonce ici une vérité générale et permanente, d'où la forme simple. A. Serait plausible si on décrivait une action en cours de déroulement, ce qui n'est pas le cas. Les réponses C. et D. ne sont pas correctes dans la mesure où le sujet est singulier et non pluriel.

Question 26. Réponse C

Le verbe « to mind » est suivi de la forme progressive. Les autres réponses ne sont donc pas correctes.

Question 27. Réponse C

L'action « had broken her arm » est antérieure à l'action « I saw » qui elle-même est déjà passée. On doit donc utiliser le past perfect.

Question 28. Réponse C

Phrase au conditionnel. B. ne fonctionne pas car on dit « be able to ». D. Serait correct si la phrase s'arrêtait après « delivery of the goods ».

Question 29. Réponse D

« Despite » (ou « in spite of ») est suivi de ING. A. et C. seraient corrects si on avait « being » derrière. B. est incorrect puisque « despite » doit être suivi de ING.

Question 30. Réponse B

« underway in an attempt » = « en cours, dans la perspective de/dans l'optique de… ». « In an attempt to do something » est une expression idiomatique. C. est plausible grammaticalement parlant mais n'aurait pas de sens : « sont en train d'essayer d'être en cours » ! D. La phrase n'a pas de sens avec « suggest », à moins de dire « … underway and suggest an agreement might be reached before this Friday's deadline ».

Question 31. Réponse A

« Seeing that » exprime la cause, tout comme « as », « since » ou encore « because ». On peut traduire par « vu que ».

Question 32. Réponse C

« any » ici doit être suivi d'un comparatif. Il en va de même dans d'autres expressions similaires : « any longer », « any better », etc.

Question 33. Réponse D

Attention à la syntaxe. Adverbe+adjectif+nom. L'adverbe portant ici sur l'adjectif, il doit le précéder. La place de l'adverbe dans la phrase n'est pas fixe : elle dépend du sens de la phrase et de sa longueur, de la portée de l'adverbe, etc.

Question 34. Réponse B

« although » (bien que) est suivi d'un sujet et d'un verbe à l'indicatif. A. « however » est un mot indépendant, que l'on trouverait en début de phrase, mais suivi d'une virgule. C. « despite » est suivi de ING. D. « regardless <u>of</u> » serait suivi d'un nom.

Question 35. Réponse C

On est dans le cas du conditionnel passé.

Question 36. Réponse B

Andy Warhol est un artiste majeur du mouvement Pop Art et est célèbre pour ses œuvres comme *Campbell's Soup Cans.*

Question 37. Réponse C

La rivière Niagara, connue pour les célèbres chutes du Niagara, fait partie de la frontière entre les États-Unis et le Canada.

Question 38. Réponse A

Dylan Thomas, un poète gallois, est célèbre pour des œuvres comme *Under Milk Wood* et le poème *Do not go gentle into that good night.*

Question 39. Réponse A

Question 40. Réponse B

L'Écosse a tenu un référendum sur l'indépendance en 2014, mais a choisi de rester au sein du Royaume-Uni.

DEUXIÈME PARTIE

LES ÉPREUVES ORALES DU CONCOURS SÉSAME

I. L'ÉPREUVE D'ENTRETIEN INDIVIDUEL DE MOTIVATION ET DE PERSONNALITÉ

Toutes les écoles de commerce, sans aucune exception, font passer à leurs candidats une épreuve orale d'entretien individuel, appelé selon les cas entretien de personnalité ou entretien de motivation. Si vous ratez ce grand rendez-vous, vous mettez en péril votre admission au sein de l'école. Les épreuves orales d'entretien individuel sont en effet toujours affectées d'un très fort coefficient.

LES 4P : UNE TECHNIQUE REDOUTABLE POUR BIEN COMMENCER SON ENTRETIEN

Votre mission : vous vous présentez parfaitement en début d'entretien en 3-4 minutes chrono.

P1 : Présentation et Premiers mots

Vos premiers mots sont essentiels. Ce sont eux qui vont fixer le décor de votre entretien. Dans ces 4P, votre présentation représente votre entrée en salle à proprement parler ainsi que les tout premiers mots que vous allez prononcer.

Votre présentation démarre donc par votre entrée en salle où justement, vous vous présentez au jury !

[Attendre d'être invité à entrer en salle ou frapper à la porte ?]

Attendez de préférence que le jury vienne vous chercher. N'entrez en salle que si le jury vous y a invité. Bon, évidemment, si 15 minutes après l'heure officielle à laquelle vous êtes censé être en salle, le jury ne se manifeste pas, vous pouvez frapper à la porte et demandez si vous êtes autorisé ou non à entrer en salle. Dans le doute, observez comment les jurys se comportent dans d'autres salles avec d'autres candidats et demandez toujours à l'un des organisateurs des concours qui arpente les couloirs ce qu'il vous conseille de faire : attendre sagement ou frapper à la porte.

[Faut-il serrer la main des membres du jury ?]

Lorsque l'un des membres du jury vient vous chercher, il n'est pas conseillé de lui serrer la main, sauf s'il vous y invite bien sûr. *Idem* pour le second ou le troisième membre de jury. Ne leur serrez la main que s'ils vous tendent la leur. Sinon, évitez absolument de leur tendre votre main. Ce serait dommage de se prendre un « râteau » dès les premiers instants de l'entretien, non ?

[Salutations d'usage]

Dites toujours « Bonjour Madame » / « Bonjour Monsieur » en fixant bien le regard de la personne que vous saluez. Si vous entrez en salle et qu'il y a par exemple une dame et deux messieurs, commencez toujours par dire « Bonjour Madame (ne dîtes pas Mademoiselle) » et attention, ne dîtes jamais « Bonjour Messieurs » pour saluer les deux messieurs, mais dîtes « Bonjour Monsieur » en fixant bien le regard du monsieur qui vous paraît le plus âgé et un autre « Bonjour Monsieur », en fixant toujours aussi bien le regard de votre interlocuteur. Il est en effet indispensable que vous personnalisiez au maximum le contact visuel avec chacun des membres du jury.

C'est donc pour cette raison que les « Bonjour », « Bonjour Mesdames Messieurs », « Bonjour Mesdames » et « Bonjour Messieurs » sont à proscrire.

[La qualité de votre regard est essentielle]

Dans toute interaction directe, la perception du visage de l'autre est immédiate et souvent essentielle dans le décodage de sa motivation à communiquer. Regarder l'autre, c'est montrer que l'on s'intéresse à lui. C'est aussi une façon de s'impliquer et de personnaliser la relation. N'oubliez jamais que communiquer, c'est d'abord regarder. Cook a ainsi démontré en 1984 que dans notre culture, plus une personne en regarde une autre, plus cette dernière éprouve le sentiment d'être appréciée. Il arrive parfois que des candidats éprouvent une certaine gêne à soutenir le regard des membres du jury.

Entraînez-vous donc à regarder dans les yeux les amis de vos amis ou encore vos professeurs.

[N'oubliez surtout pas de sourire !]

On ne le répétera jamais assez. Le sourire témoigne de votre volonté d'échange et représente une composante majeure de votre désir d'écoute active. Et puis n'oubliez pas que le sourire a une caractéristique intéressante : il est souvent contagieux. Si le rire est expression, le sourire, lui, est communication.

[Important ! Attendez que l'on vous invite à vous asseoir]

Il est très mal vu de s'asseoir avant que l'on ne vous ait invité à le faire. Deux cas se présentent : ou bien le jury vous invite dès l'entrée en salle à prendre place, auquel cas, c'est réglé. Ou bien, vous vous tenez à côté de votre chaise et attendez alors que le jury vous invite à vous asseoir. Si au bout de 5 secondes, le jury ne vous a toujours pas proposé de vous asseoir, prenez les devants et demandez lui si vous pouvez prendre place.

[Vos premiers mots sont essentiels !]

Ah… les premiers mots de l'entretien, on croit savoir exactement ce que l'on va dire et puis le stress gagnant du terrain, on bafouille et on improvise une entrée en matière approximative et souvent malheureuse. Vos premiers mots répondent généralement à une phrase ou une question prononcée par l'un des membres du jury.

- Silence…
- Qui êtes-vous ?
- Présentez-vous !
- À vous ! C'est à vous !
- Vous avez la parole !
- Qu'avez-vous d'intéressant à nous raconter ?
- Qu'est-ce qui vous amène ici ?

Il est parfois d'usage dans certains concours que les membres du jury commencent par se présenter tour à tour avant de vous laisser la parole. Le dernier ou la dernière à prendre la parole clôture alors généralement sa présentation par un « c'est à vous ! » ou par un silence qui, telle une injonction, invite le candidat à se présenter à son tour. Bien évidemment, dans ce dernier cas, ne perdez pas de temps et jetez-vous vite à l'eau.

Nous vous conseillons très clairement d'apprendre PAR CŒUR vos premiers mots. Nous parlons d'une ou deux phrases, rien de plus pour le moment. Mais sachez toutefois que ces deux phrases de présentation sont essentielles à la suite de votre entretien, car elles ont pour but de vous mettre en confiance.

L'usage est de démarrer votre présentation de la façon suivante :

« Je m'appelle Mélanie DELORS, j'ai 18 ans (1). Je suis née à Créteil en Seine-et-Marne (2) et je vis actuellement à Paris (3). Avant toute chose, je souhaite vous remercier de m'accorder cet entretien (4) ; et j'espère vous convaincre de l'intérêt de ma candidature (5) ».

(1) Bien entendu, le jury connaît vos nom et prénom. Il connaît même parfois votre âge s'il a un mini-CV rempli par vos soins sous la main. Mais partez toujours du principe qu'un jury enchaîne inlassablement les entretiens et que certains membres du jury ne prennent pas toujours le temps de prendre connaissance de ces informations. L'usage veut donc que l'on décline distinctement son prénom, suivi de son nom et de son âge. La mention de votre âge offre en effet un bon éclairage sur votre passé (un candidat de 20 ans, n'a *a priori* pas la même maturité qu'un candidat de 17 ou 18 ans).

(2) Donner son lieu de naissance c'est fixer le décor. Ce détail qui vous paraît à première vue anodin permet pourtant d'ancrer votre personnage dans une réalité palpable. Surtout, vous donnez au jury un signal fort que vous êtes prêt à illustrer vos propos et à partager des détails de votre vie. Enfin, pour peu qu'un des membres du jury (ou l'un des proches ou amis) soit né dans la même ville que vous, vous initiez, sans forcer, un lien avec lui et marquez encore plus fort son esprit.

(3) Imaginons que vous soyez né à la campagne, dans un petit village et que vous vivez maintenant dans une grande ville telle que Paris, Lyon, Marseille, Toulouse ou Strasbourg. Et bien il y a fort à parier que le jury sera curieux de savoir comment vous avez vécu ce changement et quels enseignements vous en tirez. Il n'est pas rare que l'on challenge le candidat sur son aptitude à s'adapter à une nouvelle École, un nouvel environnement, à une nouvelle ville, à une nouvelle culture.

(4) Certes, vous êtes admissible, et le jury est un peu obligé de vous recevoir. Mais n'oubliez quand même jamais qu'un jury est généralement composé d'un professeur (qui pourrait plutôt être en train de terminer un article pour une importante revue scientifique) et d'un professionnel de l'entreprise (qui n'est jamais rémunéré pour être membre de jury et qui prend toujours sur son temps de travail pour vous rencontrer). Donc, oui, c'est bien vu de remercier le jury de vous recevoir !

(5) En disant au jury que vous souhaitez le convaincre de l'intérêt de votre candidature, vous lui dites que vous avez un objectif précis et que vous comptez bien l'atteindre ! Vous n'êtes pas ici pour discuter « gentiment » de vous mais pour avancer vos pions et marquer des points. Enfin, cela permet au jury de sentir une certaine forme de confiance qui n'est jamais pour déplaire dans les premières secondes de l'entretien.

Deux remarques importantes :

1. Surtout, prenez tout votre temps pour démarrer votre présentation. Prononcez chacun des mots distinctement et surtout CAL-ME-MENT. Il ne peut rien vous arriver ! Vous connaissez ces premières phrases par cœur ! Il n'est guère question ici d'improviser quoi que ce soit. Bien entendu, libre à vous d'utiliser les mots qui vous sont les plus familiers. Certains préféreront ainsi dire « … Je tiens tout d'abord à vous remercier pour cet entretien au terme duquel j'espère, ma candidature aura retenu toute votre attention ». Soyez libre d'utiliser des mots avec lesquels vous vous sentez à l'aise ! Attention cependant à ne pas en dire plus ! Vos premiers mots doivent êtres concis et parfaitement maîtrisés.
2. Il peut arriver que le jury démarre l'entretien en commentant votre lieu de naissance (« En regardant votre dossier, nous avons noté que vous étiez née aux Etats-Unis. Vous êtes fier de votre nationalité américaine ? »), en vous demandant l'origine de votre nom de famille (« Bonjour à vous Mr Trumpeldor. Mous nous demandions si votre nom avait une quelconque signification… ») ou encore en s'étonnant de votre âge, de votre coiffure, de votre tenue… En somme tout est possible et tant mieux ! La vie des affaires réserve son lot de surprises et rien n'est définitivement gravé dans le marbre. Soyez donc terriblement disposé à répondre avec intérêt à la question qui vous est posée… Et ne vous inquiétez pas, il sera toujours temps de reprendre votre présentation le moment venu.

P2 : votre Parcours

Une fois votre présentation terminée (autrement dit vos premiers mots prononcés), vous êtes condamné à faire une transition.

Attention ! Cette transition doit obligatoirement être précédée d'un silence de 2-3 secondes.

[Silence…]

Ce silence a pour objectif :

1. D'offrir au jury l'opportunité de vous interrompre / de réagir à vos propos (et tant mieux s'il vous interrompt car vous passez un entretien où vous devez dialoguer et non monologuer). Alors c'est sûr qu'à ce moment de l'entretien, les questions que le jury peut être amené à vous poser sont très limitées. Hormis : « Ah tiens donc, vous êtes née en Martinique. Et vous y restée jusqu'à quel âge ? », on ne voit pas trop ce qu'il pourrait vous demander !

2. De vous permettre, à vous, de vous poser un peu et de ne pas avoir un débit de parole trop rapide. Car si vous allez trop vite, vous risquez de perdre le jury en cours de route. Les membres de jury font passer chaque jour, en moyenne, entre 6 et 12 entretiens. Ils ne sont que des êtres humains, qui peinent parfois à maintenir tout au long de la journée un haut niveau de concentration. Alors, de grâce facilitez-leur la tâche. Quant à la transition à proprement parler, sachez que celle-ci sera toujours très bien perçue par le jury qui verra là le signe d'un esprit souple et structuré, qui ne cherche pas à assommer le jury d'éléments discordants, sans queue ni tête. Grâce à vos transitions, votre jury découvre agréablement où vous souhaitez l'emmener (et sans le savoir, vous faites déjà du *storytelling* !).
3. De donner au jury l'occasion de constater que vous êtes structuré et que vous avez un esprit de synthèse. Cela nous amuse toujours d'entendre des candidats vanter leur esprit d'analyse et de synthèse alors même que leur exposé est décousu et vide de toute forme de structure. Alors, pitié, soignez vos transitions !

[Transition]

« J'aimerais, dans un premier temps, vous parler de mon parcours scolaire. »

Et bien oui, c'est aussi simple que cela. Ici encore, le discours n'est pas figé. A vous d'utiliser les termes avec lesquels vous vous sentez le plus à l'aise. Une alternative peut ainsi donner : « Je voudrais tout d'abord vous parler de mon parcours académique ».

La valorisation du parcours académique est souvent négligée par les candidats aux concours des Écoles de commerce. En parlant de vos années lycée, vous pourrez dire par exemple :

« Le lycée m'a permis de découvrir de nouvelles disciplines et d'en approfondir d'autres que j'avais déjà étudiées au collège. J'ai beaucoup appris et je suis très heureux d'avoir suivi les épreuves de spécialité ... »

Et vous pourrez alors enchaîner sur :

« Si je souhaite aujourd'hui intégrer votre École, c'est parce que je sais que pour mener à bien mon projet professionnel, j'ai besoin d'une formation polyvalente, qui embrasse toutes les dimensions de l'entreprise. »

[Il est très important que vous valorisiez vos acquis du lycée]

Mettez-vous un instant à la place du jury, digne et fier représentant de l'École à laquelle vous postulez. Pourriez-vous raisonnablement accepter d'un candidat qu'il « démonte » et critique un tant soit peu ce qu'il a appris jusqu'à maintenant, sans vous dire un instant (par un simple raisonnement analogique) qu'il serait finalement tout aussi capable de « démonter » dans 2 ou 3 ans la formation pour laquelle il se porte aujourd'hui candidat ?

Nous passons notre vie à raisonner par analogie. Si un candidat est capable, aujourd'hui, de développer des pensées négatives et pessimistes vis-à-vis de sa formation initiale, qu'est-ce qui peut m'empêcher, moi, jury, de penser qu'il ne sera pas capable d'en faire autant vis-à-vis de notre École, de nos professeurs, de l'école où il sera amené à faire un échange, de l'entreprise dans laquelle il sera amené à faire un stage ? RIEN, absolument rien ne donne envie à un jury de croire qu'il en sera autrement dans une autre situation.

[Comment exposer votre parcours académique ?]

C'est très simple : précisez votre section (S, ES, L, STG…) ainsi que votre spécialité. Mentionnez aussi les options éventuelles que vous présentez. Attention : mentionnez précisément le nom et le lieu de votre lycée. Dites bien « Terminale Scientifique » et pas « Terminale S ».

[Comment valoriser votre parcours académique ?]

Il existe deux façons très efficaces de valoriser votre parcours académique.

Les cours

Commencez déjà par vous pencher sur la ou les deux matières qui ont le plus compté pour vous. Qu'aimez-vous en économie ? En philosophie ? Pourquoi les mathématiques comptent tant pour vous ? Y a-t-il un économiste qui vous a particulièrement marqué ?

Une notion qui n'a pas manqué de vous faire cogiter ? Parlez-nous de l'impératif catégorique de Kant, des ondes mécaniques progressives et de la décroissance radioactive. Parlez-nous de la puissance économique chinoise, de la théorie des avantages comparatifs de David Ricardo, ou de votre auteur anglais préféré. PARLEZ-NOUS !

Il n'y a pas de bon ou de mauvais sujet. Il y a VOS sujets. Ceux que VOUS aimez, ceux qui font briller vos yeux quand vous en parlez, ceux-là mêmes qui feront la richesse des débats en cours de management, de stratégie ou de finance. Aimez vos sujets et le jury les aimera.

Le jury souhaite fondamentalement que vous partagiez avec lui vos goûts et vos centres d'intérêt. Car n'oubliez jamais qu'un jury raisonne par analogie. Si vous êtes capable d'apprécier les matières étudiées en Terminale alors vous serez capable d'apprécier les matières que vous étudierez en École de commerce, et de les valoriser auprès de vos futurs recruteurs. Il n'est pas question d'être un expert incollable sur le thème que vous aborderez. Il est question d'être sincèrement intéressé. Peaufinez donc vos recherches sur les sujets que vous souhaitez aborder. Commencez aujourd'hui même. Car quand on aime, on ne compte pas.

Les professeurs

Y a-t-il un professeur qui vous a marqué ? Son approche ludique, pragmatique voire cynique de sa matière ne vous a pas laissé indifférent ? Qu'avez-vous aimé dans sa façon d'enseigner ? Sa capacité à vous faire participer ? Son talent à faire « accoucher » les idées ? Ses recherches sur un sujet en particulier ? Là encore, le jury raisonnera par analogie et là encore il pensera à juste titre que si vous avez su mesurer l'apport d'un professeur au cours de vos études initiales alors vous saurez valoriser l'apport des professeurs que vous côtoierez en École.

Pour terminer ce P de PARCOURS, sachez que si vous êtes en mode « roue libre » (vous démarrez votre présentation et le jury ne vous interrompt pas), alors la présentation de votre parcours ne doit pas durer plus de 1 minute / 1 minute 15. Apprenez à être précis et à « suggérer », plus qu'à « assommer ». Si le jury est séduit, il ne manquera pas de vous demander de détailler plus avant.

P3 : P comme Projet

[Transition]

« Si je souhaite intégrer votre École, c'est parce que mon projet professionnel est ambitieux et que je crois sincèrement qu'il aura toutes les chances d'aboutir grâce à des études en école de commerce. Mon projet professionnel à moyen / long terme est de… »

Après avoir rapidement exposé et valorisé votre parcours, vous devez aborder sans plus attendre votre projet professionnel (on peut dire aussi projet de vie professionnelle).

Votre projet professionnel doit toujours être mentionné très tôt dans votre exposé. Il représente une caisse de résonance qui donne du sens et crédibilise tout votre discours. De même qu'une caisse de résonance donne toute sa puissance sonore à un instrument, votre projet professionnel doit donner toute sa puissance crédible à votre discours.

[Comment exposer votre projet professionnel ?]

Deux scenarii sont possibles :

1. Vous connaissez déjà les intitulés de postes que vous souhaitez occuper à court, moyen et long terme ainsi que le secteur d'activité dans lequel vous avez envie de démarrer votre carrière.

Exemple : ***« Mon objectif professionnel est ambitieux : je souhaite en effet occuper à moyen / long terme un poste de directeur marketing au sein d'une multinationale fabricant de produits de grande consommation telle que Procter & Gamble ou L'Oréal. Je sais que le chemin est long pour atteindre ce poste. Mais je suis déterminé à passer par les postes de stagiaire assistant chef de produit, de chef de produit puis de chef de groupe…».***

Les plus de ce scénario :

Vous savez ce que vous voulez faire et c'est tant mieux ! Cela montre au jury que vous avez longuement mûri votre projet et que vous faites montre d'ambition, ce qui est tout à votre honneur. Si votre projet est sincère alors il y a de fortes chances que votre « story » sera très appréciée par le jury : « Mon intérêt pour les produits de grande consommation remonte à… »

Vos recherches se limiteront au marketing, à la grande consommation et à la grande distribution mais sachez d'ores et déjà que le jury se montrera particulièrement exigeant et attendra de vous que vous ayez conscience des connexions qui existent entre le marketing et les autres départements de l'entreprise ; de même qu'il souhaitera vérifier que vous ne confondez pas les départements marketing avec les départements du commerce, des relations presse ou encore du category management.

Les risques à éviter :

Il faudra faire attention à ne pas donner l'impression que vous êtes « fermé » et que c'est le poste de directeur marketing pour les produits de beauté de Procter & Gamble qui vous intéresse… Et rien d'autre !

Vous êtes encore jeune et une École de commerce s'enorgueillit souvent de susciter de nouvelles vocations et de stimuler de nouveaux talents. Vous devez donc ABSOLUMENT faire preuve de mesure, et ne pas oublier de dire au jury que si ce métier et ce secteur constituent aujourd'hui les moteurs qui vous poussent à intégrer une École de commerce, vous demeurez néanmoins ouvert à d'autres métiers et d'autres secteurs d'activité.

Vous devrez plus que jamais connaître sur le bout des doigts les fonctions du chef de produit (80 % de marketing et 20 % de commerce / R&D / gestion / communication) et du directeur marketing (20 % de marketing et 80 % de management / RH / gestion / finance / communication / R&D / production / commerce, etc.) et ce, afin d'être en mesure de démontrer au jury que la polyvalence nécessaire à l'exercice de ces fonctions explique très naturellement votre envie d'étudier en École de commerce. Vous devrez également être en mesure de nous parler de Procter & Gamble et de L'Oréal car n'oubliez jamais que tout ce que vous direz au cours de cet entretien pourra être retenu contre vous !

Une remarque importante :

Vous avez tout à fait le droit d'être un peu plus flou en ce qui concerne le poste que vous souhaiteriez occuper à court / moyen / long terme. Au lieu de « directeur marketing », vous pouvez très bien dire « un poste de direction dans le marketing, le commerce ou la communication. »

2. Vous n'avez encore aucune idée de la fonction que vous souhaitez occuper mais avez en revanche une idée très précise du secteur d'activité dans lequel vous souhaitez travailler.

Exemple : ***« Mon projet professionnel est ambitieux. Je souhaite en effet occuper à moyen terme des fonctions de management dans le secteur des énergies renouvelables en travaillant par exemple chez TOTAL ou EDF Energies Nouvelles. Je ne sais pas encore quels postes je serai amené à occuper dans ces sociétés, mais il y a une chose dont je suis sûr : je souhaite plus que jamais faire partie de ces hommes et de ces femmes qui feront passer de 20 % en 2020 à 50 % en 2030, la part des énergies renouvelables dans la consommation énergétique des pays européens. »***

Les plus de ce scénario :

Ce scénario peut s'avérer très payant si le secteur d'activité dont vous parlez n'a pratiquement plus aucun secret pour vous. Car il sera question de parler de biomasse, d'éolien, de photovoltaïque, d'hydraulique ou encore de géothermie. Car il faudra être en mesure d'aborder les avantages escomptés en termes géopolitiques, en termes de sécurité, de propreté et de respect de l'environnement. Car il faudra encore évoquer les questions de stockage, de distribution, de rentabilité économique et de risques pour la faune, tout en veillant bien sûr à connaître la définition du développement durable qui vise un équilibre entre croissance économique, respect de l'environnement et principe d'équité sociale.

L'on vous excusera toujours de ne pas connaître le métier que vous souhaiteriez occuper à la sortie de l'École. L'on ne vous excusera en revanche jamais de ne pas avoir de secteur dans lequel vous souhaitez faire bouger les choses, d'entreprise dont vous voulez modifier le destin.

Vous n'êtes pas obligé de connaître sur le bout des doigts les différentes fonctions d'un chef de produit, d'un analyste en fusion-acquisition ou d'un responsable ressources humaines. Vous êtes en revanche tenu de connaître dans leurs grandes lignes les rôles et les responsabilités des différents directeurs de département dans l'entreprise (finance / ressources humaines / marketing / commerce / communication / gestion / production / stratégie).

Les risques à éviter :

Là encore, il ne faut jamais donner l'impression que vous manquez d'ouverture. Si les énergies nouvelles vous intéressent aujourd'hui, vous demeurez toutefois conscient que les contours de votre « vocation » pourront être redéfinis en cours de formation au sein de l'École ou à l'issue d'un stage. Il faut surtout expliquer au jury que tous les autres secteurs d'activité sont dignes d'intérêt et que vous n'êtes fermé à rien. Le secteur du luxe peut ainsi donner de bonnes idées sur la façon d'apporter au consommateur la part de rêve qu'il est en droit d'attendre des énergies nouvelles. Les produits de grande consommation peuvent également représenter une source d'inspiration intarissable sur les questions d'innovation et de valorisation des bénéfices consommateurs. Le secteur de la culture, peut, enfin, nous renseigner sur les systèmes de valeurs et de normes, sur les questions de diversité et de mondialisation, car les politiques d'énergies renouvelables ne peuvent être raisonnablement réduites à un niveau local. Vous l'avez compris, vous devez être ouvert !

[Comment justifier votre goût pour un métier ou un secteur ?]

Si vous avez eu des expériences professionnelles (stages) ou semi-professionnelles (cours particuliers à domicile par exemples), alors vous pouvez en parler ici brièvement (citez le nom de l'entreprise, la date et la durée du stage et l'intitulé du poste… C'est tout pour le moment ! Si le jury veut en savoir plus, il vous interrompra pour vous poser des questions) pour illustrer efficacement votre goût pour un métier ou un secteur d'activités.

Bien entendu, si vous n'avez pas d'expérience professionnelle, le jury saura ne pas trop vous en tenir rigueur si seulement vous lui permettez d'identifier un « élément déclencheur » qui explique la nature de vos choix.

[Comment lier votre projet professionnel à votre projet d'intégrer une École de commerce ?]

Comme vous avez pu le remarquer, les deux scenarii décrits précédemment présentent un point commun : de l'ambition. Et oui, c'est parce que vous êtes ambitieux que vous souhaitez étudier en école de commerce. Une école de commerce forme les futurs managers et dirigeants de demain. Elle forme bien sûr aux premiers métiers de chef de produit, d'analyste financier, de contrôleur de gestion, de chef de publicité ou de consultant junior, mais elle forme surtout des MANAGERS.

Car, à y regarder de plus près, un manager est une personne très polyvalente.

Quand bien même, dans quelques années, votre titre sera « Directeur marketing » dans une multinationale, fabricant de produits de grande consommation, vous ne serez plus du tout cantonné à des fonctions marketing ! Ces dernières seront même devenues mineures puisque vous passerez le plus clair de votre temps avec les départements R&D (Quelles nouvelles formules de lessive pour 2013 ?), le commerce (Dans quelle enseigne lancer en exclusivité notre dernière crème de soin anti-âge ?), la production (Les consommateurs veulent des déodorants avec des billes d'application plus larges… Savez-vous faire ? Et à quel prix ?) la gestion (Nous souhaitons passer d'un conditionnement de 150 à 200 grammes pour notre marque de biscuits vedette sans modifier le prix de vente au consommateur… Quel est l'impact sur nos marges et notre rentabilité ?) ou encore les ressources humaines (Nous allons lancer une nouvelle gamme de soupes 100 % bio… Pouvez-vous nous trouver un profil qui a déjà eu à travailler sur une gamme de produits bio ou issus du commerce équitable ?)

Et c'est parce que vous souhaitez acquérir toute la **polyvalence nécessaire** au bon exercice de vos fonctions de management que vous souhaitez intégrer une école de commerce.

Il nous apparaît donc ESSENTIEL que projet professionnel et école de commerce soient liés par la notion de polyvalence. Car il ne fait aucun doute aujourd'hui que l'école de commerce représente pour vous le point de passage privilégié pour développer les compétences et les attitudes que vous devrez convoquer au quotidien en tant que manager.

[En quoi une école de commerce représente-t-elle un point de passage privilégié pour les futurs managers ?]

Une école de commerce est un **propulseur de talents** :

- Excellence académique des professeurs ayant pour objectif de former les talents de demain ;
- Des professeurs résolument ancrés dans le monde de l'entreprise ;
- Des cours en partenariat avec des entreprises soucieuses de former aujourd'hui les talents qu'elles seront amenées à recruter demain ;
- Une forte proximité élèves / professeurs (prenant de plus en plus la forme de tutorats) qui suscite des vocations et encadre les choix de stages et d'échanges universitaires.

[Une école de commerce est une antichambre efficace de la vie des affaires]

Etudes de cas pratiques en groupes simulant déjà les futures réunions de travail en entreprise.

Vie associative foisonnante incitant les élèves à occuper à un très jeune âge des postes à responsabilité (président ou vice-président d'association, trésorier, secrétaire général…).

Nombreux forums entreprises et rendez-vous avec des représentants de grandes entreprises qui poussent les élèves à développer très tôt les bons réflexes communication ainsi que les bonnes attitudes.

[Une école de commerce constitue un tremplin privilégié pour ma carrière]

- Nombreux stages obligatoires en France et/ou à l'étranger.
- Années de césure.
- Formules attractives d'apprentissage.
- Echanges avec de nombreuses universités étrangères.
- Variété des cours enseignées et des formules d'apprentissage.

En conclusion, votre P de Projet doit vous permettre de valoriser un projet professionnel ambitieux, mesuré et dynamique dont le succès sera irrésistiblement porté par des études en école de commerce... PAS N'IMPORTE QUELLE ECOLE DE COMMERCE... VOTRE ECOLE DE COMMERCE !

Remarque : là encore, si vous êtes en roue libre (c'est-à-dire que le jury ne vous interrompt pas), veillez à faire en sorte que votre exposé ne dure pas trop longtemps. Ainsi, selon nous, P de Projet doit durer entre 1 minute 30 et 1 minute 45.

P4 : P comme Partage

Ce dernier P est très important. Il vous permet de montrer aux membres du jury que vous ne souhaitez pas intégrer une école de commerce MAIS LEUR ECOLE DE COMMERCE.

Et parce qu'un entretien réussi c'est un contrat signé entre deux parties, vous devez absolument envisager votre vie future en école de commerce sous le signe du partage. « Je suis prêt à donner autant que ce que je souhaite recevoir. »

[Transition]

« Pour terminer, il me semble essentiel de vous expliquer pourquoi mon choix se porte aujourd'hui sur votre école en particulier. Si votre école peut m'aider de façon significative à atteindre des objectifs professionnels, je pense aussi que je peux apporter en échange une contribution significative à la vie de l'école… »

[Faisons, sans plus attendre une liste (non exhaustive) des bénéfices que peut vous apporter l'école que vous souhaitez intégrer]

- Accès à un corps professoral d'excellence (citez des noms de professeurs).
- Accès à des cours de qualité (citez des intitulés précis de cours).
- Accès à des chaires d'enseignement financées par des entreprises.
- Accès privilégié au monde de l'entreprise (soulignez la variété et la durée des stages).
- Visibilité d'un diplômé visé et reconnu en France mais aussi à l'étranger (citez des accréditations).
- Large tissu d'universités étrangères au sein desquelles il est possible de faire un échange (citez une ou deux destinations avec précision).
- Accès un à fort réseau d'anciens élèves.
- Accès à une région dynamique connue pour…

[Faisons à présent la liste des contributions que vous pouvez apporter à l'école]

- Implication dans l'étude des cas pratiques en groupe et partage d'expériences.
- Implication dans la vie associative de l'École.
- Création d'une nouvelle association.
- Implication dans la poursuite de recherches en… aux côtés du professeur…
- Souhait d'être au quotidien l'assistant d'un professeur de…
- Implication dans la représentation de l'École pendant des forums, des présentations aux classes prépas / universités…
- Partager vos passions pour…
- Et bien sûr… Vos qualités !

Vous l'avez compris : cette partie, si elle est réussie, permettra au jury de valider votre niveau d'implication et de projection au sein de l'école et de mesurer l'adéquation entre votre personnalité et les programmes pédagogiques proposés.

[Focus sur le monde associatif en école de commerce]

Les associations exigent de la part de ceux qui sont chargés de diriger leur activité des qualités et des savoirs qui seront particulièrement prisés dans le monde de l'entreprise. Ainsi, que ce soit pour la réunion des fonds nécessaires à la bonne marche d'une association (démarchage de sponsors, décision du montant des cotisations), pour l'organisation d'événements de plus ou moins grande ampleur (qui requiert bien entendu des capacités de direction et de planification, mais aussi de communication, de marketing et d'improvisation), ou pour la gestion au quotidien de la comptabilité d'une entité qui peut avoir à son actif des sommes dépassant parfois plusieurs dizaines de milliers d'euros, le monde associatif familiarise les étudiants à des activités qui leur seront plus qu'utiles au cours de leurs carrières futures.

[Focus sur deux incontournables : la JE et le BDE]

Présentes dans toutes les écoles de commerce, ces deux associations assurent de deux façons bien distinctes l'interface entre les étudiants, l'école, et le monde de l'entreprise. Le BDE, ou « Bureau Des Etudiants », est le centre névralgique de la vie associative d'une école. Il est bien souvent associé aux événements organisés par les autres associations et est un partenaire incontournable pour toute manifestation de grande envergure. Elu par les étudiants au terme d'une campagne des plus agitées (soirées, jeux, événements spéciaux, etc.) qui dure plusieurs semaines, il a pour vocation d'assurer le confort, l'intégration et la cohésion des étudiants sur le campus. Concrètement, cela passe le plus souvent par l'organisation d'événements (voyages, week-ends d'intégration, soirées, petits déjeuners, déjeuners, dîners sur le campus, accueil des étudiants qui viennent passer les examens d'entrée dans l'école, présentation des autres associations, etc.).

Constamment en lien avec l'administration de l'école, dans la mesure où nombre d'événements sont organisés sur le campus, le BDE est aussi très ouvert sur l'extérieur et sur le monde de l'entreprise. En effet, c'est en récoltant des fonds privés qu'il finance une part considérable de ses manifestations, et il tresse donc des liens étroits avec bon nombre d'entreprises (qui, pour leur part, retirent du « sponsoring » un réel crédit d'image auprès des élèves de l'école, et un statut privilégié dans leurs démarches de recrutement).

La JE, ou « Junior Entreprise », prend en quelque sorte le contrepied du BDE : là où ce dernier utilise les fonds extérieurs pour les intégrer à la vie de l'école, la Junior Entreprise a pour vocation de permettre aux étudiants d'appliquer dans le monde du travail les savoir-faire qu'ils apprennent dans le cadre de leurs cours. Si elles sont aujourd'hui répandues aussi bien dans les écoles de commerce que dans les écoles d'ingénieurs, c'est néanmoins au sein des premières qu'elles sont nées en France (la première Junior Entreprise française ayant été créée à l'Essec en 1967), et elles y demeurent un pilier fondamental de la vie associative des étudiants. Leurs bureaux ont pour mission de démarcher des entreprises afin de se voir proposer des missions rémunérées, qui sont alors réparties parmi les étudiants adhérents. Ces missions tiennent généralement à des tâches d'étude et/ou de conseils (études de notoriété, études de marché, conseils de positionnement, etc.).

Tout le monde y gagne : il s'agit là d'un moyen pour les étudiants de remplacer efficacement les petits jobs tels que les heures de cours particuliers par des missions pratiques qui répondent aux besoins précis des entreprises et de se forger une meilleure connaissance du monde de l'entreprise. L'école en tire une valorisation et une professionnalisation accrue de ses étudiants, et de son côté, la JE permet aux entreprises qui font appel à elle d'accéder à un vaste vivier de main-d'œuvre aux horaires et aux compétences variables, ce qui lui apporte un service réellement flexible.

[Dis-moi quelle est ton « assoce » et je te dirai qui tu es]

Même si vous n'en avez pas nécessairement conscience, les associations au sein desquelles vous choisirez de vous impliquer, la place que vous y tiendrez et les contributions que vous apporterez seront autant d'éléments qui aideront vos futurs recruteurs à mieux vous connaître.

En effet, une association est une antichambre du monde de l'entreprise tant elle reproduit le schéma organisationnel classique d'une petite société, avec son président, son secrétaire général et son trésorier. Vous serez amené à exercer un nombre non négligeable de responsabilités en association : gestion d'un budget, recrutement et formation des nouveaux membres, relations avec les membres dirigeants de l'École qu'il faudra convaincre pour organiser une soirée par exemple ou encore relations avec les entreprises pour décrocher un partenariat.

Et c'est en découvrant les responsabilités avec lesquelles vous vous sentez le plus à l'aise que vous pourrez vous faire une idée plus précise de votre profil de manager, de leader, de gestionnaire, d'entrepreneur, de commercial ou encore de créatif.

Un bon exemple de 4P entièrement rédigé

Anne-Sophie, admise à l'ESSEC BBA	
Age	17 ans
Admission	Post-Bac
École cible	ESSEC BBA

P1 Bonjour, je m'appelle Anne-Sophie Costa, j'ai 17 ans et je vis actuellement à Ajaccio en Corse. Je tiens d'abord à vous remercier de m'accorder cet entretien au cours duquel je vais vous faire part de mes motivations pour intégrer le programme BBA de l'ESSEC.

T **J'aimerais dans un premier temps vous parler de mon parcours académique, puis de mon projet professionnel.**

P2 Je suis actuellement en Terminale spécialités mathématiques et SES au Lycée Fesch d'Ajaccio. En troisième et en seconde, j'ai effectué deux séjours en familles d'accueil en Angleterre afin de perfectionner mon anglais. Grâce à mes progrès, j'ai pu décrocher un stage d'été au sein d'un centre de loisir international où j'étais vendeuse sur un stand de produits du terroir corse.
La somme de ces expériences a suscité en moi la volonté de travailler à un poste à responsabilité en commerce international éventuellement dans l'agroalimentaire.

T **Pour la concrétisation de mon projet, j'ai besoin de passer par une école de commerce, et plus particulièrement par la vôtre.**

P3 Un manager doit être capable de s'adapter à des situations complexes et variées. Il doit être à l'aise dans toutes les disciplines (gestion, management, marketing, droit, etc.). C'est pour cela que je souhaite acquérir de solides connaissances transversales dans différentes disciplines du management. Mais j'ai aussi besoin d'être ouverte sur l'international et donc de faire des stages à l'étranger afin de mieux comprendre les défis que j'aurai à relever dans mes futures fonctions.
Pour mener à bien ce projet, j'ai besoin d'étudier dans votre école, l'ESSEC BBA, et ce, pour plusieurs raisons. La première est l'apprentissage. Votre école a en effet été la première école de commerce post-bac à proposer cette formule très avantageuse. Ainsi, par ce moyen je pourrai alterner périodes de cours et périodes en entreprise, et consolider sur une longue période les acquis de ces deux modèles pédagogiques. La deuxième est que le Bachelor de l'ESSEC est un diplôme reconnu par les universités et les entreprises du monde entier, ce qui favorisera mon intégration professionnelle à l'international.

T **Pour terminer je pense que votre école pourrait m'apporter beaucoup sur le plan de mon épanouissement personnel.**

P4 Grâce à ma passion de la voile que je pratique depuis 4 ans, j'ai pu développer une grande capacité de concentration, mais également une bonne aptitude au travail en équipe. Je sais que l'ESSEC dispose d'une vie associative très riche, et j'ai à cœur d'y prendre part, particulièrement en mettant toute mon énergie au service de, notamment, l'association ESSEC Voile. J'espère avoir ainsi l'occasion de faire briller les couleurs de l'ESSEC lors des différentes compétions auxquelles l'école participera, notamment la Course Croisière EDHEC qui est un évènement majeur dans la vie sportive des Écoles de Commerce. Je suis persuadée en outre que mon aptitude au travail en équipe et ma capacité de concentration me permettront de tirer pleinement avantage des enseignements dispensés à l'ESSEC, et particulièrement lors des travaux de groupe.

C Je vous remercie de m'avoir écoutée.

II. L'ÉPREUVE ORALE D'ANGLAIS

1. CONSEILS D'ORDRE GÉNÉRAL

Il est important d'être habillé de façon neutre pour le jour de l'oral.

- Pour les filles : quelque chose d'efficace style chemisier, veste et tailleur / pantalon, ou à la limite une jupe un peu longue, et des talons courts. Tout ce qui est de l'ordre du short court, jean, froufrou, mules à paillettes style Manoush, vêtements que l'on met en soirée pour sortir est à proscrire.
- Pour les garçons : costume, chemise, cravate, et des chaussures de ville. Bon si la cravate vous étouffe et vous embarrasse terriblement, optez simplement pour une chemise blanche bien repassé avec un col amidonné.
- Pas de grosses bagues, de (*friendship*) bracelets « spéciaux », de piercings, boucles d'oreille trop voyantes, de colliers énormes, de messages / dédicaces sur les vêtements, etc.
- Pas de transition de style niveau coiffure non plus, quelque chose de sobre. Très légèrement maquillée pour les filles, et parfumée, et pas d'autobronzant / UV.

Le but est de faire en sorte que le jury vous remarque pour vos qualités personnelles en tant qu'étudiant(e) potentiel(le) au sein de l'école et surtout en tant que futur manager… Pas pour vos goûts en matière d'esthétisme vestimentaire.

La façon de se tenir est également importante, et il n'est pas rare lors de jurys à plusieurs personnes qu'une d'entre elles ait pour mission de juger du comportement général du candidat lors de l'entretien :

- Donc, assis normalement (ne pas s'asseoir avant qu'on ne vous le propose), les deux pieds posés par terre, les mains à plat sur la table sauf pour éventuellement commenter légèrement ce que vous dites.
- Toujours regarder le jury, et s'il y a plusieurs personnes, les regarder un à un. Plusieurs avantages à cela : c'est un bon moyen de les engager dans la conversation et n'oubliez jamais qu'un bon « eye contact » est le meilleur gage d'une grande motivation, et d'une assurance sans faille !!!

- Pas de tapotement du pied, pas de regards fuyants même si le jury fait mine de se désintéresser de ce que vous dites. Pas de grattement des cheveux, du corps, de mouvements sur la chaise, de suçotement des colliers, d'avachissement sur la table, de soupirs, etc.
- Ne jamais rien dire de négatif, toujours être dans le positif dans tout ce que vous dites. Vous n'avez vécu que des expériences formidables au lycée ou pendant vos éventuelles expériences de voyages / petits boulots / hobbies…

2. CONSEILS RELATIFS À L'USAGE DE L'ANGLAIS

La règle d'or est de ne prononcer que des phrases qui vous sont connues, et ainsi éliminer les hésitations. Bien sûr, il s'agira pour l'oral d'anglais d'une discussion plutôt casual, voire franchement ouverte selon les jurys (« Tell me something about you », « Well, I am listening … »), et donc il vous faudra un plan assez ouvert pour pouvoir l'adapter aux questions ou à la tournure de la conversation :

- Si vous butez sur un mot, la langue anglaise, à l'instar de la langue française, comporte plein de synonymes signifiant la même chose. Utilisez-les ou reformulez votre phrase pour ne pas prendre le risque de dire un mot incorrect.
- Les jurys veulent voir des jeunes gens avec un bon niveau d'anglais et un esprit structuré. Nous sommes sûrs que l'avis de la sœur du père du frère de la cousine de Paul a été déterminant dans le choix de cette école, mais pourquoi ne pas juste dire « I know your school has a good reputation… » et l'expliquer si besoin est. Autant garder du temps pour ce qui importe vraiment. *Idem* pour les anecdotes croustillantes sur votre dernière compétition sportive / concert. On peut vous demander de développer dans certains cas, mais c'est extrêmement rare et mieux vaut l'éviter en général.
- De plus, sortir des sentiers battus de votre préparation est potentiellement dangereux en terme de fautes de syntaxe, et de vocabulaire.
- Au niveau de votre accent, si les formulations de phrase, et le vocabulaire sont bons, les jurys passent relativement bien sur un accent pas toujours au point. C'est nettement moins le cas si à cause de votre accent, on prend un mot pour un autre.
- Evidemment, les membres des jurys ne sont pas vos amis, donc pas de mots flous, et / ou familiers (ex. : « stuff », « buddy », « cool », « whatever », « something », etc.). Utiliser le bon mot dans la bonne situation est aussi une qualité linguistique.

- Essayez de reprendre la forme des phrases que l'on vous pose en question pour formuler une amorce de réponse. Ex. : « why do you want to enter our school ? » ⇒ « I would like to enter your school because… ».
  Le fait de reprendre le vocabulaire utilisé par le jury montre que vous souhaitez faire l'effort de répondre à la question qui a été posée et vous permet ainsi d'éviter quelques erreurs.

3. LE COMMENTAIRE DE TEXTE

N'oubliez jamais que le commentaire de texte n'est qu'un prétexte pour savoir si vous comprenez ce que vous lisez en anglais et si vous êtes capable ensuite d'en restituer les éléments les plus importants.

Un premier conseil : ne prenez aucun risque dans cette partie de l'épreuve orale. Utilisez exclusivement des mots simples, des mots que vous maîtrisez parfaitement. Ne cherchez pas à faire compliqué. Surtout, n'oubliez jamais que tous les mots dont vous avez potentiellement besoin se trouvent inexorablement dans le texte. Alors ne cherchez pas plus loin !

Un deuxième conseil : soyez CLAIR, COURT et PRECIS dans ce que vous dites. Faites en sorte que votre commentaire ne dure pas plus de 5 minutes. Le plus important est que vous fassiez aucune erreur et que vous enchaîniez aussi vite que possible sur la discussion autour de vos motivations pour intégrer l'école, vos centres d'intérêt, etc. Car cette partie-là vous allez l'apprendre quasiment par cœur !

Ceci étant dit, comme notre but est quand même de vous aider à obtenir les meilleures notes au concours, voici une liste de mots, verbes et expressions qui vous seront très utiles pour livrer un commentaire de grande qualité.

Introduire

To start with… / To begin with…	*First… / Firstly… / First of all…*
For a start… / In the first place…	*I would like to say that…*
First and foremost, it is worth noticing that…	*What strikes me most in this article…*
In this article the author sets out to explain… (Dans cet article, l'auteur se propose d'expliquer…)	*At first glance* (Au premier coup d'œil…)
On further examination… (De plus près…)	*As we have seen / noticed in the text…*

The journalist presents us with a view of... (Le journaliste présente une vision de…)	*The author would have us believe that...*
This text invites debate on...	*The major points touched upon are...*

Argumenter, donner une opinion…

What I would like to point out is...	*The first telling argument is that...* (Le premier argument que l'on puisse faire valoir est que…)
In my opinion... / In my view...	*My position is... I rather tend to think that...* (J'ai plutôt tendance à croire que…)
To my mind... It is self-evident that...	*It can safely be said that...* (On peut affirmer sans crainte que…)
It can fairly be said that... (On peut affirmer à juste titre que…)	*On the grounds of...* (En raison de…) *As I see it... To the best of my knowledge...*
To put it differently (Pour dire les choses autrement)	*Admittedly...* (On peut admettre que…)
It may be worthwhile to consider... (Cela vaut sans doute la peine de prendre en considération le fait que…)	*It is customary to say...* (Il est coutume de dire que…)
For the moment no more needs to be said concerning...	*Up to a (certain) point it could be said that...*
We are now in a better position to argue that... (Nous sommes désormais à même d'affirmer que…)	*This clash of opinions...* (Ces points de vue divergents…)
It is an argument of considerable weight (Cette argumentation pèse de tout son poids…)	*I take a different view of the question...*
Though I fully agree with the author on that point, in line 23, I must qualify the other point raised in line 11...because it oversimplifies a complex issue...	(Bien que je sois en parfait accord avec l'auteur sur ce point-là, à la ligne 23, je dois nuancer ce qui est dit à la ligne 11… parce que le problème complexe / sujet à controverse qui y est soulevé, se trouve simplifié à l'excès…)

Apporter des nuances…

I would like to qualify (nuancer) *what is said in this passage…*	*Oddly /surprisingly / Curiously enough… Striking as it may be…*
On the subject of crime rates… (Au sujet des taux de criminalité)	*From the author's point of view I understand that…*
This amounts to saying that… (Cela revient à dire que…)	*In other words… / To some extent… / By no means…* (En aucune façon)
The author maintains / argues / asserts that… but he is mistaken (L'auteur maintient que… mais il se trompe)	*According to the journalist…*
I do not fully agree with the author on that point…	*Unless I am much mistaken…* (À moins d'être totalement dans l'erreur…)
One must be permitted to doubt the truth of the arguments…	*All this leads me to wonder whether…* (Tout cela me conduit à m'interroger…)
This point deserves a word or two of comment.	*Is there any obvious reason to suppose that the author is right when he asserts that…*
This moderate opinion puts the problem in its true perspective…	*In this respect…* (À cet égard…) *I don't see the problem in quite the same light…*

Donner des exemples… comparer… ajouter…

As an example… / For example… / For instance…	*Let us consider the example of…*
It is a good case in point… (C'est un exemple pertinent)	*I would like to refer to what is said*
It is sometimes alleged that… (On prétend parfois que…)	*To illustrate my point*
It may be significant to give the example of… In comparison with…	*Compared to / with…*
I would like to draw / make a comparison…	*I would like to draw a parallel between… and…*
Similarly / Likewise	*In the same way, it might be said that…* (De même, on pourrait dire que…) *Some say… others contend that…*

There is no comparison possible… Furthermore…	*What's more… / Moreover… / Besides…*
In addition to what is said in the text…	*And in addition to this… / And more than this…*

Marquer les oppositions… exprimer la cause et la conséquence…

I can't see the issue in the same light as the author does…	*The journalist fails to see what is essential…*
I can't agree with the author on this point…	*Let's see the pros and cons…*
There is no evidence that… Conversely (Inversement)…	*On the one hand… on the other hand…*
Contrary to… / As opposed to… (Contrairement à…)	*Unlike the author…*
It is in sharp/ stark contrast to what is said… (C'est complètement à l'opposé de…)	*By contrast… / I feel reluctant to…* (J'ai des scrupules à…)
A case could be made out against what is said… (On pourrait s'opposer à ce qui est dit…)	*The author puts forward strong arguments / makes out a strong case against…* (L'auteur s'oppose violemment contre…)
I am afraid the author fails to see the crux of the problem… (Je crains que l'auteur ne passe à côté de l'essentiel…)	*On this aspect I am completely in disagreement with the journalist…*
These facts contradict…	*It is a grave mistake to claim that…*
One cannot let this pass without comment	*One might offer a slight clarification…* (On pourrait clarifier un peu…)
All this is correct in every detail… (C'est exact en tous points) *It follows from this that…*	*Leading on from this, I would contend that…*
It can be inferred from what I have just said that…	*Thus…* (Ainsi) */ Therefore… / As a consequence… / As a result… Consequently…*
It stems / flows / results from… (Il en résulte que…)	*Thus one may venture to say that…* (On peut donc s'aventurer à conclure que…)

Conclure...

In a nutshell... (En deux mots…)	*By way of conclusion...* (En guise de conclusion…)
In conclusion... / I don't see much else to say...	*That wraps up the article...* (Voilà pour le texte)
I think that what I've said covers the main points raised in the text...	*For that reason...*
On that account I would simply conclude that... (Pour cette raison, je dirais simplement pour conclure…)	*All things considered...* (Tout bien considéré)

Quelques phrases à apprendre par cœur !

- *The article published on May 3rd 2012 is taken from the Economist and deals with/is about/the issue of unemployment...*
- *It is an excerpt from a daily paper/a weekly magazine... The article falls into three parts and points out the role of the media/specifies that/makes it clear/ women today...*
- *On the subject of/Regarding/With regard to juvenile violence, it can be said/ noted/observed/argued that...*
- *The journalist is right to raise the issue of homelessness, and as he explains to us, the current social plague affects... /As he puts forward the growing number of homeless people and tries to analyse/makes an analysis...*
- *Unfortunately the author fails to emphasise/to put the emphasis on/to stress the responsibility of the authorities on the question of whether...*
- *It is necessary to take a closer look at the issue before answering this tricky question/replying to this controversial problem...*
- *As is often said/explained/suggested/put forward by most political leaders...*
- *The state of mind/The frame of mind of most British people today in the face of the government/The way people think about the latest tragedy...*
- *The passage in line 12 sums up/is a good summary of the difficulties the government is confronted with/faced with...*
- *In my opinion/In my view/My own view/feeling/position is that Tony Blair is wrong when he claims/asserts/argues/contends that...*

- *I think/I believe/I share the opinion/view/I am of the same mind as the journalist when he puts forward the following proposal…*
- *I rather tend to think/I would go so far as to say that the true reason for his mistakes as Prime Minister is his lack of vision…*
- *I would like to quote/cite the example of those who argue that…*
- *First of all/Firstly/First and foremost/To begin/start with/The first point raised in the article… /First… Second… Third… Last/Lastly/Finally/The final point is… /In conclusion*
- *In comparison with/Compared with/to the journalist's position… /Similarly/ Likewise/In the same way…*
- *Actually/In fact it is a good case in point (= exemple pertinent)*
- *It is self-evident/It goes without saying that youth today… /It is proof/evidence of the efforts made by companies…*

4. EXEMPLES DE RÉPONSES AUX QUESTIONS FRÉQUENTES DU JURY

Why do you want to enter a French business school?

I would like to enter your school / BBA Essec / Essca / Espeme… because I feel that you can offer me the training I need in order to fulfill my professional goals, and that, for many reasons. ***Indeed,*** *I would like to eventually be a project leader in the field of information systems, and I am convinced that your school could help me get the skills and knowledge I need.*

Why our school?

First, I know that your school built its good reputation on the excellence of its courses and because the teachers involved in those courses often are professionals working in various major companies. They have a great experience on the field and are willing to share their experience with their students. Secondly, I am aware that your school is the best place to acquire the skills to become a top manager: communication skills, listening skills, empathy, persuasion and leadership.

Voici quelques développements en anglais relatifs aux qualités que vous devrez développer pour devenir un bon manager :

Communication skills

There's a lot of communication when you're a manager. You have to communicate with each of your employees. You have to communicate "sideways" with your co-workers and customers. And you have to communicate upwards with your own manager or executive. You need some substance in the communication, of course – you need to have something worthy of being communicated. But substance isn't enough – if you know what you're doing and can't properly communicate it to anyone else, then you'll never be a good manager.

Listening Skills

This is a part of communication, but I want to single it out because it's so important. Some managers get so impressed with themselves that they spend much more of their time telling people things than they spend listening. But no matter how high you go in the management hierarchy, you need to be able to listen. It's the only way you're really going to find out what's going on in your organization, and it's the only way that you'll ever learn to be a better manager.

A Commitment to the truth

You'll find that the higher you are in the management hierarchy, the less likely you are to be in touch with reality. Managers get a lot of brown-nosing, and people tend to sugar-coat the news and tell managers what they want to hear. The only way you'll get the truth is if you insist on it. Listen to what people tell you, and ask questions to probe for the truth. Develop information sources outside of the chain of command and regularly listen to those sources as well. Make sure you know the truth – even if it's not good news.

Empathy

This is the softer side of listening and truth. You should be able to understand how people feel, why they feel that way, and what you can do to make them feel differently. Empathy is especially important when you're dealing with your customers. And whether you think so or not, you'll always have customers. Customers are the people who derive benefit from the work you do. If no one derives benefit from your work, then what's the point of keeping your organization around?

Persuasion

Put all four of the preceding skills together, because you'll need them when you try to persuade someone to do something you want done. You could describe this as "selling" but it's more général. Whether you're trying to convince your employees to give you a better effort, your boss to give you a bigger budget, or your customers to agree to something you want to do for them, your persuasion skills will be strained to their limits.

Leadership

Leadership is a specialized form of persuasion focused on getting other people to follow you in the direction you want to go. It's assumed that the leader will march into battle at the head of the army, so be prepared to make the same sacrifices you're asking your employees to make.

Focus
The key to successful leadership is focus. You can't lead in a hundred different directions at once, so setting an effective leadership direction depends on your decision not to lead in the other directions. Focusing light rays means concentrating the light energy on one spot. Focusing effort means picking the most important thing to do and then concentrating your team's effort on doing it.

Division of Work
This is the ability to break down large tasks into sub-tasks that can be assigned to individual employees. It's a tricky skill – maybe more an art than a science, almost like cutting a diamond. Ideally you want to figure out how to accomplish a large objective by dividing the work up into manageable chunks. The people working on each chunk should be as autonomous as possible so that the tasks don't get bogged down in endless discussion and debate. You have to pay careful attention to the interdependencies among the chunks. And you have to carefully assess each employee's strengths, weaknesses and interests so that you can assign the best set of sub-tasks to each employee.

Obstacle removal
Inevitably, problems will occur. Your ability to solve them is critical to the ongoing success of your organization. Part of your job is to remove the obstacles that are preventing your employees from doing their best.

Uncertainty Removal
When higher management can't give you consistent direction in a certain area, it's up to you to shield your employees from the confusion, remove the apparent uncertainty, and lead your employees in a consistent direction until there's a good reason to change that direction.

Project Management
This is a more advanced skill that formalizes some of attributes 7 – 11. Although both "Management" and "Project Management" contain the word "management", they aren't the same thing. Management implies a focus on people, while Project Management implies a focus on the project objective. You can be a Manager and a Project Manager, or you can be a Manager without being a Project Manager. You can also be a Project Manager without being a Manager (in which case you don't have people reporting to you – you just deal with overseeing the project-specific tasks).

Administrative and Financial Skills
Most managers have a budget, and you'll have to be able to set the budget and then manage to it. You'll also have to deal with hiring, firing, rewarding good employee performance, dealing with unacceptable performance from some employees, and générally making sure that your employees have the environment and tools they need to do their work. It's ironic that this is skill number 13 (an unlucky number in some cultures), because a lot of managers hate this part of the job the most. But if you're good at budgeting, you'll find it much easier to do the things you want to do. And hiring and dealing with employees on a day-to-day basis is one of the key skills to give you the best, happiest and most productive employees.

What is your professional project?

I would like to work as a project leader in the field of information systems in a major consulting company such as Deloitte // a product manager in the cosmetics industry in a major company such as L'Oréal.

In the long run, I want to become a talented manager. If a major company gives me the opportunity to work there, not only will I be a good worker, but also I will implement new ways that will allow us to work more effectively and efficiently.

Your strengths and weaknesses?

I am a very passionate person, which means I am capable of dealing with great amounts of work to reach the objectives I've fixed to myself.

I am also a very forthcoming person, and I have no difficulty to work in a group and be a part of it (give examples).

I would also say that I tend to refuse to ask for help if I am facing a difficulty. I need to overcome it by myself even if this task is time critical.

Why should I pick you rather than another candidate?

I am sure I could be a great asset to your school. I would put my strengths in the service of your school being an active member of the BDE or the BDS as I have been playing soccer and rugby for years.

What are your hobbies?

I have been playing tennis in competition for 10 years. It gave me the love of competition and the will to achieve victory over adversity. I have also been playing the piano for 12 years now. I love it because it helps me express my feelings through music, and also helps me relax when I need it.

The end of the interview

I really hope I was able to convince you of my strong motivation to be a member of your school for next year. Thank you for listening to me and thank you for your time.

5. QUELQUES RÉFÉRENCES UTILES

www.reverso.net – excellent site gratuit pour acquérir du vocabulaire de base.

http://www.olf.gouv.qc.ca/ressources/gdt.html – très bon dictionnaire en ligne pour tout ce qui est mots de vocabulaire technique pour chaque secteur d'activité.

http://www.timesonline.co.uk/tol/news/ – Le site du *Times* pour trouver des articles sur lesquels s'exercer pour le commentaire de texte.

34/38, rue Camille-Pelletan – 92309 Levallois-Perret Cedex
Imprimerie Sepec – 01960 Péronnas - 10807230911
Imprimé en France – 4e trimestre 2023

Service éditorial : Benjamin Dias Pereira, Deborah Lopez, Myriam Pasek
Conception graphique : Dominique Papon

Dépôt légal à parution
ISBN 978-2-7590-5336-0

PEFC 10-31-1470 / Certifié PEFC / Ce produit est issu de forêts gérées durablement et de sources contrôlées. / pefc-france.org